Heute schon einen Prozess optimiert?

Gunter Dueck war Mathematikprofessor und bis August 2011 Chief Technology Officer bei IBM. Seitdem lebt er im Unruhestand. Er arbeitet als Autor, Netzaktivist, Business Angel und Speaker und widmet sich weiterhin unverdrossen der Weltverbesserung. Bei Campus erschienen seine Bücher »Das Neue und seine Feinde« (2013), »Schwarmdumm« (2015) und zuletzt »Flachsinn« (2017).

Gunter Dueck

Heute schon einen Prozess optimiert?

Das Management
frisst seine Mitarbeiter

Campus Verlag
Frankfurt/New York

ISBN 978-3-593-51084-2 Print
ISBN 978-3-593-44357-7 E-Book (PDF)
ISBN 978-3-593-44356-0 E-Book (EPUB)

Das Werk einschließlich aller seiner Teile ist urheberrechtlich geschützt. Jede Verwertung ist ohne Zustimmung des Verlags unzulässig. Das gilt insbesondere für Vervielfältigungen, Übersetzungen, Mikroverfilmungen und die Einspeicherung und Verarbeitung in elektronischen Systemen.
Trotz sorgfältiger inhaltlicher Kontrolle übernehmen wir keine Haftung für die Inhalte externer Links. Für den Inhalt der verlinkten Seiten sind ausschließlich deren Betreiber verantwortlich.
Copyright © 2020. Campus Verlag GmbH, Frankfurt am Main.
Umschlaggestaltung: Roland Demus (Demus Design)
Umschlagmotiv: © Shutterstock: pikepicture
Redaktion: Stefan Lutterbüse
Innengestaltung und Satz: Oliver Schmitt, Mainz
Gesetzt aus der Minion und DIN Next
Druck und Bindung: Beltz Grafische Betriebe GmbH, Bad Langensalza
Printed in Germany

www.campus.de

Inhalt

Das Management frisst seine Mitarbeiter – eine Einführung 9

In die Sackgasse der Inkompetenz: Menschmaschinen statt Zukunftsbauer 29

    Ideen müssen fliegen dürfen! 31
    Hochqualifizierte Arbeit braucht ein ruhigeres Gehirn als ein Routinejob 40
    Die menschliche Intelligenz kristallisiert sich in den Prozessen 56
    »Verunpersönlichung« – Mitarbeiter werden austauschbare Ressourcen 63
    Das Management sieht Menschen wie unwillige Sklaven 73
    Das X-Management verunfähigt sich selbst 81

Menschenstandardisierung zur globalen Direktausbeutung 93

    Die Gleichform hat Namen – McDonaldisierung und McJobber 95
    Uberisierung – zur Auslastungsoptimierung noch mehr McJobs 102
    Liquidization oder Arbeit von der Billigstange 108
    Lean Human – der Mensch ohne unnötige Eigenschaften 114

Die Folgen des Raubbaus an Menschen, Seelen und Infrastrukturen ... 123

Auslastungsdruck erzeugt planmäßig Tunnelblickprobleme 125
Widersprüchliche Prioritäten – Diener vieler Herren 131
Auspressen der Mitarbeiter durch Messen und Vergleichen 137
Psychologische Vereinzelung und soziale Phobien
der Mitarbeiter 146
Qualitätseinbußen, Kundenbeschwichtigung und
schließlich Schummelei 156
Die Überlastung der Infrastrukturen marodiert
unsere Zukunft 161

Gegenwehr der Controller und Aufstand der Kunden 167

Der Druck des aufgeklärt-kritisch-gemeinen
Kundenkollektivs 169
Berechtigte Kontrollwut knechtet mit knebelnden
Vorschriften 174
Die Akerlof-Todesspirale – Gegenwehr und Gegengegenwehr ... 183
Der Clash von Prozessen zum Antreiben und Kontrollieren 189

Die Systemneurose der Unternehmenspsyche 195

Kleine Einführung in Unruheherde und Angstquellen 197
Zu oft Alarm in unserem Körper – über somatische Marker 203
Das ruhelose Unternehmenshirn 212
Die Managerpersönlichkeiten sind meist extrem
systemkonform 220
Die dressierende Mehrheit der Betaordnungshüter
in allen Meetings 227
Diagnose: Das Unternehmen hat eine Persönlichkeits-
zwangsstörung 233
Diagnose: Das Unternehmen hat eine zweite
Persönlichkeitszwangsstörung 243
Hyperloyalität trotz Angst vor Ungewissheit 251
Das Leiden unter einer narzisstischen und zwanghaften
Systemneurose 261

Systemtherapie zum offen-innovativen Unternehmen ... 265

Die Systemneurose liebt verstärkende Therapien ... 267
Die Systemneurose aufweichen – »agile« Organisierung statt Organisation ... 277
Wider die Assimilierung – Controller & Pacesetter an die Vorderfront ... 285
Etablierung einer selbstverantwortlichen technischen Führungsschicht ... 292
Leistungsträger sind zehnmal besser ... 301
Unsere Gesellschaft braucht mehr Menschen, die es wissen wollen ... 307

Ausblick trübe – es geht kein Ruck durch Deutschland ... 317

»Durch Deutschland muss ein Ruck gehen« ... 319
Deutschland baut Deiche, keine Schiffe ... 321

Anmerkungen ... 325

Das Management frisst seine Mitarbeiter – eine Einführung

Die ersten paar Seiten dieses Buches verwende ich, um Ihnen ein Gefühl für den Inhalt des Buches zu geben. Ich kreise das Thema zunächst vorsichtig ein und gehe danach auf den Inhalt der einzelnen Kapitel ein. Unser Unwohlsein mit dem Management und der Politik hat viele Ursachen, die uns zusammengenommen zu einem Leben im Hamsterrad verurteilen – wenn wir nicht arbeitslos oder altersarmutsgefährdet enden wollen.

[»Wenn eine Sintflut kommt, so baue Schiffe, keine Deiche.«]

Stellen Sie sich das Einbrechen der digitalen Zukunft wie eine Sintflut vor. Die Menschen wundern sich, dass es schon so lange regnet. Hört es irgendwann auf? Muss man Deiche bauen? Wenn das Wasser noch länger ansteigen sollte, könnte es ratsam sein, Schiffe zu bauen wie Noah in der Bibel. Und was tun wir? Wir warten ab. Es wird schon nur ein vorübergehender Regen sein. Aber es regnet lange, sehr lange. Vielleicht hört es tatsächlich irgendwann auf. Aber was, wenn nicht? Das Wasser steht inzwischen immer höher, wir bauen kleine Behelfsdeiche und verdichten sie, weil es ja immer noch regnet ... Müssen wir unsere Heimat wirklich verlassen? Wir haben keine Ahnung, wie man Schiffe baut. Das haben wir noch nie gemacht. Wir ziehen uns im Notfall in Häuser auf Grundstücken zurück, die etwas höher liegen, das rettet uns für den Moment. Aber was passiert, wenn der Regen nie aufhört?

Die Banken sehen seit über zwanzig Jahren zu, wie Kunden immer mehr ins Internet abwandern. Was passiert mit den Filialen? Die stehen schon lange im Regen. Die Dieselmotorenhersteller schauen seit Jahren besorgt in den Himmel, denn das Zukunftsklima verlangt nach Elektro- oder besser noch Brennstoffzellenmotoren. Aber ist das wirklich so? Kann man den Diesel nicht doch noch retten? Die Erde erwärmt sich, die Pole schmelzen, die Gletscher verschwinden. Ist das nur für ein paar Jahre? Hört es vielleicht bald auf? Sollten wir Deiche bauen oder besser umziehen, wenn unsere Heimat zur Wüste verbrennt und Sibirien oder Grönland zu einer echten Alternative werden? Und wann geht's los? Steigen dort nicht schon die Grundstückspreise, weil die USA gerne Grönland kaufen würden? Wahr ist aber auch: Wir haben keine Ahnung, wie man woanders lebt. Wir haben das noch nie gemacht. Das Ansteigen der Temperaturen muss aufhören. Sonst bekommen wir Probleme.

Tatsächlich sind wir einfach unschlüssig.

Übertragen auf den Arbeitsmarkt der Zukunft heißt das: Bauen wir Schiffe zum Übersetzen auf den digitalen Zukunftskontinent? Das würde bedeuten, wir suchten nach möglichen digitalen Innovationen, die unser neues Zeitalter prägen. Heuern wir also die Matrosen der neuen Zeit an und entdecken fruchtbares Neuland? Leider wissen wir nicht genau, wie das geht!

Oder bauen wir doch lieber wie bisher Deiche, damit wir länger in unserer vertrauten Umgebung ausharren können? Das würde bedeuten, dass wir die Digitalisierung nutzen, um das schon Bestehende effizienter, menschensparender und hauptsächlich kostengünstiger zu machen. Das können wir gut, weil wir es schon seit vielen Jahren so praktizieren.

[»Wenn eine Sintflut kommt, so baue auf Effektivität und nicht nur auf noch mehr Effizienz.«]

Dieses Buch ist eine Kritik am verzweifelten Deichbau, so wie wir ihn aus Management und Politik kennen. Denn Deutschland scheint sich fest gegen eine gute Zukunft stemmen zu wollen. Deutschland igelt sich ein.

Seit etwa 35 Jahren sind die Manager der Industrieproduktion dabei, die Prozesse zu optimieren und Roboter einzusetzen. Sie haben damit sensationelle Erfolge erzielt. Diese Entwicklung strahlt natürlich aus. Nun packen die Manager die Servicegesellschaft mit denselben Methoden wie beim Reengineering der Produktion an. Alle sind sie neuerdings oder schon seit langer Zeit »in search of efficiency«, auf der Suche nach Effizienz. In den Jahren davor hatte Effizienz einen relativ geringeren Stellenwert, da die ständige Verbesserung noch nicht perfekter Produkte im Vordergrund stand, exemplarisch in der boomenden Automobilindustrie. Erst als die Produkte ausgereift waren, entdeckte man die Goldgrube der effizienteren Herstellung. Die Innovation betraf nicht mehr länger die Produkte, sondern ihre Herstellung. Prozessoptimierung wurde zum Gebot der Stunde.

[Innovationen bringen einen möglichst effektiven Nutzen, danach konzentriert man sich auf effiziente Produktions- und Leistungserbringungsverfahren.]

Das Aufkommen von Computern, Datennetzen und Unternehmenssoftware (»SAP«) führte zu einem enormen Effizienzschub und damit zu weiteren großen Profitsteigerungen. Diese Fortschritte waren so groß, dass sich das Management kollektiv fast nur noch auf die Effizienzfragen kaprizierte und die andere Seite, die der Innovation, immer mehr links liegen ließ. Das Ergebnis: Nach nun einigen Jahrzehnten der maximalen Effizienz haben die Manager und damit die Unternehmen viel an Zukunftsfähigkeit eingebüßt.

Denn etwas Anderes oder Neues zu erschaffen ist eine vollkommen andere Aufgabe, als erfolgreiche Produkte oder Dienstleistungen immer schneller und billiger herzustellen oder zu liefern. Es geht aber für die nächsten Dekaden mehr um neue Inhalte und ein verändertes Denken, nicht mehr so sehr um das alte Ringen um die effizienteste Form. Trotzdem bleibt das heutige Management eisern dem Effizienzprinzip verpflichtet: es macht Druck, versucht alle Arbeiten zu industrialisieren, zu roboterisieren und damit die verbliebenen Aufgaben der Menschen immer schlechter zu bezahlen. Wer als Mitarbeiter nicht auf Lohnzuschläge oder Weihnachtsgeld verzichtet oder wenigstens unbezahlte Überstunden verschenkt, wird durch Billigkräfte ersetzt oder »ausgelagert«. Die Drohung der Unternehmen, »nach Asien« zu gehen, verbreitet Arbeitsplatzverlustangst.

[Inzwischen hat schon eine ganze Managementgeneration vorwiegend Effizienz betrieben. Die Folge ist, überspitzt formuliert: »Das Management kann nichts anderes mehr.«]

Ein Blick in die aktuelle Unternehmenspresse verrät: Ein Automobilzulieferer verlagert einen Teil der Produktion nach Litauen, und der Geschäftsführer schwärmt wörtlich so: »Hier sind gut qualifizierte und motivierte Arbeitskräfte zu – aus unserer Sicht – fairen Lohnkosten verfügbar.« Das Wort »fair« dürfen die Mitarbeiter in Deutschland getrost als Ohrfeige verstehen. Ihr Chef sagt nicht ehrlich: »Dort ist es für uns billiger.« Er sagt stattdessen »fair«. Heißt das, er findet die Löhne der Stammbelegschaft unfair?! Und trotzdem wird er bei der nächsten Motivationsveranstaltung skrupellos wie alle Topmanager flöten: »Die Mitarbeiter sind unser höchstes Gut.« [Was übrigens nur ausspricht, was alle ahnen: Die Mitarbeiter gehören dem Unternehmen.]

Die Öffentlichkeit empört sich schon längere Zeit. Auch die Presse klagt in ihren Kommentaren mit immer deutlicheren Worten an:

- Raubtierkapitalismus
- Ausbeutung
- Hamsterrad
- Effizienzwahn
- Gier
- Sklavenhaltung
- Menschenverachtung
- Lohndumping
- Heuschreckeninvestoren

Manager und Politiker sinken seit Jahren tief im Ansehen der Bevölkerung. Genießen sie bald ein ähnliches Misstrauen wie Versicherungsvertreter? Ohne schimpfen zu wollen: Jeder sieht nach den langen Jahren des Effizienzstrebens, dass die Balance verloren gegangen ist und noch weiter verloren geht. Trotz dieser Erkenntnis ändert sich nichts, obwohl das Unwohlsein spürbar ist. Dieselben Manager, die tagsüber die Mitarbeiter im Meeting »auspeitschen«, sind abends bei einem Glas Wein auf der Terrasse ganz unserer Meinung. Sie finden die Welt, die sie regieren, nicht mehr erstrebenswert. Aber die Realität, die sie zu verantworten haben, finden sie ausweglos »beinhart« – sie haben einen »Knochenjob«. Sie wissen, dass sie in einer Tretmühle stecken, und fühlen sich trotz ihrer Macht ganz machtlos. »Es sind keine guten Zeiten mehr, auch wenn wir gerade auf bilanzmäßig goldene Jahre zurückblicken können.« Unsere Chefs wissen also schon noch, dass etwas außer Kontrolle geraten ist, aber diese Meinung äußern sie nur nach Feierabend. Privat sind sie natürlich auch gute Eltern und nette Menschen. Mitarbeiter sagen manchmal überrascht: »Ich war mal kurz bei ihm/ihr zu Hause. Sieht ganz normal bei denen aus, es sind angenehme Menschen. So kennt man ihn/sie eigentlich gar nicht im Büro!«

Im Unternehmen aber sind die netten Menschen dann im Effizienzwahn gefangen. Sie halten ihrerseits die Mitarbeiter gefangen. Sie meinen, das tun zu müssen, denn es geht um das »Überleben des Unternehmens«, so die gängige Formel für die Mitarbeiter – aber der Oberboss kommuniziert den unteren Führungskräften ganz klar, worum es wirklich geht: das Steigern des Gewinns.

Beileibe nicht alle Manager entsprechen diesem düsteren Klischee, aber auch die »guten Menschen im Management« müssen sich mit dem Effizienzwahn arrangieren. Sie können im Stillen ihrer Abteilung gute und kreative Chefs sein, aber auch sie müssen ihr Plansoll erfüllen und ihre Mitarbeiter leiden lassen. Das Dogma der Effizienz dominiert das Allgemeine bzw. das statistisch Normale, und dagegen richten ein paar vorbildliche Manager nichts aus. Es ist die dominierende Mehrheit der Führungskräfte, die das Betriebsklima aufheizt und diktiert, so wie große Mehrheiten im Parlament das Sagen haben.

Eben dieses wirtschaftliche Klima wird stetig extremer, so wie unser heutiges meteorologisches Klima wärmer wird. Es wird härter und menschenverachtender, ganz langsam, Monat für Monat, eine Entwicklung, die man seit vielleicht dreißig Jahren beobachten kann.

Ich werde in diesem Buch diese harte Diagnose stellen: Sehr viele Unternehmen leiden bezogen auf ihr Betriebsklima und die Arbeitseinstellung an einer Systemneurose, die merkwürdige Blüten treibt. Anders formuliert:

> Das Effizienzstreben ist in einen neurotischen Effizienzwahn umgeschlagen. Dieser kennt nur eine Lösung: Noch mehr Effizienz. Noch mehr vom Gleichen.

Die Antwort des »Mehr vom Gleichen« in schon schwieriger Lage ist die Königsstrategie in der berühmten *Anleitung zum Unglücklichsein* von Paul Watzlawick. Zum Beispiel: Geizige werden noch sparsamer, Bürokraten noch kleinlicher, Narzissten noch größenwahnsinniger. In diesem Sinne ist das übertriebene Effizienzstreben der Unternehmen eine Verhaltensstörung des Systems.

Man sagt: Ein Neurotiker kann seine Verhaltensstörung nicht kontrollieren und steht unter ihrem Zwang, und er leidet darunter. Er kann zwar intellektuell verstehen, welche Ursachen seine Störung haben mag (speziell in ihm selbst) – das hilft ihm aber nicht: Er macht weiter. »Wir sind nur noch Getriebene, das ist das Problem«, stöhnen Manager, privat bei einem Glas Wein, wie gesagt. Sie verstehen das Problem und sehen es, aber »man kann nichts dagegen machen«. Sie sind Getriebene, die die Kontrolle verloren haben.

In diesem Sinne leiden heute viele Unternehmen an einer Systemneurose. Sie ächzen und kommen nicht mehr »raus«. Das Klima des Effizienzwahns und des kurzfristigen Quartalsdenkens breitet sich wie Metastasen eines Krebses aus und steckt Führungskräfte und Mitarbeiter gleichermaßen an. Diesen Neurotisierungsprozess will ich in diesem Buch nachzeichnen. Ich wünsche mir vor allem dies: Mögen Sie so sehr aufgerüttelt werden, dass Sie über Psychotherapien von Systemneurosen nachzudenken beginnen. Wie das gelingen kann, werde ich am Schluss meines Buches skizzieren.

Denn sonst wird alles noch schlimmer und schlimmer: Die durch das eskalierende Effizienzdenken entstandene Systemneurose frisst erst ihre Mitarbeiter als »Menschen«, sie behandelt sie als bloße Ressource und bald danach als Leiharbeiterstundenkräfte, die später ganz freigesetzt werden, weil es woanders noch »faire« Löhne gibt. Die Manager stehen unter dem Zwang dieser Neurose und fressen ihre Mitarbeiter ebenfalls erst als »menschliche Menschen«, und dann gehen sie langsam zum »Outplacement« über. Sie wissen bei alledem, dass dasselbe Schicksal auch sie selbst als Führungskräfte treffen wird, wenn wieder einmal von oben beschlossen wird, komplette Hierarchieebenen zu streichen oder »Synergien zu nutzen«. Es herrscht eine »Angstkultur«. Der Arbeitsplatz steht im Regen. Das persönliche Menschsein tritt hinter die Prozesseffizienz zurück.

Die Managementkompetenz beschränkt sich selbst, es geht nur noch um die Prozesssteuerung und die harsche »Mitarbeitermotivation« rund um die Uhr. Für anderes ist keine Zeit, das Ergebnis muss Quartal für Quartal eingetrieben werden.

[Prozessoptimierung ist Deichbau. Die Schiffe ins Land der neuen digitalen Zeit werden verpasst.]

Unter ständigem Ergebnisdruck bleibt kaum noch Zeit, sich auf die Zukunft vorzubereiten. Die Digitalisierung ist im Kern eben nicht das Instrument der Wahl für weitere Prozessoptimierung. Sie ermöglicht eine ganz neue Zukunft, die wir uns als Menschheit mit dieser neuen Basistechnologie schaffen können. So oft wird doch verglichen, wie die Menschheit vorher und nachher aussah: Vor der Maschine, nach der Maschine. Vor der Entdeckung des Penicillins, der Telefonie, des Motors, der Stromerzeugung, der Werkstoffchemie und nachher. Diese früheren Basistechnologien haben unser Leben nachhaltig verändert und per Saldo enorm verbessert. Deshalb liegt der Gedanke nahe, mit der Digitalisierung die Menschheit auf eine weitere höhere Stufe zu bringen. Die Digitalisierung ermöglicht es, gewohnte Dinge neu zu denken, alte Zöpfe abzuschneiden und neue Industriezweige aufzubauen.

Die heutige Zeit ist eine Zeit der Erfinder und Pioniere, der Goldgräber und Entrepreneure, die mit glänzenden Augen eine neue Zeit schaffen. Sie starten mit ihren vagen Ideen eine ungewisse Zukunft. Was sollen da Quartalspläne? Entrepreneure sind »agil«, wie man heute sagt, und sie haben viel höhere Ziele als bloß eine weitere Gewinnsteigerung in einer erstarrten Welt. Die etablierten Konzerne mit ihrem oft hundertjährigen Erfahrungsschatz schauen ungläubig auf die Pioniere unserer Zeit. Die Pioniere rufen: »Wir bauen ein Schiff!« Und die Deichbauer in den Vorstandsetagen fragen beunruhigt: »Womit macht ihr Gewinn in diesem Quartal? Wer garantiert, dass euer Schiff wirklich neues Land entdeckt? Was ist, wenn ihr nur unfruchtbare Wüstengegenden vorfindet?« In diesem Sinne grämen sich Konzernmanager über Innovatoren, die aus ihrer Sicht unverfroren »Verluste machen«, in Wirklichkeit aber nur das Neuland erschließen. Innovationen »ins Blaue hinein« erscheinen den Prozessoptimierern wie das Verjubeln von sauer verdienten Quartalsgewinnen.

Schlimmer noch: Schon bei der Vorstellung von umwälzenden Innovationen zuckt fast die gesamte Führungsschicht körperlich zusammen, denn die Systemneurose zwingt sie, sich mit höchster Priorität auf Sparen, Auslastung, Extrameilen, Einsatzwillen und Druck ohne Ende zu fokussieren. Ein Geizneurotiker krümmt sich, wenn Kosten entstehen! Ein Planneurotiker schreit innerlich, wenn Start-ups einfach »mal so« loslegen, ohne viel zu grübeln – vielleicht haben die nicht einmal eine Excel-Lizenz? Ein Hochdruckneurotiker schäumt, wenn die Pioniere in den Start-ups bei Gratiskaffee laut lachen, diskutieren und offenbar nicht gehörig unter der stressenden Arbeit leiden! Das ist bei menschlichen Neurotikern auch üblich – sie geraten außer sich, wenn sie sehen, dass andere ihre heiligen Ziele verraten, ignorieren oder nicht einmal kennen. Die Systemneurose ist wie die Summe eines solchen kollektiven Zusammenzuckens der Führungsschicht zu verstehen. So wie man bei Menschen sagt: »Jetzt wird er/sie verrückt!« oder »Das macht ihn/sie verrückt!«, so werden Unternehmen verrückt, wenn sie die jungen Zukunftsbauer träumen und Anfangsverluste machen sehen: »Können die nicht erst mal mit einem Paddelboot neue Kontinente entdecken? Muss es gleich so teuer und damit gleich so ernst werden?«

Wenn ich auf Konferenzen erkläre, was eine Systemneurose sein könnte, wird immer wieder entgegnet: »Es sind bei weitem nicht alle Führungskräfte so, wie Sie hier pauschal beschreiben!« –»Sie betreiben niveauloses Manager-Bashing mit dem Rasenmäher, Herr Dueck!« – »Es ist eines Wissenschaftlers unwürdig, so über alle die BWL-Kollegen herzuziehen!« Diese Einwände beruhen auf einem Missverständnis. Ich will ja gar nicht sagen, dass absolut jeder BWLer oder Manager von Kostenangst und Umsatzsucht getrieben ist. Aber die Mehrheitsverhältnisse in den Managermeetings und die Diktate in den Ergebnistabellen erzwingen, dass das Managementteam als Ganzes von Kostenangst und Umsatzsucht geplagt ist und somit als Ganzes größeren Innovationen ablehnend gegenübersteht. Und ich habe doch schon eingestreut, dass die Manager, BWLer, Excellenzen und Politiker einzeln und privat ganz vernünftig sind – aber eben nicht in Meetings und Ausschusssitzungen.

Die Tabellen, die Ziele, die herrschende BWL-Auffassung, die Beratermoden des Tages und die Mehrheiten in Meetings machen die Systemneurose aus, die all die vielen tollen und vernünftigen Manager in die Knie zwingt, so viele es auch geben mag! Die Teamneurose besiegt sie alle. Da hilft auch kein frisch ernannter »Chief Digital Feigenblatt Officer«, der dann doch sehr bald von Kostendruck und Umsatzsatzsteigerungsforderungen assimiliert wird. Wenn Sie als Leserin oder Leser eine dieser wunderbaren zukunftsorientierten Arbeitskräfte sein sollten, dann nehmen Sie bitte den Unterschied zwischen dem Kollektiv und den Individuen wahr, so wie es den Unterschied zwischen »dem schlechten Bildungssystem« und den vielen einzelnen tollen Lehrern gibt. Nicht jeder Einzelne ist verrückt, aber das System macht alle verrückt.

Mit der nochmaligen Betonung dieses Unterschiedes werde ich gleich das erste Kapitel eröffnen, es beginnt etwas philosophisch-dichterisch mit dem dänischen Philosophen Søren Kierkegaard. Vorweg jedoch gebe ich Ihnen eine Übersicht über dieses Buch. Ich ziele darauf ab, Sie möglichst tief in die neurotische Problematik hineinblicken zu lassen. Es ist nicht damit getan, ein Ende des Kapitalismus zu fordern oder über die irren Gehälter der Vorstandsvorsitzenden zu fluchen oder für Nachhaltigkeit oder Menschlichkeit zu demonstrieren. Wenn Sie das tun, verstehen Sie das Problem nicht grundlegend genug. Wir protestieren ja alle im Privatleben gegen das System, aber das tun die

Manager auch. Wir maulen daheim, aber wir kuschen beim Eintritt ins Büro. Wir organisieren uns nicht mehr in Gewerkschaften, wir protestieren nicht gegen unseren eigenen Chef. Wir sind selbst gefangen, aber wir schimpfen nur in den Pausen, und nach der Arbeit regen wir uns laut darüber auf, indem wir die da oben anklagen. Es sind aber nicht nur die da oben, wir machen ja mit. Es ist eine Krankheit des ganzen Systems, das eine tiefgreifende Therapie braucht.

In die Sackgasse der Inkompetenz – Menschmaschinen statt Zukunftsbauer

In diesem Kapitel führe ich in erste wichtige Gedanken ein, die im weiteren Verlauf des Buches noch detaillierter ausgeführt werden. Wenn das Management unsere Arbeit durch Digitalisierung rücksichtslos automatisieren und beschleunigen will, dann gibt es diese Folgewirkungen:

- Man betreibt so starke Arbeitsverdichtung, dass die Menschen wie Fließbandarbeiter nur noch durch das Tagesgeschäft hetzen. Zum Lernen und damit für die Zukunft bleibt einfach keine Zeit, sogar das normale Nachdenken ist unter solchem Stress kaum noch möglich.
- Man versucht, immer mehr Arbeit in computerisierte Prozesse einzubetten, sodass die Arbeitskräfte möglichst wenig selbst zu entscheiden haben und nur noch Bedienungspersonal optimierter Prozesse werden.
- Man strebt an, die Menschen bei der Arbeit fast beliebig austauschbar zu machen (Crews im Luftverkehr und bei der Bahn, Call-Center, Personal im Einzelhandel, Leiharbeiter, Berater) – wir als Kunden haben es dann nur noch mit immer anderen Arbeitskräften zu tun, die uns gegenüber eine immer unpersönlichere Rolle einnehmen; menschliche Beziehungen sind nicht mehr nötig und auch nahezu unmöglich; die Mitarbeiter kommen quasi »aus der Cloud«, sie kommunizieren in vorgeschriebenen Floskeln (»Crew, prepare for landing«).

- Man managt Menschen nur noch als fast anonyme Ressourcen und behandelt sie auch so: als Menschen, die tendenziell angetrieben werden müssen, damit sie noch schneller arbeiten, als sie es gerade tun. Das Menschenbild des Managements regrediert. Menschen werden wieder wie Arbeiter in früheren finsteren Zeiten behandelt – eben nicht selbstverantwortlich und »auf Augenhöhe«.
- Das Management wendet sich wieder dem bloßen Kontrollieren und Antreiben zu.

Mitarbeiter unter Stress lernen nicht mehr und bilden sich nicht weiter. Anonyme austauschbare Ressourcen halten sich an die Regeln der optimierten Prozesse und nehmen nicht mehr an der Weiterentwicklung ihrer Arbeit teil. Sie haben keine Gelegenheit, etwas zur Gestaltung der digitalen Zukunft beizutragen. Das Management selbst bildet sich zum guten alten »Command & Control« zurück und verliert selbst an Kompetenz. Die Kommunikation zwischen Menschen wird mehr und mehr durch Computerprozesse ersetzt (»Wenn Sie A wollen, drücken Sie die 1, wenn Sie B wollen, die 2, wenn Sie nicht wissen, was Sie wollen, rufen Sie später noch einmal an.«). In einem streng optimierten Arbeitsumfeld ist kaum noch »Wandel« oder »Zukunft« gestaltbar. Die starren Prozesse erlauben kein »Probieren« oder »Experimentieren«. Mitarbeiter und Management verlieren so einen Großteil der nötigen Zukunftskompetenzen.

Damit sind im Buch die Leitplanken gesetzt. In den weiteren Kapiteln wird eingehender beschrieben, wie das alles organisiert wird.

- Wie vollzieht sich das Standardisieren der Menschen zu »Ressourcen«? Das wird im Folgekapitel unter den sehr sprechenden Begriffen der McDonaldisierung, der McJobber und der Uberisierung beschrieben.
- Wie verhalten sich Menschen unter immensem Arbeitsdruck? Sie fürchten die Dauerkontrolle, weil es unter Totalstress zu Fehlern kommen muss, die gleich wieder bestraft werden. Viele beginnen zu pfuschen und sogar zu schummeln. Der seelische Druck steigt, die Qualität der Arbeit sinkt.

- Wie reagieren Kunden, Gesetzgeber und Kontrolleure (außen und innen im Unternehmen) auf die schleichende Verminderung der Qualität? Sie setzen die Mitarbeiter von einer anderen Seite unter Druck: Es hagelt nun Prüfungen und Vorschriften. Zu der Arbeitshetze gesellt sich nun eine wuchernde Bürokratie, die viel Zeit kostet, die man eigentlich einsparen will. Es kommt zu einer Abwärtsspirale von immer gewiefterer Trickserei und noch mehr Bürokratie.»Verrückt!«
- Das Ergebnis einer Abwärtsspirale kann als eine Unternehmensneurose angesehen werden. Druck, Gegendruck, Druck, Gegendruck, die Angst vor Fehlern und Entlassung führen, so will ich sagen, zur Entstehung einer Zwangsneurose im Unternehmen.
- Kann man die Unternehmensneurose therapieren? Gute Frage. Ich versuche eine Antwort, aber die ist nicht einfach.

Hier nun die etwas eingehenderen Inhaltsbeschreibungen der Abschnitte nach dem Eingangskapitel:

Menschenstandardisierung zur globalen Direktausbeutung

Nach der Industrialisierung der Produktion wird nun auch der gesamte Bereich der Servicearbeitsplätze in Prozessen organisiert und optimiert. Das trifft de facto den größten Teil der deutschen Arbeitskräfte, die ja heute überwiegend im Dienstleistungsbereich tätig sind. Ich schärfe die einleitenden Bemerkungen des ersten Kapitels und führe Sie in die Konzepte der McDonaldisierung/des McJobbers ein, danach in die Uberisierung (Plattformorganisation austauschbarer Humanressourcen) und in die Liquidization (Ausschreiben von Arbeiten im Internet, die man an den billigsten Anbieter per Abwärtsversteigerung vergibt). Im Ergebnis entwickelt sich der Wunsch der Arbeitgeber, nur noch Arbeitskräfte einzustellen, die ausschließlich können sollen, was sie arbeiten (nur das und nicht mehr, sonst könnten sie »mehr Geld fordern«). Wir tendieren unausgesprochen zum »Lean Human«, zum »Menschen ohne unnötige Eigenschaften«. Der arbeitende Mensch wird auf sein wirtschaftlich gewünschtes Profil degradiert, der *Homo*

Oeconomicus wird zum Menschlein, zum *Homunculus Oeconomicus*, herabgewürdigt. Dienstleistungsketten standardisieren ein neues Prekariat. Plattformen ermöglichen eine globale Nutzung von Arbeitskräften – sie ermöglichen eine »Direktausbeutung«: Nicht nur ganze Betriebe werden ins Ausland verlagert, sondern auch individuelle Dienstleitungen.

Die Folgen von Raubbau an Menschen, Seelen und Infrastrukturen

Wenn wir uns in eine gleichförmige Mitarbeiterschaft von lauter »Lean Humans« hineindenken (Call-Center, Uber-Taxifahrer oder Rechnungsprüfer in der fast vollautomatischen digitalen Welt), dann muss das Management eigentlich nur noch darauf achten, dass quantitativ viel abgearbeitet wird. Schnell viele Hamburger braten, schnell viele Fahrten, Anrufe oder Rechnungen erledigen! Das Management muss nur noch antreiben, was es durch exzessive Leistungsmessungen und Leistungsvergleiche betreibt, sodass die Mitarbeiter ständig fürchten müssen, zu langsam zu sein und/oder Fehler zu machen. Sie entwickeln so genannte soziale Phobien (Angst, von jemandem kritisch beobachtet zu werden), die nach dem Abschied der Einzelbüros nicht mehr gelindert werden können. Die Mitarbeiter können sich auf Büroflächen nicht verstecken. Diese Ängste verschlimmern sich, weil es unter dem immensen Arbeitsdruck natürlich vermehrt zu Fehlern und Kundenbeschwerden kommt und weil sich die Mitarbeiter nun ständig kritisieren lassen müssen. Stellen Sie sich vor, Sie arbeiten bei der Unpünktlich-wie-die-Bahn GmbH und würden von jedem Kunden als Teil einer unfähigen Gurkentruppe angesehen. Die Mitarbeiter versuchen nun, Fehler zu kaschieren und Kunden zu beschwichtigen – und irgendwann schummeln sie, was das Management ganz gut findet, solange nur das Ergebnis stimmt. Kurz: Der übergroße Druck auf die Quantität verschlechtert die Qualität bis über die Strafrechtsgrenze (Dieselbetrug, Zinsmanipulation, Ruhigstellung in Pflegeheimen, Gifte in Lebensmitteln, Ski-Unfallversicherung für 100jährige) hinaus. Dieser Druck belastet das Gewissen der Mitarbeiter, kann aber auch depressiv machen oder zum Burnout führen. Über den Menschen hinaus werden zudem alle Infrastrukturen verwirtschaftet. Fast nichts ist in Deutschland noch »gut in Schuss« (Bildung, Pflege, Autobahnbrücken etc.). Zum Beispiel hat die Bundeswehr derzeit so viele untüchtige Waffen, dass sie vielleicht besser mit Holzschwertern ausgerüstet wäre; zumindest die würden funktionieren.

Gegenwehr der Controller und Aufstand der Kunden

Wenn die Qualitätszusagen nicht mehr eingehalten werden, werden die Kunden rebellisch und untreu. Die Regierungen ziehen immer neuen Vorschriften ein und erfinden Prüfungen noch und nöcher. Die Unternehmen stöhnen über die überbordende Bürokratie, und die Mitarbeiter verzweifeln bei unproduktiven Arbeiten. Es gibt nun einen Großkonflikt zwischen der Qualität (»Controlling«) und der Quantität (Arbeitsdruck) im Unternehmen selbst. Der führt volkswirtschaftlich aus der Helikopterperspektive besehen zum Versinken in einer »Akerlof-Spirale«, einer Abwärtsspirale von immer mehr Produkten mit immer schlechterer Qualität. Die Controller begegnen Managern und Mitarbeitern mit dem Wunsch nach ständigen Kontrollen der Qualität, die Antreiber unter den Führungskräften ziehen nach und fordern maximale Quantität – sie kämpfen fast gegeneinander. Die Kunden hört man anschließend vielleicht auch noch aus der Ferne, wenn Zeit ist. Die reagieren prompt mit Minusbewertungen im Internet und werden illoyal.

Die Systemneurose der Unternehmenspsyche

Nachdem Sie durch all den realen Jammer navigiert wurden, folgt jetzt eine mehr theoretische Aufarbeitung mit dem Ziel, Ihnen zu vermitteln, dass sich der Jammer in Wirklichkeit zu einer veritablen Systemneurose ausgewachsen hat. Es geht zunächst um die automatischen Warninstinkte in unserem Körper, die uns dann zucken lassen, wenn etwas »passiert«, uns droht, überrascht oder die Stirn runzeln lässt. Das Unternehmen zuckt im Meeting zusammen, wenn etwas nicht im Einklang mit »Prozessoptimierung« ist. Ich argumentiere mit Psychoteststatistiken aus Managementlehrgängen: Es gibt viele verschiedene Menschentypen, aber nur zwei von ihnen haben im Management zusammen eine Zweidrittelmehrheit: Die Controller und die Antreiber. Die Systemneurose sucht sich automatisch ihre besten Verstärker. Vor allem kommen solche Führungskräftecharaktere an die Macht, die die Systemneurose stützen. Ich stelle Ihnen Hirnwellenfrequenzen des EEG vor: Kontrollieren und Antreiben verlangen andere Hirnmodi als kreative Ruhe und innovative Meditation. Sie verstehen jetzt die einleitenden Hinweise aus dem ersten Kapitel bestürzend besser. Willkommen bei den Persönlichkeitsstörungen des zu starken Kontrollierens, des zu starken Antreibens und zu starken Sparens. Es sind Unterarten von Zwangsneurosen, die zusammen die Systemneurose bilden, weil ein Großteil der Führungskräfte mindestens unter dienstlichen Zwangsvorstellungen leidet. Die Mitarbeiter aber wehren sich nicht. Warum eigentlich nicht? Sie sehen doch, dass das Unternehmen seine Innovativkraft und damit seine Zukunftsfähigkeit einbüßt! Warum protestieren sie nicht, wenn nur nach Zahlen gefragt wird? Warum fühlten sie sich stattdessen peinlich berührt, wenn ein Kollege die Initiative ergreifen und aufmucken würde? Sie haben schon damals geschwiegen, als sich der Lehrer mit dem Klassenkasper duellierte. Jetzt aber ist es doch bitterernst! Es muss das Schweigen der Lämmer sein.

Systemtherapie zum offen-innovativen Unternehmen

Das Therapieren der Persönlichkeitsstörung einer Einzelperson ist schwierig genug. Bloße Appelle (»nimm es doch nicht so genau« – »hetz doch nicht schon wieder«) helfen nicht, auch wenn sie gegen teures Geld gegeben werden. Genauso wenig helfen Innovationsbeauftragte, Ideenwettbewerbe, Brainstormings oder Brandreden (»Ohne Innovation gehen wir unter«). Es geht um eine Verhaltensänderung der Masse, und die erfolgt nur sehr selten auf vernünftige Vorhaltungen einzelner, auch wenn sie von ganz oben kommen. Bei Einzelnen benötigen Psychotherapien Monate bis Jahre, bis ein Gestörter überhaupt offiziell anerkennt, dass seine Probleme in ihm selbst liegen und nicht in den anderen, die ihm das aber schon jahrelang gesagt haben. Noch viel schwieriger erscheint es also, ganze Unternehmen zu therapieren. Wie ein Übergewichtiger jede Menge Auswahl hat, eine nutzlose Kurzfristdiät zu versuchen, so gibt es Tausende von Changeberatern und Nachhaltigkeitsagenten mit ebenso vielen todsicheren Methoden, das Unternehmen quasi zu globulisieren, ihm also Hoffnung zu machen, damit ihn das Ende des Quartals nicht so schmerzt. Alle diese Therapien lenken vom Wesentlichen ab: Es handelt sich um eine wirkliche Systemneurose, kein bloßes Wehwehchen. Ich denke: Über das Optimieren von Prozessen und dem Schinden der Menschen ist der Bezug des Unternehmens zu den eigentlichen Inhalten verloren gegangen. Was produziert es, was liefert es wem? Welche Aufgabe erfüllt es, von deren Erledigung es auskömmlich leben kann? Ist diese derzeitige Aufgabenstellung des Unternehmens in der digitalen Zukunft noch wichtig – zahlen Kunden in der Zukunft für die Problemlösungen des Unternehmens noch gutes Geld? Der Unternehmenszweck selbst muss auf den Zukunftsprüfstand, das Geschäftsmodell muss infrage gestellt werden. Wer wird das wollen und können? Ich schlage vor, die besseren Experten im Unternehmen »freizulassen« und mit dem Management zu verzahnen. »Inhalt trifft Form.« – »Content meets process.« Das geht durch neue Karrierepfade, durch ein Spicken des Unternehmens mit Topexperten, mit veränderter Arbeitsorganisation usw.

Sie müssen schon verzeihen: Eine Systemneurose ist ein schweres Leiden, die Therapie kann daher nicht ganz einfach sein, und ohne Ansehen des speziellen Unternehmens kann ich keine konkrete Lösung anbieten. Aber ich schlage ein paar praktikable Wege vor, für man nicht in Meetings sitzen muss und die ohne fruchtlose Appelle auskommen. Ich habe so etwas in meiner eigenen Arbeitspraxis probiert und für gut befunden. Ich schlage vor, Sie setzen erst einmal diese vorgeschlagenen konkreten Maßnahmen um. Dann sehen wir weiter. Es könnte aber sein, dass »man« in Ihrem Unternehmen diese einfachen Maßnahmen nicht so ohne weiteres umsetzen will. Das ist aber nicht das Problem meiner Vorschläge, sondern eine Abwehrreaktion der Neurose. Aber wenn die sich gegen Sie wehrt, sind Sie ja auch einen Schritt weiter: Sie sehen klarer. Ich habe die Hoffnung, dass Sie nach der Lektüre dieses Buches mindestens an diesen Punkt kommen. Bitte haben Sie immer vor Augen, wie schwer es ist, was die Digitale Revolution verlangt:

[»Wenn eine Sintflut kommt, so baue Schiffe, keine Deiche.«]

Es geht kein Ruck durch Deutschland

Im Jahre 1997 hielt der damalige Bundespräsident seine berühmte Ruckrede. An diese erinnere ich in einem Minischlusskapitel. Wenn Sie Zeit haben (es sind nur ein paar Seiten Text im Internet), dann lesen Sie diese Rede auch mit Blick auf die These dieses Buches. Dann verstehen Sie auf der Stelle, dass und warum wir schon so lange Deiche bauen.

In die Sackgasse der Inkompetenz: Menschmaschinen statt Zukunftsbauer

Das Effizienzmanagement behandelt uns wie Prozess-Sklaven. Wer schwierige Arbeiten mit optimaler Anspannung erledigen will, wird sie unter zu hohem Druck nicht schaffen. Er fühlt so genannten »negativen Stress« oder Disstress, der der Psyche und bald auch der Gesundheit schadet, wenn er länger anhält.

Ideen müssen fliegen dürfen!

Noch eine persönliche Einleitung, die muss sein. Sie werden schnell merken, mit welcher Art von leiser Trauer ich dieses Buch schreibe – wie ein Prediger. Die Entwicklungen, die ich aufzeige, scheinen unaufhaltbar zu sein. Na, vielleicht doch nicht?

Mein Spitzname ist »Wild Duck« oder »Wild Dueck«. Bei IBM bezeichnet man Querdenker als »Wild Duck«, und sie gaben mir diesen Namen vor etwas mehr als 20 Jahren – weil ich wohl etwas Unverblümtes geäußert hatte. Ich wusste gar nicht, was eine Wild Duck ist. Natürlich versuchte ich herauszubekommen, was es mit dieser Bezeichnung wohl auf sich haben könnte. Das war gar nicht so einfach, weil man damals noch nicht googeln konnte. Tja, solche Zeiten gab es! Ich fand heraus, dass es wohl um eine Anekdote von Søren Kierkegaard gehen könnte, dem großen dänischen Philosophen. Ich habe sein ganzes Werk elektronisch auf meinem Laptop, sogar mit Suchmaske! Aber das Wort Wildente kommt nicht darin vor. Ich fand schließlich Leute bei IBM, die es mir so erklärten: Wildenten sind bekanntlich Zugvögel, die für den Winter in den Süden fliegen, aber Kopenhagen verlassen sie im Winter nicht, weil die netten Einwohner sie traditionell durchfüttern. Einst aber gab es eine große Hungersnot in Dänemark, da hatten die Kopenhagener selbst nichts zu essen. Die Enten starben, weil sie nicht mehr wild waren und keine von ihnen wusste, dass es den Süden gibt. »We don't mind to have a few wild ducks around«, so wird der frühere IBM-Chef Thomas Watson jr. zitiert. Übersetzt: »Ein paar Querdenker können wir ganz gut unter uns vertragen.« Oder: Es muss immer noch ein paar Leute geben, die weitgespanntere Perspektiven einnehmen können. Diese anderen Perspektiven fühlen sich in einer würdigen Organisation oft unangenehm an. Das sagte man mir bei der Arbeit in den letzten Jahren oft ... Okay, ich bin Wild Dueck.

Jetzt, bei Recherchen für dieses Buch, habe ich nochmals gegoogelt und die Quelle fast sofort gefunden. Nicht auf meinem Laptop in Kierkegaards Werken, denn die Geschichte steht nur in den Tagebüchern von Kierkegaard – und auch dort steht absolut nichts von Enten drin! Es geht um Wildgänse, nicht um Enten. Ich hatte also immer die falschen Suchwörter benutzt – irgendwer bei IBM verstand wohl kein Dänisch oder fand Wild Duck besser als Wild Goose. Egal, hier der Originaltext aus den Tagebüchern von Kierkegaard auf Deutsch:

»Die Wildgans«
»Jeder, der auch nur ein kleines bisschen Kenntnis vom Leben der Vogelwelt hat, weiß, dass zwischen der Wildgans und den zahmen Gänsen, wie verschieden sie auch sind, dennoch eine Art Verstehen herrscht. Wenn der Zug der Wildgänse in der Luft zu hören ist, und da zahme Gänse unten auf der Erde sind, so merken diese letzten das sofort, sie verstehen bis zu einem gewissen Grade, was es bedeutet; deshalb hüpfen sie auch, schlagen mit den Flügeln, schreien und fliegen in verworrener unschöner Unordnung ein Stück über den Erdboden hin – und dann ist es vorbei.

Es war einmal eine Wildgans. Zur Herbstzeit gegen den Wegzug hin wurde sie auf einige zahme Gänse aufmerksam. Sie fasste Zuneigung zu ihnen, es deuchte sie jammerschade, von ihnen wegzufliegen, sie hoffte, sie für ihr Leben zu gewinnen, sodass sie sich entschlössen, mitzufolgen, wenn der Zug fortflöge.

Zu dem Zweck ließ sie sich auf jede Weise mit ihnen ein, versuchte sie zu locken, dass sie ein wenig höher stiegen und dann noch ein wenig höher im Flug, damit sie dann womöglich im Zuge mitfolgen könnten, erlöst von diesem elenden, mittelmäßigen Leben, auf Erden zu watscheln als ehrbare zahme Gänse.

Zu Anfang schien es den zahmen Gänsen, dies sei ganz unterhaltsam, sie hatten die Wildgans gern. Aber bald wurden sie ihrer überdrüssig, so gaben sie denn grobe Worte von sich, setzten sie zurecht als eine fantastische Närrin ohne Erfahrung und ohne Weisheit. Ach, und die Wildgans hatte sich leider zu sehr mit den zahmen Gänsen eingelassen, sie hatten allmählich Macht über sie bekommen, so dass ihre Worte etwas für sie bedeuteten – und das Ende vom Liede war, dass die Wildgans eine zahme Gans wurde.

In gewissem Sinn kann man ja sagen, dass, was die wilde Gans tun wollte, sehr hübsch war, aber trotzdem war es ein Irrtum; denn – das ist die Regel – eine zahme Gans wird niemals eine wilde Gans, aber eine wilde Gans kann sehr wohl eine zahme Gans werden.

Wem das, was die wilde Gans tat, irgendwie lobenswert vorkommen könnte, der sollte vor allem auf eine Sache achten: auf Selbstbewahrung. Sobald du merkst, dass die zahmen Gänse beginnen, Macht über dich zu gewinnen, dann fort! Fort! und weg mit dem Schwarm, damit es nicht damit endet, dass du eine zahme Gans wirst, die mit ihrem jämmerlichen Los glückselig zufrieden ist.«[1]

Natürlich zielt Kierkegaard auf die »zahmen Menschen«, die sich eigentlich nicht mehr für das Christentum interessieren, es aber ab und zu unterhaltsam finden, sich mit der Bibel auseinanderzusetzen – aber nicht zu arg.

Ich interpretiere hier das Ganze etwas gewaltsam als Parabel über Innovationen. Da kommt ein Innovator mit einer Idee (»wir fliegen nach Süden«) und versucht, die angepassten Angestellten eines Unternehmens dafür zu interessieren. Sie finden die Idee »unterhaltsam« und diskutieren sie gerne in ein paar Meetings. »Was haben wir für tolle Menschen in unserem Unternehmen, die solche Ideen haben! Wir sind innovativ, das macht Freude! Wir könnten dem Innovator einen kleinen Geldpreis mit einer Urkunde verleihen, das wird ihn inspirieren, uns noch mehr Ideen zu bringen.« Das betrübt den Innovator einigermaßen, denn er will die Idee ausführen (»wir fliegen nach Süden«). Da schlägt die Stimmung gegen ihn um, es gibt »grobe Worte« gegen ihn, er soll doch bitte Ruhe geben – er kann sich schließlich nicht beklagen, er hat genug Aufmerksamkeit und sogar Lob bekommen. Diesen Prozess des stillen Beerdigens einer Idee habe ich selbst oft erdulden müssen und ihn wieder und wieder in anderen Unternehmen miterlebt. Nicht gezählt habe auch die Leserbriefe, die mit immer derselben Klage kommen: »Sie wollen gleich dann nicht mehr mitmachen, wenn es etwas ernster wird!«

Kierkegaard war damals verzweifelt, dass die christliche Botschaft nicht mehr ernst genommen wurde (und heute noch weniger ernst genommen wird). Er wütete, schimpfte und provozierte. Er radikalisierte sich am Ende seines kurzen Lebens gegen die verbürgerlicht-behagliche (Per-)Version der reinen christlichen Idee. Er wollte nie »die zahmen Gänse über ihn Macht gewinnen lassen«. Fort, fort, damit er nicht eine zahme Gans werde wie alle! Und letztlich scheiterte er mit seinem Vorhaben, alle die anderen aufzurütteln. Es scheint so schwer zu sein, die »zahme« Menge neu zu orientieren, ist es so mühsam, in einem Unternehmen mit stolzer langer Historie die normalen »dressierten« Menschen hinter dem gemütlichen Ofen der Gewohnheiten hervorzulocken. Wer es versucht, merkt schnell, dass es ihnen Angst macht, sich neu zu orientieren, auch wenn das Verbleiben im alten Trott zu Nachteilen führen würde. Es verlangt dem Innovator vieles ab, sich nicht »zähmen zu lassen« – schnell sagt er: »Okay, dann mache ich nur meinen normalen Job, da lobt ihr mich – aber sonst ja nicht.«

In diesem Sinne beginne ich das erste Kapitel dieses Buches. Ich will das heute normale Management, das sich selbst über Effizienz, Arbeitsdruck und Prozessorientierung definiert, als eine mächtige Dressurmaschine erklären, die uns Mitarbeiter immer stärker normt und zu »Prozess-Sklaven« macht. Wir werden zu Rädern im Getriebe der Geschäftsabläufe, und bald sind wir nur noch menschliche Prozess-Schnittstellen, die in einer Prozesskette Daten bekommen, sie kurz anschauen, mit einigen Klicks überarbeiten und sie in den nachgelagerten Prozess weiterführen. Unser Manager sieht sich als ein kurzfristig agierender Homo Oeconomicus und degradiert uns zu dem schon erwähnten Menschlein (»Homunculus Oeconomicus«), das nicht mehr weit von einem Roboter entfernt ist. Wir spüren es schon unheimlich in uns gären – derzeit grassiert die bohrende Frage in der Presse, ob wir nicht bald alle durch »Robos« ersetzt werden.

Aber auch die Presse hat vergessen, dass es den Süden gibt, gerade sie! Denn sie kanzelt all die Träumer, Tüftler, Künstler, Weltoffenen und Entrepreneure regelmäßig ab, deren radikale Ideen jedem gut dressierten und angepassten Presse-Homunculus verwegen, gefährlich und kindisch erscheinen müssen. Die Geisteswissenschaftler aber glauben erwarten zu müssen, dass jede neue Welt ethisch besser als die alte sein müsse, sonst sei der jeweils neue Weltentwurf rundweg abzulehnen – als ob Innovationen die Menschen als solche je grundsätzlich besser machen könnten.

Die alte Welt der Prozessoptimierung verdrießt uns sehr, aber eine ganz neue Welt scheinen wir zu ernsthaft zu fürchten. Was hält uns zurück? Das will ich hier analysieren: Das Management »baut Deiche«, es spart unermüdlich und optimiert die Prozesse, es verdichtet unsere Arbeit und verlangt Überstunden – und wir Herdentiere machen es angstvoll mit. Die Angst vor wirklichen Veränderungen frisst am Ende uns Mitarbeiter.

Wenn Sie jetzt befürchten, ich würde nun als »Wild Dueck« ein niveauloses Loblied auf alles Neue singen, dann irren Sie sich. Ich will darstellen, wie zahm wir alle geworden sind und wie wir trotz aller Unbill noch zahmer werden, und ich will argumentieren, dass das Zahme schon zwanghafte Züge einer ernsten Störung angenommen hat – offenbar besonders in Deutschland, denn wir liegen heute fast überall zurück. Wir sind nicht mehr die stolzen »Made-in-Germany-Deutschen«. Wir rangieren unter »ferner liefen«. Bei Klimaschutz, Bildung, E-Mobilität, Netzabdeckung, Digitalisierung etc. stehen wir vor »gewaltigen Herausforderungen«, über die wir zahmen Gänse immer noch lange auf dem Hof diskutieren ... Es gibt ja immer noch genug Weizen zu futtern, zwar weniger als früher, aber wir Zahmen fühlen uns noch so sicher geborgen, dass wir uns gewiss in kein Abenteuer stürzen.

[»Wir werden zu Zukunftsunfähigen geformt.«]

Ihr Zahmen: wenn es im Winter nichts zu essen gibt, könnten wir alle doch in eine neue Welt im Süden fliegen. Seid sicher: Es gibt den Süden. Dort liegt Digitalien. Ihr Zahmen: Ist es wirklich so, dass es keine Chance gibt, euch wieder wild zu machen? Oder entsprechen drahtig fliegende Gänse nicht eurem Schönheitsideal, weil sie mager und schwach aussehen, nicht so proper fett und blütenweiß? Was passiert, Ihr fetten Gänse, wenn der Bauer krank wird und euch nicht mehr füttern mag? Wollt Ihr für diesen Fall nicht wenigstens fliegen können? Da fällt mir ein: War es in Passau? Ja, in Passau, es ist sehr lange her.

Ich besuchte damals noch als Bielefelder Mathe-Prof eine Tagung und schwänzte zwei Stunden. Ich schlenderte in der Altstadt die Donau entlang zur Mündung von Inn und Ilz. Auf dem Wege dorthin stellten Künstler ihre Bilder aus, auch Skulpturen und Fotos. Ich schlenderte zügig hindurch, »es ist ja nur Kommerz«. Da! Ich blieb wie gebannt vor einem Foto stehen, betrachtete es und sog es lange in mich hinein, wohl eine Viertelstunde lang. Gänse! Bildfüllend sehr viele Gänse, die allesamt ihre Hälse gespannt in die Richtung des Bildbetrachters recken. Und die vorderste Gans von allen im Bild breitet als einzige schon ihre Flügel aus und scheint loszufliegen. Das Bild steht unter Spannung. Man fragt sich: Würden die anderen ihr folgen? Reißt die führende Gans alle mit auf eine gemeinsame Reise? Ich fühlte tief, dass das Bild etwas mit Innovation und Start-up zu tun haben müsste, dass ich selbst vornewegfliegen müsste und sehnlich erwarten würde, die anderen kämen nach ... Ich fragte nach dem Preis. Das Foto, etwas größer als DIN A4, war für mich sagenhaft teuer. Ich ging traurig bis zur Mündung. Auf dem Rückweg kaufte ich es, ohne zu verhandeln, weil Mathematiker dazu wohl zu schüchtern sind und ich noch mehr. Ich hatte das Gefühl, es ewig bereuen zu müssen, wenn ich es nicht besäße. Es hängt nun seit über 30 Jahren neben meinem Schreibtisch und drückt etwas in mir aus.[2]

Ja, Sie mögen denken, ich könnte von Größenwahn erfasst sein, ich allein vorneweg – nein, es ist Sehnsucht wie bei Saint-Exupéry (erwecke in dir »die Sehnsucht nach dem weiten, endlosen Meer«) aber auch die Angst – die habe ich, ganz bestimmt – zahm oder assimiliert zu werden.

Als ich 1987 zur IBM ging, hatte ich schon fünf Jahre als Uni-Professor hinter mir, ich schaute mich erstaunt in einem großen Konzern um. Wie viele Regeln es gibt! Und dabei war ich doch in einem »Wildgansgatter«, im IBM Wissenschaftszentrum Heidelberg gelandet, um dessen Freiheit man uns im Konzern beneidete. Ich war bei meinem Eintritt irgendwie schon zu alt, um mich sofort brav der Zähmung zu unterwerfen. Ich war und blieb kritisch, weil ich schon mit einer gefestigten Außensicht auf das Ganze gekommen war und die immer in mir bewahrte. Vielleicht kann ich nur deshalb dieses Buch schreiben. So. Das war's auch mit dem persönlichen Teil!

Weniger prosaisch und noch weniger allegorisch formuliert: Unsere nun alt gewordenen Industrien, in deren Anlagen wir zu fetten Hausgänsen wurden, werden uns bald nicht mehr in der derzeitigen Form ernähren. Sogar die sonst auf zahm gebürsteten Prozessberater warnen heute: »Autos, Bankkonten, Energieerzeugung oder Handel gehen zunehmend anders.« Die Umwälzungen durch Globalisierung und Digitalisierung verlangen schon seit längerer Zeit ein neues Verhältnis zum Arbeiten und eine innovativere Grundhaltung der Mitarbeiter. Das ist zwar schon lange erkannt, wird aber in Unternehmen bisher praktisch ignoriert. Nun stehen wir an einem Scheidepunkt. Wir brauchen Unternehmer, die ihre Ideen zum Fliegen bringen. Und zwar ganz vorne.

Irgendwann habe ich mal den folgenden Satz gefunden, der mich seitdem nicht losgelassen hat: »In 1648 he embarked for America to seek his fortunes, as he felt confident that better opportunities awaited him on the shores of the New World.« [Im Jahre 1648 schiffte er sich nach Amerika ein, um sein Glück zu suchen, denn er war voller Zuversicht, dass sich ihm an den Ufern der Neuen Welt bessere Chancen bieten würden.«] So dachten damals viele, als der Dreißigjährige Krieg zu Ende gegangen war. Bleibt man zurück im Zweifel? Oder sucht man nach ungewissen Chancen an einem anderen Ort? Beides ist ungewiss, auch heute. Es ist ungewiss, wie sich die neuen Unternehmen in der digitalen Welt schlagen, es ist ungewiss, in einer leise sterbenden Industrie zu verbleiben, bis es »einschlägt«, so wie in der Stadt Görlitz, in der so viele Siemensmitarbeiter ihren Job verlieren werden.

Man kann losziehen und sein Glück suchen oder sich an einen Strohhalm klammern. Wer entscheidet sich wofür? Das ist vor allem eine Frage der Persönlichkeit – »Das eine Risiko oder das andere?«

Die Menschen, die sich zum Fest- und Durchhalten entschließen, sind anders gestrickt als diejenigen, die aufbrechen. Das Durchhalten und das Gürtelkürzen mag kalkulierbar sein, aber es geht ohne jede Überraschung planmäßig bergab, bis – ja, bis das erhoffte Wunder doch noch alle rettet.

Ich erinnere: »Wenn eine Sintflut kommt, baut Schiffe oder Flugzeuge und keine Deiche.« Besonders die großen Unternehmen bauen Deiche. Sie »stellen sich auf«, »positionieren sich«, »wappnen sich«,

»treffen Vorsorge« und »planen vorsichtig«. Etwas aufgeschlossenere Unternehmen »schauen sich Start-ups an«, also Wildgänse, die fliegen – aber sie sehen sofort, dass »das bei uns nicht so einfach geht«. Sie wären ja offen für andere Lösungen, aber sie trauen sich letztlich doch nicht. Hungern im Althergebrachten scheint leichter zu ertragen zu sein als das Einschiffen nach Amerika.

Heute werden wir wieder auf einen neuen Kontinent vertrieben: Die »Digitalisierung« zeigt uns den Weg in eine Neue Welt. Der alte Kontinent »Analog« trägt uns nicht mehr und erscheint überbevölkert, der Kontinent Digital/Global muss erst urbar gemacht werden. Für den Übergang, der eine oder zwei Generationen dauern mag, werden Aufbruchsstimmung und Pioniergeist wie nie zuvor gebraucht.

[
Zukunftsmenschen brauchen eine Metakompetenz: Zukunftsfähigkeit. »Im Unbekannten Möglichkeiten zu realisieren, neuen Wohlstand aufzubauen.«
]

Diese Kompetenz haben wir heute zu großen Teilen nicht. Das finden wir an sich nicht schlimm, weil wir noch gut leben und die Sorgen einfach verdrängen. Überdies meinen viele, dass es nie zu spät sein kann, doch noch »überzusiedeln«, aber dann sind wohl die besten Claims schon abgesteckt. Auch das schreckt uns nicht, es geht uns noch gut. Und schließlich wissen die zahmen Gänse: »Es reicht zu wissen, dass wir im Ernstfall fliegen könnten, wenn wir wollten.« Könnten, könnten, könnten. Dass man das Fliegen wieder neu erlernen und vielleicht lange dafür üben muss? Glauben wir nicht.

Derweil wird in Deutschland einfach weitergemacht, immer weiter. Die Digitalisierung wird nicht etwa ganz liegen gelassen, nein, das nicht. Man nutzt jede ihrer Möglichkeiten, um etwas, was schon immer gemacht wurde, nun digital zu optimieren, um damit einzusparen. Hauptsache einsparen! Alles wird effizienter und schneller. Als Land der Ingenieure und Erfinder lieben wir Roboter in den Maschinenhallen, die dürfen uns helfen. Aber man verweigert sich den grundlegenden Innovationen der Fintechs, Biotechs, Gentechs, Insurtechs, Proptechs, die überall zum Leben erwachen. Dabei wollen wir nicht mitmachen, weil wir dann schrecklich unsicheres Land betreten müssten. Grimmig entschlossen werden die neuen Technologien nicht im Sinne der Zukunftsfähigkeit, sondern zum Überleben in der Vergangenheit verwendet. Man verschlankt und optimiert, das können wir alle, zumeist auch mit viel Geld für Berater. Aber etwas Neues beginnen? Nein. Irgendetwas stimmt nicht mehr im »Unternehmenshirn« oder in der Unternehmenskultur.

[
Das Unternehmenshirn leidet an einer Schieflage.
Es klammert sich an Gewohntes.
]

Das Management für Zukunftsfähigkeit dagegen hat sehr viel mit dem Handlungs- und Gedankenuniversum des »Start-ups« zu tun. Management und Mitarbeiter sind von Aufbruchsstimmung erfüllt, optimistisch und weltoffen. Aber das Management der Krisenbewältigung versucht es mit Sparen und Arbeitsdruck, mit Entlassungen und immer mehr Prozessorientierung und endlosen Umstrukturierungen. Das können Manager gut. Sie waren bald dreißig Jahre lang damit erfolgreich, Produkte, die schon erfunden waren, immer noch besser und schneller zu produzieren (Autos, Maschinen).

[
Vergangenheitsmenschen klammern sich an ihre
Metakompetenz: Effizienzfähigkeit.
]

Schauen Sie sich die Welt an, Sie können ja überall hinfliegen. Warum arbeiten bei Ihnen im Unternehmen alle vor sich hin? Warum schickt Ihr Unternehmen keine Delegationen ins Silicon Valley? Da ist sicher auch nicht alles Gold, aber es glänzt schon einmal. Wir alle wissen theoretisch, dass ein Auslandsaufenthalt die Persönlichkeit entwickelt. Das gilt auch für das Besuchen anderer Ideenkontinente oder einen träumenden Blick in den Himmel, auch wenn es wolkig ist.

Hochqualifizierte Arbeit braucht ein ruhigeres Gehirn als ein Routinejob

Effizienz bei Hochqualifizierten sieht anders aus als »schnell und billig«. Es hat etwas mit dem Erlernen »des Fliegens« zu tun und dem Erkunden der sich dann öffnenden Welt. Fliegen lernen braucht Zeit zum Üben, die Welterkundung braucht Drang und Freude an Grenzüberschreitungen. Diese Stimmung kommt in einem Gehirn nicht auf, dem ständig in den zugehörigen Hintern getreten wird.

Ich will einen Hauptteil des Buches darauf verwenden, die Denkmuster klassisch-schlechten Managements herauszuarbeiten, damit ganz klar wird, worin das Leiden eigentlich besteht. Unsere Manager sind beileibe nicht dumm, sie »schlafen« durchaus nicht und sie wissen eigentlich auch, was uns und ihnen selbst blüht. Man sagt oft: »Die Firmenkultur ist verkrustet.« – »Das Management ist gelähmt.« – »Das Management schaut sich die Start-ups staunend an, lernt aber nichts von ihnen.« Ich will Klarheit in diese Unklarheit bringen. Ich untersuche im Buch so etwas wie das »Unternehmensgehirn«, also das kollektive Denken und Wirken des Managements, das in einer größeren Mehrheit bestimmten einseitigen Meinungen der Vergangenheit anhängt. Dieses von einer Mehrheit getragene So-und-nicht-anders zementiert die Unternehmenskultur und lässt sich nicht einfach »umdrehen«.

Schritt für Schritt zeige ich Phänomene in veränderungsunwilligen Unternehmen oder staatlichen Strukturen auf, die sie im Alten festhalten.

Schauen wir im ersten Schritt in das Hirn eines jeden Mitarbeiters. Ist es ruhig, kreativ gestimmt, gehetzt oder genervt? Befindet es sich im richtigen Zustand für die Arbeit, die es auszuführen gilt? Sorgen die Manager dafür, dass sich das Gehirn in einem kreativen Zustand befindet? Das habe ich noch nie wirklich erlebt. In welchen Zustand bringen es die Manager? Sie stressen und nerven. Sie nennen es »Präsenz zeigen« oder »pushen«. Ich möchte oft aus der Haut fahren, wenn ich gerade über etwas Wichtiges nachdenke und plötzlich so ein Wie-weit-sind-Sie?-Nervtöter an meinem Arbeitsplatz erscheint. Das vernichtet die ganze Konzentration. Manche Schüler können bei einer Klassenarbeit nicht denken, wenn sich der Lehrer hinter sie stellt und auf ihr Geschreibsel schaut. Es macht wahnsinnig. Viele Lehrer wissen das und üben sich in ein wenig Sadismus. Als Schüler haben wir das alle erfahren, aber unsere Chefs üben sich weiter in diesem Sadismus, obwohl sie wissen, dass sie damit die Produktivität hemmen.

Das heutige Tagesgeschäft unter Druck kommt an seine Grenzen. Viele fühlen sich überlastet, die allgemeine Burnoutgefahr steigt. Wer zu schnell arbeitet, wird hektisch oder bald auch müde und macht Fehler, deren Bereinigung überproportional große zusätzliche (!) Aufwendungen erfordert.

»Eile mit Weile« sagt der Volksmund – aber die Manager sehen das anders. Schauen wir kurz in Ihr Auto: Neuerdings gibt es in den Autorückspiegeln Sensoren, die unsere Augen beobachten und eine Übermüdung oder zu hohen Stress anzeigen können. In diesem Fall erinnert uns ein Tonzeichen, dass wir lieber nicht mehr ohne Pause weiterfahren sollten. Ein richtiger echter Kraftmanager aber spielt den Macho und schaltet diese Vorrichtung ab. Er protzt vor den Mitarbeitern damit, härter und länger als alle anderen zu arbeiten. Seinen Körper- und Hirnzustand will er lieber nicht wahrnehmen.

Hochqualifizierte Arbeit funktioniert im Hastigmodus nicht. Wer kann denn rund um die Uhr – am besten unter Zeitdruck und mit Blick auf Bonusentziehungsdrohungen – Gedichte oder Programme schreiben, an Erfindungen tüfteln, wichtige Inhalte recherchieren oder wundervolle Präsentationen vorbereiten? Dafür braucht man einen klaren Kopf und einen ruhigen Arbeitsplatz – gewiss keinen der heute propagierten Sparbarhocker auf einer Massentierhaltungsarbeitsfläche. Die Sparkommissare missbrauchen pseudowissenschaftliche Studien und behaupten aus Geldgier: »Je enger die Mitarbeiter zusammensitzen, umso kommunikativer können sie ihr Wissen teilen.« Aber jeder Nichtmanager weiß: Für tiefes Nachdenken wäre ein Spaziergang effizienter, und oft kommen die besten Ideen im Urlaub am Strand. Warum dann nicht Freilandhaltung für Mitarbeiter statt Käfigzwang oder Hühnerstangenpflicht?

Werbetexter oder Start-up-Gründer sind noch einmal anders als die konzentrierten Nachdenker: Sie lieben es, fröhlich beim Kaffee beisammen zu sitzen und dabei die Füße auf den Tisch zu legen. Sie lachen und scherzen und »befeuern« sich dabei gegenseitig.»Ein Königreich für eine große Idee, die Wesentliches bewirkt!« Oder: Wer Vorlesungen hält, Theater oder Fußball auf höchstem Niveau spielt, braucht Ansporn durch ein gutes Publikum. Wenn alle psychologisch »mitgehen«, gelingt vieles besser.

Jede Art von hochqualifizierter Arbeit braucht eine bestimmte »Hirnkultur«, aber nein, die wird vom Management missachtet. Denn die Manager sitzen einen Großteil der Arbeit in Meetings und lassen Präsentationen von Kollegen über sich ergehen, die mit »interessanten« Vorschlägen schließen – und jeder weiß, dass »Vorschläge« nur angenommen werden, wenn sie von ganz oben kommen, wenn überhaupt. Das ist jetzt sehr scharf formuliert, werden Sie sagen. Nein, das musste jetzt einfach raus, weil ich sehr oft unter den ineffektiven Absitz-Gesichtzeigen-Meetings gelitten habe. Jeder Haken wird lähmend lange besprochen, bis man nach vielen Stunden erst ein Bruchteil der Tagesordnung erledigen konnte. Der Rest wird dann einfach – zack, zack – irgendwie entschieden. Gibt es eine langweiligere Methode, um kostbare Arbeitszeit und Motivation zu verschwenden?

Manager leiden dagegen körperlich bei effektiven Expertendiskussionen.»Bitte nicht zu technisch«, so kündigen sie das Abschalten ihres Gehirns gegenüber Experten an. Sie verstehen auch die Diskussionskultur unter Experten nicht. Das sieht so aus: Drei, vier Topexperten treffen sich am Kaffeeautomaten. Da kommen sie auf ein wichtiges Fachproblem zu sprechen und merken, dass sie gegenseitig etwas voneinander lernen können. Eine lebhafte Diskussion entspinnt sich, alle sind wie elektrisiert. Mittendrin nähert sich eine höhere Führungskraft, schaut etwas streng in die Runde und zieht sich einen Kaffee. Es folgt ein etwas fragender Blick in die Expertenrunde. Diese unterbre-

chen ihr Gespräch. Sie warten, »bis er endlich weg ist« und nehmen die Diskussion wieder auf. Sie erzielen gute Fortschritte bei der Debatte und stärken ihre Beziehungen. Die Zeit verfliegt. Nach über einer Stunde kommt dieselbe Führungskraft erneut um einen Kaffee. Jetzt aber schaut sie so streng, dass sich die Expertenrunde sofort auflöst. In den Augen des Managers steht: »Geht endlich arbeiten!«
Es müsste den Techies erlaubt sein, ebenso bitter in ein klassisches Managementmeeting zu blicken. Man sollte zum Beispiel jede Stunde einmal die Tür zum Managermeeting zu öffnen, kurz reinzuschauen und kopfschüttelnd »Noch immer diese Laberrunde« seufzen ... Das darf man leider nicht, denn das Management hat die Macht, alles aus der eigenen Sicht heraus zu bewerten. Die BWLer haben die Macht zu wissen, wie andere Gehirne funktionieren.

[**Das Management weiß, was Menschen denken (sollen).** Von außen empfiehlt man dem Management Nachhilfe in Empathie.]

Was ich damit sagen will: Verschiedene Arbeiten verlangen eine jeweils andere »Kultur« oder »Hirnnutzungsart«. Diese Arten der Arbeit (Meetings, Nachdenken, Kundengespräche, Verhandlungen, Motivation der Mitarbeiter, Feedbackgespräche) haben ihre eigenen Gesetze. Effizienzrunden haben ihre Regeln und Kultur – aber Zukunftsdenken, Strategie oder Mitarbeiterentwicklung haben andere. Der 100-Meter-Läufer sprintet besinnungslos, der Marathonläufer muss mit seinen Kräften haushalten, der Stratege aus dem Fenster schauen.

In diesem Buch möchte ich diesen Unterschieden eine größere Bühne bieten, weil das Management in der Mehrheit wie vernagelt meist in stressenden Kategorien wie »billiger, schneller, effizienter« denkt. Manager gehen auch schon mal spazieren oder verbringen nach neumodischer Art ein Wochenende im Kloster, aber das tun sie zum Auftanken, nicht zum Arbeiten – und Auftanken in der Arbeitszeit wird als absolut unzulässig gesehen.

Das Management versteht all die anderen nicht, weil die einzelnen

Manager schon als Antreiber eingestellt werden (»ambitioniert, mit Biss, noch jung und hungrig«). Sie durchlaufen Workshops, Hirnwäschereden und Assessment-Center und werden zu einer fast uniformen Klasse von Stressklonen geformt, die dauernd aufs Tempo drücken und das Erreichen von Mondzielen zur Pflicht machen wollen. Das alles wird schon lange gesagt und gefühlt, aber ich möchte Ihnen im weiteren Verlauf bedrückende Argumente liefern, warum alles so kommt und wie es kommt: dass wir nämlich für die Zukunft keine Zeit zum Nachdenken, Ausprobieren und zum gemeinsamen Lachen haben.

Dieses Buch soll den psychologischen Unterschied zwischen den Unternehmen und Menschen deutlich herausarbeiten, die sich klar der Zukunft widmen, und den anderen, die sich in Effizienz und Zwischenstadien zu retten versuchen.

An dieser Stelle hier beginne ich erst einmal sehr einfach und pauschal. Stellen Sie sich einen Paketzusteller oder einen Hamburgerbrater vor. Was will deren Chef? »Die sollen absolut nur schnell arbeiten!« Schnell, schnell, und nochmals schnell – sie sollen aber bitteschön ihre Arbeit absolut perfekt erledigen. »Wir erwarten blitzschnelle Arbeit über lange Zeit zu geringem Lohn und feuern jeden, der einen Fehler macht!« Die Chefs laufen mit Uhren und Fehlermeldungsnotizblöcken herum, sie sind dabei oft betont selbstaufwertend gekleidet und haarbewusst frisiert. In diesem Businessmodell erhöht großer Stress die Leistungen solange, wie der Mitarbeiter das Tempo durchhält. Bei Legehennen kann man nach einiger Zeit beobachten, wie die Legefrequenz irgendwann stetig abnimmt, dann muss gehandelt werden. Das Managementprinzip dazu heißt »Hire & Fire«. Jedenfalls gilt: Bis zum Ausbrennen bringen Leute bei einfachen Routinearbeiten bessere Resultate, wenn man sie unter großen Druck setzt. Beim Draufhauen hilft es, dass einem der gehauene Mensch egal ist.

Etwas genauer: Im folgenden Schaubild habe ich die vorstehenden Gedanken visualisiert. Im Bild wird die Beziehung von Anspannung und Leistung bei der Arbeit dargestellt. Die obere Kurve symbolisiert jemanden, der einfachste Arbeitsschritte wie Scannen von Rechnungen oder Braten von Hamburgern durchführt und sich immer nur ein paar Sekunden auf den jeweiligen Vorgang konzentrieren muss. Die Hügelkurve besagt, dass es bei schwierigeren Arbeiten ein gewisses optimales Anspannungsniveau gibt. Auf diesem Niveau muss und will man alle Umstände und Faktoren, alles Wissen und alle Erfahrung konzentriert für einen Lösungsvorgang bündeln. Ohne Anspannung (»ohne Lust dazu«etc.) wird das nichts, weil bei Unlust einfach nicht alles in den Kopf zu bekommen scheint. Bei zu großer Anspannung wird man nervös und fühlt sich von einem Zuviel an Komplexität wie vernagelt. Der Blackout bei Prüfungen ist ein solcher Zustand. »Ich war so sehr konzentriert und so ungeheuer angespannt, dass mir plötzlich absolut nichts mehr einfiel.«

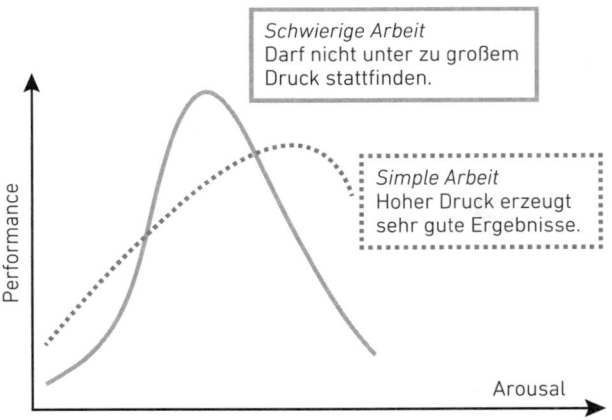

1. Aktivierungsgrad des zentralen Nervensystems

Jede Woche diskutieren wir neu über das beste Anspannungsniveau beim Fußball. »Diese faulen Millionärssäcke hatten keinen Bock, sich gegen eine vermeintlich schwächere Mannschaft ins Zeug zu legen, während sich die Underdogs den Arsch aufrissen und verdient gewannen.« Oder anders herum: »Die Underdogs waren übernervös und hatten daher wohl zu großen Bammel, so, als wenn sie Angst vor dem Gewinnen hatten.« Optimal eingestellt klingt es so: »Die Mannschaft war bis in die Haarspitzen motiviert und steigerte sich in einen Spielrausch.« Diese verschiedenen Zustände der Anspannung möchte ich kurz in gesonderten Grafiken verdeutlichen.

Früher, als wir noch kein allgemeines Performance-Management und Effizienzstreben kannten, arbeiteten wir in unserer Komfortzone, wie man heute ausgesprochen tadelnd sagt. »In der Komfortzone« ist heute eine politisch korrekte Bezeichnung für Trägheit und Veränderungsunwilligkeit geworden. Wir arbeiteten früher nicht so schnell, wie wir irgend konnten, sondern so, wie wir es angemessen zügig fanden. Wir hatten ein inneres Maß für den Grad der Pflichterfüllung. »Studiere in Ruhe.« Zu meiner Zeit, in den 70ern, studierte man im Durchschnitt 14 Semester. So lange! »Und nun geh ich mal an meine Doktorarbeit.« Es war eine viel gemächlichere Zeit.

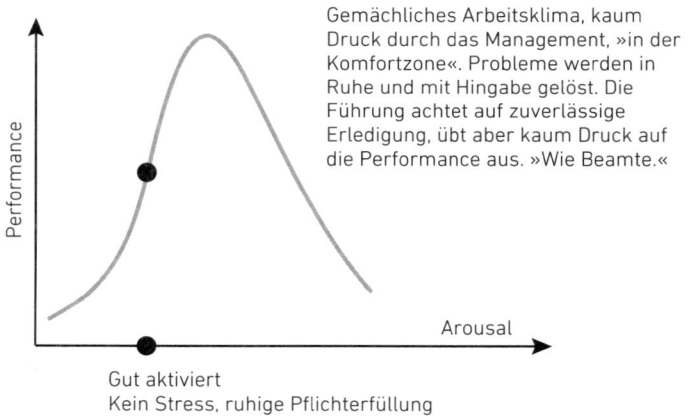

Gemächliches Arbeitsklima, kaum Druck durch das Management, »in der Komfortzone«. Probleme werden in Ruhe und mit Hingabe gelöst. Die Führung achtet auf zuverlässige Erledigung, übt aber kaum Druck auf die Performance aus. »Wie Beamte.«

Gut aktiviert
Kein Stress, ruhige Pflichterfüllung

2. Gemächliches Arbeitsklima

Die Lehrbücher predigen natürlich, ein Optimum an positivem Stress zu erzeugen, sodass höchste Performance bei gleichzeitiger Freude an der Arbeit erreicht werden kann. Im Flow müsste man arbeiten! Tief versunken! Große Ziele erreichen! Wir träumen davon, dass es in den Start-ups im Silicon Valley so zugehen mag. Niemand zählt dort die Überstunden, alle brennen dafür, mit ihrer Arbeit Teil eines großen Ganzen zu sein.

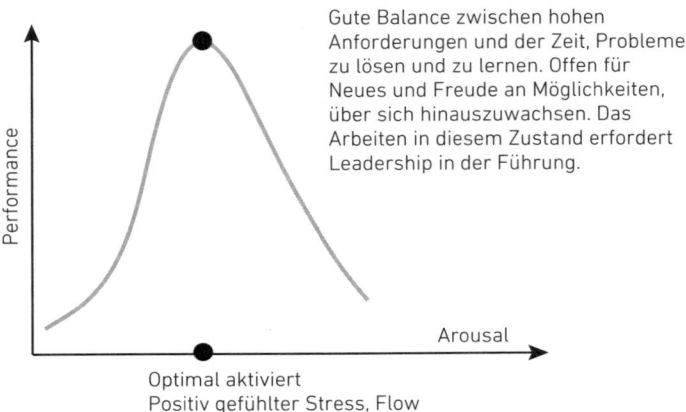

3. Gute Balance

Das ist leicht gefordert! Wie aber kann eine entsprechende Arbeitsatmosphäre geschaffen werden? Um diese Frage kreisen viele Bücher und Leadership-Theorien. Es gibt Ratschläge zuhauf und noch mehr Unternehmenscoaches und Beratungsgesellschaften, die wirksame Hilfe versprechen. Es passiert aber wenig, denn für einen Erfolg müsste man ein Betriebsklima des Empowerments und des Mitarbeitercoachings etablieren. Dazu würde gehören, die Mitarbeiter selbstverantwortlich und unternehmerisch denkend arbeiten lassen, sie also insbesondere als Persönlichkeiten zu entwickeln und auch als solche zu behandeln – »Auf Augenhöhe«, sagt man heute. Das geschieht nicht. Das Management gibt weiterhin kleinklarierte Anweisungen (es betreibt so genanntes Mikromanagement) und besteht auf das sklavische Einhalten von Regeln. Mitarbeiter werden immer noch als Untergebene gesehen, die man zur (richtigen) Arbeit anhalten muss.

Die Gedanken des klassischen Bossmanagements kreisen um die möglichst starke Aktivierung der Mitarbeiter. Dazu muss man ihnen – so der feste Glaube – nur den nötigen Stress machen. Die Mitarbeiter spüren, dass sie durch dieses Zuviel an Stress nicht mehr optimal arbeiten können. Es verdrießt sie. Sie haben kaum noch Zeit, sich weiterzuentwickeln oder auch nur einmal Luft zu schöpfen. Durch den zu hohen Stress entstehen mehr Fehler, die wiederum in noch mehr Überstunden korrigiert werden müssen. Das ist ineffektiv.

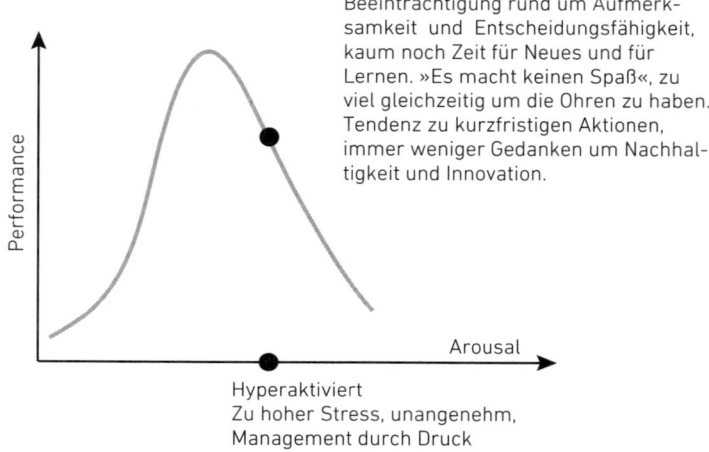

4. Beeinträchtigung und Aufmerksamkeit

Zu hoher Stress fühlt sich unangenehm an. Der Druck demotiviert, erzwingt aber doch eine hohe Arbeitsleistung. Auf dieses Ergebnis ist das Management einigermaßen stolz, weil diese Leistung allemal höher liegt als in der ursprünglichen Gemächlichkeit der Komfortzone. Da das Management selbst unter Stress steht, immer höhere Gewinne abzuliefern, überzieht es den Stress sehr oft und treibt die Mitarbeiter »in den Wahnsinn«. Denn sie arbeiten jetzt viel mehr, aber die Performance sinkt.

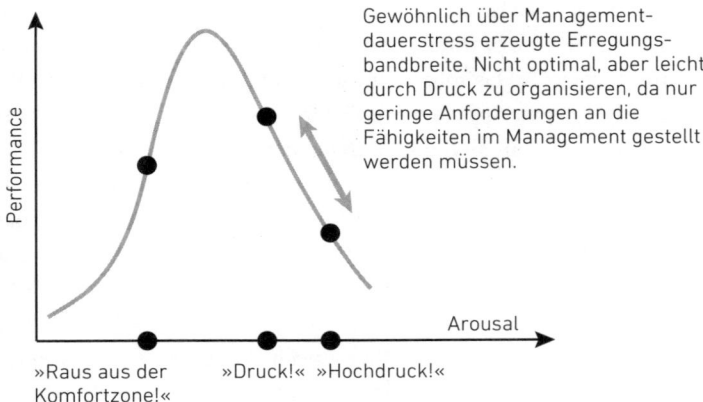

5. Raus aus der Komfortzone

Ich habe das schon oft von Mitarbeitern gehört: »Es ist kontraproduktiv!« Aber ich kenne kaum Fälle, in denen man ihnen Gehör schenkt. Das Management scheint das Instrument des Arbeitsdrucks für unendlich wiederholbar zu halten. Wer widerspricht oder Einwände erhebt, ist wohl faul und will partout nicht aus der Komfortzone. Es liegt wohl darin, dass das Management die Konzentration auf schwierige Arbeit nicht würdigen kann.

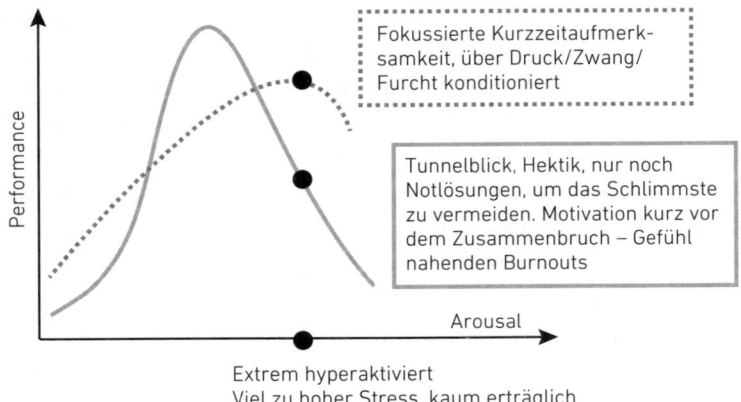

6. Extrem hyperaktiviert

Das Management sieht klar, dass sein auferlegter Arbeitsdruck bei einfachen Aufgaben die optimale Performance bringt (»Auspeitschen von Galeerensklaven«). Das mag stimmen. Es kann sich nicht vorstellen, dass bei schwierigen Aufgaben weniger Stress die Performance steigern würde. Damit verhält sich das Management in dieser Frage kollektiv dumm. Entschuldigung. Damit Sie nicht gleich in Zorn verfallen: Ich habe nicht gesagt, dass jeder einzelne Manager dumm ist. Ich habe geschrieben: Das Management verhält sich in dem Punkt Überauslastung als Kollektiv dumm. Ich habe dieses Überschätzen von Auslastungwahn und Überstundenrödeln in meinem Buch *Schwarmdumm* sogar einigermaßen sauber mathematisch vorgerechnet. Können Sie dort alles eingehender nachlesen. Es geht darin tatsächlich dezidiert um Dummheit. »Dummheit ist, anderen zu schaden, ohne sich selbst zu nützen«, so zitiere ich gerne aus dem satirischen Werk *Allegro ma non troppo: Die Rolle der Gewürze und die Prinzipien der menschlichen Dummheit* von Carlo M. Cipolla. Der Überstress schadet den Mitarbeitern, dem Unternehmen, den Aktionären, den Kunden und den Stressmachern selbst. Damit sind die Kriterien erfüllt: Es schadet allen, auch denen, die es so wollen.

Schauen Sie auf das Cover des Buches:

GUT > BESSER > BULLSHIT

Damit habe ich eine Menge pauschaler Aussagen von mir gegeben. Viele Leser empören sich an solchen Stellen: »Es gibt doch aber auch echte Führungspersönlichkeiten und Leader!« Ja, gibt es. Noch einmal: Es geht nicht um den einzelnen Manager (Dieses Argument bringe ich jetzt schon zum x-ten Mal, weil Sie gerne die positiven Ausnahmen zur Regel machen wollen. Aber Ausnahmen sind Ausnahmen.). Ich will im Verlauf des Buches zeigen, dass die Mehrheit und damit das Kollektiv der Manager genau diesen Gedanken folgt, die ich eben – zugegeben stark vereinfacht – dargestellt habe. Ich muss Sie daran erinnern, dass die Mehrheit in den Meetings die Minderheiten stets erdrückt und unterdrückt und dass auch diejenigen Mitarbeiter, die man gerne empowern möchte, genau die einengenden Regeln, Vorschriften und Prozesse beachten müssen, deren Inhalte auf die Mehrheit zurückgehen. Die Mehrheiten im Management zimmern unentwegt an einer Art Stressgefängnis, in dem auch die »Guten« gefesselt werden.

Die Mehrheit des Managements betreibt seit Ende der 80er Jahre Reengineering, Prozessorientierung und rigides Prozessmanagement. Eine Sparrunde reiht sich an die nächste. Die Digitalisierung ermöglicht das Normen unserer Arbeitsschritte, die zu einem guten Teil darüber zu einfachen Arbeiten werden, die man jetzt gut und günstig über Stress beschleunigen kann. Für Routinearbeit ist Nachdenken oder eigenes Entscheiden nur noch seltener nötig. Jeder Mitarbeiter arbeitet Schritt für Schritt die Prozesse ab – aber bitte immer schneller! Das Effizienzmanagement interessiert sich in solchen stark prozessierten Organisationen nur noch für Zeit und Geld – diese stehen als Zahlen in den Tabellen, über denen die Manager brüten: Was lässt sich noch zusätzlich herausholen? Sollen wir noch stärker stressen? Mit Entlassungen drohen, wenn Gehaltssenkungen nur noch auf der Kostenseite helfen?

Auf der anderen Seite ist das Effizienzmanagement anscheinend vollkommen blind für die neuen Aufgaben des digitalen Zeitalters, die wirkliche Experten erfordern. Alle klagen doch über den grassierenden Fachkräftemangel! Es gibt kaum noch genug Talente, die komplexe Aufgaben übernehmen können. Fachleute verzweifelt gesucht! Und wenn ein Unternehmen solche Highflyer zu einem Bewerbungsgespräch einlädt, dann fragen die Bewerber neuerdings: »Können Sie mir eine empowerte Arbeitsatmosphäre mit nicht zu viel ungesundem Stress zusagen? Lässt sich bei Ihnen sinnvoll arbeiten?« Die jungen Neuen wollen viel leisten, aber auch Freude an der Arbeit haben, womit sie wohl »Flow« meinen. Sie wollen also im Sinne der vorstehenden Grafiken am Performance-Optimum arbeiten, nicht am Stresstodpunkt, den das Management anstrebt. Was höre ich von den Managern und Personalern? »Die jungen Leute sind neuerdings zu anspruchsvoll. Sie wollen nicht richtig schuften. Die Bewerberlage ist zum Verzweifeln. Da kommt gerade eine ganze für uns verlorene Generation auf uns zu. Denken die, wir sind eine soziale Einrichtung?«

Es ist ein zentrales Missverständnis der Mehrheit im Management, das vielleicht das Grundübel unserer derzeitigen Arbeitswelt provokant umschreibt:

> Die Arbeitsinhalte im digitalen Zeitalter werden anspruchsvoller und komplexer, aber das Management ignoriert das Problem der optimalen Arbeitsatmosphäre und tritt uns weiter in den Hintern, um das Letzte aus uns herauszuholen.

Das macht uns »Andere« bei der Arbeit verrückt. Unser Hirn muss doch wohl ganz und gar für die Arbeit frei sein, wenn anspruchsvolle Aufgaben erledigt werden sollen. Wir fühlen uns entsprechend von den vielen Meetings, To-dos, Terminen und Abhakpflichten abgelenkt und bei der eigentlichen Arbeit schwer beeinträchtigt.

Das Management versteht das nicht und kontert: »Lassen Sie sich durch den Druck nicht verrückt machen. Sie müssen nur die Performance steigern. Sehen Sie es positiv. Wir motivieren Sie nur. Wir drängeln Sie solange, bis Sie High Performer sind. Es ist nicht persönlich gemeint.« Damit gibt das Management zu verstehen, dass wir auch die Arbeit unter Termindruck und Ärger als positive »Herausforderung« sehen sollen und daher als »positiven« Stress oder Eustress empfinden sollen. Wir möchten uns bitteschön in absolut jeder Situation auf dem optimalen Arbeitsrauschniveau befinden.

Ich kenne persönlich etliche hohe General Manager, die das jeden Tag zwölf bis vierzehn Stunden lang hinbekommen. Sie nehmen geduldig Termin auf Termin wahr (wir würden sagen: sie hetzen von einem zum anderen), sie müssen viele Male am Tag streiten und beruhigen, dann wieder geduldig zuhören und danach jemanden von Herzen loben. Den ganzen Tag. Jeden Tag. Jahraus, jahrein. Wie schaffen die das? Vielleicht ist meine Antwort nicht ganz richtig, dann tue ich ihnen Unrecht: Sie managen wie ein Hamburgerbrater oder ein Belegscanner – sie bearbeiten Vorgang für Vorgang, Streit für Streit, Problem für Problem ab. Sie erledigen diese Vorgänge in der festen Überzeugung, damit das Beste für »ihre Zahlen« bewirkt zu haben. Es geht ihnen nicht darum, dass das Unternehmen einmal überhaupt keine Probleme hat, dass irgendwann einmal alles in Ordnung kommt oder dass alle Mitarbeiter glücklich sind – nein, sie bearbeiten Vorgang für Vorgang wie ein Arzt, der jeden Patienten angemessen behandelt, aber keine persönlichen Gefühle für den Patienten hat.

> Der typische Arzt behandelt Kranke, aber er kämpft nicht gegen die Krankheiten an sich.
> Der typische Manager löst Konflikte, aber er bringt keine generelle Ordnung in die Firma.

Hohe Manager sagen wie Ärzte: »Du arbeitest in einem Sumpf von Problemen und tust, was du kannst. Du darfst diese seelischen Dinge nicht zu sehr an dich rankommen lassen, denn dann hast du verloren.«

Wenn Manager in diesem Sinne To-dos abarbeiten, dann ist »Hochdruckmanagement« im Sinne der vorstehenden Schaubilder eine seelisch gesehen »einfache« Arbeit, bei der die Performance steigt, wenn der Druck größer ist. Effizienzmanager arbeiten also selbst unter Druck erfolgreicher – na, und diese Eigenbeobachtung halten sie für generell richtig. Im Grunde irren sie sich dabei, denn ein normaler Manager macht die meiste Zeit Druck nach unten, dann ist er mächtig. Das fühlt sich gut an. Aber wenn ein Manager selbst bei höheren Chefs zu hochnotpeinlichen Reviews »antanzen« muss, dann fühlt er sich ganz wahnsinnig unter Stress, besonders wenn er schlechte Ergebnisse entschuldigen muss. In der Summe aber ist sein Stress eher positiv, weil er ihn selbst erzeugt.

Für normale Mitarbeiter aber, die diffizile Dinge regeln wollen, sind solche Streitereien und Meetings Gift für die Psyche. In der Konsequenz wirken daher Manager tendenziell vernichtend auf alle Kompetenzen, die das Lösen schwieriger Probleme erfordert.

Schrecklich: Das Managementkollektiv formt uns nach seinem Eigenbild – das macht uns zukunftsunfähig. Wir sollen wie Roboter alle Probleme abarbeiten, mehr nicht, das aber immer schneller.

Die gleichen Hochdruckmanager aber tragen uns ihren nächsten Lieblingsgedanken vor, den sie hoch dotierten Beratern abgekauft haben, nachdem sie es zuerst ungläubig in der Presse gelesen haben: Wir Mitarbeiter sollen ein »Mensch 4.0« werden, hochkreativ und selbstständig! Wir sollen zukunftsfähig sein! Denn heute sind Kreativität, Unternehmerdenken und Innovation gefragt wie nie zuvor. Gute Leute werden angeblich schon wie Stecknadeln im Heuhaufen gesucht. Die sollen entwickeln, erfinden, verändern und generell neue Welten erschließen, sodass sich das Quartalsergebnis verbessert.

Die Gänse sollen also fliegen, aber einfach so? Schwierige Berufe verlangen eine Art Meisterschaft, die man sich erwerben, ständig erneuern und erhalten muss. So wie Unternehmen neue Produkte und Services bieten, so verändern sich auch die qualifizierten Mitarbeiter. Die brauchen ständig neue Kenntnisse, sollten sich auf Konferenzen auf dem neuesten Stand halten, ihre Netzwerke im Unternehmen pflegen und ganz generell »über den Tellerrand hinausschauen« können – so wollen es lippenbekenntlich alle, auch die Führungskräfte. Das kostet viel Zeit! Wenn das Management dagegen bei McDonald's ein neues Maximenü auf die Speisekarte stellt, reichen ein paar Minuten Belehrung hinten bei den Bratern, wie denn der neue Hamburger aussehen soll. Der Anteil der Bildung, der Entwicklung und der Zukunftsfähigkeit an einem Arbeitsplatz variiert enorm. In den hochprofessionellen Berufen redet man oft von »dreißig Prozent« der Zeit, die man sich für die eigene Entwicklung und das Netzwerken nehmen sollte. Viele Berufe verlangen sehr lange Einarbeitung und Übung und stete Weiterentwicklung: IT-Experten, Chirurgen, Fluglotsen, Erzieher und Lehrer.

Stellen Sie sich schlechte Lehrer, Fluglotsen oder Chirurgen vor – oder auch ganz gute, aber unter hohem extremem Stress. Schlechte oder stark gestresste Mitarbeiter in Berufen schwieriger Tätigkeit schaden bei ihrer Berufsausübung mehr als sie nützen. Miese Lehrer können Seelen ruinieren, schlechte Marketingleute schreiben miserable Einladungstexte (»abgekupferter Standard«), ahnungslose oder wenig empathische Vertriebsbeauftragte vergrätzen Kunden, unfähige Ingenieure ruinieren Maschinen oder legen gar ein Band lahm.

Daher müssen sich die Mitarbeiter mit anspruchsvollen Aufgaben ständig weiterentwickeln. Sie müssen es, aber sie bekommen im Stress des Alltags kaum Gelegenheit dazu.

Wenn man Mitarbeiter bei schwierigen Aufgaben unter Zeitdruck setzt, sinkt nicht nur ihre Performance, weil sie im falschen mentalen Zustand arbeiten und sich nicht so gut konzentrieren können. Es ist viel schlimmer: Die Hochqualifizierten schrauben ihre Weiterentwicklung bei der Arbeit bis auf null hinunter, um Zeit für die eigentliche Arbeit einzusparen. Sie greifen auf Standardlösungen zurück, die sich bewährt haben. Sie scheuen neue Aufgaben, weil sie keine Zeit »vergeuden« dürfen. Damit verkrusten sie zu Fachexperten eines bestimmten Zeitpunktes in ihrem Leben, der meist am Ende des Studiums liegt. Sie werden mit diesem damaligen Zeitwissen alt und behaupten, sie als Ältere hätten die ganze Erfahrung gepachtet. Nein, meist sind sie dann schon lange aus der Zeit gefallen, weil man Meisterschaft immer wieder erneuern muss, wie ein Unternehmen als Ganzes ja auch.

Das Unternehmen verkrustet als Folge des Arbeitsdrucks.

 Wenn wir keine Ruhe haben, uns weiterzuentwickeln, tun wir es nicht. Wenn wir es über lange Zeit hinweg nicht mehr versuchen, sehen wir keine Notwendigkeit mehr dazu.

Die menschliche Intelligenz kristallisiert sich in den Prozessen

Ein voll digitalisierter Arbeitsprozess enthält alle Intelligenz der Arbeit in sich selbst, eben in seiner Programmierung. Im Zuge der Digitalisierung bis hin zur Automatisierung wird ein immer größerer Teil der Arbeitsintelligenz in den automatisierten Teil eines Prozesses übernommen. Von den beteiligten Menschen zwischen den automatisierten Prozessschritten wird immer weniger verlangt. In der Industrieproduktion, in der Landwirtschaft und im Bergbau ist das alles schon wesentlich fortgeschritten – nun wird der Servicebereich aufgerollt, in dem wir heute mehrheitlich arbeiten. Das ist Vergangenheitsbewältigung. Zukunft darüber hinaus gibt es genug, warum also nicht gleich dahin?

In den letzten Jahren hat man die Industrieproduktion perfektioniert. Sie haben zum Beispiel sicher über viele Jahre immer wieder gelesen: »Opel in Bochum entlässt Mitarbeiter«. Aber die Werke haben dort immer mehr Autos produziert. Nach dem Zweiten Weltkrieg war knapp die Hälfte der Berufstätigen in der Landwirtschaft beschäftigt, heute sind es nur noch sehr wenige. Aber die Felder sind immer noch bestellt und die Erntemengen sind über die Zeit stark gewachsen (neue Sorten, besserer Dünger, Pflanzenschutzmittel).

Stellen Sie sich einmal vor, Sie müssten ein Kilo Mehl, ein Kilo Zucker, eine Dose gehackte Tomaten oder ein gefrorenes Brathähnchen möglichst billig produzieren. Ich google kurz: Ich bezahle Ihnen 45 Cent für 1 kg Mehl, 70 Cent für 1 kg Zucker, 79 Cent für die Dose Tomaten und 3,99 Euro für das Hähnchen. Wie machen Sie das? Ich bin auf einem Bauernhof groß geworden – und ich seufze oft bei diesen Preisen: »Was der arme Bauer dafür leisten muss.« Die oben genannten Preise sind ja die Ladenpreise, aber der Preis, zu dem der Bauer liefern muss, liegt dramatisch tiefer. Sie finden im Internet besonders oft Angaben, wie viel eine Molkerei dem Bauern für einen Liter Milch auszahlt – etwa 35 Cent ... »Der arme Bauer.«

Ein anderes Beispiel: Ein guter Markentintenstrahldrucker ist bei Discountern ab und zu für 39,99 Euro zu haben. Der Produzent bekommt vielleicht nur die Hälfte davon. Natürlich sind die Löhne in China sehr niedrig. Die regional vorgeschriebenen Mindestlöhne variieren von ca. 1,50 Euro bis hin zu ca. 3 Euro in Peking (zum Vergleich: Polen ca. 3 Euro, Spanien ca. 5,50 Euro, USA ca. 6 Euro, Südkorea ca. 6,50 Euro, es gibt verschiedene Tabellen im Netz – alles so ungefähr).

Aber auch, wenn Sie in Billiglohnländer gehen: Produzieren Sie bitte in Ihrer Vorstellung einen Drucker mit fünf Farbpatronen, mit Kabeln und schöner Verpackung und schicken ihn in ein Zentrallager in Europa zur weiteren Verteilung– und ich gebe Ihnen dafür 20 Euro!

Sie wissen es: Es sind die Triumphe der Massenproduktion und der Maschinen. Menschen sind dabei das Teuerste. Sie kennen das: Der Wasserhahn tropft, ein Handwerker kommt, stellt das Fabrikat fest, hat hoffentlich so etwas wie ein »Hansgrohe Serviceset für Kugelmischtechnik« dabei, schraubt ein bisschen herum: Das kostet 25 Euro für die Ersatzteile und 35 Euro für die Arbeit, dazu 10 Euro Anfahrt … So funktioniert Einzelfertigung. Die ist beliebig viel teurer!

Schauen wir uns um: Wer heute einen Reisepass beantragt, muss 60 Euro an Gebühren bezahlen – versteht man das noch im digitalen Zeitalter? Geht das nicht in Massenfertigung?

Wenn Sie heute eine Gebrauchtimmobilie für 100.000 Euro kaufen, kostet die notarielle Eintragung ins Grundbuch knapp 1.800 Euro. Was wird dafür getan? Da klappt bestimmt jemand das Grundbuch aus Papier auf, sucht mühsam den alten Eintrag und streicht ihn mit einem Lineal durch. Danach trägt er Ihren Namen ein und faxt Ihnen eine Kopie zu – und das Ganze kostet so viel wie ein älterer Gebrauchtwagen. Die Eintragung der Zulassung eines Autos kostet auch wieder etwas, aber nur 30 Euro. Ich weiß schon: Dahinter verbergen sich schwierige rechtliche Prozesse mit wohl noch einigem Papier mehr, dazu Stempel und Siegel, aber ein Mensch des digitalen Zeitalters versteht es nicht. Ein Ausweis soll wirklich mehr als der Drucker, das Hähnchen, das Mehl, die Tomaten und den Zucker zusammen kosten?

Ich habe letztens für meine Frau ein Parfum per eBay bestellt – aus

Spanien, das war komischerweise viel billiger. Der Grund: Es kam von den kanarischen Inseln, einer Steuersonderzone, in der keine Mehrwertsteuer anfällt. Das wusste ich aber nicht. Ich musste also für das Schnäppchen bitter büßen. Ein Schreiben bestellte mich zum Zoll ein. Was ich da an Papier und Zeitvergeudung erlebt habe, hat bei mir einen bleibenden Eindruck hinterlassen. Man hat sehr konzentriert noch einmal die 19 % Steuern mit dem Taschenrechner berechnet und etwa acht Seiten Formulare ausgefüllt, dann bekam ich eine handgeschriebene Rechnung, zur Kasse, anstellen bitte, wieder zurück ...

Sie kennen sicher ähnliche Vorgänge, die man heute in Kenntnis digitaler Möglichkeiten per Augenschein verdächtigt, einfach vollidiotisch organisiert zu sein. Die Landwirtschaft, der Bergbau und die Massenproduktion sind weit voraus. Hier arbeiten nur noch Facharbeiter, solche, die man heute händeringend sucht. Die Gesamtzahl solcher guten Arbeitsplätze ist allerdings überschaubar geworden, aber wir wissen alle, dass diese unseren Wohlstand wesentlich erzeugen: Der deutsche mittelständische Maschinenbau reißt alles für uns raus.

Schauen wir einmal, wer wo arbeitet:

Schauen Sie einmal ganz oben in der folgenden Grafik: Von den insgesamt ca. 45 Millionen Arbeitsplätzen in Deutschland sind nur noch ca. 1,5 Prozent in der Landwirtschaft zu finden. Bergbau kommt in der Grafik gar nicht mehr vor! Diesen Wandel haben wir gut überstanden. Wir haben ihn sogar in einer Weise gemeistert, die uns den Titel »Wirtschaftswunder Deutschland« einbrachte. Auch der Schwenk zu den Services ging noch ganz gut. Dort arbeiten heute zwei Drittel von uns.

Hand aufs Herz: Viele Geschäftsvorgänge im Service wirken durch die Brille der Digitalisierung besehen ziemlich altbacken, seltsam und schon ärgerlich kompliziert. Warum leitet der Arzt mein Rezept nicht gleich digital zur Apotheke meiner Wahl weiter, die mit dieser Vorwarnung schon alles bereithält, wenn ich komme, oder die eine E-Mail/WhatsApp schickt, wann alles da sein wird? Warum müssen Buchführungshelfer meine vielen Rechnungsbelege per Hand kontieren und warum muss ich für meinen Steuerprüfer so viel bezahlen? Könnte nicht einfach ein Barcode auf einer Rechnung sein? Könnten Rechnungen nicht gleich als verarbeitbare Formate wie zum Beispiel Excel-Tabellen kommen? Warum warte ich oft zehn bis fünfzehn Mi-

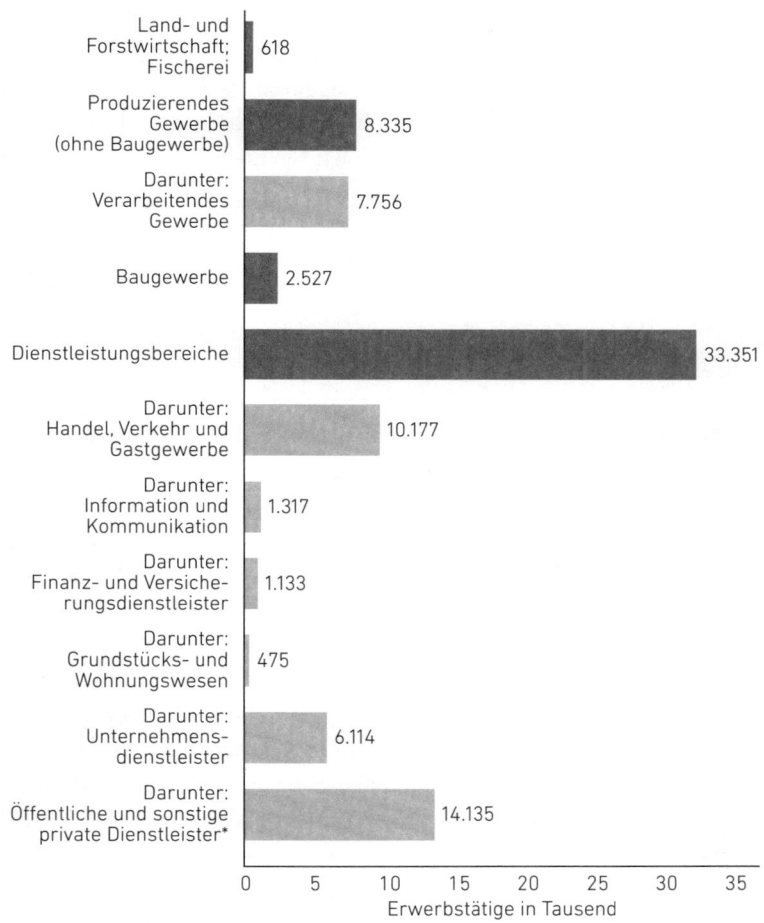

7. Anzahl der Erwerbstätigen in Deutschland nach Wirtschaftsbereichen im Jahr 2018 (in 1.000)
Quelle: Statista

nuten auf den Kellner, bis der mal die Bestellung annimmt? Kann ich nicht gleich selbst auf ein Tablet tippen?

Ich will nicht sagen, dass wir nun vorsätzlich auf Kellner verzichten sollten! Es ist aber sehr wichtig, sich einmal jeden Beruf oder eine Tätigkeit unter demselben Gesichtspunkt anzuschauen, wie man einen

Tintenstrahldrucker für 20 Euro liefern kann. Wie sieht Ihr Beruf aus, wenn man beliebig viel automatisieren könnte?

Digitalisierung, Automatisierung und globale Arbeitsteilung könnten an Ihrer jetzigen Tätigkeit viel verändern und Ihre Aufgaben erheblich beschleunigen. Brauchen wir Sie noch? Oder wollen wir Sie »anders«?

Sie können sich darauf verlassen:

[**Was digitalisiert werden kann, wird digitalisiert.**]

Das ist in der Landwirtschaft, im Bergbau und in der Industrieproduktion geschehen. Man hat automatisiert, was man automatisieren konnte. Nun wird alles digitalisiert. Zurzeit ist im Kommen: »Precision Farming«. Pflanzen werden automatisch gegossen und gewärmt, einzeln! Oder: Ich finde im Netz: Für die Herstellung eines Nissan-Autos werden nur noch weniger als 15 Stunden menschliche Arbeit benötigt! Tja, und nun geht es in ganz ähnlicher Weise den Serviceberufen an den Kragen. Das ist der Lauf der Welt. Nehmen Sie es hin, regen Sie sich nicht auf: Was die heute 33 Millionen Leute im Service tun, schafft bald locker die Hälfte von ihnen, wahrscheinlich viel weniger.

Der Mechanismus der Digitalisierung besteht darin (wie in den schon industrialisierten Branchen), die Prozesse so zusammenhängend digital zu machen, dass die ganze menschliche Intelligenz in dem Prozess, den Maschinen und in den Programmen steckt. Die Menschen nutzen ihre hohe Intelligenz, diese Prozesse, Maschinen und Programme erst forscherisch vorzudenken und dann zu entwickeln. In der eigentlichen Arbeit werden Menschen vorwiegend dazu eingesetzt, für das saubere Funktionieren der Abläufe zu sorgen und ab und zu dem Prozess ein menschliches Gesicht zu geben: »Was kann ich für Sie tun?«

Es wird damit anfangen, die Papierwirtschaft im Buchungswesen zu digitalisieren (mit dem Digitalisieren meine ich nicht den Sprung von Papier auf PDF, ich meine wirklich computerverständlich digital). Es endet damit, dass sogar tiefes Expertenwissen digitalisiert wird.

Beispiel: Sie möchten Ihr Auto verkaufen. Dazu gibt es in meiner

Vorstellung in jeder Stadt eine Anlage, die ähnlich ausschaut wie eine Waschstraße. Sie fahren hinein, stellen das Auto auf ein Förderband, öffnen alle Türen, den Motorraum und den Kofferraum. Das Auto wird beim langsamen Durchschleusen auf Zustand und Lackschäden hin gescannt, das Auto funkt seine eigenen Daten über WLAN (Abnutzungsgrade von allem) – über die Autonummer oder Ihre App werden Ihnen 10 Euro von der Kreditkarte abgebucht und Sie bekommen ein ausführliches Gutachten per PDF, per Mail oder App.

Genauso gibt es heute Scanner, die Sie einmal nackt optisch und per Röntgen ansehen und anschließend Diagnosen abgeben, die treffsicherer sind als die von Ärzten; dazu gab es gerade einen für menschliche Ärzte niederschmetternden Vergleichstest mit Hautkrebsscannern und Röntgenautomaten.

Oder: Sie könnten statt eines Zahnarztbesuches kleine Kugelkameras in Mund und Rachen einführen und eine App berechnet den Gesundheitszustand im Rachenraum und findet jede Karies. Etc.

Es wird also nicht nur »Papierkram« wegdigitalisiert, sondern sogar zum Teil extreme Expertise in die Prozesse hineinprogrammiert. Ich war ja einmal Mathe-Professor in der damaligen Kreidezeit. Mathematik kann man schwer aus dem Lehrbuch lernen, das weiß jeder aus leidvoller Erfahrung. Ein Professor ist besser. Aber wenn man die Vorlesungen mit beliebig viel Aufwand optisch aufbereiten könnte, dann ließe sich die Mathematik sehr gut visualisieren – bei der Geometrie leuchtet das sofort ein, woanders geht es auch. Dann aber ist das Anschauen von Videos der professoralen Lehre schlicht haushoch überlegen. Oder: Der Apotheker weiß angeblich super Bescheid, welche Medikamente zusammen eingenommen werden und welche besser nicht. Da es immer neue Medikamente gibt, kann er so schlau gar nicht sein – er müsste ständig lernen, wozu er keine Zeit hat. Aber eine App auf dem Smartphone kann das, und wer bei DocMorris bestellt, bekommt heute schon zusammen mit der Rechnung eine Aussage eines Computers, ob die bestellten Arzneien zusammenpassen oder nicht.

Die Digitalisierung kann also zur Steigerung der Effizienz benutzt werden, weil viele Dinge heute in der digitalen Vorstellung von morgen »dumm geregelt« sind. Man kann aber auch Prozesse bauen, mit deren Hilfe Menschen und Maschinen gemeinsam sehr viel bessere Lösungen finden können, als es heute möglich ist. Die Beseitigung oder Verbesserung schlechter Prozesse macht viele menschliche Arbeit überflüssig. Das Designen der neuen Serviceabläufe aber schafft sehr viel Arbeit und benötigt hohe Qualifikationen. Google zum Beispiel hat nun auch schon etwa 100.000 Mitarbeiter, wahrscheinlich die allermeisten sehr hoch qualifiziert und bekanntermaßen bestbezahlt. Vom Umsatz und der Mitarbeiterzahl her ist Google etwa in der Größenordnung von BMW angesiedelt, nur der Gewinn ist viel höher, der Marktwert aller Aktien extrem viel höher.

Die Entwicklung autonomer Autos, der Aufbau neuer Infrastrukturen für den Verkehr und die Energieerzeugung, die Technologisierung weitester Teile der Medizin, die universitäre Forschung und Entwicklung, das Urbarmachen des Expertenwissens in Videos etc. benötigen Unmengen neuer Arbeitskräfte und lassen neue Berufe entstehen. Die betroffenen Industrien berichten schon heute über Fachkräftemangel. Rufe nach entsprechenden Reformen des Bildungswesens kommen auf: Wir lernen das Falsche in einer rückständigen Form.

Wir beklagen auf der anderen Seite das weitere Hinschwinden der Mittelschicht, wir bejammern die wachsende Kluft zwischen Arm und Reich, wir befürchten, dass wir allesamt wegroboterisiert werden. Wir sorgen uns um die Prekarisierung vieler Jobs, uns erreichen täglich Meldungen von Massenentlassungen.

Wir könnten mit vollen Segeln in die neue Zeit gehen, aber das Spar- und Effizienzmanagement baut Deiche, indem es brutal weiter rationalisiert.

Wir erleben den Abstieg, ohne dass energisch ein paralleler Aufstieg an anderer Stelle versucht würde. Digitalisierung ermöglicht den Aufbau ganz neuer Branchen und Infrastrukturen. Dieser Weg führt zu Prosperität. Digitalisierung kann zur reinen Effizienzsteigerung und Entwertung bisheriger Arbeit genutzt werden, um Mitarbeiter freizusetzen und die übrig gebliebenen schlechter zu bezahlen. Was geschieht?

[»Das Management schafft uns ab.« Die Effizienz frisst ihre Mitarbeiter.]

Das Management scheut die Schaffung neuer Geschäftsbereiche. Es digitalisiert und outsourct, was es nur kann. Die Gänse bleiben am Boden. Sie sollen fett werden, aber ihr Futter wird schlechter. Sie werden per Elektroschocks dazu dressiert, sich selbst an Automaten stopfen zu lassen. Sie werden ohne Federn mit Federkiel gezüchtet, damit sie nur noch Daunen liefern. Ab und zu fliegen erschrockene Wildgänse vorbei, die sicher nicht mehr unten landen möchten. »Man kann es schon aus der Höhe nicht gut mitansehen!«, sagen sich die Wildgänse.

 Die Mitarbeiter verlieren an Kompetenz, wenn ihre Arbeitsprozesse digitalisiert werden. Wir brauchen aber Hochqualifizierte für das Neue. Muss man erst die Welt zugrunde gehen lassen, um dann alles wiederaufzubauen?

»Verunpersönlichung« – Mitarbeiter werden austauschbare Ressourcen

Bevor man die Mitarbeiter ganz abschafft, führt man immer mehr Prozesse ein, die die Mitarbeiter nur noch bedienen. Dazu müssen sie uniform arbeiten, können sehr leicht neu eingearbeitet werden und werden dadurch austauschbar. Jeder Mitarbeiter und jeder Kunde hat mit immer anderen Personen zu tun, er nimmt sie nicht mehr als Menschen wahr und sie ihn auch nicht. Das nenne ich Verunpersönlichung.

Mitarbeiter sind teuer, sehr teuer. Daher versucht man, sie möglichst durch Computer zu ersetzen. Wo das nicht gelingt, werden Mitarbeiter möglichst nur noch als »Prozessschnittstelle« eingesetzt. Das Problem in Zahlen:

[Menschliche Interaktionen kosten zwischen 50 Cent und 3 Euro pro Minute.]

Ein Arbeitsplatz in einem Call-Center kostet gerade so etwa den doppelten bis dreifachen Lohn, also vielleicht 40 Euro die Stunde, wahrscheinlich mehr. Ich habe darüber gerade mit einer Call-Center-Managerin gesprochen. Für das Call-Center der Stadtwerke für Stromfragen rechnen Sie mit etwa 80 Cent Kosten pro Agentenminute. Ein Arzt muss eine Praxis mit einigen Angestellten und gemieteten Räumen vorhalten. Da sollte ein Arzt pro Minute etwa 2,50 bis 3 Euro einnehmen. Management- oder IT-Berater oder Programmierer kosten um die 800 Euro am Tag für acht Stunden, pro Minute ca. 1,50 Euro. Alle diese Zahlen sind sehr verschieden, von Arzt zu Arzt, von Fach zu Fach, von Berater zu Berater.

Wenn Sie staunen, wie teuer das ist: Vergessen Sie nicht, dass etwa bei Ärzten die Hälfte der Einnahmen für allerlei Betriebsausgaben der Praxis verbraucht werden. In großen Konzernen sind die Strukturen so teuer, dass man Umsätze in Höhe des 2,5fachen der Personalkosten anstreben muss. Ein Tag »Berater« kostet ja auch Vorbereitungen, Vorgespräche bei drei Kunden, damit einer den Auftrag gibt, Vertragsausfertigungen, Buchhaltung, Rechnungsstellung usw. Auch bei Gaststätten gibt die Faustregel: Das Essen sollte am besten das Vierfache des Einkaufs der Lebensmittel kosten. Tatsächlich liegt der Wareneinsatz im Durchschnitt bei etwa 28 Prozent (Richtwert der Finanzämter, die Verdacht schöpfen, wenn es mehr ist, weil dann der Gewinn zu niedrig getrickst erscheinen mag). Vergleichen Sie diese Services der Ärzte und Schankwirte mit den erwähnten Nissan-Autos, die fast ohne Menscheneinsatz entstehen.

Noch einmal: Verglichen mit dem produzierenden Gewerbe ist der Menscheneinsatz im Service enorm hoch und kostet viel Geld. Um einen Eindruck davon zu bekommen, gehen Sie bitte mit mir im Geiste zu McDonald's. Zählen Sie beim Lesen des folgenden Dialogs die auflaufenden Kosten mit:

Die Servicekraft dort: »Hallo, was möchten Sie?« – »Ich bin nicht sicher, ich habe schon lange gewartet und dauernd auf die Tafel da oben geschaut. Vielleicht nur Pommes oder auch ein Menü, ich weiß nicht, ich kann mich nicht entscheiden. Was empfehlen Sie denn?« – »Weiß nicht. Wollen Sie noch überlegen – und ich bediene den nächsten Gast?« – »Nein, nein, ich habe ja eigentlich gar keine Zeit. Dann eben Menü 5. Ja, genau.« – »Also Nummer 5?« – »Ja, nein. Lieber 3.« – »3?« – Meinetwegen, 5 ist auch gut, aber ich habe keine Zeit. Also 5.« – »Welche Sauce dazu?« – »Sauce, oh! Gibt es die dazu?« – »Ja, steht doch da.« – »Kostet die extra?« – »Nein.« – »Oh, wie schön ... ja, welche gibt es denn?« – »Curry, Barbecue, Süßsauer, Hot Devil, Sourcreme, Preiselbeere.« – »Oh, das ist schwer zu entscheiden, so viele! Welche waren das nochmal?« – »Curry, Barbecue, Süßsauer, Hot Devil, Sourcreme, Preiselbeere.« – »Hui, das sagen Sie eigentlich zu schnell, Sie sagen das sicher öfter auf, oder?« – Nein, die meisten Kunden haben schon ihre Lieblingssauce.« – »Ah, ich auch, haben Sie Knoblauch?« – »Nein.« – »Knoblauch mag ich bei der Nordsee so gern.« – »Okay??« – »Was würden Sie mir denn empfehlen?« Usw.

Das müssen Sie sich von Loriot vorgesprochen denken. Stoppen Sie die im Effizienzsinne »vertrödelte« Zeit mit der Uhr. Sie erkennen, dass solche Kundenkontakte kein profitables Business mehr sein können. Der Kunde kauft nach einem solchen sündhaft teuren Dialog nur etwas für 7 Euro! Deshalb muss »das Menschliche« am besten ganz weg. Man muss den Kunden dazu erziehen, seine Order wie ein Roboter in Schnellfeuergeschwindigkeit abzulassen. Auch die Kunden in der Warteschlange hinter dem Bestellenden erwarten das so. Sie ärgern sich über Neukunden wie über Dumme: »Was quatscht der da rum? Vergisst dieser Affe da die Warteschlange in seinem Rücken? Das geht gar nicht!« Der Dialog kostet eigentlich nicht nur 50 Cent pro Minute für den Angestellten, sondern ein Vielfaches, wenn man die Wartezeit der Wartenden als entgangene Arbeitszeit zusätzlich auf die Rechnung schreiben will.

Und wie reagiert McDonald's darauf? Sie installieren seit einiger Zeit Bestellterminals, also Roboter, an denen man seine Bestellung aufgibt und die Saucen wählen kann; man zahlt am Automaten mit Karte und bekommt eine Auslieferungswartenummer, die aufgerufen wird bzw. auf einem Flachbildschirm erscheint. Für menschliche Begegnungen im Sinne eines lockeren Plauderns ist keine Zeit mehr vorgesehen. Dafür haben wir sogar Verständnis, weil uns die Warteschlangen schmerzen, besonders, wenn es vor uns menschelt. »Hey, Sie! Wir warten hier alle auf Sie!« Es gibt auch eine mögliche Welt ganz ohne Warteschlangen, eine mit freiem freundlich wartendem Servicepersonal, aber diese Welt leisten wir uns schon lange nicht mehr. Eine Minute Warten kostet ja den Servicegeber auch wieder 50 Cent bis 3 Euro, deshalb warten am besten nur wir Kunden und haben längst vergessen, dass wir selbst eigentlich auch Geld kosten. Wenn Sie Freiberufler sind, ist für Sie Wartezeit wie verlorene Arbeitszeit! Warten auf die Tram, an der Kasse, auf den verspäteten Zug, am Gate – wir werden ungeduldig, es kostet unsere teuren Minuten!

Wir wollen deshalb, dass alles möglichst professionell erledigt wird. Frage: »Sauce?« – Blitzantwort: »Curry.« Professionelle Interaktionen gleiten daher immer mehr in festgelegte Skripte ab. Skripte sind für Psychologen vorher festgelegte und bekannte Handlungsschemata, die am besten von allen möglichst genau und wortgetreu benutzt werden. »Hallo!«, sagt der eine. »Hallo!«, erwiderte der andere. »Hallo, wie geht's?«, sagt der eine, »Gut«, erwidert der andere. Und wehe, der andere entgegnet: »Ich habe gerade Kummer mit meinem Ältesten. Ach, nett, dass Sie mich fragen, es interessiert sonst keinen. Ist ja auch nicht interessant für andere. Für Sie ja eigentlich auch nicht. Aber es ist eine komplizierte Geschichte, die lässt sich gar nicht kurz erzählen, aber mich würde interessieren, welche Meinung Sie dazu haben ...« Kosten: 5 Euro für das Liefern von ein paar Minuten verzweifelten Wegwollens.

Begeben wir uns an den Flughafen. Die Prozesskette des Fliegens ist fast weltweit einheitlich oder ähnlich strukturiert. Einchecken für eine Bordkarte, Gepäck einchecken, Sicherheitskontrolle, Passkontrolle, Kontrolle beim Boarding, einen Drink im Flieger bekommen und eventuell bezahlen, den Gruß des Kapitäns überhören etc. Dabei haben Sie mit Menschen zu tun, die alle etwas kontrollieren oder die einen speziellen Service in Form eines immer gleichen Skripts erbringen. Es ist absolut klar, was Sie in diesem Prozess sagen, antworten und tun müssen. Es ist absolut klar, wie die anderen reagieren. Das Fliegen kann fast ausschließlich mit Interaktionsskripten abgewickelt werden, weil Flieger, Crew und Kapitäne sich unbekannterweise vom Computer zusammengewürfelt bzw. eingeteilt zusammenfinden. »Crew, all doors in flight.« – »Crew, prepare for landing.«

Unser Alltag besteht zu einem guten Teil aus lauter solchen kleinen Skripten, »Programmschritten« oder »Transaktionen«. Diese Skripte sehen aus Effizienzgründen keinen echten »menschlichen Kontakt«

oder »Smalltalk« vor, der über die Skripte wesentlich hinausgeht. Das »Menscheln« hat auch keinen richtigen Sinn mehr, weil wir die Menschen, mit denen wir in der Servicekette interagieren, praktisch nie mehr wiedersehen. Ich könnte sagen: Sie können uns schnurzegal sein. Und vielen von uns sind sie das auch: Die total »verskripteten« Routinemenschen werden von ihrem Chef wie Untertanen gegängelt. Und dabei machen wir unbewusst mit. Stellen Sie sich vor, Sie sind spät dran für den Flug, aber die Sicherheitskontrolle arbeitet keinen Deut schneller, als Sie hypernervös in der Warteschlange stehen. Da regt sich Unmut oder Wut in Ihnen. Abstrakt betrachtet besteht kein Grund, schneller zu arbeiten, nur weil Sie kommen. Aber Ihre Emotionen wollen Ihren Stress bewältigen. Sie sind spät dran. Nun sind Sie selbst an der Reihe. Sie gehen entschlossen zum Scanner. »Bitte den Gürtel ablegen«, ruft Sie die Security zurück, das ärgert Sie jetzt bis zum Platzen. Sie respektieren diese Person deshalb unwillkürlich nicht und schauen sie verächtlich an. Damit fühlt sich diese Person nur als eine Art Roboter behandelt, der schlecht arbeitet, aber nicht als Mensch. Gegenprobe: Versuchen Sie einmal, diese Person mit authentischem Lächeln zu begrüßen, als stünden Sie wie ein Freund zum Besuch an seiner Haustür. Sie werden sehen: Ein richtiger Mensch lächelt zurück. In der Regel aber ist das unterbezahlte Sicherheitspersonal komplett »verskriptet« und füllt eine Rolle aus, die das Menschliche des Menschen eigentlich nicht erfordert.

Wenn nun solch eine Prozesskette wie »Fliegen« kaum noch menschliches Zutun erfordert und auch vollkommen unpersönlich vor sich geht, wird sie langsam automatisiert. Einchecken? Internet-App. Gepäck? Gehen Sie bitte zum Automaten! Boarden? Scannen Sie am besten über Ihr Smartphone. Drink? Wird bald gestrichen, denn den gibt es heute bestimmt nur noch, weil für je 60 Passagiere gesetzlich zwingend ein Flugbegleiter mitmuss. Dieser hat ja Zeit für Kaffee und Tomatensaft – er ist »eh da«. Wenn diese Vorschrift fällt, gibt es auch keinen Drink mehr. Das so genannte Persönliche gibt es nur noch als Gruß, die Crew lässt 180-mal das Skript »Hallo« ab, wenn wir hektisch einsteigen und 180-mal das Skript »Tschüss«, wenn wir hektisch aussteigen. Keiner hat Zeit, auch wir nicht, wir hasten hinaus. Die Prozesskette »Transfer« wartet.

Heute versucht man, alle Serviceprozesse so sehr effizient zu designen, dass sie im Wesentlichen auf einheitlichen Interaktionsskripten basieren. Der »Mensch an sich« hat dabei eigentlich keine Funktion mehr. Es kommt zu einer generellen Verunpersönlichung (das hässliche Wort habe ich absichtlich gewählt – es soll sich negativ in Sie einprägen). Wir haben es immer öfter und überall mit Menschen zu tun, die wir nie wiedersehen. Wie gesagt: Die sind uns dann ganz egal. Und Sie selbst sind wiederum denen ganz egal. Mehr sehen die Serviceskripte auch nicht vor.

Viele von uns sind unglücklich über diese Entwicklung. Sie wollen mit ihrem persönlichen Bankberater ab und an ein Schwätzchen halten (für 6 Euro), sie lassen sich in der Buchhandlung zehn Minuten über einen spannenden Roman aus (8 Euro) und kaufen ihn für 13 Euro als Taschenbuch. Sie wollen den Parmaschinken ganz hauchdünn geschnitten (1 Euro für das Schneiden, 3,49 Euro Endpreis für die Ware).

Solche Interaktionen müssen wegfallen, weil die Kostenstrukturen das so verlangen. Sie als Kunde müssen dafür aber überall die Interaktionsskripte kennen, sonst runzeln alle mit der Stirn oder es passiert gar nichts. »Ich sitze hier schon 30 Minuten am Tisch bei McDonald's, aber lässt sich keine Bedienung blicken. Un-ver-schämt.«

[Menschen müssen sich mit den Prozessen und ihren Skripten vertraut machen, nicht mehr so sehr mit den Menschen.]

Neulich komme ich spät an einem Hotel an (Deck8 in Soest) – keiner mehr da, kein Licht in der Rezeption. Ich gerate in eine schwache Panik. Ich schaue nach einer Klingel, die mich retten könnte, und erblicke an der Seite eine Art Bankautomat. Was ist das? An einem Hoteleingang? Was soll der da? Oh! Dort kann man einchecken!? Echt? Ist das so? Ich gehe zögernd ans Terminal. Ich gebe meinen Namen ein, beantworte eine Prüffrage, unterschreibe auf einem Display – der Automat spuckt eine weiße Blankomagnetkarte aus und verweist mich auf Zimmer 212, dazu wird das Passwort für das WLAN verraten. Ich probiere die Karte aus. Die Hoteltür öffnet! Ich kann rein! Die Panik ist vorbei. Hey, hätte ich vielleicht einen Ausdruck haben können? Wieder Panik! War es wirklich Zimmer 212? Hoffentlich habe ich das richtig behalten. Angstvoll zeige ich der Tür 212 meine vollkommen unbeschriftete weiße Karte …. Sie sehen, es nervt und ängstigt, wenn man das genaue Skript noch nicht kennt.

Besonders ärgerlich wird es, wenn es zu unvorhergesehenen Ausnahmen oder Störungen kommt, die uns ganz neu vorkommen. Ich gebe Ihnen einmal eine Teilkatastrophe zum Besten – die habe ich selbst erlebt, und sie war in Wahrheit noch weitaus schlimmer (aber zu lang für das Buch).

Mein Koffer war nicht mit dem Flieger angekommen. Ich erspare Ihnen die ganze Geschichte meines Rundflugs davor mit zwei Tagen Ärger hin und her, jedenfalls hatte ich nun endlich und zu guter Letzt eine SMS erhalten, dass mein Koffer in Berlin um 8 Uhr am Morgen eingetroffen wäre und ich ihn zwischen Tegel A und Tegel C abholen könnte. Lange Schlange, weinende Menschen, wütende Schreie. Ich kam nach längerem Warten dran, 18.30 Uhr: »Der Koffer ist zwar schon seit 10 Stunden da, aber noch nicht erfasst, das heißt, er steht noch nicht sortiert in einem Regal. Sie müssen sich das so vorstellen: Ihr Koffer liegt auf einem riesigen Haufen, er muss erst in ein Regal, wo alles dann nach Flugnummer geordnet ist, sonst kann ich ihn nicht finden.« – »Wie lange dauert das?« – »Wahrscheinlich zwei Tage.« – »Im Ernst? Arbeiten Sie so langsam?« – »Nein, wir schuften ununterbrochen, aber wir kommen nicht nach. Wir sind chronisch unterbesetzt. Es gehen zurzeit viel mehr Koffer verloren, als wir schaffen können. Außerdem schämen wir uns und verbrauchen so ein Drittel unserer Arbeitszeit mit Entschuldigungen. Es tut mir ja auch leid.« – Neben mir stand ein ungeduldiger Amerikaner, ich übersetzte. Er war in Tegel gelandet, ausgestiegen und dort in einen kleinen Ankunftsraum gekommen, in dem es ein Gepäckrondell für die Ausgabe gibt. Man muss in Berlin-Tegel nicht weit laufen! Das Gepäck gibt es gleich nach ein paar Schritten aus dem Flugzeug. Der Amerikaner aber hatte ein anderes Skript in sich. Er hatte mit seinen Augen nach dem Schild »Gepäckausgabe/Baggage Claim« gesucht. Das gibt es in Tegel A nicht.

Da wurde er unruhig und trat einen Schritt aus dem Raum hinaus, an einem Wachmann vorbei. Auch kein Schild – da wollte er wieder rein. Das aber sieht der Prozess nicht vor. Man ließ ihn nicht wieder rein und sagte, er können seinen Koffer drei Stunden später zwischen Terminal A und C abholen. Jetzt stand er neben mir in der Schlange. Er hatte also gerade zwei Stunden gewartet und danach mit mir eine weitere Stunde in der Schlange verbracht. Jetzt erklärte ich ihm den Prozess, nämlich: ihm drohen zwei bis drei Tage weitere Wartezeit. Ihm traten die Augen heraus. Ich musste ihn kurz trösten und gleich für das nächste amerikanische Prozessopfer dolmetschen: dieser andere Mann litt an einer schweren Krankheit und hatte die speziell gemischte Spezialmedizin im Koffer, er müsste sterben oder wenigstens zum Notarzt … na gut, für diesen Fluggast ging man dann doch brav los, eben den ganzen Kofferberg umzuschichten, er würde überleben, aber ab jetzt würde die Arbeit für die anderen Koffer für längere Zeit unterbrochen. [Inzwischen hat das Team Wallraff zugeschlagen, in Tegel einen Mitarbeiter ganz genau dort eingeschleust, wo ich litt. Unter »Wallraff Kofferchaos Tegel« erschien ein 15-Minuten-Bericht auf RTL. Schauen Sie selbst im Internet. Genau so war es bei mir. Ich wusste nur nicht, wie es hinter der Tür ausschaut, jetzt habe ich es sehen können. Ohne Worte.]

Alles geht wie am Schnürchen, wenn die Prozesse laufen und funktionieren, und wenn die Skripte allen Menschen in der Kette geläufig sind! Aber wehe, es passiert etwas Ungewöhnliches! Die Prozesse, die Maschinen und Automaten verschmelzen mit uns. Und wehe dem, der als Mensch in dem Prozess nicht wie ein Automat funktioniert. In solchen Prozessen ist alles unpersönlich, maschinell eben. Der Prozess herrscht über uns. Wen eine Ausnahme trifft, der kommt in eine Vorstufe der Hölle.

In den normalen Prozessabläufen sind wir Marionetten oder Sklaven, die Befehle ausführen und Passwörter aufsagen. Alle, auch die Gebildeten, die Millionäre und alle, die sich für etwas Besseres halten, müssen sich auf die Ebene banaler Skripte herabziehen lassen. Einen großen Teil der Zeit sind wir alle (!) Prozesssklaven, da helfen auch keine Adelstitel. Keine liebe Seele hilft uns, und unsere Seele interessiert nicht. Man beseitigt nur die Störungen, dann geht es wieder weiter. »Bitte klicken Sie hier und lesen Sie die Entschuldigung auf der dann erscheinenden Bildschirmseite. Diese ist auch ohne Menschlichkeit rechtlich wirksam. Wir wundern uns über Ihr Verständnis.«

Der eigentliche Mensch, der vielbeschworene, tritt in den Hintergrund. Seine quasi offizielle Rolle sieht keinen Beziehungsaufbau vor. Vertrauen nützt auch nicht mehr richtig. Eine Stammkundin geht zur Bank: »Hallo Gaby!« – »Susanne, du weißt doch, wir dürfen am Schalter niemanden mehr duzen. Ich weiß, es ist peinlich, aber wir sollen unbedingt Rücksicht auf die anderen Kunden nehmen, die dann denken, sie werden nicht so gut behandelt.« – »Bekomme ich wenigstens bessere Konditionen, wo ich doch schon irre lange Kunde bin?« – »Nein, der Computer bewertet nur deine …äh, Ihre Bonität. Es tut mir leid, Susa …, äh …, bitte, Frau Ein-Stern, ich muss wiederholen, dass Sie unsere Datenbank nicht als besonders wertvolle Kundin erfasst hat. Unsere Prozesse sind jetzt objektiv betriebswirtschaftlich, nicht mehr unternehmerisch klug. Das hat Nachteile für viele Kunden, aber wir haben diese Prozesse nun einmal eingeführt. Die Berater sagen, wir müssen uns an die Prozesse anpassen. Ich darf mit nicht so arg guten Kunden wie Ihnen übrigens nicht so lange reden, weil es nicht rentabel ist. Zur Sache: Was kann ich für Sie tun?« – »Gaby, du bist doch auch selbst ein schlechter Kunde hier, bei deiner eigenen Bank, das hast du doch gewiss in der Datenbank gelesen und dabei bestimmt geweint. Macht es dir dann nichts aus, Leute wie dich selbst so objektiv zu behandeln?« – »Meine Bank bewertet mich als Kunde nur deshalb so schlecht, weil mein Job hier als ihr Angestellter nicht sicher ist. Das stimmt objektiv.«

Wenn in diesen Sinne Beziehungen und Vertrauen nicht mehr in den Prozessen vorkommen und eigentlich auch gar nicht geduldet werden, dann sind die Mitarbeiter zu »Human-Ressourcen« geworden/verkommen. Sie spielen ihre Rolle, sie haben ihre Skripts gelernt. Sie sind austauschbar geworden. Das hat wirklich Vorteile: Man kann die Crews von Flugzeugen und Zügen einfach hin und her dirigieren. Wenn jeder Lehrer jedes Modul seines Schulfachs in der Schublade liegen hat oder aufsagen kann, ist er auf der Stelle als Vertretungslehrer sofort einsetzbar – die Austauschbaren brauchen keinen weiteren Kontext. Sie springen ein und sind so gut wie die ursprünglich vorgesehene Besetzung. In der Regel ist die Ausbildung solcher Human-Ressourcen kurz. Ein Studium ist nicht mehr nötig, und deshalb man kann sie geringer bezahlen.

Das Management liebt diese Abwertung der Mitarbeiter zu Human-Ressourcen. Die Intelligenz des Geschäftsmodells ist nun ganz im Prozess und in den antrainierten Skripts.

[**Das Management schafft den Menschen als solchen ab.**]

Erst wird der Mensch als Mensch abgeschafft, dann wird er als die verbliebene »Ressource« automatisiert.

Aus meiner Heimat: Im Jahre 2017 haben die Sparkasse und die Volksbank ihre Zweigstellen bei uns in Waldhilsbach geschlossen. Sie werben aber immer noch mit ihrer »Präsenz vor Ort«. Am 28.9.2018 berichtete die *Rhein-Neckar-Zeitung* über die Sparkasse Kraichgau mit Sitz in Sinsheim (ein paar Kilometer von uns hier entfernt). Der Vorstandsvorsitzende erklärt im Artikel die angekündigte Schließung vieler Zweigstellen fast wörtlich so: »Statt in die Filiale zu gehen, erledigen viele Menschen ihre Bankgeschäfte am heimischen Computer oder per Smartphone-App. Und wer doch einmal eine Beratung braucht, beispielsweise für Hausbau oder Altersvorsorge, ist in der Filiale auf dem Dorf ohnehin falsch: Denn das ist so komplex, das können Allrounder nicht mehr.«

Die gemeinten »Allrounder« sind leider oft nur noch »Skriptangelernte« mit Zeitarbeitsverträgen. Die Bank vor Ort ist nur noch »Weiterleitungshausarzt« für das Gängige, bedient einfache Skripts, überweist schwierigere Fälle zur Hauptfiliale und wird bald dichtgemacht.

Es findet keinerlei Nachdenken statt, wie so eine Sparkasse in Zukunft aussehen könnte. Man automatisiert weiter und schließt. Was denken sich die meist älteren Herren im Vorstand, wie die Sparkassen in zwanzig Jahren aussehen? Brauchen wir nicht in den aussterbenden Dörfern wieder Dienstleistungszentren? Könnten sich nicht wenigstens die Raiffeisenbanken auf den ursprünglichen Raiffeisengedanken der Selbsthilfe rückbesinnen? Da helfen Menschen den Menschen ...

 Menschen werden zu Human-Ressourcen degradiert, die möglichst nur noch feste Skripte mit Kunden austauschen. Das Persönliche verschwindet.

Das Management sieht Menschen wie unwillige Sklaven

Wenn sich Effizienzmanager herablassen, Menschen nur noch als (noch) notwendige Prozesskettenglieder zu sehen, dann werden die Mitarbeiter zu solchen. Die Manager sehen sie dann auch nicht mehr als Menschen im Mitarbeiter an. Das hat Auswirkungen auf das Menschenbild der Manager.

Die Human-Ressourcen am prekären Ende und zumeist auch die Prozessbediener haben im Sinne des Eingangsabschnittes dieses Buches eine »einfache Arbeit«. Ihre Arbeit besteht darin, Vorgänge in einem Prozess abzuarbeiten, einen nach dem anderen. Das Management hat die Aufgabe, die Mitarbeiter anzutreiben, damit es schneller geht – noch schneller und noch schneller.

[Mitarbeiter werden wie Prozesssklaven trainiert oder dressiert, und das Management wacht darüber, dass keine Fehler und schon gar keine Ausnahmen vorkommen und dass die Mitarbeiter ihre trainierte Prozesskunst möglichst schnell ausüben.]

Das ist jetzt sehr überspitzt formuliert, aber ich nutze die Gelegenheit, Sie an die Herkunft des Wortes »Management« zu erinnern: »Maneggiare« bedeutet im Italienischen handhaben, anfassen, gebrauchen, Pferde zureiten, Pferde dressieren – der Wortkern »Manege« spricht schon für sich. Könnte es ein passenderes Wort für das geben, was wir heute als »Management« im hektischen und aktionistischen Ringen um ein gefordertes Quartalsergebnis erleben?

Die Prozessorientierung nimmt dem Management ebenfalls – nicht nur den Mitarbeitern – einen Großteil seiner Gestaltungsspielräume. Es ist alles festgelegt. Man muss nur noch auf Korrektheit und Schnelligkeit schauen. Damit hat das Management kaum noch Stellschrauben, selbst etwas zu unternehmen. Es schaut dann tendenziell eben auf die verbliebenen zwei Parameter: »Qualität« (Korrektheit, Fehlerfreiheit, gute Kundenbewertung) und Zeit. Stellen Sie sich vor, Sie sind Manager in einem Call-Center und werten die Zahlen aus. Manche Mitarbeiter glänzen dann mit schlechten Kundenbewertungen, andere verquatschen die Zeit mit Kunden und scheinen ihre Arbeit mit Klönen zu verwechseln. Gleichzeitig werden Sie vom höheren Management gequält, das ebenfalls Ihre Zahlen interpretiert. »Warum geht das so langsam? Warum kommen immer noch Fehler vor? Machen Sie Druck, dann können wir bei Ihnen vielleicht nochmals ein Vollpersonenäquivalent rausschwitzen.« Der Oberboss fordert Sie als Abteilungsleiter zum Beispiel auf, stärker für Ordnung zu sorgen, aber die Mitarbeiter machen weiter Fehler und ihre Geschwindigkeit wächst nicht wirklich. Was fühlen Sie?

Unruhe und Ungeduld. Mit der Zeit bekommen Sie einen strengeren Blick und werden schmallippig – das ist die »von oben« erwartete Haltung des »toughen« Managers. Bei Kundenbeschwerden entwickeln Sie langsam eine Art Brass auf die Mitarbeiter, die es immer noch nicht checken, dass sie bei Kunden nicht anecken sollen. Sie werden jetzt gegenüber Ihren Mitarbeitern zunehmend ungnädiger und harsch. Trotzdem bleibt alles so, wie es ist, Sie sehen kaum Verbesserungen. Mit der Zeit gewöhnen Sie sich an die Kundenbeschwerden wie ein deutscher Zugbegleiter – die Bahnfahrer sind einfach undankbar und würdigen bei allem berechtigten Unbehagen nicht, dass alle Ihre Mitarbeiter am Anschlag arbeiten.

Merken Sie, wie in Ihnen das Menschliche stirbt? Na, so dramatisch ist es bei Ihnen selbst vielleicht noch nicht, aber bei Mehrzahl aller Führungskräfte wahrscheinlich schon. Die Vorgesetzten, die ihre Mitarbeiter nicht eben mal so hinnehmen können, wie sie sind (»menschliche Menschen«), beginnen hart gegen sie zu werden. Das Menschenbild dieser Manager verändert sich. Sie denken über ihre Mitarbeiter wie über unwillige Sklaven. Sie haben – so sagt man im Management – für sich die Theorie X als wahr akzeptiert. Was bedeutet X?

Schauen wir ein paar Jahrzehnte zurück: Im Jahr 1960 führte Douglas McGregor zwei sehr grob geschnittene Menschenbilder X und Y in die Diskussion ein. McGregor bezeichnete die zwei Grundannahmen des Managements über die menschliche Natur mit »Theorie X« und »Theorie Y«. Ich skizziere sie kurz:

- Theorie X: Menschen arbeiten nur gut unter Druck, müssen angeleitet werden, suchen Pausen und frönen dem Lustprinzip – sie müssen von den seltenen selbstmotivierten Ausnahmen (»Manager«) geführt werden. Dazu braucht man autoritäre Hierarchien, ständige Kontrollen und in Grenzen simple Repression.
- Theorie Y: Menschen arbeiten gern, wollen wirksam sein und sich entwickeln. Manager helfen ihnen dabei (Empowerment, Enablement, Coaching) und sind ihnen als Mentor ein Vorbild.

McGregor warnte damals, dass die US-Unternehmen in den Produktionsanlagen zu sehr dem Menschenbild X anhängen und damit Mitarbeiter ganz unsinnig wie Unmündige behandeln. Anscheinend vergeblich! Daher warne ich jetzt hier nochmals! Was sich in der Produktionsumgebung entwickelte, vollzieht sich beim Digitalisieren der Serviceberufe ein weiteres Mal.

Der Hauptpunkt ist das Einsetzen einer Art Todesspirale oder einer sich verstärkenden Wirkungsspirale: Wenn das Management aus Effizienzgründen den Dompteur spielt und die Mitarbeiter knechtet, dann reagieren diese bald wirklich nur noch wie Knechte und arbeiten erst dann richtig, wenn hörbar eine Peitsche knallt. Sie benehmen sich so, wie man sie behandelt. Daraufhin glaubt das Management noch stärker an sein Menschenbild X und knechtet sie stärker. Dann werden sie schließlich, wie man sie behandelt, eben zu Prozesssklaven – und das Management »hat Recht« mit seiner Auffassung, es nur mit »faulen Hunden« zu tun zu haben, die immer nur gepusht werden müssen. Ich höre auch heute immer wieder, wie ältere Manager junge Projektleiter ausbilden: »Vor allem muss man pushy sein.« Pushy: Penetrant, zudringlich, aufdringlich, überfordernd. Immer mit einem fragenden Blick stören: »Wie weit bist du?« – »Wer ist an diesem Fehler schuld?« – »Warum geht das nicht schneller?«

Damit werden die Manager und Projektleiter ebenfalls zu genormten Klonen oder reinen »Managementressourcen«. Sie mutieren zu Oberkontrolleuren und »Hetzern«, die auf ständig höhere Standards drängen und ihre eigenen obsessiven Bemühungen (»besser, schneller«) allen anderen Human-Ressourcen rüde abverlangen.

Das mag für Sie sehr harsch klingen. Ich begründe meine Tonlage: Im Jahre 2000 erschien ein heute weithin bekannter Artikel von Daniel Goleman im *Harvard Business Review*. Der Titel: »Leadership that gets results«[3]. In diesem Artikel definiert Goleman verschiedene »Leadership Styles« und bespricht ihre Vor- und Nachteile. Man unterscheidet zum Beispiel hart autoritäre Herrscher nach Gutsherrnart, Manager, die ihr Team »demokratisch« in alle Entscheidungen einbinden, andere, die Mitarbeiter hauptsächlich so gut coachen, dass sich der Chef selbst überflüssig macht etc. Ein prominenter Stil bei Goleman ist der »Pacesetting Style«. Pacesetter, die diesen Stil verkörpern, setzen extrem herausfordernde Ziele und gehen unter ungeheurem persönlichen Energieaufwand voran. Sie fordern hart, dass jeder Mitarbeiter ihnen bedingungslos folgen müsse, was Ehrgeiz und Einsatz betrifft. Sie sprechen nicht so gute Mitarbeiter offen als »Low Performer« an und versuchen, solche »Minderleister« umzudrehen und, besser noch, loszuwerden. Pacesetter träumen von Dream Teams und wollen es mit ihren Mitarbeitern echt wissen.

Goleman berichtet, dass man vor seinen Studien eher dachte, dass Pacesetter die besten Manager seien, weil sie oft nach kurzer Zeit schon große Erfolge nachweisen können. Leider erwies sich in den Studien, dass sich bei dem »Einbruch« eines Pacesetters in ein normales Team meist nur ein Strohfeuer entzündete. Die Resultate wurden auf Dauer nicht besser, und es stellte sich heraus, dass der Pacesetter das positive Betriebsklima zerstört, weil sich die Mitarbeiter erschrocken überfordert und oft »angeschnauzt« fühlen. Im Ergebnis steigt nicht die Exzellenz, sondern die Moral sinkt. Sie kennen Daniel Goleman sicher am besten durch seine Popularisierung der Emotionalen Intelligenz[4], für die es heute viele EQ-Tests gibt. Die Ergebnisse beim Studium der Pacesetter lassen Goleman dann auch seit langer Zeit die herausragende Wichtigkeit der emotionalen Intelligenz predigen. Im Kontext dieses Buches betrachtet fordert Goleman, ohne es explizit zu sagen: Weniger Theorie X, mehr Theorie Y.

Diese Tendenz des Managements zur ignoranten Sklavenhaltung ist seit Jahrzehnten Thema der Dilbert-Cartoons. Diese geißeln unentwegt auf zynischste Weise die dümmliche Welt des X-Theory-Managements. Die Y-Menschen können darüber herzlich bis resigniert lachen. Wenn Studenten diese Cartoons sehen, halten sie sie für übertrieben. »Na, alles ist etwas übers Ziel hinaus formuliert, so schlimm ist die Wirklichkeit nicht.« Nach zwei Jahren in einem Unternehmensjob denken sie: »Oh, lustig, es ist hier häufig genauso dumm wie in den Dilbert-Cartoons.« Nach zehn Jahren in einem größeren Unternehmen: »Ich mag diese Cartoons nicht mehr, sie tun mir weh, weil wir genauso behandelt werden wie in dieser Realsatire. Wahrscheinlich schicken meine Kollegen E-Mails an Scott Adams, der die darin geschilderten Vorfälle zu zynischen Bildern verarbeitet. Es tut mir weh, weil ich zu einem Teil dieses menschenverachtenden Apparates geworden bin und trotzdem nicht kündige. Ich rede mir ein, dass es überall so zu sein scheint. Das stimmt wahrscheinlich, aber eigentlich habe ich mich mit dem Untertanentum abgefunden. Ich bin geworden, wie sie mich haben wollen.«

In der neuen Welt des Umbruchs sollten wir eine andere Spirale anstreben, nämlich eine Aufwärtsspirale der Y-Art. Wenn das Management die Mitarbeiter ständig entwickelt, so werden sie selbstverantwortlicher und selbstständiger. Sie arbeiten so gut wie sie können, agieren im Sinne des Ganzen und bilden mit den anderen Y-Kollegen ein schlagkräftiges Team – innovativ, offen und tatenlustig. Das erfreut die Y-Manager, die ihre Y-Mannschaft immer weiter fördern ... Die Spirale entwickelt sich »nach oben«.

Es gibt sehr viele Autoren, Zukunftsforscher und andere Visionäre, die in vielen Ideen über »neue Führung« schwelgen und viele Allheilmittel des gemeinschaftlichen und fairen Agierens in vernetzten nicht-hierarchischen Powerteams sehen und auch immer mal ein Beispiel einer kleinen Firma zitieren können, in der das funktioniert. Es funktioniert aber nicht auf Knopfdruck, ich komme darauf zurück. Man kann nicht einfach »ab jetzt seid ihr bitte alle Y-Menschen« in den Raum werfen, wenn man gerade in einer X-Spirale nach unten saust. Man muss dazu die Komplexität der Umkehr verstehen und würdigen. Dazu will ich hier im Buch einen Beitrag leisten.

Eine erste Problematik habe ich ja schon skizziert. Die strikte Einbettung der Mitarbeiter in Prozesse lässt für eine selbstverantwortliche Y-Umgebung zu wenig bis gar keinen Spielraum. Die Mitarbeiter und auch das Management werden Untertanen der Prozesse.

Und fast resigniert müssen wir letztlich feststellen:

[
Wenn die Unternehmensprozesse Augen hätten, dann sähen sie uns als X-Menschen an, und zwar alle Angestellten des Unternehmens, X-Mitarbeiter wie X-Manager.
]

Wir sind aber von unserer Persönlichkeit her keine X-Menschen, wir werden vom X-Management und vom »großen Dompteur« Prozessablauf dazu gemacht.

Denken Sie zurück, in welcher Situation wir uns zum Zeitpunkt unserer Berufswahl befanden. Wir hatten die Schule hinter uns und haben uns gefreut, aus der Zwangsjacke der Erziehungsdressur befreit zu sein. Und was nun? Ich stelle einmal meine eigenen Theorien dazu in den Raum:

- Theorie X*: Menschen wollen einen sicheren Job mit Routineaufgaben, der ein Auskommen bietet und in der Gesellschaft respektiert wird. Sie gewöhnen sich dann an sehr vieles und nehmen auch mühsame Pflichten auf sich. Die lange Routine und die

Erfahrung lassen ihre Pflicht zu ihrer Neigung werden. Ihr Leben hat durch den Job eine feste und ruhige Ordnung. Zum Beispiel: »Ich bin bei der Müllabfuhr. Da werde ich oft gefragt, ob das wohl Spaß machen kann. Na ja, Spaß – es regnet oder friert ja auch oft. Aber trotzdem: ich mag meine Arbeit. Ich habe mich daran gewöhnt.« X*-Menschen mögen ein gutes Betriebsklima und nette Kollegen, sie erwarten, für ihre pflichtgemäße Arbeit gewürdigt zu werden – einfach so, unabhängig von der Leistung, die sie nach Kräften erbringen.

- Theorie Y*: Menschen wollen einen abwechslungsreichen Job, der sie herausfordert und in dem sie sich weiterentwickeln können. Sie übernehmen gerne Verantwortung, sind offen gegenüber sinnvollem Neuem und möchten einen Arbeitsplatz, der ihnen eine gewisse Autonomie bei der Bewältigung ihrer Aufgaben lässt. Unter zu rigiden Arbeitsumgebungen hadern sie, streiten, diskutieren oder kündigen sogar (»Ich hasse es, bevormundet zu werden. Da werde ich sehr leidenschaftlich, sorry.«). Es geht ihnen um Weiterentwicklung, Karriere, Arbeitsfreude und Sinn, wobei ihre Prioritäten von Person zu Person stark variieren.

Als wir damals in der Zeit unseres Abiturs über Berufe nachdachten, teilten sich die Ideen von uns Abiturienten in »öffentlicher Dienst«, in Selbstständigkeit (»Arzt«) und »freie Wirtschaft« (etwas Unbekanntes mit kaum zu erahnenden Herausforderungen) – Start-ups gab es noch nicht. Arbeitslosigkeit war eher unbekannt, wir konnten im Prinzip frei wählen … Aber ein Hauptmoment der Entscheidung war die Wahl zwischen »sicherer Hafen« und »in See stechen« (ich erinnere an Präferenzen für Deich- und Schiffbau).

Beide Typen, X* und Y*, wird es immer geben, die Bewahrer und die Eroberer, die Bauern und die Jäger, die im Dorf Verwurzelten und die Weltenentdecker. Sie suchen sich die entsprechenden Berufe, die eigentlich ihre Berufung darstellen sollten – so idealisiert es jedenfalls die landläufige Theorie.

Aber in der heutigen Welt des Effizienzdrucks geschieht dies:

- Transformation X*: Routineaufgaben werden immer stärker automatisiert und digitalisiert. Die Erledigung von Routineaufgaben wird digital überwacht und gemessen. Das Management drängt auf »schneller, billiger!« Die Ruhe geht verloren, die Löhne sinken und ernähren nicht mehr gut, schon gar nicht eine ganze Familie. Die Achtung in der Gesellschaft für die Betroffenen schwindet. Überstunden und Zweitjobs lösen die sichere Ordnung des Lebens auf, das jetzt schon ansatzweise bis deutlich mit existenziellen Fragen konfrontiert ist. Die Jobs sind nicht mehr sicher, die Firmen tendieren zu Leiharbeitern und Zeitkräften, sie scheuen sich nicht, prekäre Verhältnisse zu erzeugen. Die Schamgrenzen der Unternehmen und auch der Gesellschaft fallen.
- Transformation Y*: Die Prozessorientierung und die ständigen Umorganisationen in den Unternehmen erscheinen oft willkürlich und sinnfrei, weil man angesichts der unsicheren Zukunft keinen Mut zu einer Vision hat und daher unentschlossen taktiert. Bloß nichts falsch machen. »Verantwortung tragen und agieren« (Responsibility) geht über in »Verantwortung für Fehler übernehmen« (Accountability). Die Autonomie am Arbeitsplatz wird zunehmend eingeengt, alles wird überprüft und muss genehmigt werden. An sich für gut befundenes Neues lässt sich nur quälend langsam durchsetzen (Innovationen, insbesondere »Digitalisierung«). Die engagierten Y-Menschen verwenden einen ärgerlich großen Zeitanteil ihrer Arbeit auf das Fixen von Problemen und das Entstören von Prozessketten. Die Arbeitsfreude sinkt, das Gefühl, Sinnvolles zu tun, schwindet.

Eben diese Entwicklung will ich in diesem Buch anprangern: Die Mitarbeiter lassen zunehmend die Flügel hängen. Die X*-Menschen werden zu X-Menschen umfunktioniert, die Y* zu verzweifelnden Unternehmensrettern. Die einen robotern, die anderen spielen Problemfeuerwehr. Denken Sie an die Grafiken zu Beginn des Buches: Die Y-Menschen werden überlastet und haben keine Zeit für die Zukunftsfähigkeit. Sie werden degradiert zu X-Menschen und entwickeln sich nicht weiter – wie X-Menschen eben.

In der X*-Welt ist man resignierter, hilfloser und defätistischer –

man mag das depressiv nennen. In der Y*-Welt herrscht immer mehr Frustration über vergebliche Liebesmüh und über die überbordende Gängelei, oft wird ein Burnout daraus.

 X*-Menschen und Y*-Menschen müssen aufpassen, Menschen zu bleiben – so wie sie sind.

Das X-Management verunfähigt sich selbst

Effizienzmanager, die Menschen nur noch als Ressourcen sehen, sind dann eben nur noch Ressourcenmanager. Und auch sie, als Kaste gesehen, werden eine uniforme Klasse und verlieren ihren Charakter als echte Führungskräfte.

Die Pacesetter stellen bald die dominierende Mehrheit im Managementteam (Prozentzahlen aus Psychotests folgen später im Buch). In jedem großen Unternehmen wirft man ihnen zunehmend vor, keine Fachkompetenz zu haben – wie das früher einmal war. Früher war nicht alles besser, aber früher wurden die Industrien neu aufgebaut, es herrschte eine lange Innovationsphase. Da war Fachkompetenz im Management gefragt und vorhanden.

Wenn man aber in eine Phase eintritt, in der dieselben Produkte nur noch schneller und billiger hergestellt werden, dann sind eher die Pacesetter-Eigenschaften gefragt. Seit dieser Zeit zögern die Personalabteilungen, so wie früher fachlich gute Leute zum Abteilungsleiter zu befördern. Heute wird der beste Pacesetter zum neuen Chef ernannt, weil er viel besser Druck machen kann und keine Scheu hat, offen Mitarbeiter auf Fehler anzusprechen. Für diese Kompetenz ist Fachkenntnis oft nicht förderlich, weil sie zu viel Erbarmen mit den Mitarbeitern zeigt – man weiß ja nur zu gut um alle störenden Feinheiten Bescheid. Man weiß, wie schwer es ist oder werden wird. Von diesen Rücksichtnahmen kann sich ein Pacesetter unbeleckt fühlen, und deshalb ist es gar nicht so erwünscht, wenn er über Fachkompetenz verfügt, wie es ja bei Ministern gängige Praxis ist. Daher ist es möglich und in der Realität häufig der Fall, dass man Pacesetter aus Beratungsfirmen akquiriert und gleich als höhere Manager einstellt. MBAs/BWLer werden oft als Quereinsteiger geschätzt, weil sie als solche keinerlei Skrupel haben, mit den Mitarbeitern gleich von Anfang an »tough & straight« (rüde?) umzugehen. Man wird sie gleich so kennenlernen, wie man sie geholt hat.

Weil das X-Management nur begrenzte analytische oder strategische Fähigkeiten erfordert, aber eben Stärke im Sinne von Härte, Antrieb und Ehrgeiz, so beschneidet sich das Management im Grunde selbst. Bei IBM habe ich in Managementlehrgängen vorgebetet bekommen, dass Manager stets drei Kernkompetenzen haben müssten: Führungskompetenz, Fachkompetenz und Sozialkompetenz. Das wurde immer so gesagt, und es wird bestimmt heute noch entsprechend gelehrt werden, aber man kapriziert sich in der Praxis auf die Führungskompetenz und dann lieber gleich in der Version X.

Darüber hinaus würden heutige Managementlehrgänge und alle Theorien noch zusätzlich die Zukunftskompetenz (Kreativität, Mut zu Neuem, »Agilität«) von jeder Führungskraft einfordern. Davon war in den 90ern noch nicht die Rede. Damals verbesserten kompetente Research & Development Departments (Forschung und Entwicklung) in Ruhe und mit Hingabe ihre Produkte, hier und da erneuerten sie etwas und erfanden immer neue »Features« oder Zusätze. Autos bekamen ein Schiebedach, ABS, elektrische Fensterheber, Klimaanlage – aber es waren immer noch fast dieselben Autos. Die Digitalisierung verlangt aber vollkommen neue Produkte, Services, Geschäftsmodelle und Plattformen. Dazu braucht es grundlegende Entscheidungen der Führung und nicht nur Weiterentwicklungen aus der Entwicklungsabteilung.

Diese grundlegende Zukunftsfähigkeit wird nicht wirklich ernst genommen. Es gibt beschwörende Appelle, aber es geschieht erschreckend wenig. Oft setzen sich Management-Teams pflichtschuldigst zu Workshops zusammen und üben sich im Brainstorming. Was soll das bringen? Was ist die Hoffnung dabei? Da sitzen Controller & Pacesetter zusammen und denken, sie würden die Ideen der Zukunft in zehn Minuten erfassen? Um dann auf dieser Basis eine grundlegende Richtungsentscheidung zu treffen?

Und wenn aber jemals eine neu aufkommende Idee so richtig gut und rund wäre, würde sie sofort auf den Prüfstand der X-Manager kommen. Die Planer/Controller: »Das kostet zu viel und ist zu ungewiss. Keine Abenteuer bitte.« Die Pacesetter: »Das ist zu langsam, wir brauchen schnelle Erfolge. Können wir nicht eine Firma aufkaufen, die so etwas schon macht?«

In dieser Weise dreht sich eine Spirale, in der es zunehmend nur um Sparen, Eile und das Schielen auf die Quartalsergebnisse und den Aktienkurs geht:

Manager dressieren sich gegenseitig und formen ihre Mitarbeiter zu X-Menschen, die wiederum mehr X-Manager erfordern, man stellt X-Manager ein, diese drillen die X-Mitarbeiter usw.

Ich verfolge und verfeinere diesen Gedanken durch das ganze Buch. Ich will Ihnen so viele Detailargumente »von allen Seiten« bringen, dass Sie mit mir zusammen erkennen, dass sich eine unselige Spirale zu drehen beginnt, die die Unternehmenspsyche in eine veritable Neurose laufen lässt. Das Unternehmen bekommt Schlagseite und wird in der Folge krank, weil es in den oberen Etagen viel zu wenig Fachkompetenz, soziale Kompetenz und Zukunftskompetenz hat.

Sie werden sich vielleicht fragen, wie solche Unternehmen überhaupt noch existieren können. Ich versuche an dieser Stelle wenigstens eine Teilantwort, die konkreter ist als »Sie überleben, solange es alle so machen«. Typisch ist die schon erwähnte Pacesetter-Frage: »Können wir nicht eine Firma aufkaufen, die das kann, was wir können sollten?« Um diese Frage kreist ein ganzes Managementuniversum. Früher hat sich ein großes Unternehmen bemüht, am besten alles gut zu können. Wirklich alles! Früher waren die Mitarbeiter an der Rezeption in den Bürohochhäusern oder im Sekretariat, die Hausmeister und Gärtner wie alle anderen Mitarbeiter ganz normale Festangestellte des Unternehmens. Sie bekamen damals kein Hungergehalt wie heute; sie verdienten zwar viel weniger als die Ingenieure oder die Facharbeiter, hatten aber ein gutes Auskommen. Früher waren die Briefträger der Bundespost gut bezahlte Postbeamte! Die Zugbegleiter (damals Schaffner genannt) waren Beamte und standen stolz zu dem Wort: »Pünktlich wie die Bahn!« Heute verkommen Post und Bahn zu Niedriglohngebieten …

Seit den 90er Jahren wird die Effizienzfrage der »Kernkompetenzen« gestellt. Man überlegt sich, welche Kompetenzen wichtig sind – diese sollte man selbst beherrschen. Unwichtige Kompetenzen könnte man zukaufen. Man nennt es Outsourcing oder Offshoring, wenn man etwa Dienstleistungen nach Indien vergibt. Seit wohl 30 Jahren werden verbreitet »nicht unternehmensrelevante« Tätigkeiten von außen eingekauft: Der Hausmeister, nein, die ganze Hausverwaltung (»Facility Management«) wird outgesourct, die Sekretariate werden mindestens teilweise aus dem Internet zugebucht. Spezielle Reinigungsfirmen kommen zum Saubermachen der Fassaden. Fremdfirmen warten die Kopierer und Drucker und füllen Toner/Papier nach. Immer mehr wird outgesourct: Call-Center werden von Indien aus betrieben, die Lohnabrechnung in Vietnam erledigt, die Personalverwaltung zum Beispiel in Ungarn, wo man leidlich gut deutsch sprechen kann.

Erste Idee: »Wir vergeben die Arbeit an jeweils professionelle Firmen, die es besser können.« An professionelle! Denn ein spezialisiertes Facility-Management-Unternehmen kann die Hausverwaltung professioneller managen als jemand aus den Unternehmen selbst. Soweit die reine Idee.

Zweite Idee: Aber gleich danach erkannte man, dass Outsourcing auch ermöglicht, Leistungen nur stundenweise oder vorgangsweise zu buchen, wo man vorher Ganztagsangestellte bezahlen musste. Damit wird die Auslastung der outgesourcten Mitarbeiter viel besser. Beispiel: Ein kleines Gebäude braucht vielleicht nur zwei Stunden Hausmeister am Tag. Soll dieser den ganzen Rest des Tages Däumchen drehen? Besser ist es, »zwei Stunden Hausmeister« von einem Facility-Management-Provider zu ordern. Problem gelöst. Hier geht es nicht mehr nur darum, professionelle Leistungen einzukaufen, sondern vor allem darum, Teilzeitkräfte zu nutzen.

Dritte Idee: Man kann sich ja aussuchen, welches Unternehmen den Viertel-Hausmeister »liefert«, man nimmt also das billigste Angebot. Da alle Unternehmen alles am billigsten haben wollen, fallen langsam die Preise und damit die Qualität. Der »Viertel-Hausmeister« muss versuchen, das Pensum als ein »Fünftel-Hausmeister« zu schaffen, indem er husch-husch arbeitet. Die Billigreinigungsdienste wischen jetzt also nur noch schnell mal drüber – mehr geht nicht.

Es fing damit an, dass man nichtstrategische Fähigkeiten an echte Profis auslagerte, die es »besser können«. Es endet damit, dass die outgesourcten Fähigkeiten im Preis so sehr gedrückt wurden, dass sie eben nur noch im absoluten Mindeststandard geliefert werden können. Die Unternehmen, die diese Dienste anbieten, kaufen dann ihrerseits noch billigere Arbeitskräfte ein und managen Leiharbeiter und Zeitkräfte in Subunternehmen und die wieder in Subsubunternehmen, die am unteren Ende der Nahrungskette keine Tarifverträge oder Betriebsräte kennen. Heute sehen wir in diesem Bereich Dumpinglöhne, Sozialversicherungsbetrug, Unterlaufen von Mindestlohngesetzen, Scheinselbstständigkeit und illegale Beschäftigung etc.

Wir lesen täglich die Klagen in der Presse: Paketzusteller, Pflegekräfte, Lastwagenfahrer und Bauarbeiter von Subunternehmen und Subsubunternehmen arbeiten zu den elendsten Bedingungen – hier ist schon die Grenze der Menschenwürde erreicht und überschritten.

Vierte Idee: Das X-Management muss sich nicht mehr wirklich um die zu leistende Arbeit kümmern, es pocht einfach auf die Verträge mit den Dienstleistern. Das Management ist bei Fehlern nicht selbst schuld oder verantwortlich. Es kann Druck machen. Wenn Fehler vorkommen, beschimpft man die Subunternehmer und droht mit Auftragsentzug. Wie die Subunternehmer das Problem lösen, ist nicht Sache des Auftraggebers. Der braucht keinerlei Kompetenz in der Sache zu haben, er hat den Vertrag und damit die Macht. Er darf harte Töne anschlagen und tut das auch. Er tut das über eine harte Einkaufsabteilung mit lauter hochkompetenten Preisdrückern.

Die Strategie ist es, alles nach außen zu geben, was man gar nicht kann; zusätzlich alles, was man nicht so gut kann wie andere, was man selbst nicht machen will, draußen billiger bekommt oder was Risiken birgt, die man lieber anderen überlässt.

Fazit: Am Anfang hieß es »Wir konzentrieren uns auf unsere Kernkompetenzen, den Rest kaufen wir von außen zu.« Am Ende kommt heraus, dass ein Unternehmen in einer gnadenlosen Perversion der Anfangsidee nur noch das macht, was hohe Gewinnspannen verspricht. Der Rest muss weg, weil er die in der Gewinn- und Verlustrechnung ausgewiesene Durchschnittsmarge schlechter aussehen lässt.

Manchmal geht das so weit, dass man sich fragt, was das Unternehmen überhaupt noch selbst macht. Viele Konzerne haben sich zum Beispiel von den IT-Bereichen getrennt und beziehen nun ihre kompletten IT-Leistungen als »managed Services« von Cloud-Anbietern. Große Autobauer beschäftigen sogar Designfirmen für die Entwicklung von neuen Karosserien. Sie haben Hunderte bis Tausende Lieferanten, die spezielle Teile für die Produktion liefern, und alle diese werden gnadenlos im Preis gedrückt. »Liefern Sie nachhaltig zu Spottpreisen und Sie bekommen den Hoflieferantenstatus für zehn Jahre.«

Konkret: Die Autobauer verkauften zum Beispiel ihre IT-Systemhäuser (Daimlers debis ging an die T-Systems), Siemens verkaufte die IT-Tochter SIS an Atos Origin, viele Banken betrieben Outsourcing der IT (Deutsche Bank an die IBM und an die Postbank mit wechselndem Hin und Her), die Lufthansa denkt seit Jahren missmutig über die Zukunft von LH Systems nach.

Durch das Outsourcing verlieren die Firmen Fähigkeiten, die man heute, eine Dekade später, sehr wohl als Kernkompetenzen betrachten könnte. Heute drohen die Fintechs, Internetbanken (N26) und Zahlungsabwickler (Wirecard) mit neuen Finanzinfrastrukturen – die Banken und Versicherungen können sich nicht gut wehren, weil sie nicht mehr Herr über alle ihre IT sind und weil die Pacesetter in solchen Unternehmen vor lauter Outsourcing die nötigen Kompetenzen verloren haben. Die Autobauer sollen »jetzt plötzlich« autonome Fahrzeuge bauen, aber sie haben keine große IT mehr …

Die Unternehmen haben sich damit, sagt man, unter Effizienzstreben »auf ihre Kernkompetenzen zurückgezogen«, wozu ihnen alle Berater rieten.

Ich sagte schon, das stimmt nicht. Es ist vielmehr so:

> Die Unternehmen haben sich auf diejenigen Kompetenzen zurückgezogen, mit denen sie am meisten Geld verdien(t)en. Seitdem bezeichnen sie diese profitablen Kompetenzen als ihre Kernkompetenzen.

Deshalb werden viele Unternehmen in den nächsten Jahren Nahtoderfahrungen machen müssen, denn die Digitalisierung verschiebt die Geschäftsbereiche, die den großen Gewinn machen. Siemens, Daimler und viele Konzerne mehr betonen derzeit, zu »Digital-Konzernen« zu werden. Das wird nicht einfach, weil sich nun sehr, sehr viele Unternehmen auf die rar gesäten IT-Profis stürzen ... Man hat die IT zu teuer gefunden und weggegeben, jetzt fehlt sie als Kernkompetenz. Das Gerede um »Kernkompetenzen« war eben zu einem guten Teil eine Lüge der Effizienzgier. Und nun droht ernste Gefahr.

[
Wenn sich die Kernkompetenzen eines stark outsourcenden Unternehmens ändern, steht es hilflos da. Es kann ja sonst nichts anderes mehr. Es wird kaum genug Geld haben, die neu benötigten echten Kernkompetenzen oder die von allen gewünschten profitablen Kompetenzen zuzukaufen.
]

Durch das zu extreme Outsourcing haben die Unternehmen die Margen (Gewinnspannen) hochgetrieben. Das war der Endzweck. Sie haben nicht wirklich darauf geachtet, was sie tatsächlich können müssen. Viele haben sehr selbstbewusst behauptet, sie könnten am besten managen, aber auch diese Fähigkeit gleitet langsam in »verunfähigtes« X-Management über. Das Management der vielen outgesourcten Aufgaben wird unübersehbar komplex. Wer kann am Ende die vielen Subunternehmen und ihre Verträge noch im Auge behalten? Wer kann die Zulieferer noch als Team zusammenarbeiten lassen? An dieser Stelle breitet sich Chaos aus, weil das Management überfordert ist. Das Chaos führt einem ständigen Ringen mit der Komplexität, die man selbstverschuldet erzeugt hat.

Das Bewältigen von Prozessunpässlichkeiten ist dann zwar eine Heldentat, aber eben doch ein Zeichen mangelnder Systemkompetenz (die Amerikaner sprechen von »heroic effort«, wenn trotz aller Prozessbarrieren trotzdem noch gute Arbeit geleistet wird).

Ein Beispiel:

»Hilfe, bei uns ist die Palme in der Empfangshalle umgefallen, es sieht wie verwüstet aus. Hallo, outgesourctes Reinigungsunternehmen, kommen Sie!« – »Bitte geben Sie erst eine Bestellung auf. Da es ein Sonderfall ist, berechnen wir die geleistete Arbeit nach Stunden. Ich kann von hier aus nicht abschätzen, wie viel zu tun ist.« – Im Unternehmen: »Ich brauche eine Bestellung für eine Sonderreinigung, die nach Stunden berechnet wird. Für einen Vertrag ist keine Zeit. Das Aufstellen einer Palme kann ja auch nicht die Welt kosten.« – Controller: »Wir machen nur Festpreisverträge, wir wollen nicht von faulen Hunden übers Ohr gehauen werden. Nach Stunden, haha, das fällt denen so ein! Sie nutzen uns schamlos aus, weil wir keine Zeit zu haben scheinen. Ich kenne diese Erpressungsversuche, ich bin darin Meister!« – »Wir haben aber keinen Festpreis für das Umfallen von Palmen im Vertrag verhandelt.« – »Dann muss wohl erst ein Gutachter kommen und dann mit dem Reinigungsunternehmen einen Festpreis aushandeln.« – »Wie lange dauert das?« – »Es braucht seine Zeit. Wir kontaktieren den Gutachter morgen oder übermorgen. Wir sind mit Vorgängen dieser Art unter Wasser. Wer bezahlt denn intern im Unternehmen die ganze Reinigung? Welche Kostenstelle kann ich dafür belasten?« – »Oh, weiß nicht. Wir haben doch kein Budget für das Umfallen von Palmen.« – »Das wissen Sie nicht? Warum rufen Sie mich so unvorbereitet aus dem Meeting? Gehen Sie zum offiziellen Hausherrn.« – Man geht zum Hausherrn: »Hausherr, wer bezahlt die Reinigung wegen der umgefallenen Palme?« – »Oh, wir haben dafür gar keinen Etat, den müsste ich besorgen. Aber wie? – Tja, schlecht. Oh, warten Sie mal, ich habe eine wunderbare Idee! Es könnte doch ein Unfall gewesen sein oder so etwas. Jedenfalls sind wir bestimmt dagegen versichert. Kontaktieren Sie die Versicherung.« – »Welche?« – »Machen Sie sich in der Verwaltung schlau.« Kontakt bei der Versicherung: »Sie sind leider nur gegen Baumschäden bis drei Meter Höhe versichert.« Sie sägen ein bisschen an der Palme und machen ihren Fall kürzer. Die Versicherung aber legt nach: »Sie sind nur gegen Baumschäden versichert. Palmen sind aber Monokotyledonen, diese Pflanzenfamilie gehört zu den Einkeimblättrigen wie die Gräser zum Beispiel. Bäume sind als Zweikeimblättrige definiert. Das wurde in einem internationalen Vertrag vor 120 Jahren ...« Etc. Zum Schluss müssen sie ein Meeting anberaumen, das zunächst wegen der Grippewelle nicht stattfinden kann. Im Meeting kommt die Frage auf, ob nicht auch der outgesourcte Gärtner mit seiner Haftpflicht hinzugezogen werden kann. Dieser ruft das Unternehmen an, für das er damals die Palme gegen Festpreis aufstellte. Ist das schuld? Etc.

Heute ist es komplex. Früher rief man den Hausmeister. Der kam, sah und tat. Fertig.

Heute ist es oft eher das Hauptproblem, festzustellen, wer zuständig ist, wer bezahlen muss und wie viel genau, am besten mit einem neuen Vertrag. Verglichen mit der Komplexität dieses Vorgangs ist die eigentliche Arbeit ein Klacks. Die eigentliche Arbeit wird zuletzt von einem Niedriglöhner erledigt, der sich kaum selbst vom Lohn ernähren kann. Die Klärung aller Zuständigkeiten wird vorwiegend durch Besserverdiener vorgenommen. Die kommen natürlich auch noch nach Abschluss der Arbeiten und prüfen, ob die Palme im selben Winkel steht wie früher. »Aber da fiel sie doch um!« – »Wir hatten Wiederherstellung des alten Zustands verlangt!«, brummeln sie und stellen fest, dass die Empfangshalle ja wegen des ganzen Drecks frisch gereinigt wurde. »Ah, dann verhandeln wir mit der Gebäudereinigung, dass diese Woche unter dem Normalkontrakt nicht nochmals gereinigt wird. Wir ziehen ihnen diese Leistung bei der Rechnung ab.«

Diesen Fall habe ich frei erfunden, ich kenne noch lächerlichere Fälle, aber da erkennen sich eventuell einige Leute wieder. Ich wollte Sie mit dem Beispiel ein bisschen auf die Palme bringen. Noch eines?

Ich habe schon ein Headsetmikrofon auf dem Kopf, ich soll als Redner auf die Bühne. Wir sind in einem Konferenzsaal eines sehr großen noblen Hotels. 700 Gäste, wunderbare Technik, meine PowerPoints sind schon auf der Bühne zu sehen. Ich werde gerade vom Moderator vorgestellt, gleich geht es los. Da frage ich die Regie, ob ich noch schnell den Presenter bekomme, so heißt das Weiterklickteil für die Folien. »Nein.« – »Den brauche ich doch!« – »Es wird keiner zur Verfügung gestellt, Sie müssen die Leitung fragen. Wir sind Outgesourcte für diese Veranstaltung.« Hektisch finde ich zufällig eine junge Dame von der Leitung. Sie erklärt: »Der Presenter ist nicht im Gold-Sponsor-Mega-All-in-One-Paket inkludiert und muss extra bestellt werden. Das ist offenbar nicht geschehen.« – »Aber Sie haben einen?« – »Natürlich, da hinten liegt einer, aber der Prozess ist so, dass er bestellt werden muss.« – »Ich regle das nach meinem Vortrag.« – »Nein, vorher, es kostet 29 Euro für einen Tag.« – »Der Presenter kostet bei Amazon so viel, wenn ich ihn kaufe.« – »Wir können das jetzt nicht mehr regeln, weil ein Formblatt ausgefüllt und unterschrieben werden muss. Wann wollen Sie das tun?« – »Das muss doch der Veranstalter regeln, nicht ich, ich muss auf die Bühne!« – »Aber Sie wollen den Presenter, also müssen Sie mit uns einen Vertrag machen.« Verzweifelt rufe ich den Veranstalter herbei. Ich muss auf die Bühne. Ich gehe. Kurz darauf reichen sie einen Presenter hinauf. Geschah ein Prozesswunder?

»Managen« hat heute in der Praxis sehr viel damit zu tun, die Komplexität bei Prozessausnahmen zu beherrschen. Die einfachen Arbeiter und die outgesourcten Leihkräfte verrichten die Routinen. Wenn eine Prozessausnahme eintritt, muss »eskaliert« werden, dann kommen unter Umständen viele Besserverdienende und regeln etwas im Einzelfall, was sie generell schlecht geregelt haben. Solches Katastrophenmanagement bindet das Management oft völlig. Meetings auf Meetings, Ausschüsse und Taskforces, Arbeitsgruppen und Workshops folgen, »damit sich das nicht wiederholt«. Tut es aber.

Die eigentliche Kernkompetenz des Managements sollte darin bestehen, die verschiedenen Kräfte des Unternehmens harmonisch zu bündeln, damit das Unternehmen seinen guten Weg geht und, wie die Manager selbst sagen, die »geballten PS von allen auf die Straße kommen«. Das tun sie nicht, denn die beschworenen PS sitzen in Meetings und kämpfen mit der selbst erzeugten Komplexität. Sie werden bestimmt umstrukturieren, sie werden »alles grundlegend ändern«, sie werden alles in der Welt tun, was keine Mehrkosten erzeugt – für alles andere haben sie kein Budget. Zeit in Meetings zu verschwenden ist normal. Die Manager sind ja eh da. Kein Gedanke, dass sie etwas Sinnvolles tun könnten, wenn sie nicht Probleme fixen müssten.

Pacesetter sind mit dem Lösen von solchen Problemen vollkommen überfordert – das ist das Problem. Sie agieren bei Schwierigkeiten stets so: »Wir klären das in einem Meeting. Das muss ich nicht selbst können, das ist nicht meine Kernkompetenz. Ich setze nur die hohen

Standards. Das ist meine ureigene Rolle. Ich beseitige nicht die konkreten Probleme. Ich bin der, der dafür sorgt, dass die Probleme schnell beseitigt werden, wenn sie nicht unter den Tisch zu kehren sind, was ich meistens schaffe. Ich bin nicht der Fachmann, ich kann nicht alles. Sie sind die Experten, Sie verstehen alles im Detail. Ich nicht. Jeder muss seine Rolle einhalten. Ich delegiere daher alles an Sie oder source es an Sie aus. Wenn Sie nicht gleich alles in Ordnung bringen, lade ich alle zu einem großen Abkanzelmeeting über zwei ganze Tage ein. Ich erwarte, dass jeder seinen Beitrag leistet und sich reinhängt. Ich werde mir berichten lassen, wer in dieser Zeit Urlaub nimmt oder gar auf die Idee kommt, Gleitzeit abzubummeln.«

Hui, das klingt negativ, gell? Die Vorstandsvorsitzenden sagen doch immer, sie hätten die besten Mitarbeiter und die besten Produkte, die zufriedensten Kunden und eine große Vision für die nächste, nämlich die digitale Welt? Ist das so, wie sie sagen?

Ich habe dieses Kapitel mit Søren Kierkegaard begonnen und möchte es mit dem rituellen Gerede der Oberen beenden, das Kierkegaard traurig aufs Korn nahm. Hören Sie in sich hinein, wie wenn zum Beispiel deutsche Autobau-Manager ihre hundert Jahre Vorsprung bei der Autoerfahrung vor Tesla rühmen ...

Noch einmal Gänse (*Buch des Richters*. Seine Tagebücher 1833–1855):

> »Die Christen leben wie Gänse auf einem Hof. An jedem siebten Tag wird eine Parade abgehalten, und der beredsame Gänserich steht auf dem Gatter und schnattert über die Wunder der Gänse, erzählt von den Taten der Vorfahren, die einst zu fliegen wagten und lobt die Barmherzigkeit des Schöpfers, der den Gänsen Flügel und den Instinkt zum Fliegen gab.
>
> Die Gänse sind tief gerührt, senken in Ergriffenheit die Köpfe und loben die Predigt und den beredten Gänserich. Aber das ist auch alles. Eines tun sie nicht – sie fliegen nicht; sie gehen zum Mittagsmahl. Sie fliegen nicht, denn das Korn ist gut, und der Hof ist sicher.«

Kierkegaard an anderer Stelle:

> »Die Christenheit hat Schluss gemacht mit dem Christentum, ohne das recht zu wissen.«

Und nachdem Sie kurz über all das nachgedacht haben, setzen Sie für »Christen«, »Christenheit« und »Christentum« etwas anderes ein. Über den jahrein jahraus geübten Riten eines Standardlebens wird das Eigentliche vergessen. Analog:

> »Die Unternehmen haben Schluss gemacht mit echten Innovationen, ohne es recht zu wissen.«

Unter Stress und Prozessorientierung gibt es keine Zeit mehr »für das Eigentliche«. Wir konzentrieren uns darauf, dass alles wie am Schnürchen läuft, schöpfen aber kaum Atem und haben keine Ruhe mehr für Neues, für die eigene Weiterentwicklung und für freundliche Kontakte zu anderen Menschen. Das Arbeiten in Prozessen anonymisiert uns und trennt uns von den anderen. Das Management behandelt uns wie anonyme Ressourcen und wird selbst zu einem Ressourcenmanager. Das Management hat noch weniger Raum für Neues und Weiterentwicklung. Insgesamt verunpersönlicht sich das Menschenbild in allen Aspekten. Diese unselige Tendenz fühlen wir alle. Wir wollen Menschen sein. Wir beschwören uns gegenseitig, dass sinnvolle Arbeit mit Leidenschaft betrieben werden soll (»Passion & Purpose«), wir möchten etwas bewegen und anderen helfen. Wir werden aber bewegt.

Menschenstandardisierung zur globalen Direktausbeutung

Die Prozesse machen alle Menschen gleich. Das Benehmen am Flughafen ist streng vorgegeben, das Abitur bundeseinheitlich abzulegen. Die Fast-Food-Ketten bieten weltweit dieselbe Labsal, die Mitarbeiter werden dafür in prägende Uniformen gesteckt. Immer mehr Menschen arbeiten in gleichförmigen Prozessketten, auch bald Anwälte und Steuerberater, selbst Ärzte, die jetzt medizinische Versorgungszentren bilden können. Diese Tendenz zu »Ketten« und zur entsprechenden Industrialisierung von Dienstleistungen wurde schon lange als McDonaldisierung verstanden. Noch weiter geht die Uberisierung: Uber bietet eine Plattform, bei der fast jeder, der ein Auto hat, ein bisschen Geld verdienen kann. Arbeitsplattformen (»liquidization«) bieten Arbeitsquanten an, die derjenige durchführt, der sie am billigsten anbietet. Liquidization der Arbeit führt zur globalen Direktverlagerung von Arbeit – dorthin, wo die Mindestlöhne am niedrigsten sind. Diese Tendenzen lassen die Menschen uniformer werden und mit den Prozessketten verwachsen. Das Management wird immer einfacher und behandelt Menschen wie Ressourcen, also fast wie Maschinen.

Die Gleichform hat Namen – McDonaldisierung und McJobber

Viele Unternehmen versuchen die Arbeit so zu simplifizieren, dass sie am besten jeder nach einem halben Tag Ausbildung erledigen kann. Zum Beispiel können das Navi und ein Smartphone das Taxifahren oder das Postaustragen trivialisieren. Man spricht neudeutsch von entstehenden McJobs ohne großen Verdienst und ohne Aussichten für die Zukunft. Heute wird aus Effizienz- oder eben Totspargründen versucht, möglichst alle Berufe wenigstens teilweise zu »mcdonaldisieren«. Die Mitarbeiter werden bewusst zu dressierten X-Menschen downgegradet. Dieser Abschnitt konkretisiert Aussagen vom Anfang des Buches – dass Manager/Pacesetter eben nur noch Stress machen müssen.

Das Streben nach Effizienz ist schon kurz nach dem Austreiben der ersten Blüten dieser Entwicklungen gegeißelt worden. Im Jahre 1993 publizierte George Ritzer sein visionäres Buch *The McDonaldization of Society*. Ritzer prägte damit eine böse Fachvokabel, die auch im Duden ihren Platz gefunden hat. Schon damals war klar, dass es beim Effizienzstreben nicht einfach nur darum ging, dieselbe Arbeit mit weniger Leuten zu erledigen. Nein, die Arbeit selbst wird so sehr vereinheitlicht und standardisiert, dass sie von standardisierten Menschen übernommen werden kann. Diese können selbstverständlich viel niedriger bezahlt werden – so wie der einstige respektierte Postbeamte, der uns alle persönlich kannte, zum gehetzten Paketzusteller umfunktioniert wurde, der heute unter dem Existenzminimum von Subunternehmen ausgebeutet wird.

[Man spart nicht bloß Mitarbeiter ein, sondern auch erforderliche Fähigkeiten.]

Im schon genannten Beispiel der Sparkasse: Für die wenigen schwierigen Aufgaben verweist man den Zweigstellenkunden auf die Hauptfiliale. Dann ist der Rest der Arbeiten sehr einfach – so einfach, dass es kaum noch welche gibt, die der Kunde nicht selbst im Netz erledigen kann.

Die Gesellschaft also, die George Ritzer schon 1993 skizzierte, ist heute schon einen guten Schritt in der vorausgesagten Richtung weitergekommen. Das sehen wir schon ganz intuitiv. Aber konkret: was versteht Ritzer unter McDonaldisierung genau?

Die »McDonaldisierer« streben vor allem dies an:

- Effizienz – am billigsten, schnellsten und besten
- Kalkulierbarkeit – das Ziel soll möglichst in Zahlen quantifizierbar und die Qualität objektiv exakt festgelegt sein (Nicht so: »Ich habe heute zwar weniger Hamburger geschichtet, aber sie wurden dafür besonders frisch und köstlich!«)
- Voraussagbarkeit für den Kunden – er kann auf (u.U. weltweit) vereinheitlichte und gleichförmige Dienstleistungen zählen (»Der Hamburger schmeckt in Myanmar genauso wie in Stockholm!«)
- Kontrolle – sie gelingt einfach bei vereinheitlichten und gleichförmigen Mitarbeitern bei standardisierten Einstellungskriterien, die einen leichten Austausch der Human-Ressourcen ermöglichen

Der Begriff der McDonaldisierung entstand zu der Zeit, als man die Prozessorientierung in größerem Maßstab als Allheilmittel für Effizienz entdeckte und als Reengineering und Qualitätsmanagement in Blüte standen. Vorher schon hatte Douglas Coupland in seinem 1991 erschienenen Roman *Generation X* das Wort McJob bekannt gemacht. Ein McJob, schreibt Coupland, ist »ein niedrig dotierter Job im Dienstleistungsbereich mit wenig Prestige, wenig Würde, wenig Nutzen und ohne Zukunft. Oftmals als befriedigende Karriere bezeichnet von Leuten, die niemals eine gemacht haben«.

Das Fast-Food-Unternehmen McDonald's ärgerte sich sehr über diesen imageschädigenden Begriff und versuchte vergeblich, den Eintrag des Wortes McJob in die Wörterbücher (Merriam-Webster, Oxford English Dictionary) zu verbieten. Im Duden findet sich seit 2000 das Wort in der Schreibweise Mc-Job. Die mag ich nicht, ich finde die englische Version passender. Ist der Duden durch die andere Schreibweise nur ärgerlichen Konflikten mit McDonald's ausgewichen?

Die deftigsten Definitionen findet man gewöhnlich im Urban Dictionary: »Any menial, low-paying, unskilled, dead-end-job, including (but not limited to) those in the fast food industry, which requires zero creative or intellectual involvement, and whose sole motivation is a paycheck (i.e., no one works a McJob because they like it or care about the work). The employee may also be required to wear a silly and degrading uniform. Examples outside of the food service industry include Wal-Mart greeter and movie ticket clerk« (»untergeordnet, schlecht bezahlt, ohne Fähigkeitsanforderungen, ohne Aufstiegsmöglichkeit, null kreativ, null intellektuell, wird ausschließlich wegen des Geldes ausgeführt und nicht, weil man den Job mag; oft werden McJobber in alberne und erniedrigende Uniformen gesteckt« etc.).

Die McJobs bilden in einem mcdonaldisierten Unternehmen die menschliche Endstation vor der Automatisierung. Ich hatte ja schon erwähnt, dass auch McDonald's durch die Aufstellung von Bestellautomaten weiter mcdonaldisiert.

Die McDonaldisierung hat einen wichtigen Vorteil:

[Quantität ist gleich Qualität (»quantity equals quality«)]

Der Kunde bekommt immer die gleichen Hamburger mit überall gleichem Geschmack von überall denselben Mitarbeitern über die überall gleichen Skripts. Wir müssen im Ausland keine Angst haben, irgendwelche Vokabeln nicht zu beherrschen. Ich erinnere mich noch an mein erstes peinliches USA-Frühstück in einem großartigen Konferenzhotel. Der Kellner fragte ganz schnell hintereinander: Juice? Eggs? Bread? Hot drink? Ich dachte erst, ich soll nicken oder verneinen, aber es wurden Entscheidungen verlangt, welche Art von jeder Sorte ich wählen möchte. Und ich musste immer eingeschüchterter fragen: »Was gibt es denn?« Sehen Sie, solche Unbildung in Skripts kommt nicht nur im Burger King vor, sondern bestimmt auch beim ersten

Mal Wiener Opernball (»Was ziehe ich bloß an?«) und bei den ersten Meetings nach dem Arbeitsantritt.

Wenn die Qualität immer gleich ist, macht das Unternehmen den größten Gewinn, wenn diese uniforme Qualität möglichst effizient hergestellt werden kann. Für die Mitarbeiter heißt das: sie müssen so schnell wie möglich arbeiten. Darauf muss das Management achten, dazu reicht fast schon eine automatische Computeranalyse der Kassenbons. Nach ein paar Berechnungen ist es klar, wer gut arbeitet und wer nicht. Da jetzt sogar Bestellautomaten aufgestellt wurden, kennt man zusätzlich zu den Bestellungen auch die Wartezeiten der Kunden von der Bestellung bis zur Ausgabe. Das ist wichtig! Denn wenn gerade nur wenige Kunden kommen, ist es ja nicht nötig, dass das Personal wie irre arbeitet. Die echte Arbeitsgeschwindigkeit ist ja nur erforderlich, wenn viele Kunden kommen. Jetzt können Computer eventuell Mitarbeiter für ein-zwei Stunden entlassen und dann wiedereinstellen, wenn wieder Kundenandrang herrscht. Am besten bezahlt man das Personal nach den gelieferten Hamburgern, dann liegt das Risiko bei den Arbeitnehmern. So geschieht es wohl heute bei verschiedenen Paketzustellern, die nach der Anzahl der Paketlieferungen bezahlt werden, wobei das Wetter oder die Urlaubszeit lieber nicht mitgerechnet werden (im Regen arbeiten, an Ferientagen oft Leute nicht daheim antreffen).

Darf ich für diese einfachen Fälle, in denen man McJobber antreibt, das Wort des McManagers einführen? Das passt hier noch besser als Pacesetter. Der McManager herrscht über McJobber und muss nur die Schichten einteilen, kontrollieren und antreiben – und in vielen Fällen mit der starken Mitarbeiterfluktuation klarkommen.

Wo gibt es heute McJobs?

- Taxifahrer werden durch Navi, Taxizentrale und Apps zu McJobbern. Das Aufkommen von Uber setzt noch eine Stufe drauf.
- Lkw-Fahrer arbeiten mit allen Tricks gerade so am gesetzlichen Limit oder mehr. Sie werden sehr schlecht bezahlt und kommen nur mit exzessiv vielen Überstunden durch.
- Der Einzelhandel roboterisiert seine Arbeitskräfte. Auch hier werden die Scannerkassen bald von den Kunden bedient werden.

Zwischen den Logistikmitarbeitern in Versandzentren laufen schon Roboter herum.
- Die Banken, Versicherungen und Telekommunikationsunternehmen mcdonaldisieren die Vertragsabschlüsse, weil sie die Konkurrenz im Internet im Nacken spüren. Sie sind eigentlich unwillig, das zu tun, weil insbesondere die Versicherungen die unkundigen Kunden mit absichtlich nicht mcdonaldisierten (intransparenten) Verträgen übervorteilen – in diesen Fällen zahlt sich die »Beratung« noch aus (»ganz speziell auf Ihre Situation zugeschnitten, daher die Laufzeit von 99 Jahren mit vererbbaren Konditionen«).
- Briefträger und Paketzusteller haben schon einen McJob.
- Lieferdienste von Pizza, Getränken und Tiefkühlkost sind ebenso halbautomatisiert.
- Die Arbeitseinteilung von Zug- und Flugbegleitern erfolgt durch Crew-Scheduling-Programme (automatische Dienstoptimierung).
- Ein Großteil der Call-Center-Arbeit ist mcdonaldisiert.

Im Bildungsbereich spricht man von »zunehmender Verschulung«, es gibt im Amerikanischen auch schon das Wort McUniversity für »mass education«. Die Vorlesungen werden oft landesweit koordiniert, damit Studenten die Universitäten wechseln können und Prüfungen von früheren Universitätsstudien angerechnet bekommen. Bei der europäischen Bologna-Reform ging es darum, den Studenten internationale Mobilität möglich zu machen. Dazu vereinheitlichte man den europäischen Hochschulraum. Wenn aber die Abschlüsse überall vergleichbar sein sollen, müssen überall dieselben Curricula abgehalten werden und überall dieselben Inhalte abgeprüft werden. Statt einheitlicher Hamburger gibt es nun einheitliche Professoren und Lehrinhalte. Nun ist wieder Quantität gleich Qualität: Man muss einfach schnell studieren! Dieses System ist eigentlich nicht mit Mcdonaldisierungsabsicht geplant worden, aber es ist effizient, kalkulierbar, für den Studenten vorhersagbar geregelt – und die Kontrollen der Studienressourcen sind logistisch bequem geworden.

Die ersten Beispiele sind Ihnen sicher sofort klar, aber das letzte sollte Ihnen ein Stirnrunzeln abverlangen. Ich komme darauf zurück: McDonaldisierung macht nicht vor den hochqualifizierten Berufen halt. Es geht um eine vollständige Invasion des Standardisierungsgedankens in unser Arbeitsleben.

Darf ich hier zum Schluss einmal kurz grausam werden? Trigger Warning! Ich habe über den bekannten »Pferdeflüsterer« Monty Roberts und dessen Buch einiges über das »Einbrechen von Wildpferden« erfahren. Sie werden dazu wochenlang gequält, bis sie den Willen verlieren, also »gezähmt sind« und für Menschen als sinnvoll einsetzbar gelten können. Nach dem Brechen des Willens dressiert man sie zu Einheits-Postpferden. Monty Roberts versucht es mit einem anderen Ansatz, der ist etwas erträglicher – er übt psychologische »Gewalt« aus, indem er dem Pferd implizit Angst macht und es in etwa einer halben Stunde dazu bringt, sich dem Menschen lieber zu unterwerfen. Wenn es danach doch einmal bockt, wiederholt man den Prozess.

Das ist besonders für heutige weibliche Pferdefreunde immer noch zu grausam. Diese lieben ihre Pferde sehr. Deshalb versuchen sie es auf ihre ganz persönliche Weise, das Tier an sich zu binden. »Das Pferd schließt sich dem Menschen an.« Ich habe einmal in einer Rede erwähnt, dass es verschiedene Level geben könnte: harte Dressur, weiche Dressur, Liebe. Das kommentierte ein Zuhörer später in einer E-Mail an mich sinngemäß so: »Ich weiß, was Sie meinen. Sie verurteilen die harte Dressur. Sie vergessen bei Ihrer Kritik aber den Verwendungszweck der Tiere. In den USA gab es früher Unmengen von Postpferden. Wenn eine Kutsche eine sehr lange Strecke zurücklegen wollte, waren die Pferde zwischendurch zu müde. Deshalb hielt man an Poststationen an und wechselte die müden Pferde gegen frische aus. Die Poststation hatte damals die Funktion einer heutigen Tankstelle. Wenn nun der Kutscher dort immer neue Pferde bekam, musste er diese von der ersten Sekunde an beherrschen können. Deshalb war es wichtig, dass alle Postpferde der Welt in absolut gleicher Weise dressiert wurden. Alle waren auf genau dieselben Kommandos geeicht, so wie heute die Flugbesatzungen. Die grausam hart anmutende Dressur leistet diese Standardisierung der Pferde sehr gut. Liebe dagegen geht auf den Charakter des Pferdes ein und belässt die Pferde in ihrer unterschiedlichen Art. Das geht bei Postpferden nicht. Sie müssen alle gleich sein: es geht um ›horse resources‹, abgekürzt HR, verstehen Sie mich?«

Ich trauerte. Irgendwie hatte er den Finger in eine Wunde unseres Mitarbeiterdressursystems gelegt. Postpferde sollen ausdrücklich und ausschließlich auf dem absoluten Routinelevel arbeiten, so wie Lastesel und Postboten – überall gleich, jeder soll jeden ersetzen können. Brick in the Wall. Und wir werden überall gleichbehandelt, gar nicht mehr als Mensch, nicht als individueller Zögling im Schulsystem, nicht als Wissbegieriger in der McUniversity, nicht als kranke Seele in einer McClinic. Als Kunde müssen wir uns in einen Service einpassen lassen. Nicht nur die Mitarbeiter werden »gleicher«, auch die Kunden und allgemein alle Menschen. Die Prozesse zwingen uns, unsere vorgesehene Rolle in der Reihenfolge ihrer gewünschten Abarbeitung zu übernehmen. Nicht nur die Flughafenbediensteten und die Crews sind mcdonaldisiert, sondern wir als Fluggäste ja auch. Wir werden – wie Postpferde – eher als X-Menschen gesehen, die Teile des Serviceprozesses übernehmen. »Man nimmt uns als Mensch nicht mehr wahr.« Der McJobber muss nicht nachdenken, keine Verantwortung tragen, sich nichts überlegen – er ist »Franchise-Man«. Innovationen sind nicht nur unerwünscht, sondern quasi verboten.

 McDonaldisierung ist wie Tierdressur. Der Mitarbeiter ist fast zum Werkzeug geworden. Er soll ständig im Einsatz sein, er darf keine Fehler machen. Schnell! Das System verlangt, dass sich auch die Kunden vereinheitlichen.

Uberisierung – zur Auslastungsoptimierung noch mehr McJobs

Plattformen wie Uber oder Airbnb ermöglichen im Prinzip jedem, sich um einen Job als Fahrer zu bemühen oder ein Zimmer der eigenen Wohnung als Hotelzimmer anzubieten. Das drückt die Preise von Taxis und Hotelübernachtungen und macht die prekäre Lage der dortigen Arbeitskräfte noch schlimmer. Die Qualität der Angebote sinkt.

Das US-Unternehmen Uber ermöglicht allen Pkw-Besitzern, Taxidienste anzubieten. Man meldet sich bei Uber an, muss ein paar Qualitätskontrollschleifen durchlaufen, in Deutschland ein Gewerbe anmelden und einen Personenbeförderungsschein erwerben – dann erscheint man als Fahrer in der Uber-App, die dem frischgebackenen Pseudotaxifahrer mögliche Touren anbietet.

Hinter dem Unternehmen Uber steht eine simple Idee: Unsere Autos stehen fast nur auf Parkplätzen herum und werden nicht genutzt. Ein deutsches Auto legt im Jahr nur durchschnittlich 13.500 km zurück. Im Prinzip könnten Sie als sportlicher Typ pro Tag 800 km durchfahren (sage ich jetzt einmal), dann schaffen Sie Ihr Jahrespensum in knapp 17 Tagen. Wir teilen durch 365 und sehen, dass die durchschnittliche zeitliche Auslastung eines Autos unter fünf Prozent liegt. Viele Autos von Leuten im Ruhestand sind noch weniger ausgelastet, dafür die von Berufstätigen mehr. Da könnten sich doch Rentner ein Zubrot verdienen? Sie haben Zeit und müssen mit immer niedrigeren Renten auskommen. Für viele solcher Leute kann eine Tätigkeit für Uber ein Segen sein.

Die Uber-Fahrer können ihre Dienste um einiges billiger anbieten.

- Sie müssen die Wartezeit zwischen den Fahrten nicht als Arbeitszeit ansehen/verbuchen.
- Sie lasten oft nur ihr Auto besser aus, sie arbeiten nicht unter Vollkostenrechnung.

Was bedeutet das? Normale Taxifahrer warten oft um die vier Stunden am Tag, auf jeden Fall einen großen Teil ihres Arbeitslebens. Eine Tour vom Flughafen in München bis in die Innenstadt kann gut 65 Euro kosten, und deshalb stehen stets viele Taxis am Airport, um eine »fette Fahrt« zu ergattern. Der »Uber-Rentner« aber sitzt daheim, werkelt im Garten, schaut auf die Kundenanfragen und nimmt bei Lust und Laune eine Tour an. Daher kann der Uber-Fahrer den Preis der offiziellen Taxiunternehmen unterbieten. Uber könnte auch Preismodelle wie bei den Airlines probieren. Bei Messen, Großveranstaltungen oder sonstigen Ballungszeiten könnte Uber die Preise nach der augenblicklichen Nachfrage festsetzen: Der Computer rechnet aus, wie viel den Kunden wohl jetzt eine Sofortfahrt wert sein könnte. Dann verdienen Uber-Fahrer mehr als normale Taxifahrer, die feste Tarife einhalten müssen. Die Uber-Fahrer haben keine Taxameter im Auto (im Deutschen mit a; ich hatte beim Schreiben gedacht, es heißt Taximeter, aber das ist das englische Wort dafür; das Taxameter ist eine alte deutsche Erfindung für Pferdekutschen, bei denen man damals die Radumdrehungen erfasste). Der Fahrpreis wird dem Fahrgast vorab auf der Uber-App angezeigt: »20 Euro von A nach B, wie von Ihnen in der App eingegeben. Deal or no deal?« Wenn der Fahrgast OK drückt, wird er zu diesem Preis befördert, egal wie dick der Verkehr ist. Taxifahrer verdienen etwas mehr, wenn der Verkehr stockt, weil im Taxameter bei einem Halt des Wagens Wartezeiten berechnet werden. Deshalb rasen viele Taxler auf rote Ampeln zu, bremsen dort und warten! Für ein paar Cent mehr ...

Zur Vollkostenrechnung: Wer als Taxibesitzer selbst fährt, rechnet natürlich sämtliche anfallenden Kosten zusammen, also auch Haftpflichtversicherungen, Inspektionen und natürlich den Anschaffungspreis des Autos (zum Beispiel: 30.000 Euro Kaufpreis verteilt auf sechs Jahre kostet über 400 Euro pro Monat). Solche Kosten rund um das Auto können sich dann auf über 600 Euro im Monat belaufen. Für den »Uber-Rentner« sind das keine wirklichen Kosten, weil er ja ein wenig genutztes Auto besitzt und solche Kosten auf jeden Fall hat. Die Fixkosten des Autos sieht er als Kosten seiner Lebensführung an, nicht als Kosten seines Nebenberufes. Kurz: Der Uber-Fahrer rechnet anders und neigt dazu, billiger als ein Taxiunternehmen anzubieten. Uber weiß das und kann Dumping betreiben.

Daher gibt es um die Firma Uber grimmigen Streit. Das Taxigewerbe sieht sich insgesamt bedroht. Egal, wie es ausgeht: Die privaten Autos stehen wirklich zu 95 Prozent am hellen Tag ungenutzt herum und prozentual noch mehr, wenn man die Nacht mitrechnet. Uber lastet eben besser aus. Und der Staat freut sich vielleicht, weil eine Taxifahrt 7 Prozent Mehrwertsteuer kostet, aber eine Personenbeförderung durch Uber die normalen 19 Prozent. Auf der anderen Seite müssen die Uber-Fahrer eben um diesen Steuerunterschied billiger fahren und werden noch stärker geschröpft.

Dabei geht es mittelfristig gar nicht so sehr um die Taxi- und Uberfahrer. Systeme wie Uber wollen eigentlich gar nichts mit Menschen zu tun haben. Das Uber-Modell mit menschlichen Fahrern ist eine Übergangslösung für die Zeit, in der es noch keine selbstfahrenden Autos gibt.

So wie McDonald's die Leute an der Kasse eliminiert, so schafft das Uber-Modell mittelfristig die Fahrer ab. Sie können dann selbst ins Business einsteigen. Sie investieren in ein autonomes Fahrzeug und geben es für die Zeit, in der sie es nicht brauchen, für Uber frei. Dann fährt es selbsttätig weg, wenn Uber es anfordert und schafft für sie an.

Das Geschäftsmodel von Uber kann man in andere Bereiche übernehmen. Die derzeitige Entwicklung, Unterauslastungen ökonomisch zu nutzen, wird heute Uberisierung oder Uberization genannt.

Das Unternehmen Airbnb uberisiert das Hotelgewerbe. Privatpersonen können über die Airbnb-App oder die Plattform im Internet ihre ungenutzten Räume als Hotelzimmer oder Ferienwohnung anbieten. Sie melden die einstigen Kinderzimmer der schon erwachsenen Zöglinge im Netz an und verdienen ein Zubrot. Auch hier: Es gibt viele Rentner in zu großen Wohnungen, die zu wenig Rente zum Leben haben. Das Ausnutzen der leerstehenden Räume macht für sie Sinn.

Aber wie bei Uber gerät das ganze System der Wohnwirtschaft ins Trudeln. Uber bringt die Taxiunternehmen in Existenznöte, indem es die Preise auf ein Niveau drückt, zu dem kein Hauptberuf mehr möglich ist. Wenn es bald zu viele Uber-Fahrer gibt, die sich alle ein bisschen Zubrot verdienen wollen, fallen die Preise weiter – und die Uber-Fahrer haben nicht nur die Taxiunternehmen in Existenznot gebracht, sondern sie arbeiten nun auch selbst für echte Hungerlöhne.

Solche Entwicklungen zeichnen sich auch bei Airbnb ab. Nicht nur Leute mit umständehalber freien Zimmern verdienen etwas dazu! Es geht weiter: Nun beginnen professionelle Vermieter in den attraktiven Innenstadtlagen, ihre Wohnungen eben nicht an normale Mieter zu vergeben, sondern bei Airbnb anzumelden. Sie gründen damit eine Art Minihotel. Damit werden Wohnungen zu Ferienwohnungen umgewidmet und bringen als solche mehr Profit. Solche Uberisierung von Wohnungen ist in den besten Innenstadtlagen am attraktivsten – da, wo sonst schon die Hotels stehen. Dann wohnen aber immer weniger Einheimische in solchen besten Wohnlagen, die immer teurer werden, weil immer mehr Leute auf Airbnb umsteigen. Das wird so lange weitergehen, bis die Preise für Übernachtungen so stark fallen, dass die echten Hotels in Schwierigkeiten geraten.

Taxifahrer und Hotelbedienstete sind ja schon zu einem guten Teil McJobber. Die Uber-Fahrer und alle die Privatleute, die ein Zimmer für um die 33 Euro die Nacht vermieten und am Morgen saubermachen, sind moderne Sklaven von Internetportalen geworden.

Oder: Oh, da hat doch ein jüngeres Familienmitglied plötzlich ordentliche Gardinenstangen am Fenster seiner eigenen Wohnung! Da hat sich jemand endlich aufgerafft? Ach, ich denke zu konventionell. Es gibt doch die Webseite von MyHammer. Dort wird man durch ein erstaunlich schnelles Menu geführt: »Haus innen/außen? Maler? Fliesenlegen?« Etc. Dann die Postleitzahl eintragen und ab mit der Anfrage! Man bekommt sogleich ein paar Angebote und wählt eines aus. Ich frage: »Was hat es gekostet?« – »80 Euro fürs Anbringen.« MyHammer verbindet private und professionelle Handwerker mit Kunden. Hauptsache, es wird repariert oder eingebaut. Will da noch jemand einen Meisterbetrieb beauftragen, wenn es doch viel billiger geht? Na, dann ist es eben manchmal nicht so super! Na und? Das kennen wir von eBay auch, wenn es ab und an doch nicht das Superschnäppchen ist, das wir uns versprochen haben.

Ich spinne diesen Gedanken überspitzt weiter. Wir haben ja viele Dinge, die absolut schrecklich ungenutzt herumstehen: Wir besitzen Motorsägen für »einen Baum pro Jahr,« die Gemeinde besitzt Hebebühnen für ein paar Baumschnitte und das Girlandenspannen zu Festen. Nutzung: nahe Null. An der Autobahn und anderswo stehen schwere Geräte herum, die lange Tage ungenutzt bleiben ... Da wird bestimmt auch bald die Uberisierung einziehen.

Was ist noch ungenutzt? Wir haben ja gerade einen Lehrermangel, aber unendlich viele pensionierte Akademiker. Hm, wie könnten wir das spottbilligst mit modernen Teilzeitsklaven oder Zuverdienern aufziehen? Also noch überspitzter:

Jeder Mensch, Akademiker oder nicht, der Lust hat, an Schulen oder Unis zu unterrichten, lernt einfach, sich in einem einzigen Fach einen Schuljahresstoff reinzuziehen oder eine einzige Uni-Vorlesung zu halten. Beispiel: Ich spezialisiere mich auf Erdkunde der siebten Klasse oder auf die Vorlesung »Statistik für Geologen« an der Universität. Wenn dann Bedarf besteht, übernehme ich für zwei Stunden die Woche eine Klasse oder eine Vorlesung. Ich kann auch über eine Uber-Plattform als Vertretungskraft eingesetzt werden.

Im Extrem kann man die Lehrervollberufe durch solche Spezialkräfte fast ganz ablösen. In einer Großstadt gibt es heute viele Gymnasien, die alle ziemliche Probleme haben, einen guten Stundenplan mit den verfügbaren Fächerkombinationen der Lehrer zu planen. Jetzt denken wir einmal konsequent uberartig: Warum ist ein Lehrer an nur einem einzigen Gymnasium angestellt? Warum ist er nicht ein Angestellter der Stadt oder des Landkreises? Dann kann er beliebig gut eingeteilt werden, mal hier, mal da. Es wäre dann möglich, dass jeder Lehrer nur ein einziges Fach gibt und vielleicht nur eine einzige Jahrgangsstufe, so wie ein Lehrbeauftragter an der Uni immer nur »Statistik für XY-Laien« gibt. Dann ließe sich das Schulsystem ohne Probleme besser managen. Die Lehrer brauchten dann eigentlich kein großartiges Studium mehr und könnten sehr viel niedriger bezahlt werden. Die pensionierten Einspringkräfte würden ihnen ja preislich Konkurrenz machen, viele von ihnen würden es genießen, wieder unter Kindern oder jungen Studenten zu sein und ihren eigentlichen McJob als Selbstverwirklichung empfinden. Nach jeder Schulwoche und jeder Vorlesungswoche fragt eine App die Kinder/Studenten ab, mit wie vielen Sternen sie die vergangene Woche bewerten. Gute Lehrer können auf diese Weise »Superteacher« werden, so wie Vermieter bei Airbnb zum »Superhost« gekürt werden. Lehrer sind nach dieser Idee möglichst alle nur Freiberufler, sie werden per App wie Tagelöhner zu ihren täglichen Einsatzstellen geleitet. Schlecht bewertete Lehrer werden von der App natürlich konsequent ausgelistet.

Lehrer mit mehr Sternen können besser bezahlt werden, und Schulen sollten die Möglichkeit haben, über die App nur gute Lehrer zu buchen, was sie sich zum Beispiel über die Erhebung von Schulgeldern finanzieren könnten. Natürlich werden Sie jetzt reflexhaft einwenden, dass Lehrer nicht durch Schüler bewertet werden können – dieses Argument kenne ich bis zum Überdruss! Denken Sie nach: Sie selbst bewerten doch auch Ärzte, Apotheken, Notare und Rechtsanwälte ganz ohne Fachkenntnisse? Und Sie selbst konnten doch damals ihre eigenen Lehrer vollkommen gut einschätzen – das war doch so? Aber wenn Ihre eigenen Kinder ihre Lehrer bewerten, bekommen Sie Zweifel ... Sie merken schon, was ich mir von Ihnen wünsche: Werden Sie jetzt bitte nicht unlogisch.

Kurz: Dieser ganzen Idee liegt eine einfache Beobachtung zu Grunde. Die Menge an ungenutzter Bildung, die sich zu Hause »langweilt«, ist dramatisch höher als die der Lehrer insgesamt. Bildungskapazität wird – wie die Autos – nur zu einem sehr geringen Prozentsatz genutzt. Hirne stehen in Massen frei, darunter auch viele gute.

Dieses letzte Beispiel löst bei Ihnen möglicherweise Empörung, Bestürzung und Bedenken aus. Sie sind ja jetzt schon stirnrunzelnd beunruhigt, wenn die Taxifahrer mit ihren prekären Löhnen nun von noch anspruchsloseren Uber-Fahren abgelöst werden. Sie finden das Schleifen des Hotelgewerbes bedenklich, aber unsere Bildung? Die wird durch ein Uber-Modell bestimmt schlechter! Der Uber-Fahrer fährt eventuell mit einer alten ungepflegten Kiste. Das Airbnb-Zimmer ist vielleicht »nicht optimal«, aber wir halten das für ein paar Minuten Fahrt oder eine kurze Nacht für akzeptabel. Bei den Lehrern befürchten Sie wahrscheinlich einen echten Bildungsverfall.

Ja, den bringt das moderne Sklaventum mit sich, das sich auf Effizienz kapriziert. Aber so ganz schlimm wird der Verfall schon nicht. Es gibt in der Leih-Stunden-Lehrer-Schule keine richtig schlechten Lehrer mehr (die jeder von uns zu etwa einem Viertel hatte, schätze ich jetzt einmal sehr höflich), es gibt keine unsäglichen Uni-Vorlesungen mehr (heute wohl eher mehr als ein Viertel, viele Studenten kommen deshalb heute nicht mehr regelmäßig zum Lernen in den Hörsaal). Die McDonaldisierung und die Uberisierung sind Low-Budget-Lösungen für den kleinen Geldbeutel. Es gibt natürlich nichts Großartiges mehr für kleines Geld, aber auch keine großen Enttäuschungen.

  Uberisierung ist eine Form des neuen kritisierten Plattformkapitalismus. Über das Netz wird die Erledigung von Aufgaben tendenziell an die billigsten Anbieter vergeben, die kaum ein Auskommen haben.

Liquidization oder Arbeit von der Billigstange

Die Idee der Uberisierung lässt sich weitertreiben. Unternehmen könnten über Portale »alle« Arbeit einkaufen, am besten gegen Mindestgebot. Das geht am einfachsten bei normierten Arbeiten, aber es wird natürlich schwierig bei Arbeiten, bei denen es auf Qualität ankommt. Wie weit gelingt es, analog zu No-Name-Produkten auch No-Name-Services zu gestalten?

Wir sind es im Lebensmitteleinzelhandel zunehmend gewohnt, viele Produkte als »No-Name«-Produkt oder »White-Label«-Produkt zu kaufen. Man spricht im Deutschen von Handelsmarken. Wir kaufen bei REWE die uniform weiß gehaltenen »ja!«-Produkte und bei Edeka Produkte mit dem Label GUT&GÜNSTIG. Wir können in gewissen Produktgattungen nicht mehr unterscheiden, ob es sich nun um eine hohe Qualität handelt oder nicht – oder uns ist die Qualität nicht so wichtig und wir wollen einfach billig kaufen. Schlagsahne, Salzstangen, geriebener Emmentaler, Lebkuchenherzen, Mozzarella, Kräuterbutterbaguettes und vieles andere mehr gibt es als No-Name-Produkt. Diese Produkte könnten eigentlich alle von einem einzigen Hersteller kommen. Sie erhalten zwar noch das spezielle Handelsmarkenlabel der jeweiligen Handelskette, aber sie sind austauschbar gleich.

In derselben Weise gibt es schon lange Festpreise für Werkleistungen bei Autos. Reifenwechsel, Bremsbelagerneuerung, Wischblätterersatz, Ölwechsel – alles zum Festpreis. Wir pfeifen zunehmend auf den manchmal nicht so guten Rat, immer nur Originalersatzteile vom Markenhändler austauschen zu lassen. Entsprechend bestellen wir bald ohne großes Federlesen eine Stunde Nachhilfe, das Waschen von hundert Hotelhandtüchern, einen halben Tag Babysitting oder regelmäßige Psychotherapie per Skype. Ich habe schon die deutsche Plattform MyHammer erwähnt, bei der man eine gut beschriebene Handwerkerleistung anklickt und dann von verschiedenen Handwerkern Angebote bekommt.

Freiberufler bestellen im Internet stundenweise Sekretariatsleistungen oder Buchführung. Sie haben sicher schon einen solchen Telefonanruf erlebt: »Ich rufe im Auftrag Ihres Autohauses/Versicherungsagenten an. Ich möchte mit Ihnen einen Termin vereinbaren.« – »Ich weiß von nichts. Worum geht es denn dabei?« – »Das weiß ich nicht, ich soll nur einen Termin machen. Wann können Sie denn?« – »Wieso wissen Sie nicht, worum es geht?« Ich lege auf, denn ich weiß: Diese Telefonkontakter sind No-Name-Mitarbeiter in einem »Outhouse-Call-Center«, das so genannte Outbound-Calls erledigt. Ein Versicherungsagent gibt zum Beispiel alle seine Kundenkontaktdaten an ein solches Center. Deren Mitarbeiter rufen alle seine Kunden an und machen zum Beispiel »einen Termin«, bei dem natürlich etwas verkauft werden soll. »Wir haben neuartige Versicherungstarife, die viel mehr Risiken abdecken und nur wenig mehr Geld kosten, wir reden mit Ihnen als Erstem darüber, damit Sie nicht sauer auf uns sind, wenn Sie in der Presse erfahren, dass Sie nur zweitklassig versichert sind.« Diese Unsitte war einmal Mode, sie ist anscheinend abgeebbt. Den Grund kann ich mir vorstellen: Der Kontakter bekommt bestimmt 5 oder 10 Euro für jeden vereinbarten Termin, aber es wird nicht mitgezählt, wie viele Kunden er verärgert hat. Terminvereinbarungen sind Qualitätsanrufe, die sollte man besser persönlich tätigen.

Damit sind wir an dem heiklen Punkt: No-Name-Services müssen eine klar definierte Qualität haben, sonst bekommt man nur noch Quantität! McDonald's brät immer gleiche Hamburger, pitstop wechselt in bekannter Qualität die Reifen, Carglass repariert Steinschläge in Windschutzscheiben.

Der erste radikale Versuch bei nicht leicht normierbaren Arbeiten wurde meines Wissens von IBM gestartet. IBM setzte ein Programm namens »Liquid« auf, das 2012 insbesondere die Gewerkschaften in helle Aufregung versetzte. Man findet heute davon nur noch Spuren des Protestes im Netz, den IBM wie gewohnt nie kommentierte. Das Liquid-Konzept scheint in der visionären großartigen Form nicht verwirklicht worden zu sein, es lebt aber noch. Anfang 2020 stellte IBM auf der 26. *Handelsblatt-*Jahrestagung das Konzept »Generation Open« vor, ein »ein radikal neues Modell für Softwareabsatz und offene Kooperation«. In der Ankündigung dazu freut man sich über die stärkere Wiederverwendung von Softwarekomponenten. IBM Vice President Patrick Howard: »Und wir schaffen 30 Prozent schnellere Auslieferung, 20 Prozent höhere Qualität, eine 20-mal bessere Wiederverwendbarkeit und haben dabei in 30 Monaten die Kosten um 33 Prozent gesenkt. Dabei haben wir heute rund 7.000 registrierte so genannte ›Liquid Player‹, also Mitarbeiter, die sich in die neue Arbeitsweise exakt eingefügt, sich ihr angepasst haben – und sich permanent weiter in diese Richtung entwickeln.«

Es sind also Fortschritte erzielt worden, was die konkrete Beschreibung der zu erbringenden Leistungen betrifft. Es ist ja absolut nicht klar, ob man Programmierleistungen so gut beschreiben kann, dass man ihre Erledigung im Internet »versteigern« könnte – der billigste Programmierer gewinnt! Es kann ja sein, dass die Qualitätskontrolle eines Stücks Programmcode teurer ist als das Schreiben des Codes selbst, weil der Kontrollierende eigentlich höhere Fähigkeiten haben muss als der Leistende. Der Lehrling wird ja überall vom Meister überprüft, das ist klar, aber das geht beim Programmieren nicht so gut wie beim Tapezieren. Wenn man aber nun sogar Programmierarbeiten so gut beschreiben und überprüfen kann, dann halten McDonaldisierung und Uberisierung überall Einzug.

Liquidization geht im Prinzip weiter als Uberisierung. Man zielt zum Beispiel in der IT darauf ab, ganze und sogar größere Softwarepakete von mehreren bis vielen »Liquid Playern« erstellen zu lassen. Diese arbeiten individuell »am billigsten« und – so die Idee – überprüfen sich gegenseitig, wenn ihre Einzelarbeitsleistungen zu einem Gesamtcode zusammengesetzt werden. Durch die geschickte Aufteilung der ganzen

Arbeit erzwingt man eine Art Teamwork, bei dem jeder Mitarbeiter auf die Codequalität der anderen achtet. Damit löst sich das Überprüfungsproblem auf wiederum kostengünstige Weise. Der Abnehmer des gesamten Softwareprojektes hat keinerlei Beziehung zu den Erbringern der Leistung. Das ist bei Uber etc. noch so: Wir kennen als Abnehmer der Leistung den Fahrer, bei MyHammer den Handwerker. Hier erbringen wir die Überprüfung der Leistungserbringung selbst.

Wir sehen:

> Alles, was konkret beschreibbar und einigermaßen kostengünstig überprüfbar ist, wird es als No-Name-Arbeit geben.

Lassen Sie mich kurz das Überprüfungsproblem aus Sicht einer Hotelkette illustrieren (es war Gegenstand eines Vortrags auf einer Konferenz): Die Reinigungskräfte in den Hotels arbeiten als McJobber im Billiglohnbereich. Im Internet werden Zeiten um die 20 Minuten für die Reinigung eines Zimmers angesetzt, das sind dann gut 3 Euro pro Zimmer, wenn Mindestlohn gezahlt wird. Wenn ein Hotelmanager ein Zimmer auf Sauberkeit checkt, braucht er dazu wohl eine Minute und muss sein Ergebnis kurz dokumentieren. Der Hotelmanager kostet aber 1 Euro pro Minute. Daher erfordert das reine Überprüfen einen großen Prozentsatz der Gesamtkosten. Deshalb bekommen die Reinigungskräfte am besten eine Checkliste, in der sie abhaken müssen, was der Hotelmanager eigentlich prüfen müsste. Sie müssen ihre Checkliste unterschreiben – »Alles getan, ich schwöre!« Und wenn eine Unregelmäßigkeit entdeckt wird, haben sie dokumentiert »betrogen« und können gegen andere Reinigungskräfte ausgetauscht werden.

Die *SZ* vom 12.8.2019 berichtet auf der Titelseite von einer Agentur, die gegen 30 Euro pro Seite das Schreiben von Hausarbeiten für Studenten verkauft. Die Hausarbeiten werden in der Ukraine angefertigt, die Autoren bekommen 10 Euro pro Seite, also ein Drittel der Kundeneinnahmen. Wir könnten jetzt die Stirn runzeln und denken, dass der Preis für Betrug von der Qualität des Betrugs abhängig sein sollte, also zum Beispiel von der Note der Hausarbeit und nicht von der Seitenzahl. Aber wie Sie sehen, geht man mit Hausarbeiten genau wie mit No-Name-Produkten um – »gut genug«. Die Überprüfung der Leistungserbringung erfolgt natürlich später durch den Prüfer/Professor, aber man bezahlt die Hausarbeit eigentlich im Vertrauen (»aus Verzweiflung, weil es gerade nicht anders geht«).

Sie kennen vielleicht die Vergabe von einfachen Arbeiten aus der Presse. Dort wird über Crowdworker, Gigworker und Clickworker berichtet, die mit einfachsten Aufgaben ein karges Zubrot verdienen. Studenten können Texte korrigieren oder Bilder verschlagworten, damit sie in Fotosammlungen besser gefunden werden können. Sie können grausame Videos im Internet löschen, gedruckt vorliegende Daten in Computerformulare eintippen, Post weiterleiten oder neuronale Netze trainieren. Bei solchen Aufgaben wird dann nur noch stichprobenartig kontrolliert, wenn überhaupt.

Selbst Sie gehören wohl zu den Klickarbeitern, ohne es zu wissen: Google fragt Sie ab und zu, ob ein Restaurant gut ist oder die Behörde einen barrierefreien Eingang besitzt. Manchmal fragt mich etwas im Netz, ob auf dem Bild eine Kuh drauf ist, ich tippe ja oder nein. Diese Daten werden bei Google Maps gebraucht, damit wir alle gleich wissen, was uns lokal erwartet. Und die selbstfahrenden Autos sollten wissen, wie eine Kuh aussieht. Diese Arbeit wird dadurch überprüft, dass sie von vielen Menschen gratis erbracht wird; die »richtige« Antwort wird durch die Mehrheit der Stimmen definiert.

Die Vorhersage ist leicht: Alle inhaltlich gut standardisierbaren Arbeiten und viele von der Abrechnung her leicht standardisierbaren Aufgaben werden zunehmend von Plattformen und Centern angeboten. Spezielle hohe Qualität gibt es immer weniger, denn sie muss sehr teuer und individuell bezahlt werden. Und das wollen die wenigsten von uns. Wir wollen unsere Steuererklärung am besten von einer Billigsoftware überprüft wissen, wir lassen Rechnungen nach Akkord einbuchen, wir treiben Entschädigungen bei Flugstreichungen über Internetportale ein. In dieser Weise werden auch Steuerkanzleien und Rechtsanwaltbüros um gut beschreibbare Leistungen erleichtert – die landen in Portalen oder bei »No-Name-Anbietern«.

In allen diesen Fällen sieht man die Menschen hinter der vermittelnden Plattform gar nicht mehr. Damit gehen die Serviceberufe einen großen Schritt weiter auf dem Weg zur Industrialisierung. Die Services werden nicht mehr als individuelle Leistung nach persönlicher Beratung angeboten, sondern als Fließbandleistung. Service wird nach den Regeln der Massenproduktion erbracht, die Services werden standardisiert und modularisiert. Die Mitarbeiter werden ebenfalls normiert, ihre Löhne sinken.

[Die Standardisierung nährt die Standardisierung.]

Wie im Handel die Preise verglichen werden (»ich schaue mal schnell, wie viel es bei Amazon kostet«), so kann man nun auch immer komplexere Preisvergleiche per Netzrecherche anstellen. Es gibt natürlich schon lange Vergleichsportale für Einfacheres (Versicherungen, Stromtarife, Heizöllieferungen), aber mit der Zeit können immer komplexere Leistungen verglichen werden. Stellen Sie sich vor, ein Unternehmen hat eine IT-Abteilung, deren Kosten es nicht gut einschätzen kann. »Wir in der Geschäftsführung haben keine Ahnung, wie hoch die Kosten unserer IT sein sollten oder dürften. Weil wir keine Ahnung haben, argwöhnen wir, dass diese arroganten Nerds unsere IT-Kosten gehörig übertreiben. Sie können uns ja sonst was weismachen.« Bei einem solchen Misstrauen kann man heute schon auf die Idee kommen, die IT-Leistungen im Unternehmen in einer vereinfachten Form fiktiv in der Amazon Cloud zu bestellen und einen Preis dafür zu erfragen. Amazon Web Services (AWS) ist der dominierende Marktführer für IT-Lösungen aus der Cloud und gilt als sehr preiswert. Den erhaltenen AWS-Kostenvoranschlag aus der Cloud reibt der Vorstand des Unternehmens anschließend dem IT-Chef genüsslich unter die Nase. Ich habe schon von Fällen gehört, bei denen echt rote Ohren in der IT zu beobachten waren. Das liegt gar nicht so sehr an der IT oder dem IT-Chef, sondern an den großen ökonomischen Skalenvorteilen in der Cloud. In den meisten Unternehmen ist die IT deshalb so teuer, weil die Vorstände, Controller und sonstigen Nutzer (»die Fachabteilungen«) von der IT lauter Extrawürste gebraten haben wollen. Sie möchten einen komplexen Multimehrzweckpalast zu Plattenbaukosten. Das ist ihnen nicht klar. Dann vergleichen sie ihre IT-Kosten mit denen aus der Standard-Cloud und fallen in Ohnmacht, weil sie sich betrogen wähnen – sie haben aber keine Ahnung von ihren Extrawürsten ... Wer keine Ahnung hat, nimmt wohl standardmäßig an, betrogen zu werden. Das »verbessert« auf jeden Fall das Klima – und was kommt heraus? Die IT gerät ins Visier der Controller und gleicht sich den Standards an, die man aus der Cloud beziehen kann. Oder: Die IT wird gleich ganz verkauft, ich habe Beispiele genannt. Dann aber kommt die IT von außen und wird zähneknirschend ertragen: »Früher war es besser, da konnte man sich noch etwas wünschen.« Nein! Man hat ja! gesagt zu GUT & GÜNSTIG. Ohne Extrawürste.

 Services können standardisiert und industrialisiert werden. Viele Unternehmen sind zu klein, um selbst die »Skaleneffekte der Massenproduktion« zu ernten. Sie versuchen dann, Arbeitsleistungen aus der Massenproduktion zuzukaufen. Das geht teilweise heute schon und demnächst für alle Arbeiten, die konkret beschreibbar sind.

Lean Human – der Mensch ohne unnötige Eigenschaften

Für standardisierte Arbeiten, die konkret beschreibbar und bestellbar sind, brauchen wir standardisierte Mitarbeiter, die diese Arbeiten möglichst effizient erledigen können.

Lassen Sie mich kurz auf das eigentliche Konzept des Lean Management eingehen und dann gleich beklagen, dass es heute einfach nur auf »Einsparen« und Abliefern grenzwertiger Qualität hinausläuft, was nie so gedacht war.

Der »Lean-Gedanke« oder das Konzept des »Schlanken« bedeutet: Qualität ohne Verschwendung herstellen. Vorbild für das Lean Management war die Lean Production von Toyota – sie kennen sicher den Slogan »Nichts ist unmöglich«. Managementtheoretiker forderten damals und heute Kundenorientierung, Eigenverantwortung und Teamarbeit, ständige Verbesserungen, dezentrale Strukturen, »Management als Mitarbeiterservice«, Wertschätzung der Mitarbeiter und generell Achtung vor dem Menschen und natürlich auch die Optimierung von Geschäftsprozessen. Lean wird im Deutschen mit »schlank« übersetzt. Alles sollte schlank sein, also ohne jede Verschwendung arbeiten. Dieser fokussierte Aspekt wird heute bis zum Exzess betrachtet: »Keine Verschwendung« bedeutet für das Management fast ausschließlich »schnell & sparwütig«.

Fragen Sie einmal einen heutigen Manager, ob er die Prinzipien von Toyota oder Lean Management so halbwegs auswendig aufzählen kann. Ich glaube das nicht. Denn heute, 30 Jahre später, wird immer noch über mangelnde Teamarbeit und fehlendes Kundenverständnis geklagt. Das Management sieht sich ganz und gar nicht als Servicegeber für die Mitarbeiter. Es standardisiert Arbeiten und Mitarbeiter und treibt sie anschließend an. Die Mitarbeiter sollen nur das tun, wofür sie trainiert sind, und das schnell und ausdauernd.

In diesem frustrierenden Kontext möchte ich einem Einsparphänomen einen Namen geben, das den Mitarbeiter betrifft:

> Ein Lean Human oder ein »schlanker Mensch« ist jemand, der keinen Deut besser als nötig ausgebildet ist und keinerlei Fähigkeiten über diejenigen hinaus hat, die unbedingt gebraucht werden.

Leute, die im Prinzip mehr können, als sie für den Job brauchen, gelten als »überqualifiziert« und »potenziell anspruchsvoll«, das wird in der Regel nicht sehr geschätzt. Überqualifizierte stören das Restteam, nerven den Chef irgendwann mit überhöhten Gehaltsforderungen und wollen dem Chef auf Augenhöhe begegnen. Überqualifizierte passen nicht in den gegebenen Rahmen und kosten zu viel.

Eine Anekdote (ein Leserbrief an mich): Ein Kunde eines Amtes beschwert sich, dass sein Vorgang nicht bearbeitet wird. Man erklärt ihm, dass die Schwierigkeitskategorie seines Anliegens gerade keinem Beamten zugeordnet werden könne, weil alle Beamten dieser jetzt benötigten Qualifikation derzeit zu sehr ausgelastet seien. Rückfrage: »Kann das nicht einer mit einem höheren oder niedrigeren Level?« – »Das geht nur in gewissem Maße, aber dieses Potenzial ist schon ausgeschöpft. Wir haben zwar hochqualifizierte Mitarbeiter in niedrigen Lohnstufen, die Ihren Fall im Prinzip zügig abarbeiten könnten. Diese hochqualifizierten Mitarbeiter sollen aber möglichst nur einfache Arbeiten erledigen, damit wir sie nicht höher bezahlen müssen. Das wollen wir nicht. Es ist uns gar nicht so recht, wenn sie sich selbst fortbilden. Dann kommt der Betriebsrat und hält uns vor die Nase, dass die Bezahlung nicht stimmt. Wir wissen, dass es oft Kopfschütteln über diese scheinbare Sinnlosigkeit gibt. Ja, es stimmt, leider sitzen sie oft untätig herum, weil gerade keine simplen unbearbeiteten Fälle vorliegen, während sich aber gleichzeitig die schwierigen Fälle aufstauen.«

Solches Stören überqualifizierter Mitarbeiter im Team ist ja schon lange bekannt. Beispiel Bundeswehr: Da sagt der im Dreck liegende Grenadier zum Unteroffizier, der ihn gerade genüsslich schindet: »Ich bin Abiturient und werde bald Leutnant der Reserve. Dann zahle ich Ihnen alles heim.« Tätige Antwort: »Oh, da werden Sie sich jetzt freuen. Ich gestalte Ihr Leben jetzt so, dass ich eine Menge heimgezahlt bekommen werde …« Oder die Standardäußerung über einen Abiturienten, der als Azubi in der Sparkasse anfängt: »Der wird bald an uns vorbeibefördert, das steht fest. Er stellt sich absolut strunzdumm an, aber das ist denen da oben ganz egal. Dauernd fragt er warum, warum, warum. Verstehen will er es? Dann schaut er uns kritisch an, weil wir alles wie immer erledigen. Er soll einfach machen, was wir sagen, verdammt. Ist das so schwer zu verstehen? Alles meint er besser zu wissen, nur dies nicht.«

Heute wird gar nicht mehr so sehr die eigentliche Störung durch Überqualifizierte befürchtet – heute geht es fast immer um die Mehrkosten von zu hoher Qualifikation. Mitarbeiter sollen genau das können, wofür sie bezahlt werden, eher weniger, wenn das billiger ist. »Lean Human« ist gefragt. Keine Verschwendung an Qualifikation.

Viele Unternehmen geben sich bei der Ausbildung keine Mühe mehr. Weiterbildungen und Umschulungen sind teuer, weil die in der

Regel hoch ausgelasteten Mitarbeiter bei der Arbeit fehlen. Oft gibt es nicht einmal theoretisch »Karrierepfade nach oben«. Zum Beispiel lassen viele Beratungs- und IT-Häuser die Routinearbeiten in Asien erledigen, oder sie outsourcen sie im weitesten Sinne. Bei diesen Effizienzkonstruktionen kann ein Mitarbeiter kaum noch von der Pike auf lernen und hochprofessionell werden, also vom Azubi bis zum Firmenchef aufsteigen. Die Azubis sind ja woanders, in Weißrussland oder Indien. Sie arbeiten über das Netz. Die eigentlichen hochqualifizierten Berater und IT-Topexperten sind dagegen beim Kunden hier vor Ort und betreuen ihn. Was aber, wenn die Berater vor Ort in Pension gehen? Dann fehlen hier die erfahrenen »Silberrücken« und woanders arbeiten die Ausgelernten bei so niedrigem Lohn, dass sie nicht nach Deutschland kommen können.

Die Unternehmen setzen aus solchen Gründen heute mehr denn je auf »Hire & Fire«. Sie versuchen ständig, nicht mehr gebrauchte oder unqualifizierte Mitarbeiter loszuwerden und dafür neue Kräfte einzustellen, die die nötigen Skills haben. In der Sprache der Human Resources (HR): »Wir versuchen, unsere Workforce neu zu balancieren. Wir setzen nicht mehr gebrauchte Skills frei (›outdated skills‹) und kaufen benötigte Skills zu.«

Sie kennen das wahrscheinlich vom Fußball: Die Vereine kümmern sich immer weniger um die Nachwuchsförderung. Sie kaufen lieber fertige Spieler ein. Um einen fertigen Topspieler zu »ernten«, müsste ja eine Unzahl von Talenten gefördert werden – das rechnet sich nicht. Dadurch gibt es keine richtigen Karrierepfade von den Bambini bis zur Nationalmannschaft. Wenn das alle Vereine so praktizieren, ist der Markt bald leergekauft, weil niemand mehr den Nachwuchs selbst ausbildet. Dann müssen eben gute Spieler aus ärmeren Ländern importiert werden, in denen es noch bezahlbare Talente gibt. Das geht beim Fußball eventuell noch für einige Zeit lang passabel gut, aber nicht bei hochqualifizierten IT-Experten oder Ingenieuren. Daher reden jetzt alle über den grassierenden Fachkräftemangel, der sich langsam immer stärker am Horizont abzeichnet.

Die mittelständischen Unternehmen bilden noch verhältnismäßig viel selbst aus, aber sie können/wollen nicht so hohe Gehälter zahlen und verlieren dann ihre Kräfte unter Umständen an die von jungen

Leuten präferierten Großen wie BMW, BASF, McKinsey oder Google. So wie der Fußball der reichen Länder in den ärmeren Ländern plündert, so kaufen die Großunternehmen die Talente aus dem Mittelstand.

Daneben wird versucht, die nötigen Skills oder Fähigkeiten der Mitarbeiter zu managen, um sie besser auszulasten. Viele Unternehmen haben inzwischen Datenbanken, in denen jeder Mitarbeiter seine Skills eintragen muss, damit die Projektleiter mit Bedarf für bestimmte Skills in der Datenbank danach suchen können.»Ich brauche zwei Monate SAP-Skill, Untermodul XY ...« In einer solchen Datenbank hat jeder Mitarbeiter in seinem Profil sein »Skillset« abgebildet. Ich weiß noch, wie ich vor zehn Jahren mein Profil anlegen sollte. Ich startte auf eine schier endlose Liste von Programmiersprachen und Softwarepaketen. Bestürzt sah ich, dass ich gar nichts Verwertbares konnte – als Chief Technology Officer bei IBM. Ich bin gut in Forschung und Innovation. Das war nicht gefragt. Bin ich Wegbereiter innovativer Geschäftsfelder? Das war ebenfalls nicht als gültiger Skill eintragbar. Ich habe mich irgendwie gerettet und wortkarg »General Management« eingetragen, das ging. Dazu musste man auch weiter nichts können.

Kurz: Man managt heute die Humanressourcen wie Lean Humans. Jeder wird nach seinem Skillset eingesetzt. Wer keine verwertbaren Skills bieten kann, wird zum »Outplacement« geschickt. Das bedeutet: man sucht eine neue Arbeitsstelle auch außerhalb der Firma. Klingt das für Sie zu hart? Ich zitiere aus der Wikipedia: »Ziel des Kompetenzmanagements im Unternehmen ist es, die Potenziale, die jedes Unternehmen aufgrund vorhandener Mitarbeiterfähigkeiten und -fertigkeiten hat, effektiv zu nutzen und darauf basierend die für eine nachhaltige Wettbewerbsfähigkeit notwendigen Kompetenzen zu entwickeln, d. h. aktiv den eigenen Kompetenzbestand zu steuern und zu lenken.« Kompetenzmanagement kann über Ausbildung und Entwicklung betrieben werden, aber eben auch per Hire & Fire – und das Letztgenannte wird immer mehr präferiert, ohne dass es natürlich offiziell so propagiert wird.

Unternehmen reden heute zusätzlich vermehrt von »Employability«, von der »Beschäftigungsfähigkeit«. Der Mitarbeiter soll selbst (!) dafür sorgen, dass er ein im Unternehmen verwertbares Skillset zu bieten hat. Sonst wird erwartet, dass er am besten freiwillig ohne

Abschiedsgeschenke geht. Die Ausbildungsverantwortung des Unternehmens wird auf den Mitarbeiter abgewälzt. Der Mitarbeiter trägt nun das Beschäftigungsrisiko selbst. [Anmerkung: Man argumentiert stets, dass der Gewinn voll den Aktionären zusteht, weil die ja das Risiko tragen müssen.]

Aus diesen Verhaltensmustern der Unternehmen ergeben sich Folgewirkungen: Mitarbeiter versuchen, möglichst nur Skills im Mainstream zu erwerben, sodass sie in vielen Projekten oder auf Standardarbeitsplätzen einsetzbar sind. Besondere Skills bergen ja hohe Risiken, zeitweise nicht gefragt zu sein oder aus der Mode zu kommen. Am besten »ist man Standard«. Besondere Mitarbeiter können zudem von den Personalern nicht gut mit anderen Mitarbeitern verglichen werden. Daher werden sie bei Beförderungsrunden oft übergangen. Sie passen nicht ins Raster. Ich musste zum Beispiel in den 80er Jahren meine Uni-Laufbahn als Professor quittieren, weil – ich sage ausdrücklich, weil – mein Forschungsgebiet Informationstheorie (Netze, Übertragungsalgorithmen, Kryptografie) absolut auf der Höhe der Zeit war. Es gab aber noch gar keine Lehrstühle, die dafür ausgeschrieben wurden, auch keine Institute, die dieses Gebiet vertraten. Ich hätte ein Standardgebiet wählen sollen – das sagten mir alle mit Bedauern. Das ist nur ein Beispiel! Sie müssen mich jetzt nicht bedauern. Man hatte mir diesen Gang der Dinge schon lange Zeit vorher als Sicherheitsbelehrung prophezeit: »Sie müssen wissen, was Sie tun, wenn Sie etwas Besonderes anfangen wollen.«

Der gewünschte Mensch soll ein Lean Human sein, der ins Raster passt und ein Standard-Skillset der jeweiligen Jetztzeit anbieten kann. Das ist effizient, denn dann kann sich ein Lean Human wie auch ein McJobber gut einplanen lassen. Deshalb fragen viele junge Menschen nicht, welcher Beruf sie erfüllen könnte, sondern »was soll ich studieren/lernen, das nach meinem Abschluss gefragt sein wird?«

Ich betone diesen Punkt so sehr, weil wir uns ja gerade in das Zeitalter der Digitalisierung begeben. Es steht an jeder Wand geschrieben: Ganze Branchen verändern ihre Geschäftsmodelle, die wesentlich stärker auf IT basieren: Finanzwirtschaft, Verwaltung, Rechnungswesen und Rechnungsprüfung, Logistik, Selbstfahrverkehr, intelligente Stromverteilung – alles wird digitaler. Dazu nimmt die Batterietechnik einen gigantischen Aufschwung, es kann sein, dass der wirkliche Trend dann doch noch auf den Pfad der Wasserstoff-Brennstoffzellen-Technik abbiegt (was ich für sinnvoller hielte). Hier entstehen Hunderttausende von Arbeitsplätzen mit noch nicht konkret bekannten Skillsets der Zukunft. Dafür sind die Unternehmen nicht »gerüstet« (so martialisch wird meist noch in der Szene gesprochen). Man rüstet sich für den Kampf gegen Wettbewerber und stellt sich gegen Preiskriege auf, ja! Aber für die Zukunft braucht man doch Laufschuhe oder Flügel?

Es gibt aber gar nicht genug Ingenieure und IT-Experten, und man kann sie nicht einfach »zukaufen«. Ingenieure fehlen ja schon fast traditionell …

Die Diskussion um den Fachkräftemangel wird seit langem wie der Streit um die Klimaerwärmung geführt. Da stehen einfach polare Meinungen gegenüber: »das ist so« gegen »glaube ich nicht«. Die Fraktion der Ungläubigen möchte Statistiken über 50 Jahre sehen, wie sich der Fachkräftemangel oder die Gletscherschmelze entwickeln. Die Statistiken beim Klimawandel alarmieren bereits seit längerer Zeit, aber es passiert nichts. Die Statistiken für das digitale Zeitalter sind noch nicht ausreichend belegt, aber – wie soll ich sagen – wir sind in beiden Fällen schon erledigt bzw. tot, wenn es alle endlich glauben. Derweil wird nicht ausgebildet, sondern weiter mcdonaldisiert und uberisiert. Leute, die sich vor der Digitalisierung fürchten, haben jeden Tag noch wichtigere Gründe, Angst zu haben. Nicht die Digitalisierung oder die Erderwärmung sind das Problem, sondern unser falscher Umgang damit.

Wir müssen AUFBRECHEN (das ist der großbuchstabige Titel meines Buches von 2008). Darin findet sich ein Kapitel über »wollt Ihr statt des Aufbrechens eine harte Teilung Deutschlands in Elite & Slum?« Immerhin ist diese Diskussion über das Öffnen der Schere zwischen Arm und Reich inzwischen im Mainstream angekommen. Die Schere öffnet sich aber in Wirklichkeit zwischen dem mcdonaldisierten Lean Human und dem hochbezahlten Experten der Zukunft, den wir gar nicht oder nur ätzend langsam schlafmützig entwickeln.

Lean Humans gibt es dann im Six-Pack? Eines der wundervollsten Bücher, das ich je gelesen habe, ist *Der Krieg mit den Molchen* von Karel Capek. Da lernen Molche (im Meer entdeckt und für einfache Arbeiten trainierbar), für die Menschen die Billigarbeiten zu übernehmen. Man kann sie als Six-Pack mit Projektleiter buchen, und zum Schluss werden es dank ihrer starken Vermehrung so viele, dass sie dem Menschen den Lebensraum streitig machen. So offensichtlich ist das Buch nicht gemeint, es ist eine schwarze Satire zur Ausbreitung des Nationalsozialismus, es wurde damals gebrandmarkt und geächtet und ist heute in der UNESCO-Sammlung repräsentativer Werke zu finden. Man darf es jetzt gerade wieder aktuell lesen, finde ich. Es fiel mir aber gerade ein, als ich dieses Kapitel mit der Bemerkung schließen wollte, dass sich die Plattformökonomen der Liquidization der Menschen in aller Welt quasi bedienen, als wenn es beliebige Molche wären, die man buchen kann.

Ich will es »Direktausbeutung« nennen, was da zum Teil passiert. Mit »direkt« meine ich, dass man nicht nur Waren oder Dienstleistungen von Firmen aus dem Ausland bezieht, die auf Billiglöhner zugreifen, sondern dass wir direkt über die Plattformen mit Billiglöhnern verbunden werden.

> Die Industrialisierung auch der Services wünscht sich uns tendenziell als Lean Humans, so wie die Schule in der Kritik von Pink Floyd die jungen Menschen zu einem »Another Brick in the Wall« macht. Wir sollen effizient abarbeiten, was verlangt wird. Wir bekommen genau dafür den Mindestlohn, der jeweils für diese Tätigkeit vorgesehen ist. Standardisierte Arbeit verlangt einen standardisierten Menschen.
>
> Neben der Standardisierung der Berufe und damit der Menschen gibt es noch viele zusätzliche Einflüsse von außen, die uns zwingen, gleichartig zu arbeiten und zu sein. Diese kommen später noch zur Sprache, weil dafür die Argumente der jetzt folgenden Kapitel benötigt werden. Ich merke hier einige weitere Gleichmacher kurz an: Wir bedienen alle dieselben Apps, alle großen Unternehmen nutzen zunehmend gleichartige Standardsoftware (»SAP«), sie werden von überall gleichen Kapitalmarktanalysten bewertet, die Gesetze und Bestimmungen des Landes und der EU »regulieren« uns stark. Die Presse hat ihre typischen Sichten auf die Zukunft (sie sieht vor allem »Risiken«), und die Beratungsfirmen beraten alle Unternehmen gleich. Sie merken: Es wird schwer gemacht, etwas Besonderes zu denken oder gar zu tun. Und ich betone immer wieder: Die Zukunft wird besonders.

Die Folgen des Raubbaus an Menschen, Seelen und Infrastrukturen

Das vorstehende Kapitel hat vermittelt, wie möglichst alles vereinheitlicht wird, damit es massentauglich und vor allem kosteneffizient wird. Dieses Einheitliche wird nun unter Stress gesetzt: Schneller! Schneller! Mehr! Das Hamsterrad muss sich hastig drehen. Das Wichtigste ist der Profit, sagt das Management, und setzt damit eindeutige Prioritäten durch bewusst viel zu ambitioniert gesetzte Ziele. Da wir diese folglich nie wirklich erreichen, vernachlässigen wir alles andere: Erhaltung und Modernisierung der Infrastrukturen, Weiterbildung, Zukunft, Innovation, Kundenwünsche, auch das Privatleben und ganz generell alles, was wir unter »nachhaltig« und »achtsam« verstehen. Während das Gleichmachen zur äußeren Roboterisierung des Menschen führt, traumatisiert die Überforderung und Überlastung die Seele. Der Burnout droht, wenn die Psyche zu streiken beginnt. Vorher aber beginnen wir zu schummeln und zu tricksen – das geht nicht anders. Es ist reine Notwehr, wenn der Kunde übervorteilt wird oder wenn wir unsere Zahlen schönen.

Auslastungsdruck erzeugt planmäßig Tunnelblickprobleme

In diesem Abschnitt geht es um das beharrliche Drängen des Managements, alle Ressourcen (»Mensch & Maschine«) zu jeder Zeit voll auszulasten. Das ist natürlich vollkommen legitim, wird aber dem Zeitgeist entsprechend völlig übertrieben und führt dann zu einer generellen Überauslastung. Maschinen werden nicht mehr gut gewartet, Menschen arbeiten sich krank. Im Tunnelblickmodus wird nur noch das Nötigste abgearbeitet. Alles andere muss warten, leider vieles wirklich Wichtige.

Bei Maschinen ist uns das klar: Die sollten am besten rund um die Uhr laufen. Daher wird ja auch seit langem in der Autoproduktion oder im Bergbau in mehreren Schichten gearbeitet. Hochöfen kann man nachts gar nicht abstellen, die Kernkraftwerke laufen möglichst immer. Krankenhäuser sollten eine Notaufnahme haben. An vielen Stellen gibt es zwingende Gründe für einen Dauerbetrieb.

Teure Maschinen legen den Wunsch nach Auslastung nahe: Flugzeuge sind manchmal ausgebucht, mal fliegen sie halb leer. Baumaschinen stehen oft wie Arbeiterdenkmäler an der Autobahn. Hohe Baukräne ragen am Abend und am Wochenende still in den Himmel.

Hotels haben oft extreme Auslastungsschwankungen, je nach Saison. Das Wetter, die Jahreszeiten, die Messetermine, Sportereignisse und die Feiertage bringen für den Tourismus, den Handel und die Textilindustrie Probleme. Der technische Fortschritt ist Segen und Fluch für die Hightech-Firmen (»ich warte dann mal auf das neue Modell, aber irgendwann muss ich kaufen«). Ich höre aus zuverlässiger Quelle, dass die Notaufnahme während eines Fußballweltmeisterschaftsspiels kaum frequentiert wird, weil zu dieser Zeit fast nie Allergieschübe oder Magenkoliken auftreten.

In solchen schwankenden Lagen hat das Management die Pflicht, über die Auslastung nachzudenken.

Was kann man tun? Unternehmen können Rabatte geben, Sonderschichten vereinbaren, Kurzarbeit anmelden, Leiharbeiter einsetzen und rufbereite Blitzeinsatzkräfte holen (»on-call contractors«), wenn plötzlich »Not am Mann« ist. Die Supermärkte müssen den unterschiedlichen Kundenandrang bewältigen. Sie rufen sich Aushilfskräfte für einige Stunden herbei und schicken sie gleich wieder fort, wenn die Kundenflut abebbt. Die Fluglinien und die Bahn versuchen, die nicht so nachgefragten Plätze mit Billigflugpreisen und Sparangeboten zu füllen. Die Hotels, die unter der Woche von den Geschäftsreisenden leben, bieten Wellnesswochenenden für Privatleute an. Gaststätten sichern sich eine Mehrauslastung durch preiswerte Mittagstische (»Business Lunch«).

Die Kunden kommen und gehen, wie sie wollen. Gute Prognosen sind schwierig. Insbesondere reisen viele Geschäftsleute oft nicht wie geplant an. Sie buchen Flüge um oder setzen sich in einen früheren Zug nach Hause. Sie buchen Tische für viele Personen im Restaurant und kommen dann »leider nur zu dritt, sorry«. Neulich erzählte mir eine Vorstandsassistentin, dass sie bei einem auswärtigen Aufenthalt ihres Bosses für jeden Abend seiner Abwesenheit sechs bis sieben Restauranttische mit verschiedener Küche buchen müsse (Italienisch, Griechisch, Chinesisch, …), weil sich ihr Chef immer sehr kurzfristig zu entscheiden gedenke, wonach ihm gerade sei.

Ich selbst leide auch unter solchen Nettigkeiten. Ich werde als Redner »dringend angefragt« und soll »meinen Kalender blocken«. Alle paar Wochen gehe ich dann meine möglichen Kalenderleichen durch und schreibe jeweils eine E-Mail mit der Frage: »Hat sich das inzwischen erledigt?« Fast immer! Das können Sie sich ja denken. Aber ich kann Ihnen kurz die lustige Antwort verraten, mit der die Absage in der Regel garniert wird: »Gerade gestern (!) hat der Vorstand entschieden, dass … nicht …« Gerade gestern, aha. Zufällig hake ich immer am nächsten Tag nach.

Ich habe ja auch früher im IT-Service-Geschäft gemanagt. Ein Vertrag mit dem Kunden könnte zum Beispiel vorsehen, dass ein Projekt mit zehn Beratern zu einem bestimmten Datum beginnt. Deshalb wird ein großes Kick-off-Meeting zum vereinbarten Starttermin fest terminiert. Zwei Tage vorher mailt der Kunde: »Wir haben eine plötzliche Reorganisation, unser Chef wechselt zum nächsten Monatsbeginn. Es macht nun keinen Sinn, dieses Projekt ohne den neuen Manager zu starten.« Uff! Das kostet Geld wegen der Leerzeiten, wirklich viel Geld! Dazu kommen etliche umgebuchte Reisen, es setzt Ärger noch und noch, eventuell: »Der neue Chef will den Kontrakt neu verhandeln, das Projekt soll deutlich seine eigene Handschrift tragen und nicht so groß wie geplant ausfallen.«

Wie wehren sich die Unternehmen gegen solche Unbill? Sie überbuchen. Sie kennen das am besten bei Flügen, die überbucht wurden: plötzlich gibt es Unruhe am Gate, wenn gegen alle Erwartung doch alle angemeldeten Passagiere einchecken wollen! Dann versucht man, ein paar Fluggäste mit viel Geld für einen späteren Flug zu interessieren. Bei der Bahn stehen manchmal sogar Passagiere der ersten Klasse im Gang. Hotels schicken überzählige Gäste woanders hin. Davon bin ich öfter betroffen, wenn ich spät für eine morgige Eröffnungsrede im Tagungshotel anreise. »Oh, Ihr Zimmer ist vergeben, wie konnte das passieren! Sie bekommen dafür ein Luxuszimmer in einem Megahotel! Freuen Sie sich.« Und ich darf dann erst in der Nacht per Taxi dahin, lege mich später als geplant schlafen und muss früher aufstehen, um zum Tagungshotel zurückzukehren …

Im Krankenhaus wird überbucht, damit die Bettenbelegung stimmt. Dort sind die Folgen gravierender. Man entlässt eventuell ein paar Patienten »blutig« – oder schickt alle nicht »akuten« Patienten wieder heim (»Ihre Kassennase begradigen wir später. Ist so, tut mir leid. Schauen Sie mich bitte nicht so schief an.«) Ich will sagen: Wer die Folgen einer Überbuchung aushalten muss, ist manchmal schrecklich dran.

Manager können schwer mitansehen, wenn ihre Mitarbeiter gerade nichts zu tun zu haben scheinen, wenn sie die Pause überziehen oder auf dem Flur lachen. Bei solchen Beobachtungen werden Manager an das geforderte Quartalsergebnis erinnert. Die zu hohen Forderungen der Firmenspitze sind ja auch eine Art Überbuchung. Im Management klingt das so: »Der Markt, in dem wir uns bewegen, wächst derzeit um fünf Prozent. Wir können also mit Recht erwarten, dass wir den Umsatz um fünf Prozent steigern können. Der Markt gibt das her. Es könnte aber sein, dass wir auch sieben oder acht Prozent hinbekommen könnten – könnten! Wenn wir aber nur fünf Prozent planen und das den Mitarbeitern kommunizieren, dann legen die Mitarbeiter beim Erreichen von fünf Prozent sofort die Füße auf den Tisch und chillen. Das wollen wir nicht riskieren. Wir planen (!) einmal mit zehn Prozent.«

Das Management übergibt den Mitarbeitern damit von vornherein sehr »ehrgeizige« oder »ambitionierte« Zielvorgaben, damit diese »sich strecken« und »der Herausforderung stellen« sollen. Im Amerikanischen spricht man von »stretch targets«.

Erfahrene Mitarbeiter kennen dieses »Spielchen« und gehen ruhig wie immer an ihre Arbeit, die sie so gut wie möglich ableisten, eben wie gewohnt. Die meisten Mitarbeiter ächzen angesichts der zu hohen Erwartungen, so, wie sie schon früher unter Eltern litten, die ohne Ansehen ihrer Talentlage nur Einser von ihnen einforderten. Der Vertrieb bekommt seine Boni gewöhnlich nach dem Zielerreichungsgrad. Wenn der Vertrieb die Ziele gefühlsmäßig als Mondziele ansieht, fürchtet er um reale Einkommenseinbußen. Oft bekommt ein Verkäufer nämlich nur fünfzig Prozent eines Normaleinkommens als Fixum. Den Rest bekommt er je nach Zielerfüllung – am Ende des Jahres hat ein Vertriebler dann zwischen 80 und 130 Prozent seines Normalgehaltes auf dem Konto. Zu hohe Ziele bedeuten hier automatisch eine implizite Gehaltssenkung, die als sehr real und schmerzhaft empfunden wird.

Zu diesem normalen Druck kommt noch ein Sonderphänomen hinzu, das nie wirklich zur Sprache kommt, das aber die Stresslage unendlich verschlimmert – dafür ich muss kurz abschweifen:

Zum Ende des Geschäftsjahres ist der Druck auf die Mitarbeiter am größten. Sie sollen sich noch viel mehr strecken als sonst. Die gesteckten Umsatzziele müssen unbedingt erfüllt werden, sonst sind alle Boni und Vertriebsgehälter in Gefahr. Das Management prügelt nun wirklich auf alle Mitarbeiter ein. Es wird in dieser künstlich erzeugten Not nach Möglichkeiten gesucht, doch noch Umsatz zu buchen: Man gibt zum Beispiel Rabatte, wenn die Kunden noch vor Geschäftsjahresende unterschreiben und vorab bezahlen. Da greifen viele Kunden zu. Sie tätigen natürlich meist nur vorgezogene Käufe, die sie für das Folgejahr eingeplant hatten. Sie handeln genau wie Sie und ich, wenn es im Supermarkt plötzlich Zahnpasta zum halben Preis gibt. »Das Erreichen der Ziele kann gekauft werden«, eben dadurch, dass man den Kunden zum Anlegen von Vorräten anregt. Das tut der Kunde wegen des Rabattes. Und? Wie geht es aus? »Tata!« Das Ziel zum Jahresende wird gerade noch erreicht. Die Boni fließen. Das Unternehmen zahlt doppelt drauf, für die Rabatte und die Boni. Ist das vielleicht schon im Bereich von Untreue? Egal: Das nächste große Problem folgt sogleich. Der Kunde kauft nun leider im Januar so gut wie nichts, weil er alles schon im Dezember auf Halde geordert hat. Bei Produkten sagt man: Die Kunden bauen die Lagerbestände ab. Daher führt jedes derartige Hochdruckmanagement, das zu hohe Ziele setzt, automatisch zu Beginn des neuen Geschäftsjahres zu einem Umsatzloch, das von Beginn an »aufgeholt« werden muss. Das neue Jahr beginnt deshalb jedes Mal mit rituellen Schnellstartparolen. Das Management brüllt die Mitarbeiter an: »Warum ist der Jahresstart immer so langsam? Lehnen Sie sich nach Weihnachten immer zurück? Ruhen Sie sich auf den Boni aus? Machen Sie in jedem Januar noch mentalen Urlaub, oder was? Warum beginnt jedes verdammte Jahr mit einer mühsamen Aufholjagd? Können Sie einmal so arbeiten, dass wir im Management keinen Stress mit den Zahlen haben? Das macht uns wütend auf Sie!«

Ja, warum ist der Januar mau? Das Management scheint unter Amnesie zu leiden. Es erzeugt diese Problematik systematisch durch den Höchstdruck zum Jahresende. Das scheint es nicht wahrhaben zu wollen oder als Gruppe nicht verstehen zu können. [Dazu passt mein Buch mit dem allessagenden Titel *Schwarmdumm*.] Fakt ist: Jedes Jahr endet mit Vollstress und beginnt mit Stress. Sowieso. Und die Aufholjagd dauert an, das Hamsterrad fordert das totale Hecheln.

Wenn nun zu Jahresbeginn zusätzlich die ambitionierten Ziele verkündet werden, schütteln alle Mitarbeiter resigniert den Kopf und halten das Management für verrückt. Unruhig gehen sie an die Arbeit. Der Vertrieb stöhnt unter den Ehrgeizzielen, er kann den Kunden aber kaum zu Verkaufsgesprächen besuchen – der hat ja schon alles vor Weihnachten gekauft und will nicht schon wieder bedrängt werden.

[
Alle sind depressiv, weil sie das Management so stark motiviert hat.
]

Ich habe mich einmal zu Jahresbeginn bei einem Jahresplanungsmeeting des Vertriebes so geäußert: »Wenn Sie schon nichts im Januar verkaufen können, warum nutzen Sie die Zeit nicht für Zukunftsaktivitäten? Für Weiterbildung, Veränderung, Innovation in Ihrem Bereich?« – Ich wurde vom Vertriebsdirektor sofort abgekanzelt: »Dazu haben wir absolut keine Zeit, wir müssen aufholen!«

Ich will sagen: Das ganze überstresste System tendiert dazu, grimmig im Hamsterrad zu verharren. Es glaubt ständig, noch schneller rennen zu müssen. Alle arbeiten wie wütig weiter, immer weiter – im Tunnelblick sehen sie in der Ferne die Zahl, die man ihnen zum Ziel setzte. Nur diese Zahl zeigt sich am Ende des Tunnels, alles andere ist einfach nicht sichtbar.

Alle Mitarbeiter stürzen sich darauf, unermüdlich nur dieser Zahl zu folgen – nichts weiter. Wenn nun ein Mitarbeiter selbstverantwortlich denken und den Januar für seine Fortbildung nutzen würde, bekäme er vom X-Management echten Druck.

[Die Überlastung des Systems führt fast zu Hassblicken auf Leute, die vernünftig arbeiten wollen.]

Früher, als noch keine Wissenschaft aus der Auslastung gemacht wurde und kein Wahn den Druck über alle Wissenschaft hinaus noch steigerte, konnten sich Mitarbeiter weiterentwickeln und zum Meister ihres Faches werden. Jetzt aber darf niemand Zeit dafür haben.

 Alle Systeme und Menschen werden derzeit überbucht, wenn es irgend geht. Also haben sie keine Zeit für Wandel, Innovation, Personalentwicklung, Geschäftsfelderneuerung, Weihnachtsfeiern …

Widersprüchliche Prioritäten – Diener vieler Herren

> Wer nur einfache Arbeiten zu erledigen hat, also zum Beispiel Post austragen soll, muss das aus Sicht der Arbeitgeber möglichst schnell tun. Er hat nur diese eine allererste Priorität, er keucht nur in einem einzigen Hamsterrad. Ein Bankangestellter aber muss einen vorgeschriebenen Mix aus Bausparverträgen, Hypotheken, Investmentfonds und Versicherungen verkaufen – und bekommt Bonusziele für jedes einzelne dieser Produkte. Hinter jedem Bonusziel steht ein drängelnder Spartenchef, der seine Spartenziele verfolgt und sonst nichts. Der ohnehin überlastete Mitarbeiter muss mit all diesen Prioritäten jonglieren und an jeden einzelnen Prioritätenmanager separat seine Fortschritte melden.

Schnell sollen wir arbeiten, »überbucht sein«, also überlastet. Nun kommt noch eine weitere Komponente dazu: Wir sollen von den zu vielen Arbeiten am besten diejenigen vorrangig verrichten, die den höchsten Gewinn abwerfen oder die irgendeinem Bereichsleiter gerade das Quartalsergebnis aufhübschen. Es heißt so schön: Jeder Mitarbeiter soll unternehmerisch denken und handeln. Heißt: Er soll alles gleichzeitig für die Chefs gebacken bekommen. Kunden oder nur betriebswirtschaftliche Vernunft bleiben dabei außen vor.

Ich erläutere es am Beispiel eine Bank, weil ich davon ausgehe, dass Sie sich hier ein bisschen auskennen und den wichtigen Punkt schnell verstehen. Früher ging man zur Bank, um Kontoauszüge zu holen, und dabei gab ein Wort das andere, man verständigte sich über dies und das – und Kunde und Berater kamen wie nebenbei überein, ein Sparbuch zu eröffnen oder einen heißen Aktientipp wahrzunehmen. Das waren noch gemütliche Zeiten.

Heute ist die Bank in Produktlinien organisiert. Der Bankmitarbeiter »bedient« nicht mehr, sondern er verkauft standardisierte Produkte des Hauses. Ja, sie heißen jetzt Produkte. Die Commerzbank begrüßt mich zum Beispiel im Internet in der Finanzübersicht meines Kontos immer mit der »Ansicht nach Produkten«. Ich »besitze« dort nur ein einziges Produkt, es heißt 0-Euro-Konto (Wenn ich im Internet als 0-Euro-Kontobesitzer begrüßt werde, denke ich jedes Mal, dass sich die Bank wohl grämt, dass sie so wenig an mir verdient, das stärkt die Kundenbindung). Wahrscheinlich haben Sie mehrere Produkte: Ein Tagesgeldkonto, ein Depot usw. Wer sich noch »als Kunde wie früher« fühlt, denkt, er bekäme in der Bank vorrangig einen Service! Die Bank aber sieht es seit einigen Jahren so, dass wir ein Produkt gekauft haben und das jetzt nutzen. Die Produkte einer Bank sind vielfältig: Versicherungen, Bausparverträge, Kredite, Hypotheken, Investmentfonds, Sparpläne, Währungskonten, Geschäftskonten, Sorten usw. Alle diese Produkte müssen nun verkauft werden. Dafür gibt es Jahrespläne bis hinunter zu den Zweigestellen. Deren Leiter ist nun gehalten, soundso viele Fonds, Hypotheken oder Versicherungen zu verkaufen, am besten jeweils ein paar Prozent mehr als im Vorjahr. Hinter bzw. über ihm wachen die Bereichsmanager: Da sind die Bausparkassen, Versicherungen, Hypothekenbanken, Investmentgesellschaften, die Quartal für Quartal Kunden zugeleitet bekommen wollen. Die verschiedenen Sparten sind als solche absolut kein Team, sondern sie hauen alle einzeln egoistisch auf den Zweigstellenleiter ein: »Verkauf nur das, was ich anbiete!« Ich will sagen: Ein kleiner Filialleiter schnauft in vielen Hamsterrädern. Die Spartenchefs bedrängen ihn und natürlich auch der Chef über ihm, der nur Profit sehen will. »Verkaufen Sie nur das, was Gewinn abwirft! Ignorieren Sie das Gezeter der Sparten, letztlich geht es nur um unseren eigenen Kragen!« Der Bankberater gibt am Ende zu bedenken, dass schließlich vorrangig das zu verkaufen wäre, was dem Kunden diene. Da sagt man ihm gewöhnlich: »Tun Sie das eine, ohne das andere zu lassen. Lassen Sie sich etwas einfallen. Dafür bekommen Sie Ihr Geld. Und auch der Kunde weiß und versteht, dass wir Geld mit ihm machen müssen. Wir sind eine Bank, keine Sozialveranstaltung.« Die Verantwortung für die Balance aller Interessen wird damit auf den am schlechtesten bezahlten Mitarbeiter ganz unten abgewälzt. Er hat immer die Schuld, wenn es nicht so läuft, wie man es ganz oben erträumt hat.

Gehen wir woanders hin: Ein großes IT-Unternehmen bietet Beratung, Finanzierung, Services, Software, Hardware, Cloud Services, KI-Lösungen, Big-Data-Lösungen, ganz neue IT-Infrastrukturen und Innovationslösungen an. Die haben jeweils verschiedene Margen/

Gewinnspannen und Lieferzeiten: Hardware hat vielleicht ein paar Wochen Lieferzeit, Software geht sofort, Beratungsleistungen und vor allem zum Beispiel SAP-Einführungen dauern lange.

Wieder gibt es viele verschiedene Prioritäten: Der Gewinn soll stimmen, der Umsatz soll sofort kommen (»schnell Software downloaden, bitte«) oder hat Zeit (»langfristige Verträge«), die Kundenbindung soll durch gute Beratung gestärkt werden, bei den neuen Big-Data-Lösungen gibt es zu wenige Topberater (»bitte dieses Thema bei Kunden zur Zeit meiden, jedenfalls nicht zu sehr stressen«), es gibt noch Ladenhüter (»mit Rabatt und Prahlen mit langer Erfahrung anpreisen«). Wie in der Bank drücken hier die verschiedenen Spartenmanager bzw. Bereichsleiter aufs Tempo und bringen rücksichtslos ihre eigenen Interessen zur Sprache, denn sie werden ja ihrerseits von ambitionierten Zielvorgaben getrieben. Diese Konflikte muss wieder der am schlechtesten bezahlte Mitarbeiter lösen: Der Vertriebsbeauftragte, der den Kontakt zum Kunden hält.

Wir gehen zum Arzt: Der bekommt Pauschalsätze für im Quartal behandelte Patienten und darf nur bestimmte Arzneimittel in beschränktem Umfang verschreiben. Neben der Hauptpriorität, Patienten gut zu behandeln, gibt es viele andere Stressoren, die ihm andere Prioritäten vorgeben. Die Krankenhäuser bekommen Fallpauschalen für jede Operation, sie freuen sich, wenn sie profitable Eingriffe durchführen können. Sie scheuen unprofitable Aktionen. Sie müssen die Betten belegen und am besten nur Privatpatienten pflegen. Beim Nachdenken über die Prioritäten kommt der Patient nicht vor. Der ist sowieso krank und muss ja kommen.

Die Universitäten werden hauptsächlich an der Forschungsleistung und der Drittmitteleinwerbung gemessen – und diese werden an Zitationen, Geldzuwendungen und Forschungspreisen gemessen. Daneben spielt die Zahl der Studenten eine gewisse Rolle, auch die Zahl der erteilten Mastertitel etc. Es ist bekannt, dass es sich für Akademiker nicht lohnt, für die Lehre oder generell für die Universität oder die Gesellschaft zu arbeiten, da die Karriere des Einzelnen einfach nur von der Qualität seiner Forschung abhängt. Die wiederum wird an Impaktfaktoren und Zitierhäufigkeiten gemessen, so wie man die Beliebtheit eines Menschen an der Freundeanzahl auf Facebook erkennt. Also müssen die Forscher möglichst viele andere Forscher kennenlernen, besuchen und ihnen mailen – dann werden sie zitiert und schließlich befördert.

In dieser Weise stehen sehr viele Berufe (und immer mehr von ihnen) unter der Knute von widersprüchlichen Prioritäten. Es gibt oft einen Widerspruch zwischen den eigentlichen Zielen der Arbeit (»den Kunden zufriedenstellen«), den Profitzielen der Organisation und den eigenen Karrierezielen. Leisten wir unsere Arbeit so, dass sie Sinn ergibt, dass man der Obrigkeit buchstabengetreu gehorcht oder dass sie sich für uns selbst auszahlt?

Es geht noch viel komplizierter: Schauen wir einmal einem richtig guten Softwarearchitekten eines IT-Dienstleisters über die Schulter. Er ist für Kunden sehr teuer, deshalb wird er nur in den Brennpunkten eingesetzt – wenn Juniors oder Offshore-Leute aus Indien etwas nicht hinbekommen. Er ist dann derjenige, der für das Projekt außerhalb der normalen Routine etwas Wichtiges beitragen kann. In ein paar Tagen hilft er bei dem entstandenen Problem aus. Fertig, Problemstau entfernt. Das Projekt geht im Routinemodus mit den eigentlich zugeteilten Mitarbeitern weiter.

In dieser Weise arbeitet er meist für zehn Projekte gleichzeitig, immer nur für einige Tage oder wenige Wochen, aber eben gleichzeitig. Da liegen ihm alle entsprechenden Projektleiter gleichzeitig in den Ohren, dass genau ihr Projekt am allerwichtigsten ist und dass ebendieses seine erste Priorität zu sein hat. Wenn er nicht jedes Mal zustimmt (das kann er ja nicht), dann holen die Projektleiter mächtigere Manager zu Hilfe, die jetzt mit dem Programmierer drohend Klartext reden oder Macht ausüben (man spricht von »Eskalation«). Nun kann der Topentwickler nicht mehr richtig arbeiten, seine Zeit wird von den Eskalationen gefressen. Man verlangt für die Prioritätensetzung seine Anwesenheit in Priorisierungsmeetings, er rauft sich die Haare. Je besser jemand als Experte ist, umso mehr Parteien hat er am Hals. Die Projektleiter wollen händeringend Lösungen und damit die Zeitverzögerungen im Projekt aufhalten, der Vertrieb will den Kunden nicht mit Projektproblemen vergraulen. Die Manager, bei denen eskaliert wird, wollen endlich den eingeplanten Umsatz in die Bücher. Der Starentwickler wird zerrissen, einfach nur gutes Arbeiten ist nicht drin.

Ehrlich: In Wirklichkeit ist es eher noch viel komplizierter. Das bespreche ich im nächsten Abschnitt. Ich ziehe Zwischenbilanz:

Normale Mitarbeiter, noch mehr die Könner und Experten, stehen unter einer Vielzahl von Erwartungshaltungen und Zwängen. Ihnen werden oft mehr als zehn verschiedene Prioritäten in Team-Calls und Meetings unter die Nase gehalten, was ziemlich viel Zeit und Nerven kostet. Sie haben dann Mühe, die vielen Interessen und Interessenvertreter irgendwie zufriedenzustellen.

Es gibt offensichtlich verschiedene Strategien, eine Ordnung in eine Vielfalt von Prioritäten zu bringen:

- »Gute Menschen« erbringen ihre Arbeitsleistung »aufopfernd« im Sinne des Kunden.
- »Karrieristen« optimieren ihre Arbeit nach den Interessen des Arbeitgebers.
- »Techies« versuchen so zu arbeiten, dass sie viel dabei lernen und oft brillieren können.
- »Bonusgetriebene« optimieren ihre Arbeit nach der bestmöglichen Bezahlung.
- Seltene »echte Profis« arbeiten so erfolgreich, dass sie alle Prioritäten bedienen können.
- Seltene »Inselbegabungen« können etwas sehr Spezielles richtig gut und retten damit größere Projekte, sodass man ihnen jedes sonstige Versagen verzeiht.
- Besorgniserregend viele normal Erfolgsarme bedienen zu jeder Zeit die Priorität, die gerade »am lautesten schreit«. Damit versinken sie planlos in Verwirrung und jammern, es niemandem rechtmachen zu können und niemals für ihre heroischen Anstrengungen belohnt zu werden.

Aus dem Leben: Ein großer Teil der Ärzte nimmt den geleisteten Eid des Hippokrates sehr ernst. Diese Ärzte behandeln keine Fallpauschalen, sondern Menschen. Das kostet einiges an Einkommen, aber die geleistete Arbeit ist für die Ärzte sinnvoll. In Konzernen versuchen viele Mitarbeiter, trotz aller Vorgaben und Prozesseinschränkungen doch noch etwas zustande zu bringen, was eigentlich vom Kunden als Arbeitsergebnis erwartet wurde. Diese Menschen verachten jene anderen, die nur ihr Einkommen oder ihre Karriere optimieren.

Toptechies (die technischen Experten) streben Exzellenz bei ihrer Arbeit an und wundern sich entrüstet, dass im Gegenzug keine Boni dafür gezahlt werden – das bestärkt sie in ihrer Meinung, dass Manager, die nur auf Zeit und Geld schauen, einfach dumm sind. Technische Experten machen für Exzellenz gegenüber dem Kunden viele Überstunden. Man merke sich: Sinn und Leistungshochgefühl können sich wertvoller anfühlen als ein formaler Erfolg nach dem schnöden Schauen auf Punkte oder Boni.

Die meisten Mitarbeiter fühlen sich hin und her gerissen. Sie reagieren resigniert auf Deadlines aller Art und lassen sich beschimpfen, wenn sie es trotzdem nicht schaffen. Ihnen wird von den anderen Verantwortungslosigkeit und Planlosigkeit vorgeworfen. »So ein Chaot. Voll verpeilt.«

Das Management gehört zum guten Teil zu den Menschentypen, die vor allem die von ihnen geforderten Zahlen liefern. Warum? Die Mehrheit der Manager hängt dem archetypischen Glauben an, die Mitarbeiter seien X-Menschen. Davon war ja schon am Anfang des Buches die Rede. Das Management selbst zählt sich danach zu den Ausnahmepflichtmenschen, die klaglos und beharrlich mit beliebigem Energieeinsatz die an sie gesetzten Erwartungen erfüllen. Dagegen müssen die gewöhnlichen energiearmen Mitarbeiter dazu gezwungen werden. Dazu nutzt man ganz klassisch »Zuckerbrot und Peitsche«. Dieses Instrument nennt man heute modern »Anreizsystem«, in Wirklichkeit geht es aber um subtilen bis brachialen Zwang.

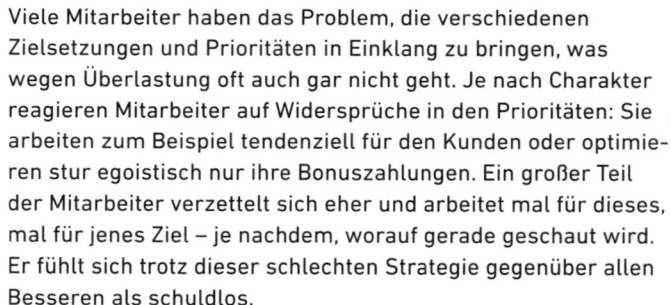

Viele Mitarbeiter haben das Problem, die verschiedenen Zielsetzungen und Prioritäten in Einklang zu bringen, was wegen Überlastung oft auch gar nicht geht. Je nach Charakter reagieren Mitarbeiter auf Widersprüche in den Prioritäten: Sie arbeiten zum Beispiel tendenziell für den Kunden oder optimieren stur egoistisch nur ihre Bonuszahlungen. Ein großer Teil der Mitarbeiter verzettelt sich eher und arbeitet mal für dieses, mal für jenes Ziel – je nachdem, worauf gerade geschaut wird. Er fühlt sich trotz dieser schlechten Strategie gegenüber allen Besseren als schuldlos.

Auspressen der Mitarbeiter durch Messen und Vergleichen

Worauf wird denn gerade geschaut? Auf Zahlen. Das Management »will Zahlen sehen«, also konkret gemessene hohe Arbeitsergebnisse. Mit numerischen Zielvorgaben traktiert das Management die Mitarbeiter und sich selbst, so wie Lehrer ihre Schüler mit Zensuren bedrohen. Messen und Vergleichen sind das wesentliche Handwerkszeug beim Antreiben von Menschen. Die immer üppiger vorliegenden Computerdaten machen das Unterdrücken leichter, die Leistungen der McDonaldisierten aggressiv zu vergleichen und zum Antreiben zu nutzen.

Es gibt kilometerweise Bücher darüber, wie man Menschen zu Leistungen antreibt. Dazu haben Sie bestimmt Ihre persönliche Meinung, und ich habe meine. Es gibt Wunschzettel von Idealisten, die alle Menschen wie Y-Menschen behandelt und gefördert sehen wollen. Ich selbst publizierte 2003 ein ganzes Buch über die »artgerechte Haltung von Menschen«. Wie geht man bei der Erziehung und Führung von Menschen auf jeden Einzelnen ein? Wie entwickelt man seine Begabungen? Wie ermöglicht der Chef, die Mitarbeiter so arbeiten zu lassen, wie sie sich wohlfühlen? Darf der Mitarbeiter denn überhaupt seine persönlichen Prioritäten in seine Arbeit einfließen lassen? Darf ein angestellter Klinikarzt nach den Normen seiner Seele arbeiten, oder muss er möglichst viele Fälle am Tag abhaken?

Wie ich schon kurz aufzählte: Es gibt verschiedene Arbeitshaltungen unter den Mitarbeitern – manche wollen einfach ihre Pflicht tun, andere brillieren, wieder andere ihr Gehalt optimieren oder genau das tun, was der Chef gerade heute will. Jeder hat auf seine Weise den Wunsch, gut zu sein.

Es ist klar, dass solche Verschiedenheiten in der Haltung zur Arbeit bei den McJobs gar nicht geduldet werden können. Man soll einfach schnell viele Hamburger braten und »gut is«.

Wenn wir aber Programmierer, Designer, Marketingexperte,

Sozial-Media-Mitarbeiter in mcdonaldisierte Schablonen hineinpressen wollen, dann arbeiten sie am Ende wirklich nach Schablone und damit insgesamt schlechter. Es ist besser, sie als Y-Menschen zu respektieren, die für sich selbst Verantwortung tragen. Ein Manager muss ein bisschen loslassen können. Er muss nicht alles bis ins letzte Detail ordnen und an alles ein Lineal anlegen. Auch in der Erziehung von Kindern ist es besser, sie als Individuen zu respektieren und ihren eigenen Weg finden zu lassen. Wie gesagt, all das ist aus einer Sicht einer Y-Welt klar. So aber ist das Arbeitsleben nicht.

Denn die Industrialisierung der Servicegesellschaft normiert und prozessiert alles und will jeden gleichförmig und berechenbar halten. Die Y-Menschen stöhnen, wenn sie als Mitarbeiter wie X-Menschen angetrieben werden. Das nützt aber nichts, denn das Management will »Zahlen sehen«. Es denkt und agiert in der Weise von Lehrern, die das Erteilen von Zensuren als wesentliches Machtinstrument begreifen. Die Zensuren sind es, die das Lernen im Fluss halten und die Schüler anspornen – so die feste Überzeugung des Menschenbildes X.

Es gibt Länder wie die nordischen, die das nicht so sehen und eine X-Welt nach Kräften vermeiden wollen. Auch hier in Deutschland gibt es Waldorf-Schulen und Montessori-Institute, Reformschulen und »EduAction« – es gibt massenhaft Y-Ideen, aber die setzen sich nicht durch. Die Tendenz, Arbeitsleistungen zu messen und durch Vorhalten der Zahlen zu steigern, verstärkt sich sogar.

Es geht dabei nicht um die Zensuren an sich, sondern ihre Verwendung. Zensuren sagen etwas über den Leistungsstand aus – oder sie dienen zum Hetzen im Hamsterrad: »Immer noch nicht genug!« Diese beiden Aspekte werden immer vermischt diskutiert.

Peter Drucker, der große Managementguru, hat einmal gesagt (für das Management quasi ewige Worte): »If you can't measure it, you can't improve it.« (»Wenn du dich nicht an Maßstäben misst, kannst du dich nicht verbessern«) Wenn man Golf spielt, zählt man am besten seine Schläge, beim Marathon seine Laufzeit. Es ist nicht gut, ohne Maßstab bzw. fundiertes Feedback einfach so vor sich hin zu üben. Daher nehmen viele Motivierte an Wettbewerben wie »Jugend forscht« oder »Jugend musiziert« teil, daher spielt man Schach nicht nur im Kaffeehaus, sondern auf Turnieren oder gegen einen Schachcomputer, den man sogar besser einstellen kann als man selbst ist. Wenn es nicht gerade um reinen Ergebnissport geht, sondern im Beruf um Meisterschaft, wird man mit der Höhe der Meisterschaft langsam einen eigenen Stil entwickeln und den Zwang der Kriterien hinter sich lassen: beim Schreiben, Designen, Programmieren, Problemlösen, Lehren – kurz, bei allem, wobei echte Meisterschaft etwas ausmacht. Üben, üben, üben, einen Stil entwickeln und Feedback ernst nehmen – auch giftiges und niederziehendes Feedback, in dem immer auch wichtige Körnchen der Wahrheit isoliert werden können.

[**Für Y-Menschen ist das Messen ein wichtiges Werkzeug, um richtig gut zu werden.**]

Ein Beispiel aus dem Sport: Dort gibt es Bundesjugendspiele, bei denen jeder eine Sieger- oder eine Ehrenurkunde erreichen kann. Es gibt für verschiedene Altersstufen Kriterien für Sportabzeichen in Bronze, Silber und Gold. Bei den Kampfsportarten gibt es verschiedenfarbige Gürtel als Rangabzeichen. Jeder kann die Kriterien einsehen, die erfüllt werden müssen, und danach üben, einen entsprechenden Grad im Können zu erreichen. In meiner Schule bekam jemand mit einer Siegerurkunde fast automatisch die Zensur »gut« im Sport, jemand mit einer Ehrenurkunde ein »sehr gut«. Ein anderes Beispiel: Ich war ca. 25 Jahre in der Auswahljury der Studienstiftung des Deutschen Volkes. Wir haben allezeit tiefernst um die Entscheidung gerungen, ob jemand hochbegabt ist oder nicht – und nach bestem Wissen und Gewissen entschieden. Wir haben nicht verglichen, sondern uns über ein gefordertes Niveau verständigt und diese absolute Messlatte stets beibehalten. Es gab keine Quote, so wie bei den Ehrenurkunden auch nicht. Im Prinzip könnte jeder eine Ehrenurkunde schaffen.

In der Vorstellung des Menschenbildes X geht es aber nicht um solch ein Messen der Leistungen und das Entwickeln der Menschen zu ihrer Höchstform, sondern man hält ihnen das Ergebnis der Messungen wie Lob und Tadel unter die Nase – und schlimmer noch: man vergleicht die Ergebnisse der verschiedenen Mitarbeiter. Was, wenn zum Beispiel alle Schüler einer Klasse eine Ehrenurkunde bekämen? Kann passieren, es wäre doch toll! Was aber, wenn alle Schüler einen sehr guten Deutschaufsatz schreiben? Es hagelt Kritik: »Da hat der Lehrer sich einen lauen Lenz gemacht und mit Einsen um sich geworfen. Entlassen! So ein Schuft!« Was, wenn in Mathe nur Einser herauskämen? »Die Aufgaben müssen babyleicht gewesen sein. Da stimmt etwas nicht.« Das Menschenbild X denkt immer in Vergleichen, nicht in absoluten Zahlen. Im Menschenbild X ist es wichtiger, besser zu sein als die anderen, also besser im Vergleich abzuschneiden.

[Für X-Menschen ist das Messen wichtig, um zu wissen, wie man sie im Rang einordnet.]

»Kind, was hast du in Chemie?« – »Eine Eins, Papa.« – »Wie viele haben eine Eins?« – »So zehn, glaube ich.« – »Oh, dann ist deine Leistung nicht so gut, wie ich dachte, schade. Was hat Martin?« – »Auch eine Eins.« – »Ach je, na dann. Eigentlich solltest du besser sein als der, der ist doch relativ doof.«

Wenn die Noten gerecht vergeben wurden, dann ist aber doch eine Eins eine Eins, oder? Darüber sollten und könnten sich die Eltern freuen. Aber sie wollen oft mehr: das Kind soll am besten sein. Dazu stacheln sie es an und konfrontieren das Kind mit ihren hohen Erwartungen. Es geht ihnen nicht so sehr darum, dass das Kind im absoluten Sinne viel lernt, was man an der Note einigermaßen ablesen kann. Es geht ihnen mehr um die relative Stellung des Kindes in der Gemeinschaft. Wenn die Klasse schlecht ist, darf das Kind auch schlecht sein – Hauptsache, es ist relativ weit oben in der Hierarchie. Das wissen auch die Schüler. Sie sind zufrieden, wenn sie relativ gut abschneiden, sie sind kaum um ihren absoluten Wissensstand bekümmert. »Papa, kannst du mir englische Vokabeln abfragen?« – »Okay, was heißt ratio?« – »Verhältnis.« – »Gut, habt ihr das Wort ratio schon in Latein gehabt?« – »Ja, aber das weiß ich nicht mehr.« – »Es hat im Lateinischen viele Bedeutungen, zum Beispiel Vernunft. Es ist im Englischen bedeutungsenger geworden.« – »Papa, du sollst nur das

Englische abfragen.« – »Nein, du musst viel lernen. Weißt du, was es im Deutschen bedeutet, wenn man von der ›Ratio dahinter‹ redet?« – »Papa, es geht nur darum, dass ich morgen die englischen Vokabeln kann.« – »Nein, du musst Bildung erwerben und dein Wissen in den verschiedenen Sprachen und Kulturebenen vernetzen.« – »Ach, weißt du, Papa, lass mal, ich gehe zu Mama, die versteht mich.«

In der Y-Haltung will man sich entwickeln, in dem engeren X-Denken nur gut dastehen. Man ist also in diesen beiden Haltungen auf jeweils vollkommen andere Ziele fixiert. Noten markieren für Y-Menschen so etwas wie Meilensteine im Werden, wenn sie überhaupt etwas bedeuten. Für X-Menschen haben sie mehr die Bedeutung einer psychologischen Zufriedenheit. Wer oben steht, darf bonusglücklich sein – die da unten bekommen Strom oder Gehaltsabzüge.

Gehen wir zur Universität. Da kenne ich mich aus, wenigstens in der Fakultät für Mathematik. Fast alle Professoren sind dort intrinsisch motiviert und wollen forschen. Sie nehmen an, dass auch jeder Mathe-Student so veranlagt ist. Sie wissen, dass das nicht stimmt, nehmen aber keine Rücksicht darauf. Das Mathematikstudium schafft man eigentlich nur, wenn man es als Y-Mensch betreibt, denn die Professoren machen sich absolut keine Mühe, X-Studenten für das Studium zu disziplinieren und mit Punkteentzug zu bedrohen. Wenn Studenten ihre Scheine durch Abschreiben von Lösungen erwerben, sind sie selbst schuld – so sehen es die Professoren. Die Studenten müssen selbst wollen! Was wollen sie denn sonst hier?

Ich will sagen: X-Studenten sind in Studiengängen wie Mathematik ratlos. X-Studenten wollen ja nur die Punkte, schreiben schnell Lösungen ab und bekommen das, was sie wollten: die Punkte. Aber sie verstehen den Stoff nicht wirklich und scheitern spätestens an der Abschlussarbeit. Denn dort wird ganz hart verlangt, alles verstanden zu haben. Die Y-Professoren kümmern sich tendenziell nur um die Y-Studenten, eben um die wirklich interessierten. X-Studenten, die einfach nur einen Bachelor erwerben wollen, um gute Startchancen für einen Beruf zu bekommen, werden ignoriert, so gut es geht. Die Fakultät für Mathematik ist ein Y-Tempel. Die hohen Abbrecherquoten kann man zumindest teilweise durch das Handtuchwerfen der X-Studenten erklären.

Betreten wir jetzt die Fakultät für Betriebswirtschaftslehre …

Sie ahnen es wahrscheinlich: Dort befindet sich der X-Tempel von Studenten, die einen Abschluss erwerben möchten. Die sorgen sich um Credit Points und Klausurtaktiken, lassen sich schon einmal krankschreiben, wenn sie ein schlechtes Gefühl vor der Prüfung haben etc. Dort geht es viel eher um das »Abschneiden« als in der Fakultät für Mathematik. Insbesondere müssen alle Wiwis einen bis drei Statistikscheine erwerben! Vor der Statistik graut es sie am meisten, da wollen sie absolut nur die Punkte. Ich hole tief Luft: ich kenne kaum BWLer, die Statistik verstehen – und mich graust es oft, wenn sie in Führungspositionen ankommen und grauenhafte Entscheidungen auf Grund von Excel-Tabellen treffen und ihrer selbst so irre sicher dabei sind.

Weil die Schule und die Wirtschaftsstudiengänge so sehr X-infiziert sind, überträgt sich diese Kultur ins Arbeitsleben. Die Mitarbeiter werden von den X-Führungskräften als X-Menschen aufgefasst, ob sie das sind oder nicht. Die Manager bringen den Mitarbeitern bei, dass es immer auf das relative Abschneiden ankommt: Man muss relativ gut gegenüber den anderen Mitarbeitern abschneiden, die Abteilung muss besser als die anderen Abteilungen performen, das Unternehmen schneller als der Markt wachsen, der Fußballverein um einen Europaplatz kämpfen. Es geht um Rangordnungskämpfe. Gewinner dürfen bis zum nächsten Spiel, bis zur nächsten Prüfung oder bis zum nächsten Quartalsabschluss jubeln, Verlierer müssen sich schämen und verbissen versuchen, Anschluss zu halten. Die so genannte Motivation in den X-Etagen findet über Triumph und Demütigung statt.

Peter Drucker – ich wiederhole – sagte: »If you can't measure it, you can't improve it.« Das ist irgendwie untergegangen. Dieses Originalzitat wird fast immer verdreht – und in der verdrehten Form kennt es jeder im Management: »What you can't measure, you can't manage.« Deutsch: »Was man nicht messen kann, kann man nicht managen.« In dieser Lesart geht es nicht um ein Verbessern, das sich an etwas misst, um noch besser zu werden. Alles dreht sich um ein Messen, um etwas zu managen – gemeint ist: um etwas anzutreiben.

McManager/X-Manager mit Menschenbild X verstehen darunter:

»Du brauchst Zensuren, um schlechten Leuten mit objektiven Gründen an den Ohren ziehen zu können.« Das sagen auch diejenigen X-Lehrer, die ohne die Macht der Zensuren gegen die Schüler nicht ankommen. Das Messen ist hier das Machtinstrument von Lob und Tadel, das Vergleichen gibt die Hoheit über die Bewertung des Menschen, es ist das Zepter des Vorgesetzten.

Im heutigen Management wird das Machtinstrument der Menschenbewertung immer stärker zum Antreiben, ja bis zum Auspressen benutzt. Die Pacesetter halten den Mitarbeitern fast täglich die Zahlen vor die Nase und fordern unersättlich bessere. Jüngere Mitarbeiter werden dadurch in psychologischer Dauerunruhe gehalten, Ältere denken meist resigniert: »Das Schwein wird vom häufigen Wiegen nicht fett.« Das stimmt nicht, das »Wiegen« stresst vielleicht kein Schwein, aber die Mitarbeiter ächzen unter der chronischen Unzufriedenheit des Managements. Das denkt sich dabei etwas und sagt es auch ganz ungeniert: »Wer zufrieden ist, hat sich wahrscheinlich nur nicht genug vorgenommen.« Man baut die Unzufriedenheit in bewusst viel zu hohe Leistungsziele ein.

Ich gebe ein Beispiel aus neuester Zeit. Zurzeit höre ich auf Konferenzen öfter Beratervorträge, in denen die Methode OKR gerühmt wird (Objectives & Key Results). Dabei zeigt man auf hochgesteckte Ziele wie auf ein Traumergebnis, das alle vor Augen haben sollen. Man sagt: »Es ist wichtig, auf die Traummarke von 100 Prozent Zielerfüllung zu schauen, aber es ist nicht nötig – vielleicht auch nicht möglich – dieses Ziel zu erreichen. Das bewusst ambitionierte Ziel dient als Wegweiser zu Höherem.« Wörtlich wird formelhaft vorgebetet: »Vergiss die 100 Prozent. 70 ist das neue 100. Die 100 sind die Ambition, 70 sollten erreicht werden. 70 ist gut, aber 100 könnte möglich sein.« Man hastet los und soll immer auf das Traumziel starren.

Man sagt, mit OKR habe Google Erfolg gehabt, und das reicht, daraus eine neue Modemethode als Beraterbusiness zu entwickeln. Google müssen doch wohl alle nachmachen? Hey, Google war früher ein Start-up! Ich glaube ja nicht, dass das Google der Anfangsjahre alles so gemeint hat, wie man es jetzt als OKR lehrt. Google ist doch wohl als Y-Firma entstanden. Für Y-Menschen ist ein hohes Ziel ein Ziel der Sehnsucht, aber für X-Menschen ist ein Mondziel eine Art Drohung, sowieso nur schlechter abschneiden zu können und wahrscheinlich einen Wegfall der Boni einzufangen.

Y-Idealisten lieben den auf den Himmel gerichteten Blick, aber für X-Menschen werden damit einfach die Trauben zu hoch gehängt – sie sind frustriert.

Ganz extrem diskutiert man derzeit Höchstforderungen in China. Man spricht von »996«, das bedeutet: »Von 9 bis 9 arbeiten, 6 Tage die Woche.« Oder: »Mitarbeiter gehören uns zu 100 Prozent.« Das hat Jack Ma, der Chef des Riesenkonzerns Alibaba in einer Stellungnahme für vollkommen normal erklärt. »Wir brauchen diejenigen nicht, die bequem acht Stunden arbeiten.« Von Seiten anderer Unternehmen wurde von Faulenzern gesprochen. Diese Diskussion findet wohlgemerkt in einem Land statt, in dem laut Gesetz eine 40-Stunden-Woche vorgeschrieben ist und mehr als 36 (übrigens bezahlungspflichtige!) Überstunden im Monat verboten sind. Ausgelöst wurde die Debatte von einer chinesischen Protestgruppe, die das Kürzel 996.ICU benutzt: ICU für Intensive Care Unit (Intensivstation).

Das Setzen von »ambitionierten Zielen« ist eine fast infam psychologische Ausnutzung des Priming-Effektes auf Menschen, der seit längerer Zeit in der Psychologie untersucht wird. Priming bedeutet »Bahnung«. Man kann Wahrnehmungen, Kognitionen oder Verhaltensmuster von Menschen beeinflussen, wenn man sie in eine bestimmte Richtung bahnt, zum Beispiel durch das Äußern von Erwartungshaltungen oder das »Nennen einer Hausnummer«. Wenn Sie zum Beispiel eine alte Puppe im Schaufenster eines Antiquitätenladens sehen, mögen Sie denken: bah, eine alte Puppe. Wenn aber davor ein Preisschild steht: »Sonderpreis! Nur 2.000 Euro!«, dann bleiben Sie interessiert stehen und denken darüber nach, warum das alte Teil so teuer sein soll. »Ist es vielleicht etwas Selbstgenähtes von Käthe Kruse?« Der Reiz des hohen Preises lässt Sie das Ganze mit anderen Augen sehen. Ihr »Frame« verändert sich. Stellen Sie sich andersherum vor, Sie sind Schreinermeister und sollen einem Kunden einen sehr speziellen Tisch aus seltenem Holz maßanfertigen. Da sagt der Kunde: »Ich denke, es sollte nicht mehr als 400 Euro kosten, das wäre das Doppelte von dem, was es als Standard bei IKEA gibt.« Wenn Sie als Meister diese Erwartungshaltung des Kunden vernehmen, brechen Sie wohl innerlich zusammen. Es wird jetzt sehr unangenehm. Die erste Erwartung steht im Raum und verändert die Verhandlungen. Sie können sich vorstellen, wie wichtig ein gutes Priming beim Verkaufen von Antiquitäten oder Kunst sein kann. Ja, in allen unklaren Situationen kann ein klares Priming plötzlich alle auf den zuerst geäußerten Wert regelrecht festnageln. Dafür gibt es eine ganze Managementdisziplin, das Erwartungsmanagement. Der Kunde soll nicht mehr erwarten, als man ihm liefern will.

Die OKR-Methode ist im Kern so ein Priming in Reinform, wenn sie im X-Sinne angewendet wird. »70 Prozent Zielerfüllung ist schon irgendwie okay, wisst ihr, aber wir im Management denken, wir können eigentlich mehr. Wir denken, da geht noch was. Wir sollten nicht unter unseren Möglichkeiten bleiben.« Damit prägt das 100-Prozent-Ziel die Wahrnehmung für das ganze Jahr: »Wir sind schlechter, als man es erwartet.« Das treibt an, so hofft es das Management. Aber es schlaucht und stresst, es presst uns aus.

Das Mittel des Messens und Vergleichens wird im X-Denken und im Y-Denken anders verwendet. Die einen wollen im absoluten Sinne wissen, wo sie auf ihrem Weg stehen, die anderen werden von außen relativ zu anderen gemessen, um sie zum Teil aggressiv zu motivieren. Hohe Ziele sind X-psychologisch gesehen ein Priming. Selbstgesetzte Ziele der Y-Menschen sind solche der Sehnsucht, fremdgesetzte für X-Menschen Teil der Motivation durch Lob und Tadel. Y-Menschen leiden unter fremden Zielen, müssen sie aber in der allgemeinen X-Kultur hinnehmen – sie werden eher demotiviert.

Psychologische Vereinzelung und soziale Phobien der Mitarbeiter

Menschen leiden unter jedem zu hohem Erwartungsdruck. Sie leben dann dauerhaft mit dem Gefühl, unter den Erwartungen zu liegen. Sie entwickeln langsam eine Angst, geprüft oder beurteilt zu werden. Aber das X-Management quält sie genau damit. Zusammen mit den Priming-Strategien der ambitionierten Vorgaben erzeugt die Führung künstliche Neurosen bei Mitarbeitern, insbesondere die so genannte soziale Phobie.

Das Leistungsmessen und das Notengeben, die Gehaltserhöhungsrunden und Jahresleistungsgespräche lösen bei den meisten Mitarbeitern ungute Gefühle aus, oft sogar echte Ängste. Man denkt in der Regel naiv, dass sich die Einserkandidaten ruhig im Erfolg sonnen und dass sich im krassen Gegensatz dazu die Versetzungsgefährdeten eher unter Angst krümmen. Das kann ich nicht bestätigen. Leistungsträger sind ebenfalls sehr sensibel, sie verlangen gebührende Anerkennung und fürchten panisch deren Ausbleiben. Die einen fürchten Strafen wie ausfallende Gehaltserhöhungen und Demütigungen, die anderen machen sich Sorgen um ihre weitere Entwicklung. Ich möchte dieses Unbehagen mit dem Begriff der sozialen Phobie in Verbindung bringen und damit natürlich auch das X-Management kritisieren.

Charakteristisches Symptom für die soziale Angststörung oder Phobie ist eine zu starke Furcht, beurteilt zu werden. Diese Furcht tritt im normalen Leben oft auf, wir alle kennen sie. Man spricht von einer Phobie, wenn diese Angst so groß wird, dass sie mein Handeln bestimmt.

- »Ich bekam eine Einladung zum Wiener Opernball. Kurz nach meiner riesigen Freude erkannte ich zu meinem Schrecken, dass ich überhaupt nicht weiß, wie man sich dort kleidet und benimmt. Ich glaube, ich gehe da nicht hin, es macht mich krank.«
- »Ich schaue zu oft in den Spiegel, weil ich mich hässlich finde. Ich traue mich kaum unter Leute, jedenfalls nicht unter unbekannte. Meine Freunde finden mich hübsch, sie lügen gnadenlos.«

- »Meine Eltern haben mich andauernd kritisch gemustert. Sie haben jeden Fehler bemäkelt und alles kleinlich korrigiert. Wenn sie in mein Zimmer kamen, verletzte mich ihr erster Blick. Bestimmt war etwas nicht aufgeräumt. Ich kann diesen Blick nicht ertragen, diesen Vorgeschmack auf drohende Kritik. Ich weiß nicht, ob ich heiraten kann. Bei jeder Bekanntschaft fängt es wieder an. Ich empfinde andere Menschen wie meine Eltern. Ich versuche, niemals Fehler zu machen, dann lässt meine Angst nach.«
- »Sie lachten in der Schule über meine Eltern. Es ist so peinlich. Alle finden mich peinlich.«
- »Ich soll ein Grußwort beim Feuerwehrjubiläum abgeben. Das quält mich nun schon Monate. Ich soll nur sagen, alles sei gut und so weiter. Das weiß ich, aber ich habe Dauersorgen, dass ich keinen Ton rausbringe.«
- »Ich traue mich auf Tagungen nicht, mit Fremden zu sprechen. Ich bin ja uninteressant, das werden sie schnell merken. Ich habe nichts zu bieten.«
- »Ich habe mich in dieser Firma ganz gut eingearbeitet. Nun aber ist etwas passiert. Im Meeting hat der Chef einen Kollegen echt niedergemacht. Ich fand das empörend, aber es scheint hier normal zu sein. Jetzt ist mir alles verleidet. Es kann ja auch mich treffen. Ich zittere in den Meetings.«
- »Ich bin jetzt Freiberufler. Ich konnte es nicht aushalten, von Chefs beurteilt zu werden. Ich musste in ein freies Leben fliehen. Ich verdiene jetzt weniger, habe es aber gut.«

Soziale Phobien entstehen oft in der Jugend. Na klar, da setzt die so genannte Pubertät ein. Die jungen Menschen haben sich bis dahin nur von übermächtigen Eltern, Erziehern und Lehrern beurteilen lassen müssen – nun aber beginnen die Gleichaltrigen mit der gegenseitigen Beurteilung. Versuche erster Liebesbeziehungen leiden unter starken Ängsten, bewertet zu werden, bis hin zu »wie bin ich im Bett?«. Viele sorgen sich um ihr Aussehen (Schönheitswahn, »instagrammable sein«), andere achten auf Statussymbole wie neueste Smartphones. Solche grauenhaften Gefühle kennt wohl jeder irgendwo. Wenn die Jugendlichen älter werden, gewöhnen sie sich allmählich an die Bewertungen von außen und stehen mit der Zeit zu sich selbst. Die Ängste entstehen ja oft aus der eigenen Verzerrung der Selbstwahrnehmung, die sich hoffentlich langsam auflöst. Die Ängste entstehen auch aus dem übertriebenen Gefühl, dauernd bewertet zu werden. Ich habe zu solcher Furcht oft gesagt: »Hey, die Wahrheit ist: du wirst gar nicht bewertet, weil du gar nicht groß beachtet wirst. Das gefällt dir wahrscheinlich noch weniger, aber es ist so.« Erkennen wenigstens Sie: andere Menschen nehmen Ihre selbstempfundenen Fehler gar nicht so richtig wahr. [Ihre schweren Fehler sind meist solche, die nur die anderen empfinden und die Sie sich trotz der Kritik von anderen »nicht zuziehen«.]

Sie merken schon, worauf ich hinauswill: Die Dauermessungen und die Leistungsbewertungen erzeugen diese überwundenen sozialen Ängste von neuem. Bevor ich darauf eingehe, lassen Sie mich noch kurz auf die Wirkung von exzessivem Priming im normalen Leben eingehen. Ich kenne aus meiner Tätigkeit als Professor, Führungskraft, Mentor und Jurymitglied viele Biografien und deren Befindlichkeiten. Ich hatte natürlich eher mehr mit guten Studenten, guten Mitarbeitern und vielen Hochbegabten zu tun. Aber auch in diesem Umfeld sind viele von exzessivem Priming ihres Umfeldes geschädigt. Ich kann ganze Sammlungen von vernichtenden Elternsprüchen präsentieren: »Aus dir wird nie etwas.« – »Du bist schon 40 und noch immer nur Abteilungsleiter. Das sieht nach totem Gleis aus, oder ist es das Ende der Fahnenstange?« – »Warum hast du damals eigentlich keinen Doktor machen wollen?« – »Kind, du bist in allem schlechter als dein Bruder. An den Genen kann es ja nicht liegen, oder?« Oder Traurigkeiten von Betroffenen: »In meiner Familie sind viele Professoren. Ich schaffe das nicht, ich zerbreche daran.« – »Mein Schwiegervater findet, dass man schon mehr als 100 Leute unter sich haben muss, um etwas zu gelten. Er war Vorstand und respektiert mich nicht.«

Ich kenne Studenten, die nach Jahren Schufterei an ihrer Diplomarbeit die Abgabe immer weiter rausschieben, weil sie fürchten, noch keine Eins zu bekommen. Ich kenne auch Leute, die neben dem Beruf immer wieder eine Doktorarbeit angefangen und immer kurz vor dem Ende abgebrochen haben. Warum? Weil sie wussten, wie sehr sich ihre Eltern über den »Doktor« freuen würden, und sie selbst gegen diese Erwartung rebellierten. Ein letztes Beispiel: Meine eigene Mutter hatte als Kind Kinderlähmung. Man musste ihr ein Bein verkürzen – nicht schlimm, zwei, drei Zentimeter. Sie musste am kürzeren Bein höhere Schuhabsätze tragen und hinkte ein bisschen. Ich habe in meinem Leben so oft Leute fragen hören: »Haben Sie heute Beschwerden am Bein?« Da wurden sie von meiner Mutter in aller Ausführlichkeit aufgeklärt (und es war ihr sichtlich peinlich). Sie antworteten alle: »Oh, ich kenne Sie doch schon so lange, bisher ist es mir noch nie aufgefallen.« – Und ich sagte meiner Mutter dann jedes Mal: »Es interessiert niemanden, wie du gehst, man merkt das schwache Hinken nicht einmal – das wird dir doch ein ums andere Mal fast amtlich bescheinigt. Hör auf. Hör bitte auf, dich darum zu kümmern.« Sie hörte nie auf. Denn meine Großmutter hatte einmal in der Jugend meiner Mutter geseufzt: »Dich wird wahrscheinlich kein Mann heiraten wollen. Wir müssen uns wohl darum kümmern, dich unter die Haube zu bringen.« Man hat wohl auch einmal »leichter Krüppel« in den Mund genommen, damit aber nur »wahrscheinlich weniger leistungsfähig bei der bäuerlichen Arbeit« gemeint.

Sie können diese wie seelische Nackenschläge wirkenden Urteile im weiteren Sinne als Priming interpretieren. »Du solltest so sein, aber du bist anders.« Manche treibt »aus dir wird nie etwas« zu Höchstleistungen an, die meisten verwundet es zu sehr. Die Verwundeten ziehen sich zurück und entwickeln Vermeidungsstrategien. Das, was an ihnen nicht sein soll, muss um jeden Preis verborgen werden. Sie wirken zurückhaltend und schwach seltsam, weil man ja von außen nicht weiß, was sie warum verbergen.

Wenn nun schon einzelne abwertende Sätze ganze Leben in andere Bahnen lenken können – wie steht es dann mit Seelen, die permanent angestachelt werden, »ein Highperformanceteam« zu bilden? Mit Seelen, denen unentwegt die 100 Prozent vor die Nase gehalten werden? Wie fühlen sich nicht so gut Beurteilte, wenn ihr Konzern Entlassungen von Tausenden ankündigt? [Das geschieht gerade bei etlichen DAX-Konzernen.] Ich gebe Ihnen einmal zwei Beispiele von »oben« und »unten«. Noch einmal zu Stipendien: Ich musste entscheiden. Hochbegabt? Ja/Nein. Vereinfacht gesagt: Es werden vielleicht so drei Prozent der Studenten (»die Allerbesten«) als hochbegabt vorgeschlagen und ein Prozent als solche akzeptiert. Das eine Siegerprozent blüht auf, die doppelte Anzahl bekommt ein »Du nicht!«-Signal. Ich kenne viele solche Abgelehnte. Die können sich richtig in Rage reden. »Ich kenne einige solcher Affen, die wurden aufgenommen, und ich nicht!« Sie sind sehr verletzt worden – ganz ohne Not, denn sie gehören doch zu den Allerbesten! Man kann daher fragen, ob das Verteilen von Stipendien im Ganzen gesehen zu große Schäden verursacht ... Ins Management übertragen: Ein Unternehmen braucht vielleicht 10 Prozent Führungskräfte. Man nimmt viele Leistungsträger in die engere Auswahl und schickt sie in ein Assessment-Center. Meist fallen zwei Drittel durch. »Sie sind vielleicht als Experte toll, aber für Führungsaufgaben nicht geeignet.« Wieder haben wir auf einen Beförderten zwei Verbitterte erzeugt. »Was sind das für Scheißkriterien, nach denen man mich abgelehnt hat!«, so wüten die Verschmähten und haben Mühe, die Contenance zu wahren.

Wir schauen »unten« nach: Konzerne kündigen an, fünf Prozent der Mitarbeiter zu entlassen, am besten dazu noch zehn Prozent der Führungskräfte. Es werden Abfindungen angeboten – wahrscheinlich denen, von denen man sich trennen will. Wenn das Unternehmen – wie früher üblich – hohe Abfindungen zu zahlen bereit ist, mag das seelenverträglich gehen. Wenn das Unternehmen aber Geld sparen will, muss es jetzt drei Mitarbeitern ein Angebot machen, damit einer von ihnen wirklich geht. Nach dem Ende der ganzen Aufräumaktion verlassen die geplanten fünf Prozent der Mitarbeiter und zehn Prozent der Führungskräfte das Unternehmen, aber die verbliebenen doppelt so vielen mit ausgeschlagenem Angebot wissen nun, dass sie im Unternehmen unerwünscht sind. Sie wissen insbesondere, dass der eigene Vorgesetzte sie auf die Liste derer gesetzt hat, die verzichtbar sind. Diesen Chef beobachten sie nun mit Dauersorge.

(Ich habe jetzt alles mit »ein Sieger« und »zwei Gedemütigte« dargestellt, ich glaube, es läuft eher auf eins zu fünf hinaus, weil ja schon viele nicht als hochbegabt vorgeschlagen werden bzw. als Talentierte gar nicht bis ins Management-Assessment-Center kommen – sie scheiden schon früher aus. Der Schaden ist immens groß.)

So wie meine Mutter fürchtete, beim Hinken erkannt zu werden, so wimmelt es in Unternehmen von Enttäuschten, die es in der Regel besser finden, ihr Leiden zu verbergen. Sie reden nicht darüber, dass sie nicht weiterkommen werden, dass sie den Stempel »unerwünscht« in den Personalakten stehen haben oder Sorge tragen, dass es sie beim nächsten Mal höchstwahrscheinlich erwischt.

Die Psychotherapeuten warnen, dass sich daraus soziale Phobien entwickeln und sich solche Enttäuschten zurückziehen. Sie warnen auch, dass ein Burnout und eine Depression häufig mit einer sozialen Phobie beginnen, mit Seelenverletzungen und folgender Empfindlichkeit gegen jegliches Beurteiltwerden. Ich kenne selbst etliche ehemalige Arbeitskollegen, die einen Burnout erlitten, die meisten hatten über einen längeren Zeitraum davor massiven Beurteilungsstress ...

Soweit zu den möglichen schrecklichen Folgen von negativen Urteilen. Jetzt beschreibe ich, wie die normalen Beurteilungsprozesse in vielen Unternehmen es fast unmöglich machen, soziale Phobien zu vermeiden. Es gibt viele verschiedene Leistungsmessungssysteme! Ich versuche hier, deren Quintessenz paradigmatisch einfach zu fassen:

Am Ende des Jahres bekommen die Mitarbeiter eine irgendwie geartete Leistungsnote, sagen wir: eine Schulnote von 1 bis 6. Diese Note wird vom direkten Chef vergeben. Im nächsten Schritt bekommt dieser Chef ein Budget für Gehaltserhöhungen für seine Mitarbeiter, das er entsprechend der Mitarbeiterperformance aufteilen soll. Für gute Leistungen gibt es natürlich mehr vom Kuchen. Der Chef hat einen gewissen Entscheidungsspielraum und nimmt diesen auch wahr. Das ist einigermaßen in Ordnung und wird von den Mitarbeitern im Grundsatz akzeptiert.

Jetzt kommt das Management und korrumpiert das Ganze durch Missbrauch dieses Systems: Denn es gibt einige »Schlaumeier« unter den Führungskräften, die am besten allen ihren Mitarbeitern die Note Eins geben. Dann bekommen sie ein großes Budget und können mit Wohltaten nur so um sich werfen – sie sind beliebt wie manche Religionslehrer, die möglichst nur Einsen vergeben. Dadurch bekommen aber die Abteilungen, deren Chefs gerecht urteilen, weniger Budget, weil das ja von den Noten abhängt. Dann regen sich die gerechten Chefs über die Gießkannenmanager auf, und es gibt endlos Zank. Was tun? Logisch gesehen haben wir das Problem, dass manche Manager auf Kosten anderer Abteilungen und der Gerechtigkeit an sich in unethischer Weise betrügen. Man sollte sie bestrafen oder gleich feuern. Manager sollten doch gerade nicht opportunistisch handeln? So hat man sie doch ausgewählt?!

So wird dieses Problem allerdings weder gesehen noch geregelt. Denn Manager sind sakrosankt! Daher geht man nicht die Betrüger direkt an, sondern führt Regeln ein, die den Betrug verhindern. Das X-Management gibt sich also selbst die Regeln. Ein Y-Management würde sich schämen. Der Philosoph Georg Christoph Lichtenberg zitiert den Pfarrer mit »Du sollst nicht stehlen wollen« und stellt ihn dem Schlosser gegenüber: »Du sollst nicht stehlen können.«

[Y-Management: Du sollst nicht betrügen wollen!
X-Management: Du sollst nicht betrügen können!]

Das also geschieht:

Als Reaktion auf verantwortungslose »Wohltatenmanager« werden typische Notenschlüssel vorgeschrieben. Zum Beispiel wird nun hart von ganz oben verlangt, dass in jeder Abteilung 10 Prozent eine Eins bekommen, dreißig Prozent eine Zwei, dreißig Prozent eine Drei, 20 Prozent eine Vier und 10 Prozent eine Fünf oder Sechs. Nach diesem Schlüssel vergibt nun das Unternehmen die Gehaltserhöhungen und verlangt, dass die Noten in diesem vorgegebenen »gerechten« Normverhältnis der »Glockenkurvenverteilung« verteilt werden. Wenn ein Manager 20 Mitarbeiter hat, darf er folglich zweien eine Eins geben, und er muss zwei Mitarbeiterseelen durch eine schlechte Note psychisch und finanziell versenken. Oh, noch eine wunderbare Regel aus den X-Köpfen: Mitarbeiter sollten vor einer Beförderung zweimal eine Eins in den letzten drei Jahren bekommen haben.

Solch ein System löst eine Hölle aus. Die Leistungsträger sorgen sich, beförderungstaugliche Noten zu bekommen. Eine Fünf, ja sogar eine Vier demütigen den betroffenen Mitarbeiter ganz locker für das ganze nächste Jahr, er richtet ab sofort eine grotesk gesteigerte Aufmerksamkeit darauf, dass ihm das nicht noch einmal passiert: er entwickelt eine soziale Phobie. Alle, die eine Drei bekamen, lassen den Kopf hängen. Viele, die mit einer Zwei abschnitten, fürchten sich vor einer Demütigung im Folgejahr, denn »jeder ist offenbar mal dran, so will es das System«. Wenn der Manager jemanden befördern will, muss er ihm mehrere der kostbaren Einsen geben, das verärgert die anderen Leistungsträger, denen Geld und Anerkennung gestohlen wird. Können Sie sich den Super-GAU vorstellen, was passiert, wenn man einem Mitarbeiter zweimal nacheinander eine Eins gibt, die er nicht ganz verdient hat, weil man ihn damit zum Befördern taktisch sauber präparieren muss – und wenn dem Arbeitsdirektor gerade in diesem Jahr einfällt, die Beförderungen zu streichen?« (»Finanzkrise, Griechenlandkrise, Krimkrise, Zollkrise, Buchhaltungskrise, so sorry, passt derzeit nicht in die Landschaft«). Dann ist die taktische Eins wirkungslos weg, die Abteilung frustriert.

Noch schlimmer: Es kann vorkommen, dass alle Mitarbeiter wirklich eine gute Leistung gezeigt haben, aber einige müssen in diesem System eben trotzdem schlechte Noten bekommen. Die Führungskraft muss ja die erzwungenen Noten sorgfältig dokumentieren und begründen. Wer also eine schlechte Note zu Unrecht bekommt, bekommt natürlich eine aus den Fingern gesogene, erfunden schlechte Beurteilung dazu, sonst kann die Führungskraft vor den Betriebsrat gezerrt werden.

Schrecklich, oder?

Jedes Jahr ändern sich die Regeln nach Gutsherrenart, es wirkt unten wie eine Lotterie – jedes Taktieren um Karriere wird zum Glücksspiel. Die Mitarbeiter und besonders auch die Führungskräfte selbst, die das Spiel ja gut kennen, werden immer misstrauischer und erkennen immer weniger Leistungsgerechtigkeit im System. Die Usancen und Taktiken rund um die Gehaltserhöhungen und Beförderungen, gepaart mit dem chronischen Geiz des Unternehmens, erzeugen eine große Unsicherheit der Mitarbeiter, die sich willkürlich beurteilt sehen. Und genau dieses einziehende Misstrauen, dass ihnen Ungerechtigkeit geschehen könnte, führt fast zwangsläufig zu einer sozialen Phobie.

Kurz: Ein typisches Gehaltssystem, das zu geizig ist und das schlechte Manager hat, die schwierige Gespräche fürchten, erzwingt im besten Fall die relative Bewertung der Mitarbeiter und erlaubt keine absolute. Im normalen Fall entartet das System zu einer Ansammlung von Ungereimtheiten. Jeder fühlt sich bewertet, weiß aber nicht genau, wonach. Natürlich zählt zuerst immer »der Umsatz«, aber sonst? Das System ist nicht transparent. Es kann nicht transparent sein, weil es »schlechte Noten erzwingt« und eine formal korrekte Begründung der schlechten Noten dazu …

Weil das so ist, entwickeln die Mitarbeiter eine starke Sensibilität für Bewertungen und Urteile aller Art. Die Manager werden selbst als Person hypersensibel, denn sie lechzen nicht einfach nur nach Gehaltserhöhungen, sondern nach Aufstieg. Und so belauern sie sich alle. Jeder für sich ist mit seinem Problem allein. Sie reden nie beim Kaffee über ihr Gehalt, weil sie ein offener Vergleich verletzen könnte. Es ist nicht direkt von oben verboten, darüber zu reden, aber die soziale Phobie erzeugt ein Tabu. Wer sein Gehalt öffentlich macht, fühlt sich sofort beurteilt und wird es auch: Ist es zu niedrig, wird er geringgeschätzt, sonst beneidet. Tabu! So sind die Mitarbeiter allein mit ihrer Vergütung, mit den Hoffnungen auf ihr Höherkommen, mit einer damals schrecklich schmerzenden E-Mail, eine Abfindung annehmen zu sollen, mit der offenen Wunde, beim Managementlaufbahn-Assessment durchgefallen zu sein. Sie reden nicht über ihr Burnout, sie outen keine depressive Stimmung, sie klagen nicht über ihre Rückenschmerzen. Sie sind allein, mit den Hoffnungen, die ihnen oft ganz locker ein Manager macht, der schon weiß, dass er am Jahresende wechselt. Sie sind vereinzelt vom System. Das System verunpersönlicht sie nicht nur bei der Arbeit, sondern auch bei Fragen der Anerkennung.

Wenn nun die sozial Ängstlichen alles rund um ihre Bewertung tabuisiert haben, wenn sie die Bewertungen aus dem bewussten Erleben verdrängen und nur noch als somatische Beschwerden und Energielosigkeit empfinden, dann können sie auch nicht mehr aufmucken. Wer offen reden will, wer Widersprüche zur Sprache bringen will, stellt sich vor den anderen bloß und wird beurteilt. Daher hebt kaum einer die Hand …

Im Internet ist von Schätzungen zu lesen, dass etwa ein Achtel aller Menschen mindestens einmal im Leben von einer sozialen Phobie erfasst wird. Wenn wir die erzwungenen Phobien der Systeme mitzählen, sind es gewiss viel mehr. Studien sagen, dass Frauen eineinhalbmal so häufig von sozialen Ängsten befallen werden. Das deckt sich mit meiner Erfahrung. Sie schrecken zum Beispiel sehr häufig davor zurück, beim Chef eine Höherbezahlung oder Beförderung anzumahnen. Wer das tut, muss stark befürchten, ein negatives Feedback zu bekommen: »Was denn, Sie? Warum Sie? Schauen Sie sich einmal um, warum gerade Sie? Okay, warum glauben Sie, am besten zu sein, außer dass Sie eine Frau sind? Können Sie Ihren Wunsch gut begründen oder soll ich einmal zu einer Bewertung Ihrer Leistung aus meiner Sicht ausholen?« Solche Verhaltensweisen bei Frauen haben zur Diskussion des »Impostor Syndromes« geführt, zum Hochstapler-Syndrom. Menschen mit diesem Syndrom sind fest davon überzeugt, dass ihre objektiv unzweifelhaften Erfolge nicht so sehr ihnen selbst, sondern mehr glücklichen Fügungen zu verdanken sind. Sie zweifeln fast zwanghaft an sich selbst: »Ich bin gar nicht so gut, wie ihr denkt. Mein Erfolg war mehr den günstigen Umständen zu verdanken.« Sie haben das Gefühl, Hochstapler zu sein und sich Erfolge quasi erschlichen zu haben. Gutes Zureden, also ein Lob ihrer Kompetenzen, verarbeiten sie mental nicht. Sie sagen: »Ich bin gar nicht so sympathisch, wie ihr alle denkt. Ich habe vielleicht Glück, dass ich so erscheine.« Pauline R. Clance und Suzanne A. Imes beschrieben das Phänomen zuerst 1978 an Hand von Beobachtungen an Frauen. Inzwischen weiß man, dass es Männer genauso befällt. Man glaubt, dass über ein Drittel der Leistungsträger unter dem Gedanken leidet, einfach nur Glück gehabt zu haben. Kommt das irgendwann heraus? Werden sie irgendwann einmal ganz objektiv beurteilt und dann wirklich als Betrüger enttarnt?

In dieser Weise sehe ich das Hochstapler-Syndrom der Leistungsträger auch als Teil einer sozialen Phobie oder einer Beurteilungsangst. Weil die »Hochstapler« sich vor Entdeckung fürchten, sind sie besonders allein. Sie könnten sogar zu 100 Prozent ihre Mondziele erfüllen und hätten damit trotzdem Angst, entlarvt zu werden.

 Mitarbeiter fühlen sich allein gelassen. Sie bekommen wenig ehrliches und oft nur taktisches bzw. manipulierendes Feedback. Sie entwickeln eine soziale Phobie, eine Angst vor Bewertungen und Feedback, obwohl sie sich eigentlich nach einer ehrlichen Rückmeldung sehnen. Sie verdrängen diese Ängste durch Schweigen oder durch Dauermeckern unter Kollegen.

Qualitätseinbußen, Kundenbeschwichtigung und schließlich Schummelei

Wer zu viel »um die Ohren hat«, nimmt es mit der Zeit in Kauf, dass nicht alles so glatt läuft, wie es sein sollte. Man beginnt mit Notlügen gegenüber Kundenbeschwerden und schummelt hier und da. Kunden werden übervorteilt, damit die Zahlen stimmen, und schließlich fallen nach und nach die Hemmschwellen. Man muss ja überleben.

Wer unter überfrachteten Erwartungen arbeiten muss, also chronisch überfordert ist, verliert langsam das Gefühl für seine eigentliche Arbeit und deren erwartete Ergebnisse. Überforderte Menschen nehmen die Kritik an ihren Arbeitsergebnissen einfach nicht mehr an. »Ich habe auch nur zwei Hände«, sagen sie. »Wir sind unterbesetzt, es tut mir leid.« – »Eins nach dem anderen, nur mit der Ruhe. Irgendwann kommen auch Sie dran.« – »Ich kann nicht mehr tun als meinen Job.«

Wenn Sie Bahn fahren, kennen Sie ein überlastetes Unternehmen. »Die Wagenreihung hat sich geändert.« – »Die Reservierungen werden nicht angezeigt.« – »Die Klimaanlage funktioniert nur an Tagen, an denen sie nicht gebraucht wird.« – »Die Kaffeemaschine ist ausgefallen. Wir bieten heute nur Kaltgetränke an.« – »Eine Weiche funktioniert nicht, sodass sich große Verspätungen über das ganze Netz ausbreiten, weil wir nirgendwo Puffer in den Fahrplan eingebaut haben, damit wir etwas schneller für Sie sind.« – »Der Lokführer trifft erst mit einem verspäteten Zug ein.« – Und manchmal: »Bitte prügeln sie nicht auf uns ein. Uns ist selbst nicht gut zumute.« Bei der Bahn kommt es zu so vielen Fehlern »im Betriebsablauf«, dass es den Mitarbeitern gar nicht mehr darum gehen kann, die Probleme des Kunden zu dessen Zufriedenheit zu lösen. Für sie ist der Kunde tendenziell immer unzufrieden, und sie müssen damit umgehen, dass er bei dem üblichen »Wir danken für Ihr Verständnis« in bitteres Hohnlachen ausbricht.

Kliniken werden nach Fallpauschalen schlecht bezahlt, also versuchen sie, die Patienten möglichst schnell zu behandeln und am besten gleich wieder nach Hause zu schicken. Dort entstehen nun öfter als früher Komplikationen. Die Patienten müssen wieder zurück zur Klinik, haben aber wahrscheinlich nun ein anderes Leiden – eine neue Fallpauschale kann eingestrichen werden. In jedem Fall sieht der Arzt die Patienten wieder, die infolge der Komplikationen nun manchmal wochenlang bleiben müssen und jetzt viel mehr kosten, als man es dachte. Viele Ärzte glauben nicht, dass das schnelle Operieren und Wegschicken ökonomisch sinnvoll ist, aber es wird vom Management so verlangt. Viele Ärzte schämen sich vor den Patienten. Sie können sich nicht so gut wie bei der Bahn entschuldigen mit »tut uns leid, wir hatten resistente Keime und Störungen im Operationsablauf«, daher werden sie wohl lügen müssen. Die Patienten zweifeln langsam an den Göttern in Weiß. Sie trauen ihnen nicht mehr und holen sich neuerdings immer öfter Zweitmeinungen ein. Die fallen unterschiedlicher aus, als man es sich normalerweise vorstellt. Das macht noch misstrauischer. Wollen sie viel verdienen oder haben sie vielleicht zu wenig Ahnung von Medizin?

In der Industrie wird alles versucht, um Material einzusparen. Das ist legitim, endet aber oft im Einsatz schlechter Einzelteile und mit entsprechenden Rückrufaktionen und Verbraucherprotesten. In den Lebensmitteln werden möglichst keine wertvollen Inhaltsstoffe verwendet, zum Beispiel bedeutet »Zimt« immer »Zimt von der Cassia«, nicht »Ceylon-Zimt«, wie sich die giftärmere bessere Sorte nennen darf. Wer nur Zimt kauft, bekommt Cassia. Wer die Inhaltsstoffe von Lebensmitteln nicht prüft, bekommt, was er nach Ansicht der Industrie verdient. Wenn Sie die TV-Sendungen von Restaurantrettungen anschauen, wird es ganz, ganz gruselig. Da wird klar, wie oft wir wohl Tüten- und Dosensuppen vorgesetzt bekommen oder altes, schon silberspiegelndes Fleisch aus unsauberen Küchen, das unter Gewürzen seinen Geruch verheimlicht.

Ich erinnere mich an eine Zeit, als es noch echte Sparzinsen gab. Damals rief mich eine Bekannte an, sie habe von ihrer Hausbank zur Feier des Weltspartages zwei Prozent angeboten bekommen. Ich wunderte mich, weil es bei meiner Direktbankverbindung immerhin vier Prozent gab. Sie rannte zu ihrer Bank zurück und wurde wütend. Man beschwichtigte sie, es sei ein Irrtum gewesen. Für »so gute Kunden wie sie« gäbe es natürlich vier Prozent. Sie solle es aber nicht weitersagen, so etwas ginge nur bei guten Kunden. Ist das ethisch? Am Weltspartag über den Tisch gezogen zu werden?

Als ich mein jetziges Auto neu kaufte, schaute ich im Internet bei »meiner« Versicherung nach, wie viel das wohl kosten würde. Oh fein, es würde viel, viel billiger werden! Das freute mich. Ich machte einen Termin und bekam zu meiner Überraschung ein normal teures Angebot. Ich wies darauf hin, dass im Internet ein viel günstigeres Angebot angezeigt würde. Der Vertreter druckste herum und erklärte mir schließlich, dass sie diesen preiswerten Tarif nur quasi theoretisch im Internet hätten, damit sie von den Preisvergleichsportalen als günstiger Anbieter empfohlen würden. »Wenn wir das nicht machen, sind wir tot.« Aktiv verkaufen würden sie diese Tarife aber nicht. »Schauen Sie, da müssen Sie dann Abstriche bei den Leistungen hinnehmen, es ist eben ein Billigtarif. Das riskieren Sie doch wohl nicht?« Ich fragte nach den konkreten Tarifunterschieden. Sie seufzten und erklärten sie mir. Die Unterschiede waren marginal klein – das geht ja auch nicht anders, sonst würden die Preisvergleichsportale meckern. Ich wählte den Tarif aus dem Internet und ließ alle Verträge meiner Familie ebenfalls umstellen. Ich habe jetzt viel weniger Vertrauen in Versicherungen. Ich muss mich allerdings jetzt stets so sehr schlau machen, um nicht hereingelegt zu werden, dass ich nie mehr eine »Beratung« in Anspruch nehmen muss. Ich weiß es ja jetzt selbst.

Zurück zu den Banken: Wussten Sie, dass man viele große Investmentfonds an der Börse kaufen kann? Wahrscheinlich nicht. Die meisten Bundesbürger gehen brav zur Bank und lassen sich Investmentfonds der Hausbanken aufschwatzen. Diese Anteile kosten traditionell einen so genannten Ausgabeaufschlag von oft fünf Prozent (das sind heute die Zinsen für hundert Jahre). Man kann aber die Anteile normal an der Börse kaufen, ganz genauso wie Aktien, und zwar ganz ohne diesen Aufschlag. Dabei bezahlt man bei einer Direktbank etwa ein Viertel Prozent Spesen, das war's. Ein Viertel, nicht fünf. Meine Frage: Ist es okay, wenn die Bank mir den Weg über die Börse verschweigt, sodass sie mir einfach so fast fünf Prozent meines Ersparten wegnimmt? In den Schaufenstern etlicher Banken sehe ich: »Sie bekommen zwei Prozent Zinsen [das ist heute sehr viel] für ein halbes

Jahr [danach natürlich null], wenn Sie den gleichen Betrag zusätzlich in Investmentfonds unseres Hauses anlegen.« Man gibt Ihnen also ein Prozent (zwei für ein halbes Jahr ist eins auf ein Jahr) auf die eine Hälfte und nimmt ihnen fünf Prozent von der anderen.

Ich kann Ihnen ein langes Kapitel mit solchen Beispielen füllen, bei denen überlastete und gestresste Unternehmen, Handwerker, Ärzte oder eben Banker die Grenze des Anständigen zum Teil weit überschritten haben. Vor der Grenze des Strafrechtes fürchten sich die meisten derzeit noch, aber viele Unternehmen lassen auch diese hinter sich, wenn die Strafen erträglich sind.

Die Autoindustrie war überrascht, wie hart die Amerikaner bei der Dieselaffäre durchgriffen, aber sonst tut ihnen ja kaum jemand etwas. Die Industrie hat beste Chancen, ihre selbst so genannte »Dieselproblematik« über die Verjährungshürde zu bekommen. Für sie ist es kein Vergehen, nur ein Kostenmanagementproblem. Die Banken hängen noch immer in den Seilen – sie haben uns die Finanzkrise eingebrockt und wir retten und retten sie. Zurzeit entdeckt man in China dort ansässige Subunternehmen, deren Service darin besteht, chinesische Auftraggeber zu bestechen, damit sie europäischen Unternehmen Aufträge zuschustern. Die Unternehmen bestechen jetzt nicht mehr selbst, sie beauftragen das Bestechen. Sie kennen das sicher alles aus der Tagespresse. Es betrifft auch Firmen, die früher bestachen und dafür bestraft wurden. Nun gut, sie lassen jetzt das Gesetz von anderen übertreten. Die verdienen viel Geld damit und müssen eventuell ins Gefängnis, wenn sie sich blöd anstellen. In gleicher Weise behalten Unternehmen eine weiße Weste, wenn sie ihre Arbeit an Subsubunternehmen weitergeben, die dann keine Sozialabgaben für die Mitarbeiter abführen. Die sind dann schuld, wenn etwas entdeckt wird.

[Wer unbedingt sauber bleiben will, kann das Übertreten von Grenzen in Auftrag geben.]

Wenn die Unternehmen so weit gehen, dass sie Strafe-Entdeckungsrisiko-Management betreiben, stimmt die Qualität ihrer Leistungen ohnehin nicht mehr mit dem überein, was sie versprechen. Die Mitarbeiter werden bis an einen Punkt überlastet, an dem sie einfach nur noch mit Tunnelblick vor sich hinarbeiten, um nur das Nötigste zu schaffen.

Die Mitarbeiter leiden unter den Überstunden und wahrscheinlich noch mehr unter dem Zwang, unter den zunehmend hyperkritischen Augen des Kunden nur grenzwertige Qualität liefern zu dürfen. Sie können sich nie mehr mit dem zufriedenen Gefühl in den Feierabend begeben, gute Arbeit für den Kunden geleistet zu haben. Viele zerreißt es fast, dass ein Tag schon dann gut war, wenn keine ernsten Probleme aufgetreten sind und kein Malheur passiert ist.

Eine Versicherung trug Berechnungen auf einem Kongress wie folgt vor: Man hatte den Call-Center-Mitarbeitern zur Pflicht gemacht, im Durchschnitt nur vier Minuten pro Kundenvorgang zu verwenden. Das war wohl zu niedrig angesetzt. Die Mitarbeiter protestierten, weil sie die Kunden ungeduldig hetzen mussten, ihre Anliegen hastig vorzubringen. Das war aber für das Unternehmen noch nicht der Anstoß, dieses Vorgehen zu korrigieren. Erst als die Kunden schlechte Kritiken abgaben, weil sie sich zur Eile angetrieben fühlten und unter Stress nicht telefonieren wollten, gab das Unternehmen nach und versuchte es mit sechs Minuten. Gong! Sofort war alles wieder gut. Die Kunden fanden, dass sie gut bedient wurden, die Mitarbeiter konnten in Ruhe beraten.

Natürlich bedeuten sechs Minuten einen Aufschlag von 50 Prozent auf die vorigen vier Minuten, was von der Kostenseite aus kaum zu akzeptieren ist. Daher wird man den optimalen Punkt suchen, bei dem die Mitarbeiter gerade noch arbeiten können und die Kunden nicht aufschreien.

Dieses Beispiel zeigt vielleicht am einfachsten, wie in der Serviceindustrie grenzwertige Qualität angestrebt wird. Im Grunde macht man nur noch vor Strafen und Kundenunzufriedenheit halt, und in einem für das Unternehmen günstigen Monopolumfeld, bei der Bahn und bei der Post, geht man noch weiter.

Unter starkem Druck vergessen Manager und Mitarbeiter über den geforderten Zahlen den Kunden und den Gesamtzustand des Unternehmens. Vieles läuft auf »Augen zu und durch« hinaus. Dieser Abschnitt sollte das nur andeuten, nicht ausmalen – Sie müssten eigentlich genug eigene Erfahrungen in der Sache haben. Gehören Sie auch zu den traurigen Mitarbeitern, die nicht die Produkte des eigenen Hauses kaufen/essen, weil sie wissen, wie die zustande kommen?

Die Überlastung der Infrastrukturen marodiert unsere Zukunft

Die Unternehmen riskieren unter dem zu starken Fokus auf die Quartalsergebnisse, dass sie ihre Zukunft ruinieren. Das haben Sie schon zigmal gelesen. Damit Sie einmal neue Argumente zu hören bekommen und es auch tief empfinden können, habe ich einmal eine Liste von Problemzonen unserer Gesellschaft zusammengestellt, die Sie eigentlich schon kennen sollten. Lassen Sie sich von der schieren Masse erschlagen. Und dann schauen Sie auf die Unternehmen. Da ist es auch so – Unternehmen für Unternehmen. Vielleicht nicht, so hoffe ich, bei Familienunternehmen, die noch an ihre Enkel und Urenkel denken.

Unter Stress bleibt alles liegen, was gerade nicht akut juckt. Vieles klingt so: »Das Hausdach müsste einmal neu gedeckt werden, aber jetzt nicht.« Wir träumen einmal kurz zu Neujahr und belassen es bei unseren Vorsätzen. Sie kennen das, und ich trage jetzt keine Eulen nach Athen, aber ich möchte Sie doch bitten, gründlich durch die folgende Liste zu gehen, die ich ursprünglich als Sammlung auf meiner Homepage omnisophie.com angelegt habe. Sie wird mit der Zeit länger.

- Das Pflegesystem ist menschenunwürdig unterbesetzt und lässt schnöde sterben. Die Pflegeberufe werden empörend schlecht bezahlt. Unendliche Geduld und gleichbleibende Liebe unter

nervenaufreibenden Zuständen sind keine anerkannten Qualifikationen.
- Das Gesundheitssystem ist unterfinanziert, leidet unter Ärztemangel, korrumpiert sich unter Kostendruck, Kassenpatienten warten auf Termine.
- Unterbezahlte Erzieher in überbesetzten Kindergärten sind am Limit, Kindergartenplätze fehlen gegen geltende Gesetze.
- Der Breitbandausbau für das Internet findet nicht wirklich statt. Deutschland verliert immer stärker den Anschluss, die Wirtschaft bekommt Probleme.
- Die Umstellung auf erneuerbare Energien wird von Weigerungen der Bürger gestoppt, Stromnetzleitungen durch ihre Gemeinde zu erlauben.
- Die öffentliche Verwaltung ist nur oberflächlich digitalisiert, in der Arbeitswirklichkeit noch auf tristem Fax-Rohrpost-Aktenschrank-Niveau.
- Die Waffen der Bundeswehr sind zum großen Teil nicht einsatzfähig, schlecht und alt, zigtausend Soldaten werden also bezahlt, ohne im Ernstfall »arbeiten zu können«.
- Die Polizei ist unterbesetzt und schlecht ausgerüstet.
- Museen, Theater, Kunst, Musikschulen trocknen aus.
- Die Straßen haben Löcher, die Brücken sind baufällig.
- Der Schienenverkehr funktioniert nicht gut. Das Netz wird eher stillgelegt als ausgebaut, die Strecken werden nicht digitalisiert; die Stellwerke sind im Durchschnitt ca. 50 (!!) Jahre alt.
- Der öffentliche Nahverkehr ist immer noch weithin unattraktiv und überlastet.
- Die Schiffskanäle, die zum Beispiel für die Ölversorgung wichtig sind, sind überholbedürftig. Die Schleusen sind in bedenklichem Zustand, sie stammen oft noch aus der Kaiserzeit.
- Die Rechtsprechung ist total überlastet und (digital) veraltet. Man wartet Jahre auf Entscheidungen. »Testamentseröffnung? Dauert etwa 6 Monate. Wie, schneller? Ist nur ein paar Minuten Arbeit, schon klar, aber wir haben einen Rückstau.«
- Das Bildungssystem spuckt nur »Bestandene« oder »Punkteerwerber« aus – keine Gebildeten. Die Inhalte des Systems stammen aus

den 60er Jahren, als man beschloss, alles »wissenschaftlicher« zu lehren, um den Sprung an die Hochschule zu erleichtern.
- Akademisierungswahn senkt das Niveau an den Hochschulen und führt zu Facharbeitermangel und zur Verödung des Handwerks.
- Das Analphabetentum ist erschreckend: Rechtschreibung schwach, Rechnen Glückssache.
- Die Universitäten sind baufällig, viele sind vor etwa 50 Jahren neu in Betrieb gegangen und brauchen nun eine Überholung.
- Die Fettleibigkeit, Stress und »Rücken« nehmen überhand.
- Psychische Leiden mehren sich explosiv.
- Altersarmut breitet sich aus, die Renten werden sinken. Die steigende Lebenserwartung verlangt, dass wir in den aktiven Jahren viel mehr zurücklegen müssen, um die längere Rentenphase zu finanzieren. Das tun wir nicht. Wir könnten auch länger arbeiten. Das wollen wir nicht.
- Die Armut an sich nimmt ungeheure Ausmaße an.
- Das Lohndumping führt zu Berufen, die kein normales Leben möglich machen.
- Bezahlbarer Wohnraum schwindet.
- Die Luftverschmutzung ist in vielen Teilen Deutschlands schon gesetzeswidrig hoch.
- Wir versinken in Plastikmüll, den wir exportieren lassen. Augen zu, was damit passiert.
- Klimaziele werden munter gesteckt, aber regelmäßig verfehlt, weil kein Wille dahintersteht.
- Großkonzerne betrügen ungestraft munter weiter mit Diesel & Zinsmanipulation.
- Unsere Vorzeigeautoindustrie schaut dem technologischen Fortschritt zu.
- Der Werteverfall beschleunigt sich auch bei den selbst so verstandenen Christen.
- Paranoide Flüchtlingsangst führt zu politischem Chaos, das Wegschauen bei fremder Not wird zu normaler Übung.
- Alle Institutionen haben nach heute »zehn fetten Jahren« weiter hohe Schulden, die aber inzwischen alle umgeschuldet sind und nur noch mit ca. Null Prozent Zinsen bedient werden müssen;

bei einer Rückkehr zu normalen Zinsen droht der Kollaps von Deutschland und wohl der ganzen Welt.
- Die politische Willensbildung durch die Nicht-mehr-Volksparteien erstickt in bloßem Themen-Hopping und Positionierungssucht vor Wahlen.

Wer im Bildungssystem arbeitet, schreit: »Mehr für Bildung!« Wer in der Altenpflege verzweifelt: »Mehr für die Pflege!« Jeder hat seine schreckliche Sorge, jeder seinen Tunnelblick auf eine einzige Infrastruktur. Aber es ist alles marode, nicht nur »das eine«. Da schreien sie alle einzeln, hören aber nicht, dass nicht nur sie schreien, sondern alle!

Man kann nicht mehr simpel zuerst mit der Baustelle A anfangen und das Problem A beseitigen, später dann B, dann wieder C, sondern man steht vor sehr ernsthaften 20 bis 30 Baustellen, die alle berechtigt nach Hilfe schreien. So wird weiter gestritten und gestritten und die Sanierungsbedürftigkeit steigt und steigt.

Jetzt fordern Politiker etlicher Parteien, dass wir uns für Investitionen in die Infrastrukturen doch einmal in Schulden stürzen könnten. Es sind ja wohl Investitionen in die Infrastrukturen! Investitionen, die sich schließlich auszahlen werden Es sind aber keine »Investitionen«, sondern Notsanierungen. Die zahlen sich auch aus, das stimmt. Aber das Hauptproblem ist damit nicht beseitigt: Wir würden anschließend weiter alles überlasten, nur mit dem Unterschied, dass wir dann Schulden hätten. Wir haben ein Problem, das Geld sinnvoll auszugeben.

Ich habe mit Politikern gesprochen, ich habe Ingenieure befragt. Es ist leider so, dass die kleineren und mittleren Unternehmen nicht über viele Jahre lang Fachkräfte auf Vorrat bereithalten können, die gleich in dem Moment eingesetzt werden können, in dem der Wähler und dann auch die Politik endlich Ergebnisse sehen wollen. Es gibt daher nicht genügend Firmen, die in großem Stil Glasfasern verlegen, Autobahnbrücken sanieren oder alle Kanalschleusen und Schiffskanäle erneuern können. Es gibt keine zusätzlichen Lehrer, Pflegekräfte oder Erzieher, die man schnell einsetzen könnte. Wir haben keine Hausärzte auf dem Land und keine guten ... was weiß ich. Ich meine: Selbst wenn man alles Geld der Welt hätte, würde eine Sanierung sehr lange dauern, denn die Infrastrukturen sind so sehr vernachlässigt worden, dass es nun an Fachleuten mangelt, die sie in Schuss bringen könnten.

Die Überlastung hat uns schon einigermaßen ruiniert. Demnächst kommen die Gerichte und ordnen die Sperrung von Autobahnen an, weil die Qualität der Brücken Grenzwerte unterschreitet. Sie beginnen schon mit Fahrverboten in Städten. Gerichte erzwingen den Bau von Kindergärten und allgemein das Einhalten der Gesetze. Ich fürchte, man wird die Gesetze aufweichen: Die Diesel fahren weiter, die Brücken bekommen neue Grenzwerte. Alles zusammen fühlt es sich wie ein Niedergang an. Diesen beschreibe ich im nächsten Kapitel als nach unten gerichtete Akerlof-Spirale.

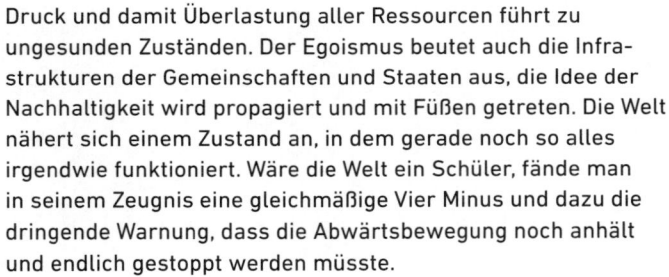

Druck und damit Überlastung aller Ressourcen führt zu ungesunden Zuständen. Der Egoismus beutet auch die Infrastrukturen der Gemeinschaften und Staaten aus, die Idee der Nachhaltigkeit wird propagiert und mit Füßen getreten. Die Welt nähert sich einem Zustand an, in dem gerade noch so alles irgendwie funktioniert. Wäre die Welt ein Schüler, fände man in seinem Zeugnis eine gleichmäßige Vier Minus und dazu die dringende Warnung, dass die Abwärtsbewegung noch anhält und endlich gestoppt werden müsste.

Gegenwehr der Controller und Aufstand der Kunden

Der Dauerdruck, die Überlastung und die Effekte der ständig weiter um sich greifenden McDonaldisierung machen sich natürlich außen bemerkbar. Die Kunden müssen warten, bekommen nicht den versprochenen Service oder sie sind mit der Qualität nicht zufrieden. Sie protestieren nun im Netz durch Vergabe von wenigen Sternen bei Rezensionen, sie schauen genauer hin und ereifern sich über bekannt gewordene Schummeleien. Sie bewirken damit eine immer schärfere Kontrolle. Der Gesetzgeber wird ebenfalls in Gang gesetzt. Vorschriften über Vorschriften engen die Unternehmen ein, damit die Welt nicht wieder unter Kernkraftkatastrophen, Finanzkrisen und »Dieselproblematiken« leiden muss. Die Regulierungen wirken einigermaßen gut gegen Pfusch, Betrug und Täuschungen, beeinträchtigen aber das Geschäft der ehrlichen Unternehmen: Alle Ehrlichen müssen sich genau denselben Vorschriften unterwerfen wie die Sünder und insbesondere die immer grotesker werdende Bürokratie mitmachen.

Der Druck des aufgeklärt-kritisch-gemeinen Kundenkollektivs

Wir Kunden lassen uns nicht mehr alles gefallen. Wir wollen keine Bahnverspätungen und Funklöcher. Wir sind es leid, beim Neuwagenkauf nicht zu wissen, ob der neue Motor nicht doch in ein paar Monaten von Fahrverboten betroffen ist. Wir wollen auf Lebensmittelqualität vertrauen können und nicht immer wieder erfahren, dass wir uns vergiften. Wir wehren uns zunehmend wütend und erlauben uns dabei auch eigene Unfairness. Dadurch verschärfen wir die Lage.

Darf man Bilder von Himbeeren auf Produktpackungen abdrucken, wenn nicht einmal Spuren von Himbeeren im Produkt zu finden sind? Das wurde verboten. Darf man es aber, wenn 10 Prozent Himbeeren drin sind? Bestimmt! Was aber, wenn man nur ein Milligramm Himbeeren pro Kilogramm beimischt? Da kommt es bestimmt zu einem neuen Gerichtstermin.

Wir stöhnen: Diese Trickserei nervt. Müssen wir jetzt jedes Mal all das Kleingedruckte lesen? Müssen wir erst Chemie und Jura studieren, um das Kleingedruckte auch zu verstehen? Wie wehren wir uns gegen all diese grenzwertigen Taktiken der Unternehmen, die unter Stress zu weit gehen?

Wir schauen im Internet nach. Wie viel Sterne hat ein Hotel in Griechenland? Damit meinen wir zunehmend nicht mehr diejenige Anzahl der Sterne, die physisch am Hotel angebracht sind, sondern den Pranger der Kunden, die das Hotel zum Beispiel bei Google Maps bewerten. Bei Amazon kann man sich Bewertungen von allen gängigen Produkten anschauen, es gibt mittlerweile auch Bewertungen von Ärzten und einzelnen Versicherungsagenten. Diese Sterne bestimmen zunehmend unser Leben.

Vor ein paar Monaten wachte ich in einem Berliner Hotel mit einem seltsam weichen Gefühl im Auge auf, sprang aus dem Bett vor den Spiegel und sah erschrocken einen nussgroßen Bluterguss im

Augenlid. Und das passiert mir drei Stunden vor einem Redenauftritt in Berlin! Ich warf Google Maps an: Hausarzt/Internist, fünf Sterne, 500 Meter Umkreis, jetzt geöffnet. Ich fand eine Ärztin, 350 Meter vom Hotel entfernt, rannte hin und wurde absolut super behandelt – schade, diese Ärztin hätte ich gerne für immer. So geht das heute für einen »aufgeklärten Kunden«, den die nicht so sternereichen Unternehmen zunehmend fürchten. Sie jammern, sich selbst noch beruhigend: »Diese Wertungen sind vollkommen subjektiv!«

Ja, das mag sein, aber das ist bei Deutschaufsätzen auch so. Und wenn für ein Produkt mehrere Wertungen mit einigen Details vorliegen, kann man sich meist ein besseres Bild von der angebotenen Qualität machen als vom Kleingedruckten oder von den Produktbeschreibungen des Anbieters. Ich selbst gebe ab und zu Rezensionen ab. Das halte ich für meine Pflicht. Ich profitiere ja auch von der Arbeit des Kundenkollektivs, daher leiste ich meinen Beitrag. Wenn ich seriöse Urteile im Netz abgebe, helfe ich mit, die unseriösen Wertungen zu relativieren. Viele Wertungen sind nämlich ganz offensichtlich »Fakes von Freunden«, die einfach über jeden Klee loben, und andere sind unverschämt negativ, manche auch dumm. »Ich habe mir die bestellte 26-cm-Durchmesser-Pfanne größer vorgestellt. Da musste ich sie zurückschicken.« – »Der Schuh war in meiner Größe nicht mehr vorrätig, da habe ich eine andere Größe bestellt, aber sie passen überhaupt nicht. Jetzt habe ich den Ärger mit dem Zurückschicken am Hals. Ich bin nicht zufrieden.« Es gibt bei Amazon ein Premix eines Bacardi-Erdbeercocktails in einer 1,5-Literflasche. Hinten steht drauf: Die 1,5 Liter Mix auf 5 Liter verdünnen. Darüber beklagen sich Rezensenten. »Wir haben das gleich so gemacht, aber 5 Liter Getränk auf einmal sind einfach zu viel, wir sind doch keine Alkoholiker!« Gibt es vielleicht auch Teilmischungen, hallo? Man muss oft laut lachen. Auf jeden Fall aber sind die Rezensionen eine erstklassige Informationsquelle für den »aufgeklärten« Kunden.

Unternehmen, die schlechte Qualität oder unbedienbare Produkte anbieten, haben natürlich gegenüber den Kommentaren im Netz einen schwierigen Stand. Sie müssen wohl verbesserte Produkte entwickeln und die mangelhaften aus ihrem Angebot streichen.

Dass wir als Kunden die Unternehmen in punkto Qualität in die

Pflicht nehmen, ist ja wohl recht und billig. Aber wir gehen selbst auch oft zu weit, und zwar beim Preis. Wir wollen alles billig, denn Geiz ist geil, wir sind doch nicht blöd, Armani zu ALDI-Preisen, bitte. Wir werden selbst so wie ein gieriger Manager, der die Mitarbeiter erpresst, unter Mindestlohn zu arbeiten. Wir erpressen durch Schnäppchenjagd arbeitende Menschen, die wir quälen, weil wir sie nicht sehen.

Der Elektroladen im Dorf konnte früher noch zum unverbindlichen Richtpreis verkaufen, heute bekommt er ein Smartphone mit dem Amazon-Preis vor die Nase gehalten. Der Amazon-Preis ist für uns das absolute Priming. Jeder Preis, den wir irgendwo anders sehen, wird damit verglichen. Der Elektroladen muss deshalb Federn lassen. Die Verhandlung mit dem Amazon-Preis funktioniert sogar im Media-Markt. Die Verkäufer dort haben schon komplett resigniert. Immer öfter wird über Beratungsklau geklagt. Man lässt sich im Media-Markt überhaupt alle Waschmaschinen zeigen, bekommt gute Tipps vom Fachmann, wählt schließlich das Optimale aus und verlangt es zum Preis von Amazon. Jede Minute Beratung kostet hier vielleicht 1,50 Euro pro Minute, dazu kommen die Kosten der Ausstellungsgeräte, der Ladenmiete etc. Zwanzig Minuten Waschmaschinenberatung kosten dann locker über 50 Euro. Wenn nun viele Leute Beratung stehlen, dann enden vielleicht zwei Drittel der Gespräche mit »oh, danke, wir überlegen jetzt noch einmal daheim, ob wir uns das teure Modell leisten können«. So kostet eine erfolgreiche Beratung, die tatsächlich mit einem Abschluss endet, schon über 150 Euro. Ja, und dann hat der Berater ja auch Leerzeiten am Morgen und gegen Ladenschluss ... Wer Beratung stiehlt, ist gnadenlos unfair. Es gibt noch schlimmere Fälle: Manche Leute lassen sich in verschiedenen Fachgeschäften Innen- oder Kücheneinrichtungen von ausgebildeten Innenarchitekten entwerfen und schön zeichnen. Das kostet wirklich hochqualifizierte längere Arbeitszeit! »Haha, wir haben uns drei Superküchen entwerfen lassen, und dann sind wir mit den Plänen zu IKEA und haben jetzt eine Topküche für wenig Geld!« Damit werden wir als Kollektiv zum Totengräber der kleinen und bald auch großen Fachgeschäfte.

Wenn wir zu sehr Preise vergleichen und nur noch Fünf-Sterne-Produkte bei Amazon mögen, dann hat das auch einen Niedergang der Produktvielfalt zur Folge. Das geht so: Amazon liefert viele

Produkte selbst aus, dazu sehr viele andere über kleine Verkaufsshops von kleinen und mittleren Betrieben, die hier und vielleicht auch parallel bei eBay ihre Waren einstellen. Sie nutzen die Plattformen von Amazon/eBay gegen Entgelt. Amazon sieht nun über die Statistik aller Abverkäufe, welche Produkte in welchen Stückzahlen geordert werden. Amazon kennt die bezahlten Preise und die erzielten Margen. Wenn nun Produkte in größeren Stückzahlen verkauft werden und gute Margen abwerfen, verschickt Amazon diese in eigener Regie per »prime-Versand«. Alle anderen nicht so profitablen Produkte soll jetzt verkaufen, wer will. Es läuft darauf hinaus, dass Amazon die Taktik verfolgen kann, alle lukrativen Produkte selbst zu vertreiben, und alle anderen, die mit schlechten Margen und die selten verlangten Spezialitäten, der restlichen Welt zu überlassen. Amazon verlagert dadurch auch die Lagerhaltungsrisiken. Was unregelmäßig läuft, wird den Ladenhütershops gnädig überlassen. Das verändert den ganzen Handel, der seit Urzeiten viele Produkte anbietet, vom Bestseller bis zum möglichen Ladenhüter. Was bleibt dem Handel, wenn ihm die gut kalkulierbaren Produkte weggenommen werden, weil Amazon dort die besten Preise mit kostenlosem Versand anbietet? Diese zerstörerische Wirkung strahlt auch von uns Kunden aus, weil wir alles billig haben wollen. Wir lassen »die anderen« nicht leben.

Wir sind als Kunden ebenso Mittäter bei dem Niedergang der Banken. Die sollen für uns die Zweigstellen und Geldautomaten vorhalten, auf Kontogebühren verzichten und gute Zinsen bieten. Das können sie nicht leisten. Viele von uns gehen fremd, ohne der Hausbank etwas zu sagen. Sie nehmen Angebote von Internetbanken wahr, doch noch einen Minizins zu zahlen, wenigstens für die ersten paar Monate. Dann schieben sie ihr Geld zu einer anderen neuen Bank. Solche Vorteilssucher sind ihrer Bank nicht mehr treu, sie sind bei etlichen Banken Teilkunde, also ein Nomadenkunde bei mehreren Banken. Wenn wir eine Hypothek brauchen, fragen wir die Preisvergleichsportale und danach viele Banken, die empfohlen werden. Jede berät uns und erarbeitet uns ein Angebot. Das kostet für jede Bank Geld, und nur eine bekommt unseren Zuschlag.

Wir lassen uns vom Apotheker beraten, der vor allem an chronisch Kranken verdient, die viele Jahre mit immer denselben Rezepten kommen. Man kann sich aber doch einige Zeit beraten lassen und dann alles bei DocMorris bestellen? Weiter: Wir trauen den Ärzten nicht mehr, es wird Mode, sich eine Zweit- bis Zehntmeinung einzuholen. Je mehr Leute das tun, umso mehr wird in der Kaffeepause getratscht, wie unterschiedlich Ärzte ein Problem angehen. Diese Erfahrungen wollen dann mehr und mehr Menschen machen und lassen sich öfter beraten als nötig. Wer dann aus zwei Meinungen als Laie die bessere wählen soll, geht in die gewählte Therapie mit schlechtem Gefühl – besser, er holt noch eine Meinung ein und wendet das Gesetz der großen Zahl an?!

Wir sind aber nicht immer nur fordernd schlimm, auch fordernd gut. Wir Kunden retten ja auch die Umwelt. Wir wollen grünen Strom und Papierverpackungen statt Plastik, regen uns über Einweg aller Art auf und werden bald alle vegan, weil das heute gehypte Unternehmen Beyond Meat Pflanzenmasse in flachen Boulettenformen als »Hamburger-Pattys« verkauft, die gebraten einigermaßen nach Steak schmecken.

Zusammengefasst: Wir Kunden machen Druck, in guten Absichten und auch mit finsteren Wirkungen. Wir stellen immer härtere Bedingungen und Anforderungen an Unternehmen, damit wir beste Qualität zu niedrigsten Preisen bekommen, ohne übers Ohr gehauen werden zu können. Wir wollen mit allen Karten bezahlen können, kostenlose Retouren ohne Begründung, Zustellung schon am nächsten Tag, am besten zu einer gewünschten Tageszeit – wir wollen alles!

 Das rigorose und zu gutem Teil ruppig egoistische Verhalten des Kundenkollektivs trägt zum Niedergang der kleinen Unternehmen bei, die unsere Forderungen nicht erfüllen können. Wenn wir schließlich durch unseren Erwartungsdruck alle Kleinen unter die Erde gebracht haben, schimpfen wir anschließend über die Marktmacht der verbliebenen Großen.

Berechtigte Kontrollwut knechtet mit knebelnden Vorschriften

> *Unternehmen, die sich selbst durch zu hohe Erwartungen unter Druck gesetzt haben, geben diesen Druck an ihre Mitarbeiter weiter. Unternehmen, Manager und Mitarbeiter erliegen der Versuchung, den Kunden zu übervorteilen. Über die digitalen Medien verbreiten sich Enthüllungen über Missstände und entfachen Shitstorms. Wir Deutsche wollen, dass nun allem bösen Tun (allem, dem tatsächlichen und dem bei schwarzer Fantasie möglichen) am besten ein gesetzlicher Riegel vorgeschoben wird. Das Regelwerk wird langsam fast bedrohlich dichter, es übt ständig höheren Druck auf die Unternehmen aus. Leider regnen die immer komplizierteren Regeln und Gesetze auch den ethisch sauberen Unternehmen und allen kleinen Firmen und Betrieben aufs Haupt. Dort wird jede neue Vorschrift wie ein Sargnagel empfunden.*

Die von Unethik, unsauberen Geschäften und trüben Praktiken genervten Menschen streben immer mehr an, alles gesetzlich hart zu regeln. Der Gesetzgeber widmet sich mit großer Hingabe neuen Vorschriften und beschert uns neben dem erstrebten Zwang zu transparenter Ehrbarkeit eine immer abstrusere Bürokratie.

Ich kommentiere hier nur ein paar Beispiele. Ich will mit ihnen klarmachen, dass damit eine Art Gewaltspirale wie bei »Polizei und Verbrecher« in Gang gehalten wird.

Wenn Sie heute eine Vermögensberatung in Anspruch nehmen oder eine Versicherung abschließen, müssen Sie nicht nur die Verträge unterschreiben, sondern auch noch andere Papiere, meist viele Seiten, dass Sie gut beraten wurden und dass Sie genau das haben wollten, was man Ihnen verkauft hat. Die Finanzinstitute müssen Ihnen vor dem Vertragsabschluss eine Geeignetheitserklärung übergeben, die im Prinzip eine Verschriftlichung der Anlage- oder Versicherungsempfehlung darstellt. Was genau wie dargestellt werden muss, wird öfter vom Gesetzgeber geändert. Der Hintergrund ist klar: Banken und Versicherungen versuchen ärgerlich oft, Kunden unsinnige Produkte zu verkaufen oder ihnen Risiken aufzubürden, die diese gar nicht verstehen können. Ich selbst habe meine liebe Mühe, die Bedingungen so genannter Zertifikate zu verstehen, die gerade als blühendes Geschäft an Privatkunden vertrieben werden. Wahrscheinlich steht in der Geeignetheitserklärung, dass der Kunde einen Investmentfonds erwerben wollte und gleich einverstanden war, in einen Fonds des Hauses zu investieren, der leicht zu verstehen wäre und mit einem Ausgabeaufschlag verkauft würde.»Der Kunde hat verstanden und gutgeheißen, was man ihm gesagt und geraten hat.« Ich hatte schon erwähnt, dass man Fonds ohne Ausgabeaufschlag an der Börse kaufen kann. Die Bank muss offenbar nicht darlegen, was sie nicht gesagt hat. Wie wäre:»Wir haben den Kunden im Gespräch darauf hingewiesen, dass er die Wahl hat, fünf Prozent Ausgabeaufschlag auf die angelegten 100.000 Euro zu bezahlen, also 5.000 Euro, oder die Papiere über die Börse zu kaufen, wobei nur die Kaufprovision von einem Viertelprozent, also 250 Euro anfällt. Wenn die Papiere von der Bank gekauft werden, kommen sie in ein Sonderdepot der Fondsgesellschaft und lösen dort weitere Kosten aus. Bei einem Börsenkauf wandern sie ins normale Depot. Der Kunde wurde darauf hingewiesen, dass die erste Lösung für die Bank viel besser ist. Das leuchtete ihm ein, und er unterschrieb im Vollbesitz seiner geistigen Kräfte.« Zusammengefasst: Die Bank ist nur verpflichtet, eine geeignete Lösung zu bieten, nicht die geeignetste. Daher ist der ganze Bürokratieaufwand im geschilderten Beispiel sinnlos.

Ich habe gerade jemanden beraten, der eine Hypothek aufnehmen wollte. Seine Hausbank verlangte einen gewissen Zinssatz und bot auch eine Versicherung an, damit der Kunde sicher sei, die Raten zahlen zu können. Seltsam, oder? Wenn die Bank kein Risiko mehr hat, dass die Raten nicht gezahlt werden, müsste sie doch mit dem Zins runtergehen? Das ist sicher nicht Gegenstand der Geeignetheitserklärung. Ich würde doch auch hier verlangen, dass der Berater unterschreibt, dass seines Wissens keine besseren Alternativen bestehen?! Ich habe mich für meinen Bekannten im Internet kundig gemacht und ein Angebot von einer anderen großen Bank gefunden, bei dem er dramatisch weniger Zinsen zahlen muss (ich finde das Resultat meiner »Beratung« etwas erschreckend). Am Ende der Laufzeit hat mein Bekannter nun bei gleicher Abzahlungsrate nicht noch 25 Prozent Restschuld, sondern nur 10 Prozent.

Sie sehen: Der Gesetzgeber kämpft gegen den Missbrauch bei der Beratung, bei der ein Berater mehr als der Kunde weiß und dieses Wissen unethisch für sich ausnutzt. Es gibt immer mehr Vorschriften, die zu ätzender Bürokratie führen, um das zu unterbinden. Es hagelt ständig neue Berichtspflichten, die dann wieder wie in meinen Beispielen umgangen werden. Wenn ein Berater eine Geeignetheitserklärung abgeben muss, kostet es die Berater ja wieder mindestens einen Euro pro Minute – dass ist teuer! Das macht Druck auf die Berater, und wir wollen als Kunden die Zeche absolut nicht bezahlen. Wahrscheinlich wird die Geeignetheitserklärung auch nur per Software als Textbaustein ausgedruckt und fertig. Man hat einen Vordruck für die Kundenklassen A, B, C, D (guter bis schlechter Kunde) – das reicht. Damit sind die Gesetze wieder schon fast ausgehöhlt.

Diese Vorschriften gegen unlautere Beratung treffen natürlich alle Berater, auch wenn sie absolut ehrlich sind. Angenommen, Sie sind der ehrbarste Kaufmann weit und breit und haben eine Agentur für die Vermittlung und Beratung von Finanzdienstleistungen. Dann dürfen Sie alle paar Jahre/Monate neue Vorschriften erfüllen, die man sich in Deutschland oder in der EU ausdenken muss, weil einige Banken neue Tricks versucht haben. Die Kosten dieser Bürokratie steigen in den Himmel, die Empörung der Ehrlichen verhallt.

Ich hielt im letzten Jahr einige Vorträge über Innovationen im Finanzwesen. Ich fragte vorab: »Welche Innovationen stehen denn für Sie im Raum?« – Sie lachten etwas resigniert-höhnisch: »Innovationen, haha. Dazu haben wir keine Zeit. Wir setzen die neuen Bestimmungen nach MiFID II um, was alle unsere Kräfte erfordert. Egal, diesmal ist es eben MiFID II, danach wieder etwas Neues. Meinetwegen dann Basel IV, wir arbeiten ständig an der Integration neuer Bestimmungen. Sie glauben nicht, was jedes Jahr an neuen Regulierungen kommt.« Die Regierungen versuchen, neue Finanzkrisen zu verhindern, indem sie ständig genauer regulieren. Das führt zu immerwährenden Baustellen in den Finanzinstituten, die aber wieder neue Schlupflöcher finden, um große Risiken irgendwohin auszulagern, wo noch nicht reguliert wird. Ich erwähnte schon die alle Gesetze umgehende Praxis, das Bestechen für Großaufträge zu umgehen. Ebenso kann man ja auch die Risiken irgendwohin schieben, zum Beispiel in »Bad Banks«. Es ist wie ein Katz-und-Maus-Spiel, wie Räuber und Gendarm. Aber wir ehrlichen Menschen leiden unter immer mehr »Dokumentation« und »Überwachung« und »Mitschneiden von Telefonaten«.

Wenn Sie fliegen wollen, dürfen Sie schon seit Jahren keine Flüssigkeiten mehr mit ins Flugzeug nehmen. Daraus wird ein Drama gemacht. Wir brauchen Plastikbeutel und erzeugen eine ganze Premiumpreisgetränke-Industrie hinter dem Filzen unseres Handgepäcks. Ich habe darüber mit einem sehr hochrangigen Politiker gesprochen. Es sagte, es sei erwiesen, dass es damals gar nicht funktionieren konnte, ein Flugzeug mit Flüssigkeit zu sprengen. Man könnte diese Sicherheitsregel auch wieder aufheben. Und warum tut man es nicht? »Dann haben die Leute doch wieder Angst und wählen den nicht, der die Vorschrift zurücknimmt. Die Leute haben sich so sehr daran gewöhnt.«

Gerade kam eine neue Vorschrift herein: Die EU beschloss, dass alle Arbeitszeiten aller Arbeitnehmer dokumentiert werden sollen. Hintergrund aus meiner Sicht: Bis etwa 1995 haben alle Unternehmen meist mit Stechuhren die Arbeitszeiten fast übertrieben penibel kontrolliert, weil sie befürchteten, dass die X-Arbeitnehmer jede Chance wahrnehmen würden, sich einen lauen Lenz zu machen. Es gab lauter Regeln, wann man sich einstechen sollte und wann man ausstechen konnte. Darf man in der Arbeitszeit zum Arzt? Bei einem Behördengang? Etc. These der X-Manager: Vertrauen ist gut, Kontrollen sind besser, harte Kontrollen noch besser.

Irgendwann in den 90ern gingen Firmen zu Gleitzeit über und verzichteten teilweise auf die Erfassung der Zeiten. Man gab den Mitarbeitern stattdessen die hier schon so oft erwähnten »ambitionierte Ziele« und forderte Ergebnisse. Der Gedanke dabei: Die auferlegte Arbeitslast sollte reichen, die Mitarbeiter am Arbeitsplatz zu halten. Das stellte sich als mehr als richtig heraus. Die Mitarbeiter hängten ihren Blick nicht mehr an die Uhr bei Feierabend, sondern sie schauten auf ihre eigenen Zahlen zur Zielerreichung. Sie blieben länger im Betrieb und leisteten treu und brav freiwillige Überstunden. In der Stechuhrära hätten sie gesagt, sie hätten es eben bis 17 Uhr nicht schaffen können. Heute bleiben sie da und bringen es zu Ende. Kurz überlegt: Es bedeutet im Klartext, dass die Mitarbeiter im Endeffekt eine implizite Lohnsenkung hingenommen haben. Früher gingen sie nach 35 Stunden heim, heute verbringen sie vielfach 45+ Stunden bei der Arbeit. Man arbeitet also »freiwillig« (natürlich unter Druck) um etwa ein Drittel mehr zum gleichen Lohn, Manager und viele Leistungsträger kommen bei 50+ Stunden auf einen Freiwilligenaufschlag von etwa 50 Prozent. Der Arbeitgeber zählt einfach nicht mehr mit!

Zynische Abschweifung: Die Minderleister gehen nach 35 oder 37 Stunden heim, die richtig guten Mitarbeiter wollen alles noch am gleichen Tag schaffen. Ich war ja mal Manager: Die Gehälter der Topperformer sind nicht so irre viel höher als die der Durchschnittlichen oder Unterdurchschnittlichen. Sie können leicht nachrechnen, dass die Superleute einen niedrigeren Stundenlohn bekommen als die Daumendreher. Nehmen Sie die Beamtenbesoldung und rechnen Sie: der eine Studienrat ist nie befördert worden (geht das?), weil er außerhalb der Feriensaison nicht viel leistet, der Superlehrer ist natürlich schon lange Oberstudienrat und verdient mehr. Aber eben nicht viel mehr. Sein faktisch durchschnittlicher Stundenlohn ist niedriger.

Die Unternehmen haben sehr schnell erkannt, dass die Leistungsträger nun für einen elenden Stundenlohn arbeiteten und führten nun immer mehr »Vertrauensarbeitszeit« bei gleichzeitigem Druck auf die Ergebnisse ein. »Wir zahlen einen guten formalen Stundenlohn, aber die Arbeit muss natürlich vollständig erledigt werden, auch wenn's mal viel Last zum Quartalsende gibt. Da müssen wir an die Verantwortung eines jeden Einzelnen appellieren können, der einer von uns sein will.«

Heute ist in dieser Hinsicht das Pendel zu weit ausgeschlagen. Früher musste man die einzelnen Arbeitnehmer prüfen, ob sie sich an die Arbeitszeitregeln halten, heute ziehen die Regeln der EU den Unternehmen die Ohren lang, die ihre Arbeitnehmer übermäßig ausnutzen. Die Arbeitszeitgesetze werden tatsächlich regelrecht mit Füßen getreten. Unternehmensberater arbeiten gegen einen Tagessatz formal acht Stunden am Tag für den Kunden, bleiben aber meist doch lieber noch eine Stunde länger da, damit der Kunde zufrieden ist. Dann haben sie oft lange Anreisewege und müssen ja noch zusätzlich einiges an Arbeit für die eigene Firma erledigen, also an Meetings per Telefon teilnehmen, sich um neue Aufträge bemühen, sich auf diese vorbereiten, alle ihre solchen Arbeitszeiten akribisch dokumentieren, die dem Kunden in Rechnung gestellt werden können (nicht die faktischen und nicht alle wirklich geleisteten) usw. etc. Alle Zug- und Flugverspätungen bleiben auch an ihnen hängen. Alle wissen, dass es das Gesetz mit aller Härte verbietet, an einem Tag mehr als 10 Stunden zu arbeiten. Diese Vorschriften sind klar, aber sie werden wie bei der 996-Bewegung in China in Teilen der Wirtschaft völlig ignoriert. Jetzt kommt also die EU-Verordnung und führt eine neue Runde Bürokratie ein. Wieder kämpft die eine Seite gegen die andere. Wieder müssen auch ehrbare Unternehmen den ganzen Prüfzirkus mitmachen und für die EU alles dokumentieren, sie fangen sich als Ehrliche wieder neue Zusatzarbeit ein, die für sie absolut sinnlos ist und die fast nur unter ständigem Fluchen abgeleistet werden kann. Wie geht das aus? Ich tippe einmal, dass am Ende jeder Woche alle Mitarbeiter unterschreiben müssen, dass sie sich an die Vorschriften gehalten haben. Die Ziele bleiben ja so ambitioniert, deshalb ändert sich eigentlich nichts, aber es gibt noch dazu die Mehrarbeit, die Lügen sauber zu dokumentieren. »Ich habe jeden Tag nur acht Stunden gearbeitet.« Diese Schummelei wird man in der EU bald merken und viel aufwändigere Regeln einführen.

Es geschieht in der Sache nichts, außer dass die Mehrarbeit steigt. Wenn es aber nicht in der Sache besser wird, werden noch mehr Regeln erfunden. Und?

[Der Staat regelt alles akribisch bürokratisch und nimmt an, dass sich alle an die Regeln halten. Das tun sie nicht, wenn der Staat nicht auch zusätzlich hart prüft. Er prüft aber nur, dass die Akten sauber sind. Die Realität interessiert die Bürokratie nicht.]

Ich schreibe meine Bücher meist daheim in tiefer Ruhe. Zweimal am Tag werde ich von einer fremd ausschauenden Nummer angerufen. Ich muss ja ans Telefon gehen, weil ich oft wegen eines Redenengagements kontaktiert werde – auch aus dem Ausland. Es sind meist unerlaubte Werbeanrufe, Meinungsanfragen, oft auch Betrüger mit einer Vorwahl aus Kenia. Das alles ist per Gesetz verboten, aber die Anrufe bleiben. Wir werden gerade per DSGVO (»Datenschutzgrundverordnung«) mit irrwitzigen Sicherheitsvorschriften eingedeckt, die jeden ehrlichen Webshop-Betreiber zur Verzweiflung treiben. Juckt das Facebook? Verändert sich die Welt zum Besseren? Ich bekomme immer noch wahnsinnig viele Newsletter, die ich nie bestellt habe. Wer stoppt das? Wir haben wieder viele Vorschriften, immer mehr, aber sie werden umgangen.

Noch eine Verordnung: Es gibt viele Betriebe, besonders im Transportbereich und im Baugewerbe, die sich mit Lohndumping und Schwarzarbeit strafbar machen. Sie führen keine Sozialbeiträge ab, wenn sie Mitarbeiter ins Ausland entsenden. Das soll unterbunden werden. Nun muss jeder Mensch, der im Ausland arbeitet (EU oder Schweiz etc.), eine Bescheinigung A1 vorweisen können. Damit die Betrüger keinerlei Ausrede haben, muss für jeden Auslandsaufenthalt eine eigene Bescheinigung vorliegen, wenn dort gearbeitet wird. Fährt also ein Mitarbeiter zu einer Messe über die Grenze, muss eine Bescheinigung vorliegen. Besucht ein Gastwissenschaftler eine andere Uni im Ausland, muss das angemeldet werden – für jeden Tag einzeln, für jedes Land einzeln. Wenn man zum Beispiel von Deutschland nach Italien fährt, um dort eine Konferenz zu besuchen, muss es für Italien gemeldet werden. Wenn aber ein LKW-Fahrer von Deutschland nach Italien fährt, arbeitet er ja in Österreich auch, weil das Fahren sein Business ist. Er muss also für jedes Land gemeldet werden, das er durchquert. Wer nur kurz mit seinem Dienstauto über die Grenze fährt, um dort billiger zu tanken, tut das im Rahmen seiner Arbeit – er muss gemeldet werden. Hyperbürokratie für lauter Ehrliche!

Es ist nun vollkommen okay, wenn LKW-Fahrer bei der Zollabfertigung auch noch dieses A1-Papier bei sich haben, das sehe ich auch bei Bauarbeitern und Spargelstechern so. Aber alle die Tagungen, die Ein-Tages-Beratungen? Für jeden Tag und jedes Land eine neue Genehmigung?

Ich habe herumgefragt: Es wird ignoriert. Es wird aber gewarnt, die Polizei stehe manchmal vor den Konferenzeingängen oder prüfe

Ausländer, die im Hotel nach eigenen Angaben geschäftlich reisen. Dadurch wird ein Bürokratiemonster geschaffen, das nur für Teile der überprüften Fälle irgendeinen Sinn hat.

Fazit aus diesen wenigen Beispielen: Wegen irgendwelcher Missstände durch einige Serienbetrüger werden Vorschriften ersonnen, die überhaupt alle anderen Menschen und Unternehmen in eine komplizierte Dokumentationsbürokratie verwickeln, die überall ärgerliche Zusatzarbeit kostet (denken Sie immer an 1 Euro pro Minute). Die Missstände werden aber nur in Schwerpunkten überprüft und sonst schweigend toleriert. Die Drohgebärden einer Vollprüfung aber veranlassen dann doch viele, sinnlos zu arbeiten, ohne je überprüft zu werden. Ist es nicht schrecklich, nach Vorschriften leben zu müssen, die doch keinen interessieren? Wozu haben wir Arbeitszeitgesetze, wenn die bei den Beratern und den IT-Nerds fast generell missachtet werden? Wozu ... Sie wissen, was ich meine. Wir sind von so vielen Vorschriften umzingelt, dass wir sie oft gar nicht einmal kennen. Oft haben wir nie davon gehört. Wenn man uns »erwischt«, droht man uns eine Behandlung als Verbrecher an. Wer als »illegaler Messebesucher« ohne A1 ertappt wird, bekommt seine Strafe. Es ist von mehreren tausend Euro die Rede.

Die Kontrollwut des Staates und der internen Unternehmenspolizei ist vollauf begründet. Aber da sie eigentlich nur mehr grimmige Drohungen ausstößt und nicht konsequent ihre gesetzten Vorschriften umsetzt, werden alle Übeltäter wieder Lücken suchen, die überall klaffen. Die Ehrlichen aber werden so ehrlich sein, alle Vorschriftenlasten trotzdem zu beachten, aber Sie sehen: Auch hier ist der Ehrliche der Dumme.

Je mehr Vorschriften entstehen, umso schwieriger ist es, normal nach gesundem Menschenverstand zu entscheiden. Ich sitze gerade im Zug. Ich wollte von Mannheim nach Freiburg fahren, aber wir mussten alle in Karlsruhe aussteigen, weil die WC-Spülungen des ICEs ausgefallen waren. »Alle raus, das ist Vorschrift!« Tausend Leute stranden, egal, es könnte ja einer dringend aufs Klo müssen. Einen Noteimer gibt es nicht. Man könnte all jene Leute auszusteigen bitten, die es nötig haben, aber doch nicht alle. Aber es gibt eine Vorschrift. Diese Regeln erzürnen uns bis zur Weißglut. Niemand darf noch etwas entscheiden, alles wird nach einem Algorithmus abgearbeitet. Der Zugführer ist keine Führungspersönlichkeit mehr, sondern eine regelgesteuerte Marionette.

Diese Entwicklung zu immer mehr Regulierung trübt unsere Zukunft ein. Innovatoren können oft gar nichts wirklich Neues mehr in die Welt setzen, weil das Neue leicht an den unendlichen Vorschriften zerschellen kann. Internetbanken sind eben auch Banken, und Uber muss sich mit den gesetzlichen Regeln herumstreiten (ich will hier nicht Uber in Schutz nehmen, nur die Problematik an Beispielen aufzeigen, die Sie kennen.) Alles wird langsam so schrecklich in Schemata gepresst, dass wir uns kaum noch bewegen können.

Und noch mein Schlussstrich unter alle diese Kontrollwut: Der Missbrauch geht vom X-Management aus, das den Druck solange erhöht, bis reales Gefängnis droht. Im Fall der Arbeitsschutzgrenze von 10 Stunden pro Tag droht ja Gefängnis, aber nicht real. Man versucht, den Missbrauch durch zeitfressende Bürokratie einzudämmen … Der Urheber ist das Management. Die Regeln machen auch wieder X-Controller. Ethik? Haha. Gewerkschaften? Kümmern sich nicht. Betriebsräte? Kuschen unter Drohungen der Verlagerung. Mitarbeiter? Werden von der Arbeit gefressen.

Das X-Management frisst seine Mitarbeiter.

 Unsere Gesellschaft reagiert auf Schummelei mit im Kleinen unausgegorenen und drohend rigiden Abwehrvorschriften, deren Einhaltung nie wirklich durchgesetzt wird. Die Schummler können etwas cleverer als vorher weitermachen, alle Ehrlichen müssen nun die Regeln nicht nur einhalten (was sie normal immer tun), sondern ihr Bravsein sorgfältig dokumentieren. Sinnloseste Arbeit nimmt überhand, die Ehrlichen können sie kaum noch tragen. Das Pressen in Normen und Regeln verhindert zuverlässig Innovationen, die eben bei jeder Neuerung auf nicht erlaubtem Terrain anfangen müssen und dann nicht können. Es fühlt sich an, als wenn es mit uns abwärts geht.

Die Akerlof-Todesspirale – Gegenwehr und Gegengegenwehr

Es geht abwärts. Es gibt eine berühmte Nobelpreisarbeit, die den Sachverhalt erklärt, warum eine Eskalation von Schummelei und Gegenwehr immer schärfer wird und im Endeffekt die Ehrlichen ganz aus dem Geschehen wirft. Ich mache Sie mit diesen Argumenten vertraut. Alles ist bisher so gelaufen, wie man es damals voraussagte, aber dieser Wirkzusammenhang wird ignoriert. Es geht also noch viel weiter abwärts.

Schummeleien, Gegenwehr durch Vorschriften, trickreichere Schummeleien, Skandal, schärfere Vorschriften – das ist eine Art Todesspirale.

Ich will dieses Phänomen kurz am berühmten Beispiel des Gebrauchtwagenmarktes vorstellen, den der Forscher Akerlof beobachtete, und danach zeigen, wie allgemein dieser Wirkmechanismus auf den gesamten Markt Einfluss nimmt.

Im Jahre 1970 publizierte George A. Akerlof den Artikel *The Market for ›Lemons‹: Quality Uncertainty and the Market Mechanism*. (Der Markt der Zitronen – Marktmechanismen bei unsicherer Qualität.) Dieser setzte eine große Welle von Forschung in Gang. Im Jahre 2001 wurde den drei Wissenschaftlern Akerlof, A. Michael Spence und Joseph E. Stiglitz der Nobelpreis für Wirtschaft verliehen (»The Bank of Sweden Prize in Economic Sciences in Memory of Alfred Nobel«). Der Preis wurde ihnen je zu einem Drittel »for their analyses of markets with asymmetric information« (für die Analyse von Märkten mit asymmetrischer Information) vergeben.

Es geht in diesen Arbeiten um das Marktverhalten bei »asymmetrischer Informationslage«. Asymmetrisch heißt: Miteinander Geschäfte machende Parteien haben verschiedene Informationen. Wenn ich einen Diesel-PKW kaufe, weiß ich nicht, welche Software das Auto steuert. Ich muss glauben, dass die im Prospekt zugesicherten Eigenschaften wirklich geliefert werden. Wenn der Bankberater sagt, das sei das Beste für mich, sollte ich darauf vertrauen können, dass damit das überhaupt Beste gemeint ist – und nicht nur das Beste, was sich mit den Produkten der Bank darstellen lässt, und schon gar nicht, was dem Berater am meisten Provision bringt.

Ich muss also vertrauen und daher auch vertrauen können, dass ich nicht übers Ohr gehauen werde. Wenn der Berater oder Verkäufer mehr wissen als ich, darf sich in mir kein Argwohn regen. Es gibt viele solche Situationen im Leben, in denen Argwohn dringend angebracht ist

- Jemand bietet an der Haustür an, unsere Juwelen zum besten »Tagespreis« in bar abzukaufen.
- Teppichhändler bieten uns die letzten Teppiche zu einem großen Rabatt an, weil es so gute Teppiche bald nicht mehr gibt.
- Gebrauchtwagenhändler handeln uns schwindlig – nach unten, wenn wir verkaufen wollen und eine kleine Beule den zehn Jahre alten PKW eigentlich wertlos macht, und nach oben, wenn das Auto eigentlich noch neu ist, obwohl der Motor fehlt.

Früher ging es auf dem Pferdemarkt hoch her, wir kennen von dort und damals das Wort Rosstäuscher. Man log das Alter der Pferde hinunter (»den Tacho«) und verschwieg Krankheiten. Damals konnten Kundige Pferden »auf den Zahn fühlen« und ihr Alter einigermaßen zutreffend bestimmen. Ich erinnere mich noch aus meiner Jugend, als man besprach, Schweinen vor dem Verkauf Salz zu fressen zu geben, um sie extrem durstig zu machen. Kurz vor dem Wiegen ließ man sie sich nach Herzenslust vollsaufen.

Akerlof studierte den Gebrauchtwagenmarkt, »The Market of Lemons«. Im Amerikanischen hat Lemon drei Bedeutungen: Zitrone, Niete beim Gewinnspiel und Gebrauchtwagen. Damit ist schon viel ausgesagt, nicht wahr?

Der Anbieter kennt den Zustand des Gebrauchtwagens gut bis sehr genau, der Käufer eben nicht. Das macht den Käufer unsicher. Er hat Angst, eine »Zitrone« zu erwischen. Nehmen wir an, auf einem Markt gibt es zur Hälfte richtig solide, gute Autos und zur anderen Hälfte Autos, die nur zur Brautschau aufgeputzt sind und das Geld bei weitem nicht wert sind, für das sie angeboten werden. Im Fenster sehen wir

Mondpreise. Manche handeln gnadenlos lange, andere flüchten sich zu Verkäufern, denen sie glauben vertrauen zu können. Alles wie immer, ein moderner Pferdemarkt.

Stellen Sie sich nun vor, dass ein größerer Betrug bekannt wird. Ein armer Käufer sitzt auf einem gehörigen Schaden. Da zuckt der ganze Markt zusammen. Die Käufer werden nun generell misstrauisch (wie hier und heute Dieselfahrer) und sind nicht mehr bereit, für Gebrauchtwagen so viel zu bezahlen wie vorher. Die Preise fallen, das Verhandeln dauert länger, man verlangt Garantien. Dieser Marktschock hat eine Auswirkung auf den gesamten Markt, also auch auf die vollkommen vertrauenswürdigen Anbieter, bei denen die verunsicherten Käufer nun ebenfalls auf Rabatte dringen und lange darum verhandeln. Das verursacht bei den ehrlichen Anbietern Vertriebs- und Rabattkosten. Sie reagieren damit, dass sie es vermeiden, auf solchen Gebrauchtwagenmärkten anzubieten, auf denen es zum Vertrauensverlust kam. Diese Märkte schwinden. Das merken die Käufer in der nächsten Spiraldrehung der Entwicklung auch. Das Misstrauen nimmt weiter zu. Die Käufer fordern nun noch höhere Rabatte und feilschen noch erbitterter. Da machen immer mehr Anbieter von Autos Abstriche an der Qualität. Sie hübschen nicht mehr so sorgfältig auf und lassen den halb gerissenen Keilriemen drin, wie er ist. Nur so kommen sie noch auf einen Gewinn. Das registrieren die Käufer und wollen alles noch billiger. Es geht weiter und weiter. Immer mehr der ehrlichen Anbieter müssen aufgeben, weil die Käufer den wachsenden Preisabstand von »normalem Ramsch« und guter Qualität nicht würdigen können und ihn nicht bezahlen wollen. Runde um Runde geht es so weiter.

Der Markt sinkt mit der Zeit zu einem Basar zusammen. Diese Entwicklung hat Akerlof zuerst vor knapp fünfzig Jahren im Gebrauchtwagenmarkt aufzeigen können. Die Haupterkenntnis ist: In einem Markt, in dem sich die Anbieter verschieden gut in der Produktqualität »auskennen« und ihr Mehrwissen unethisch ausnutzen, werden die guten Angebote aus dem Markt gedrängt. Zwar will jeder die guten Angebote haben, zwar sucht jeder am Markt nach guten Angeboten – aber wegen des Misstrauens gegenüber der tatsächlichen Güte des Angebotes ist niemand bereit, den vollen Preis zu zahlen, wie er ohne Misstrauen gerechtfertigt wäre. Deshalb ziehen sich die guten Angebote vom Markt zurück, weil sie mit Verlusten rechnen. Die schlechten »Zitronen« bleiben natürlich da, weil sie immer noch gute Gewinne abwerfen.

Diese Todesspirale dreht sich bei uns seit vielen Jahren. Wir alle sind auf Grund von Lebensmittelskandalen, unlauteren Werbeversprechen und Übervorteilung vorsichtiger geworden. Warum sollen wir das Doppelte für ein Markenprodukt ausgeben, wenn es beim Discounter offensichtlich das Gleiche vom selben Hersteller gibt? Warum kostet das Telefonieren so unterschiedlich viel, warum ist der Strom bei den regionalen Anbietern oft viel teurer? Ist der doppelte Preis von »Bio« gerechtfertigt oder doch nur eine schamlose Abzocke? Warum experimentieren die Hersteller von Topdesign-Fashion mit Chips in der Kleidung, damit man ganz leicht elektronisch deren Echtheit erkennen kann – geht das denn ohne Chip nicht? Ist das so, dass es sonst keine Unterschiede gibt? Wir sind misstrauisch, weil wir nicht genug Wissen haben, aber schon genug von Betrug erfahren haben. Die ehrlichen Biobauern siechen dahin, weil sie dem Misstrauen zum Opfer fallen.

Wir schauen genauer hin, wir informieren uns im Internet. Wir ahnen Böses, wenn uns etwas für null Euro angeboten wird, wenn da ein Sternchen auf das Kleingedruckte verweist. Es gibt offenbar immer noch genug Unbedarfte, die auf so etwas hereinfallen. Das dreht die Spirale noch weiter.

Die Wirtschaft spricht von adverser Selektion. Wenn am Markt Unklarheit über die Qualität oder Preiswürdigkeit herrscht, neigen wir zum Billigeren. Das führt zum Niedergang wahrer gediegener Qualität. Sie hören daher seit Jahren das Jammern der Unternehmen: »Qualität wird nicht mehr bezahlt. Der Kunde ist nicht bereit, für Beratung zu bezahlen.« Warum nicht? Er glaubt nicht an den Wert der Beratung. Er wird doch wohl nur beschwatzt, okay, davor muss er sich hüten! Aber das Aufdrücken von Hausprodukten noch als Premiumservice bezahlen? Das ist für viele eine aberwitzig kühne Vorstellung geworden.

Die klassische Wirtschaftstheorie lehrt uns, dass Wettbewerb das Geschäft belebt und ein natürlicher Darwinismus zu immer besseren Produkten führt. Diese Theorien setzen aber allesamt voraus, dass alle Akteure in einem Markt mit vollkommener Information agieren –

kurz: jeder weiß alles, jeder gleich viel. Das ist in der Praxis nicht der Fall und von den Anbietern absolut nicht erwünscht. Wir leben und agieren in Märkten mit asymmetrischer Information – meist weiß einer mehr als der andere. An den Börsen bedeutet Mehrwissen oder eine Insiderinfo ein schnelles Vermögen! Dort versucht man, durch beliebig viel Regulierung zu erreichen, dass jeder die gleiche Information über die Aktienkurse hat. Im normalen Geschäft des Alltags haben wir diesen Zustand absolut nicht (an der Börse eigentlich auch nicht, aber theoretisch). In Märkten mit asymmetrischer Information und folglich adverser Selektion verdrängen »Aufschwatzprodukte« die eigentlich gewünschte gediegene Qualität.

Wir gehen unter. Wir haben alle in der Schule gelernt, dass Wettbewerb für die Welt gut ist, dass der freie Markt alles regelt und uns Wohlstand bringt. Wir haben die Voraussetzung dafür vergessen: Jeder weiß gleich viel. Diese Voraussetzung ist nicht gegeben. Manche wissen mehr und nutzen dieses Wissen zu ihren Gunsten aus. Deshalb leben wir in der Welt der »Lemons«, der Fakes, des Billigen. Die Theorien von Akerlof kommen im Studium der Volkswirtschaftslehre schon länger vor, aber normale Manager tangiert das nicht. Tja, im Grunde müsste ich jetzt in diesem Buch zwischen zwei Leerseiten ganz fettgedruckt warnen, dass unser normales kollektives Grundverständnis von Marktwirtschaft nicht mehr gilt. In früheren Zeiten war man so anständig, das Mehrwissen gegenüber dem Kunden und Mitarbeiter nicht auszunutzen. Man setzte auf Ehrbarkeit und Vertrauen. Diesen Weg hat man verlassen, und natürlich muss ich am Ende des Buches predigen, ihn wieder zu betreten. Sie werden genauso natürlich nicken, aber wir müssen uns ernsthaft Gedanken machen, wie wir das schaffen.

[Die klassische Wirtschaftstheorie ist in Systemen mit asymmetrischer Information, die missbräuchlich ausgenutzt wird, falsch. Dort ruiniert der Wettbewerb die Wirtschaft und senkt den Wohlstand.]

Wir sind doch selbst betroffen! Das Management setzt die Spirale auch bei uns als Menschen in Gang. Man spart am Mitarbeiter, an seiner Ausbildung und nimmt ihm sein Privatleben. Warum sollen Unternehmen noch teure Leute mit Doktor und Diplom/Master einstellen? Ein Bachelor tut es doch auch! Die Absolventen der dualen Hochschulen lassen sich für noch weniger Geld einstellen. Warum dann nicht auch junge Leute nehmen, die nur ganz gut programmieren können? Warum sourcen wir nicht gleich alles nach Indien aus? Geht es nicht auch mit Leiharbeitern und Zeitarbeitskräften? Mit Dumpinglöhnen ohne A1-Bescheinigung? Nicht nur die Pferde und Gebrauchtwagen gehen in die Abwärtsspirale, auch wir.

Alles so billig, wie es geht. Unser Kunde darf es bloß nicht merken. Er muss uns wenigstens noch drei Sterne bei Amazon vergeben. Die Akerlof-Spirale frisst uns.

[
Das Business ist eine heikle Gratwanderung geworden – zwischen dem Gewinnstreben, einer »Gerade-noch-glaubhaften-Qualität« für den Kunden und dem Einhalten immer schärferer Kontrollen und Reglementierungen. Insgesamt gelingt die Gratwanderung nicht. Es geht bergab.
]

Wir haben kollektiv gesehen ein falsches Verständnis von sozialer Marktwirtschaft, die auf dem Fundament des gegenseitigen Vertrauens der Marktteilnehmer ruht. Die Gier, die Eile und die McDonaldisierung haben dieses Fundament zerstört. Wir sind in die Todesspirale nach Akerlof eingetreten. Alles wird unsinniger und härter, der Wohlstand schwindet trotz zehrender unbezahlter Mehrarbeit. Ehrliches gutes altes Business zahlt sich immer weniger aus und wird aus dem Markt gedrängt.

Der Clash von Prozessen zum Antreiben und Kontrollieren

> *In der aktuellen Situation in der Akerlof-Spirale muss das Management, wie es selbst so bildhaft formuliert, »zu viele Bälle in der Luft halten«, also mit zu vielen Zielen jonglieren. Das Gewinnstreben über grenzwertige Effizienz kollidiert mit den Regulierungen und Kontrollen sowie den »aufgeklärten Kunden«, die über die Informations- und Kommunikationsmöglichkeiten im Netz immer mehr Macht gewinnen. Es wird immer schwieriger, Unternehmer zu sein.*

Am besten verstehen wir es beim Sport: Man muss gewinnen, darf aber nicht beim Doping erwischt werden. Daher balancieren die Sportler auf der Grenze. Sie ernähren sich von Dingen, die dem Doping ähnlich sein könnten, aber nicht verboten sind. Sie dopen eventuell vor und in Wettkampfpausen, während derer sie nicht kontrolliert werden. Sie könnten es gegen Ende ihrer Karriere »darauf ankommen lassen«. Ohne Doping gäbe es keine Kontrollen, aber die Härte des Wettbewerbs um die Medaillen erzwingt den Bruch des Vertrauens der Zuschauer in den Sport.

In den Unternehmen schmerzen die Kontrollen in ähnlicher Weise, die es aber nur gibt, weil die Firmen nicht mehr ehrlich agieren. Beispiele habe ich schon gegeben, viele kennen Sie sowieso: Die Abgaswerte, die gesundheitsschädlichen Inhaltsstoffe in Lebensmitteln, die Tierquälerei von selbst so genannten Fleischproduzenten, die früher einmal Viehzüchter hießen. Bauer sprühen Glyphosat, solange es erlaubt ist. Banken und Versicherungen sind wegen der Profite viel zu hohe Risiken eingegangen und werden von uns aus der Finanzkrise gerettet, nun werden sie zum Risikomanagement gezwungen. Lieferanten von Großkonzernen werden mit unverschämten Preisforderungen konfrontiert und suchen ihr Heil in grenzwertiger Qualität – das merken die Konzerne und zwingen ihnen rigide Prozessdokumentationspflichten auf, die sie selbst aber gegenüber dem Kunden unverschämt dreist finden würden. Ärzte müssen dokumentieren, warum sie was verschreiben – warum so teuer, warum so große Packungen. Krankenhäuser müssen gewissenhaft Buch über Komplikationen führen, die durch die Auslastungssucht entstehen.

Das Fundament aller dieser bürokratischen Monster ist dies: Wenn irgendetwas passiert, was nicht sein sollte, dann muss es dank der absurd genauen Dokumentationen möglich sein, den Schuldigen zu finden und zu bestrafen. Wir sammeln alle diese Daten, um Einhalt zu gebieten. Das Datensammeln und die Kontrollwut wirken wie überall aufgestellte Straßenwarnschilder, dass nach einigen Metern eine Radarkontrolle stattfinden wird. Wir fahren langsam, aber heute ist offensichtlich keine Kontrolle. Wir fahren ein paarmal langsam, nichts. Dann ignorieren wir die Schilder. Wie ich schon sagte: Der Staat führt nur die Bürokratie ein, stellt quasi die Warnschilder dadurch auf. Im Prinzip können nun alle Schuldigen bestraft werden. Aber man schickt keine Polizei. Wenn erboste Bürger das fordern, etwa Umweltsünder zu bestrafen, dann heisst es, die Ämter seien zu dünn besetzt.

Die Finanzbehörden haben zu wenige Beamte, Steuerbetrüger zu bestrafen, obwohl ihre Arbeit hochgradig profitabel wäre! Ein Steuerprüfer holt sehr viel mehr Steuernachzahlungen rein, als sein Gehalt kostet. Nicht einmal hier kümmert sich der Staat um »Execution«. Woanders noch weniger. In manchen Städten muss ich im Hotel meine Umsatzsteuernummer angeben, damit ich keine Touristensteuer zahlen muss. Bürokratie! Ich frage die Rezeption: »Überprüfen das die Ämter?« Antwort: »Seit der Einführung der Regelung legen wir die ausgefüllten Formulare auf einen Stapel. Niemand schaut sie an, aber wir fürchten, unsere Hotellizenz zu verlieren, wenn wir den Stapel nicht vorzeigen können.« Immer wieder: Hauptsache, die Bürokratie stimmt. Sonst? Egal. Ein Gerücht, dass irgendein Hotel bestraft worden sein soll, reicht für die Ehrlichen aus, die Formulare zu füllen. Die Betrüger geben eine falsche Nummer an – fertig. Das nimmt der Staat offenbar nicht an, er denkt, dass gut ausgefüllte Formulare reichen. Wenn das nicht der Fall sein sollte, gibt es neue und kompliziertere Formulare, aber nie neue Beamtenstellen, die alles überprüfen.

Die Räuber-Gendarm- oder Akerlof-Spirale dreht sich. Alles wird formal gut dokumentiert, die ungesunde Praxis bleibt. Die Ehrlichen und Unbeteiligten füllen Formulare aus, ohne jeden Sinn. Alle, auch die Unehrlichen, sichern sich noch und noch ab. Sie lassen jeden unterschreiben, dass er ehrlich ist. Dann sind sie den Schwarzen Peter los. Lieferanten bestätigen, dass alles sauber ist, was sie liefern. Mitarbeiter unterschreiben, dass sie ihre Arbeit ordentlich gemacht haben. Sie sehen zum Beispiel die Unterschriften auf einer Tafel in öffentlichen Toiletten: »Ich war da.« Es soll bedeuten: »Ich habe geputzt.« Leiharbeiter unterschreiben, dass sie nicht scheinselbstständig sind. Das muss ich nun bei Redenengagements für große Konzerne mitmachen. Ich muss versichern, dass ich auch für andere Konzerne tätig bin, also nicht nur bei ihnen. Dann bin ich kein Scheinselbstständiger. Wahrscheinlich werden die Leiharbeiter von verschiedenen Subsubfirmen angeheuert, dann arbeiten sie zwar immer im gleichen Konzern als Leiharbeiter am stets gleichen Arbeitsplatz, aber eben alle paar Stunden im Auftrag von anderen verschiedenen Firmen. Wahrscheinlich muss dann demnächst noch mehr unterschrieben werden. Ich muss jedes Jahr mehr unterschreiben, seit einiger Zeit zum Beispiel »Ethikerklärungen« abgeben, dass meine Reden keine Hetze enthalten und nachhaltig wirken. Für jeden kleinen Vorgang gibt es verschiedene Dokumentationen. Man darf mich fotografieren, man darf ein kleines Video machen. Man darf meine PowerPoints ausdrucken. Ich unterschreibe und unterschreibe. Das wird alles gut abgeheftet. Revisionssicher. Kann ja sein, dass einmal ein Schuldiger gesucht wird. Die Bürokratie wirkt rein rituell.

[Der Pfarrer: Du sollst nicht stehlen wollen!
Der Schlosser: Du sollst nicht stehlen können!
Der Bürokrat: Du musst jederzeit lückenlos beweisen können, dass du nie stehlen konntest!]

Die Bürokratie schreckt natürlich auch ab. Wer beim Kirchenfest im Dorf privat gebackenen Kuchen spendet, der zu wohltätigen Zwecken verkauft wird, muss die Inhaltsstoffe deklarieren. Welche Gifte sind enthalten? Das weiß man doch nicht. Ich rate zu: »Kann Spuren von Essbarem enthalten.« Die Kirche könnte verpflichtet werden, dafür zu sorgen, dass alle mit Gummihandschuhen grillen müssen und Sahnetorten in Kühlschränken stehen müssen, sodass man nicht sehen kann, welcher Kuchen im Angebot ist. Es gibt so viele Vorschriften für ein Dorffest! Man muss es darauf ankommen lassen und mit der Angst leben, wenn man nach dem gesunden Menschenverstand handeln möchte – aber vielleicht holt ein grimmiger Dorfbäcker die Polizei, weil nur er Kuchen verkaufen will? »Die haben keinen Spritzschutz! Die lassen Torten zur Ansicht stehen!« Die Gewerbeaufsicht kam neulich und hat vergällende Bitterstoffe auf die gespendeten Köstlichkeiten gesprüht. Haben da Ehrliche noch Lust?

Man kann es nicht oft genug wiederholen: Die Ehrlichen werden abgeschreckt. Aber die Unehrlichen, die Gierigen, die Getriebenen und Gepushten beginnen zu rechnen. Sie stellen im Geiste oder gleich in Excel differenzierte Listen auf: Durch welche Prozesse treiben wir sie noch druckvoller voran, von welchen werden sie getrieben, was ist gerade noch erlaubt, wieviel kostet es, erwischt zu werden? Wie oft kommt die Gewerbeaufsicht?

Viele Autofahrer fahren immer 20 km/h schneller, als es erlaubt ist, weil die Strafe dafür nicht die Welt bedeutet und auch ab und an ein Punkt in der Sünderkartei nicht so sehr schmerzt. Sie fahren so, dass sie sich die Strafe noch leisten könnten. »Die Strafzettel sind der zufällig erhobene Teil der KFZ-Steuer.«

Die berechnenden Unternehmen brechen die Regeln und Gesetze so stark, dass sie im Schnitt mit den Strafen besser liegen, als wenn sie sich an die Gesetze halten würden.

Wie hoch ist die Strafe, Arbeitnehmer mehr als zehn Stunden am Tag arbeiten zu lassen? Wie oft wird man im Durchschnitt erwischt? Wie groß ist der Aufwand eines Verfahrens, wenn man erwischt wird? Wie viel kostet ein Abwehranwalt für alles?

Wer entscheidet im Unternehmen, wann sich ein Brechen der Regeln lohnt? Für wen lohnt es sich? Wie lange brauchen Gerichte nach allen Einsprüchen für Entscheidungen? Kann man dealen?

Wie fühlen sich Mitarbeiter, die einerseits vom Management getreten – pardon – »gepusht« und »motiviert« werden, die andererseits auch noch Angst davor haben, irgendwann erwischt zu werden? Wie fühlen sich die vielen Ingenieure und Manager, die von den Abgastricks wussten? Mit der Angst mussten sie viele Jahre leben.

Wie fühlen sich unterfinanzierte IT-Departments, die wissen, dass sie die Daten nicht gut gesichert haben? [Vor einigen Monaten befiel ein Erpresservirus irrsinnig viele Firmenrechner, die noch mit dem veralteten System Windows XP arbeiteten. Dieses System war ganz hervorragend, es ist aber inzwischen vom besseren Windows 10 ersetzt worden. Microsoft pflegt das XP nicht weiter, schützt es also nicht mehr gegen neue Bedrohungen durch immer neue Updates. Wer sich also mit dem XP ein Problem einfängt, hat Geld sparen wollen und es darauf ankommen lassen.]

Wie fühlen sich Generäle, die Soldaten befehligen, deren Waffen nicht gut funktionieren? Wie Transportunternehmer, die Fahrer mit Schrottkisten oder ohne gültige Dokumente ermüdet losschicken? Weinen die Altenpfleger nicht täglich Zornestränen, wenn sie in unwürdigen Zuständen nur noch für Nothilfe Zeit haben?

Mitarbeiter stehen unter hohem Erfolgsdruck und unter genauso hohem Druck, die Vorschriften einzuhalten. Da der Druck des Chefs in der Regel höher ist als der von außen, arbeitet der Mitarbeiter nicht mehr grenzwertig, sondern geht weiter bis an den Punkt, an dem der Druck der Kontrollen und die Angst vor Strafe gleich groß sind. Dieser Punkt liegt unter hohem Druck im verbotenen Bereich mit noch tragbaren Strafen.

[Mitarbeiter haben Angst vor dem Chef und vor dem Übertreten von Vorschriften und Gesetzen. Sie haben Angst um sich selbst. Sie arbeiten in einem Gleichgewicht, in dem die Angst vor dem einen so groß ist wie vor dem anderen.]

Mitarbeiter lavieren zwischen Chefs, ihren Eigeninteressen, den Kunden und den Vorschriften wie Odysseus zwischen Szylla und Charybdis.

In einer ehrbaren Firma hat auch der Chef Achtung vor den Gesetzen. Daher pusht er niemanden über die Grenzlinie, und alles geht gerecht zu. In Firmenkulturen der Angst vor der Macht befindet sich das Angstgleichgewicht hinter der roten Linie. Wenn Firmen Schlimmes anstellen, liegt das auch in ihrer allgemeinen Kultur im Umgang mit Vorschriften bei der normalen Arbeit. Es ist wohl selten nur »ein Einzelfall«, wie es immer abwiegelnd gegenüber den ermittelnden Staatsanwälten heißt. Die Firmenkultur bestimmt, wo allgemein die Grenzlinie für alle gezogen ist.

Ein Buchhalter berichtet: »Ich bearbeite viele Dienstreiseanträge und stelle ihre sachliche Richtigkeit fest. Da mache ich eine Beobachtung: Die Leute gehen sehr oft – und das kann nicht stimmen – um genau 9.45 Uhr aus dem Haus, aber die Bahnfahrkarte ist erst um 12 oder 14 Uhr aus dem Automaten gezogen worden. Wie das? Ich kann es mir denken: Wer eine Dienstreise vor 10 Uhr antritt, bekommt den vollen Tagesspesensatz. Wenn aber jemand von daheim bis zum Bahnhof so viel Zeit angibt, ist es ein klarer Fall von Spesenbetrug. Ich traue mich nicht, die Mitarbeiter zu verpfeifen, die das machen. Ich müsste die Fälle dem Chef vorlegen – tja, und der macht es ja genauso. Es geht mir nicht gut, wenn ich all diesen kleinlichen Betrug von Leuten sehe, die viel mehr verdienen als ich, und wenn ich diese Niedrigkeiten Tag für Tag als sachlich richtig abzeichne. Jeden Tag decke ich mit meiner Unterschrift irgendeine Kleinstschweinerei. Aber ich bin still, ich muss auch leben. Es geht mir schlecht, wenn ich diese Selbstbedienung sehe, und ich mag mich nicht besonders leiden, weil ich so ohnmächtig bin – na, eigentlich feige. Das macht mir zu schaffen. Ich melde mich öfter mal krank. Ich bin ja auch wirklich krank. Alle sind hier krank. Ich muss mich erholen dürfen.«

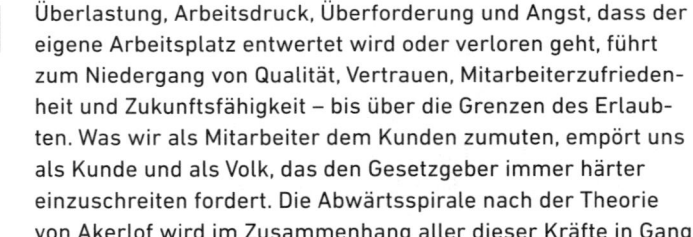

Überlastung, Arbeitsdruck, Überforderung und Angst, dass der eigene Arbeitsplatz entwertet wird oder verloren geht, führt zum Niedergang von Qualität, Vertrauen, Mitarbeiterzufriedenheit und Zukunftsfähigkeit – bis über die Grenzen des Erlaubten. Was wir als Mitarbeiter dem Kunden zumuten, empört uns als Kunde und als Volk, das den Gesetzgeber immer härter einzuschreiten fordert. Die Abwärtsspirale nach der Theorie von Akerlof wird im Zusammenhang aller dieser Kräfte in Gang und Schwung gehalten.

Die Systemneurose der Unternehmenspsyche

Die Mehrheit des Managements in größeren Unternehmen betreibt Sparprogramme und stachelt Mitarbeiter zu Extrameilen an. Diese Mehrheit soll nun psychologisch charakterisiert werden. Die Idee des Profitstrebens sucht sich mit der Zeit genau die Art von Führungskräften, die zu ihr passen und ihr dienen – nämlich Sparapostel und Pacesetter. Diese Persönlichkeitsausprägungen dominieren die oberen Etagen und definieren damit die Unternehmenskultur. Wer anders denkt, findet sich in einer fast hoffnungslos kleinen Opposition wieder und wird bestenfalls als Querdenker hingenommen. Druck, psychologische Unruhe und oft sogar Angst gehen von den psychologischen Mehrheitsverhältnissen aus. Das ist gewollt, denn es verleiht der Kaste der Führung die gefühlte Macht, die Mitarbeiter »aus ihrer Komfortzone hinauszutreiben«. Innovationen und Kreativität können in einem solchen unruhigen Klima nicht gedeihen. Das unterscheidet verkrustete Unternehmen von Start-ups oder »Silicon Valley«.

Kleine Einführung in Unruheherde und Angstquellen

Das Streben nach Prozessoptimierung verursacht immer neue Unruhe unter der Belegschaft. Zur Einführung folgt eine Liste von Quellen der Angst. In dem darauffolgenden Abschnitt schauen wir uns an, was im Innern des Menschen psychisch vor sich gehen mag.

»R aus aus der Komfortzone!« Das wird fast mit der Brechstange betrieben. Die Vorstellung, dass es sich Mitarbeiter bei der Arbeit in einer Komfortzone gemütlich machen, ist eine des X-Managements – so wie die des »Arbeiterdenkmals« im Bauwesen. Das Management wurde in den 90er Jahren in Bestsellern aufgerufen, Mitarbeiter stärker zu aktivieren, auch wenn es für die ungemütlich werden könnte. Überall wurde das Buch *Who moved my cheese?* herumgereicht, ein Megabestseller von Spencer Johnson, der in einer allegorischen Mäusegeschichte klarmacht, dass Sitzenbleiben wie immer nichts hilft. Deutsch: *Die Mäusestrategie für Manager*. Ich dachte ja, das Management würde das als einen Aufruf zur Veränderung auffassen, aber es wurde als Signal verstanden, die Mitarbeiter aus ihrer Trägheit und Bequemlichkeit zu reißen[5]. Bis zum Erbrechen wird gebetsmühlenartig skandiert: »Wandel ist das einzige, was beständig ist.« Ein älterer Mitarbeiter sagte mir als Jungmanager einmal, dass er jede Art von Wandel grundsätzlich ablehnen würde. »Warum?« – »Ich habe schon so viele Chefs gehabt, mit immer neuen und doch wieder denselben Ideen. Es kamen regelmäßig Berater und führten neue Methoden ein, wobei sie uns wie kleine Kinder behandelten. Aber jedes Mal kam im Ergebnis heraus, dass es für uns Mitarbeiter schlechter wurde.«

Der Druck hört nie auf, er soll nicht aufhören. Ich habe das zum ersten Mal explizit aus dem Munde eines Topmanagers gehört, als er in den Ruhestand gestupst wurde. Etwa so: »Wir sind hart miteinander geworden. Wir drücken und feilschen, unsere Kunden gehen ruppig mit uns um, es gibt kaum noch gute Beziehungen. Wir verheizen uns selbst. Es gibt nur wenige Topmanager oder Minister, die einfach so in Pension gehen. Wir werden alle vorher verschlissen. Jetzt war ich selbst fällig. Ich bin froh, dass ich gnädig rauskomme, aber man hat mir wenigstens für die Mitarbeit gedankt. Es tut trotzdem so sehr weh. Ich habe lange gedacht, es gibt ein Auf und Ab, und es kommen wieder bessere Zeiten, in denen wir uns wieder mehr mit Respekt als ehrbare Kaufleute begegnen. Ich glaube aber nicht mehr, dass sich etwas ändert. Wir hauen aufeinander ein, alle miteinander. Wir haben von den Mitarbeitern Quartal für Quartal mehr erwartet. Wir riefen einfach: »Macht mehr Profit!« Wir waren sehr erstaunt, dass es funktionierte! Einfach draufhauen – und die Ergebnisse werden besser. Sie machen Überstunden! Freiwillig! Ich hätte nie gedacht, dass es so lange gut geht. Es muss doch einmal aufhören? Mein Gewissen ist immer schlechter geworden. Meine Gesundheit ist angegriffen. Wir haben aber keine Wahl. Wir fordern weiter und weiter, immer mehr. Hört es auf, wenn die Mitarbeiter nicht mehr liefern? Werden wir ihnen das dann zum Vorwurf machen? Und sie noch stärker hetzen, obwohl es ja anscheinend nicht mehr so weitergeht? Was tun wir, wenn es nicht mehr mit dem Hetzen funktioniert? Ich bin froh, dass ich jetzt raus bin. Aber so bitter müsste das alles nicht sein.«

Einige Unruhequellen:

- Überhöhte Leistungserwartungen quälen heute rund um die Uhr; »wir müssen wachsen, das ist unser Schicksal«
- Ständige Rechtfertigungsorgien in Meetings, für die sich jeder gut mit tagelang ausgeklügelten PowerPoints wappnen muss
- Arbeitsplatzverlustangst nistet sich ein – besonders, wenn die Presse Gerüchte kolportiert, dass an Massenentlassungen gedacht werden könnte (das nagt monatelang an den Seelen) und wenn das Unternehmen »Gerüchte grundsätzlich nicht kommentiert«.
- Vereinzelungsgefühle in Vergütungs- und Beförderungsfragen (»Tabu, mit anderen darüber zu reden«), Misstrauen gegen andere und die Firma
- Streichung aller Weihnachtsgelder und Arbeitsjubiläumszahlungen (»Danke!«) zugunsten von Leistungsboni (»Tu mehr!«)
- Umorganisationen aller Art und immer neue Vorgesetzte, sodass immer neues Vertrauen aufgebaut werden muss oder irgendwann Vertrauen keine Rolle mehr spielt

- Stopp von Projekten aus unklaren Gründen, besonders Abbruch von Innovationsversuchen und Neuem (»aus heiterem Himmel«)
- Plötzliche Kürzungen der Projektmittel ohne Anpassung der Ziele (»holt es nach Feierabend wieder rein oder betreibt kreative Verbuchung der Leistungen, jeder muss seinen Beitrag leisten«)
- Schlechtes Gewissen nach erzwungenem Schummeln
- Angst, etwas angekreidet zu bekommen – mit oder ohne Schuld
- Sparrunden, Einkaufsstopps, Einstellungsstopps
- Reisebeschränkungen, schlechte Hotels, Taxiverbote, am besten zu Fuß hingehen (aber schnell!)
- Ständig neue Kriterien für Beförderungen, die immer seltener werden – das wird vertuscht, indem man den erfolgreichen Hochstufungskandidaten bewusst lügend erklärt, sie seien noch nicht so weit – ihr Leiden aufgrund der Ungerechtigkeit wird hingenommen, man spart ja
- Ständiges Herumdoktern an den Gehalts- und Bezahlungssystemen, wobei das Management stets im Auge hat, die Mitarbeiter mit weniger Budget stärker zu motivieren
- Verkauf von Unternehmensteilen, die nicht profitabel genug sind – zur Hölle mit den Mitarbeitern, die mitverkauft werden
- Leiden unter Kunden, die berechtigte Kritik vorbringen und unehrlich beschwichtigt werden müssen, tiefe Scham
- Leiden unter Kunden, die Mitarbeiter unverschämt fordernd wie Dreck behandeln (»Freiwild«)
- Ärger über die Marketinglügen des eigenen Unternehmens, die auch alten Schund für »die perfekte maßgeschneiderte Einheitslösung für jedermann« erklären
- Sorge bei Beben an den Börsen und bei Tweets des US-Präsidenten
- Abstrakte Sorgen vor der Digitalisierung (»sie ersetzen uns durch Computer und Roboter«)
- Stöhnen unter immer neuen und immer mehr Richtlinien

Am meisten wurmt es, unpersönlich als Zahl gebucht zu werden, nicht mehr als Mensch zu interessieren und auf keine Wertschätzung hoffen zu können. Das System behandelt jeden (Manager wie Mitarbeiter) wie ein unmündiges Kind. Schlechte Prozessoptimierungen erzeugen immer wieder sinnlos erscheinende Vorkommnisse, die die Mitarbeiter verstören und nur in stundenlangen Diskussionen in ausgedehnten Kaffeepausen verarbeitet werden können.

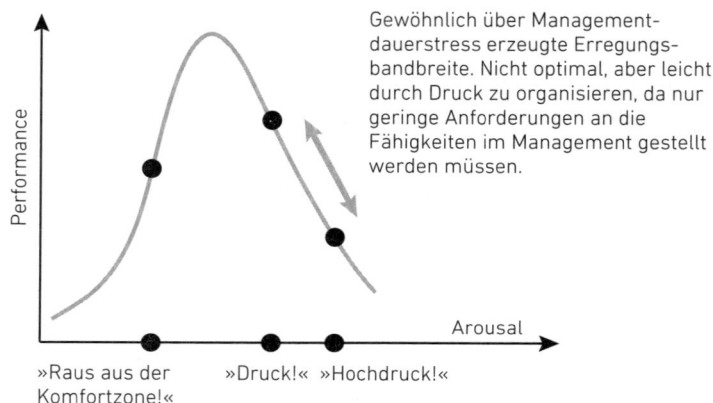

8. Raus aus der Komfortzone

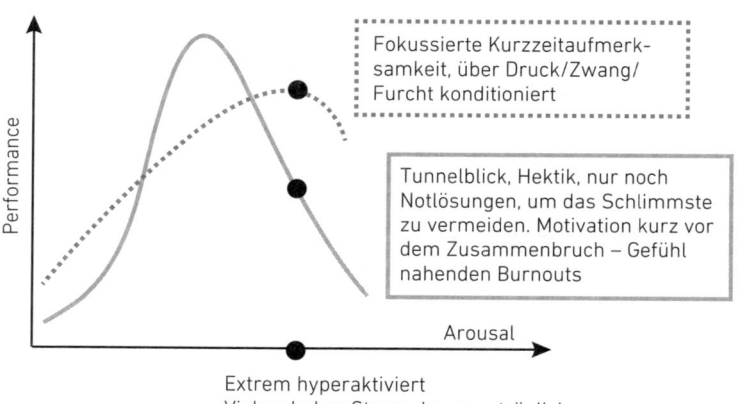

9. Extrem hyperaktiviert

Alle Leistungsträger, Innovatoren und aufstrebende Talente haben eine gute Vorstellung, wie das Leistungsoptimum in der obigen Grafik erreicht werden könnte – nicht mit Druck, sondern mit Coaching und Teamwork etc. Sie verweisen auf Leadership-Theorien, einschlägige Beratermeinungen und Heilslehren aller Art: System Thinking, Design Thinking, Transformational Leadership, Mündigkeit und Prinzip der Augenhöhe. Sie wissen, dass ihre Vorgesetzten Zwangslehrgänge besuchen mussten, in denen sie ermahnt wurden, empathisch zu sein, den Menschen und den Kunden in den Mittelpunkt zu stellen, zuzuhören und nachhaltig an einer guten Zukunft zu arbeiten. Die Leistungsträger haben das Gefühl, besser qualifiziert als ihr Chef zu sein, aber der bleibt so wie immer und ändert sich nicht. Das macht Leistungsträger oft wütend, denn sie sind in der Regel Y-Menschen, die ihren verdammten X-Chef zum Mond schießen möchten. Ihr X-Chef erlaubt ihnen nicht, wirklich gut zu arbeiten. Er erstickt alles in Prozessen und trivialen Einspargedanken, die weiter oben bei den X-Höheren gut ankommen. Die Topleute leisten weniger als sie könnten, weil der X-Chef die Prozesse befriedigt, Leute barsch pusht und anscheinend das Wesen guter Arbeit nicht versteht.

Daher bekommen nicht einmal die Besten eine Art von Wertschätzung, die sie doch erwarten könnten. Alle anderen können gar keine Belobigung erwarten, sondern sie müssen davon träumen.

Viele Studien haben ergeben, dass sich Mitarbeiter nicht richtig wertgeschätzt fühlen und zu wenig Anerkennung bekommen. Sie fühlen sich auch nicht als Mensch »abgeholt«, die Manager interessieren sich nicht (mehr) für den inneren Gefühlszustand ihrer Mitarbeiter und ihre privaten Probleme. Sie haben keine Geduld mehr mit dem persönlichen Entwicklungstempo der Mitarbeiter. Das liegt nicht nur an den »bösen« X-Managern.

- Manager haben aus Effizienzgründen immer mehr Mitarbeiter, so wie bei Lehrern die Klassengröße wächst. Irgendwann fällt da das Persönliche einfach weg, weil man sich zu selten persönlich begegnet, oft nur bei der Besprechung der Leistungsbeurteilung.
- Da die Effizienzmanager immerfort sparen wollen/sollen, finden sie Gründe, Mitarbeiter nicht zu befördern, oder sie mäkeln sachte

an ihnen herum, damit sie die kleinen oder ausfallenden Gehaltserhöhungen begründen können. Das passt mit dem Ausdrücken von Wertschätzung nicht zusammen.
- Viele Manager fürchten, dass Mitarbeiter auf ein großes Lob hin mit Forderungen auf sie zukommen (»ah, dann bin ich jetzt für eine Erhöhung reif?«).
- X-Manager fürchten, dass ein Lob dazu führt, dass X-Mitarbeiter erst einmal eine Pause einlegen. Ich habe einmal einen Vorstandsvorsitzenden eines größeren Konzerns beim Galadinner sagen hören: »Mitarbeiter hören auf zu arbeiten, wenn sie genug zu essen haben.« Daher kommt die Wendung: »Sie müssen hungrig gehalten werden, damit sie sich auf die Arbeit stürzen!«

Ganz schädlich wirkt in dieser Lage eine psychologische Beobachtung bei Menschen: Man ist sich einig, dass Lob und Tadel am besten in einem Verhältnis von 5 zu 1 stehen sollten. Tadel beschäftigt die Psyche stärker als Lob. Das ist oft bei Mitarbeitern, Schülern, Sträflingen und zwischen Eheleuten untersucht worden. Ständiges ausschließliches Lob bewirkt nichts, weil sich der Maßstab für zu Lobendes auflöst. Aber die Streicheleinheiten müssen stark überwiegen, sonst gerät die Psyche ins Ungleichgewicht.

Und nun stellen Sie sich einmal vor, wie viel Lob ein Vorgesetzter aussprechen muss, wenn das Unternehmen so viele Unruheherde erzeugt, wenn die Mitarbeiter ihre Leistungen unter Ohrfeigenangst dokumentieren müssen und Extrameilen gehen sollen. »Wenn wir uns zu wenig vornehmen, erreichen wir wenig. Wir dürfen uns niemals zurücklehnen, dann fallen wir in die Komfortzone zurück. Erfolgreiche Menschen sind nie zufrieden.« Das sagen Manager bestürzend oft, und daher sind sie eben mit den Mitarbeitern nie wirklich zufrieden. Sie missachten damit alle Erkenntnisse der Psychologie und kommen auch deshalb nie auf den optimalen Performance-Punkt in der Kurve.

Im nächsten Abschnitt versuche ich eine Erklärung, warum unsere Unruhe so groß ist: Ein Lob zaubert ein Lächeln in uns hervor, aber eine Kritik sticht hart in die Eingeweide oder beschert einen roten ohrenklingelnden Kopf. Eine Kritik ist wie ein Angriff auf das Tier in uns, ein Instinkt schlägt an. Den beruhigt eine einzige Schmeichelei ganz sicher nicht. Nach dem nächsten Abschnitt werden Sie verstehen, warum man im Privatleben fünfmal öfter gelobt als getadelt werden muss, damit man stabil bleibt. Im Arbeitsleben trifft uns aber eine Kritik wie »Quartal versenkt« so irre hart, dass sich Ängste im Körper so stark ausbreiten, dass man völlig demoralisiert wird. Fünfmal Lob auf einen harten Tadel reicht da bei weitem nicht – bei so vielen Angstquellen im heutigen Effizienzwahn.

 Viele zu viele Prozesse, Umorganisationen, Überprüfungen und Gerüchte um Entlassungen und Einsparrunden halten Mitarbeiter in einem Klima von Unruhe und Stress gefangen. Sie leiden chronisch am Mangel positiver Zuwendung. Das Management hat dafür kein Gefühl, es sieht sich zeitlich kaum in der Lage, »Mitarbeiter auch noch psychologisch zu betreuen« und es sieht sich auch nicht wirklich in der Pflicht. Das X-Management hat überdies Angst, dass Lob dann doch etwas an echtem Geld kostet, wenn Mitarbeiter daraus echte Forderungen ableiten.

Zu oft Alarm in unserem Körper – über somatische Marker

> Angstquellen und Unruheherde bescheren uns ständig Stiche in die Eingeweide und reißen uns aus der Konzentration auf die Arbeit heraus. E-Mails am Abend lassen oft in uns Unwillen aufflammen, und sofort ist es mit der heiteren Stimmung vorbei. »In unserem Körper schrillen Alarmsensoren«, so erkläre ich das jetzt und versuche eine psychologische Deutung dessen, was in uns vorgeht: In uns wüten Instinkte, Impulsreaktionen und explodierende Emotionen.

Die Arousalkurven zu Beginn des Buches verdeutlichen, dass das Hirn bei wichtigen Arbeiten, die höhere Konzentration oder kreative Impulse erfordern, »in Ruhe gelassen werden will/soll«. Eben genau das geschieht nicht. Viele leiden so:

»Ich kann nicht zur Ruhe kommen, wenn eine Arbeit liegenbleibt. Ich weiß, es ist verrückt, denn es ist ja klar: jeder hat einmal Feierabend.

Ich auch. Dabei sind die noch ausstehenden Aufgaben eigentlich ganz unwichtig, aber es sind zu viele. Das macht mich nervös. Hier: Ich soll kurz etwas überfliegen und zustimmen. Ich soll sagen, ob ich in einem Monat irgendwo teilnehme oder nicht. Mein Chef sucht gerade nach einer Tabelle, er hat das an uns alle als E-Mail geschrieben. Ich bin dafür nicht primär verantwortlich. Irgendwer hat vielleicht schon geantwortet, aber ich weiß ja zufällig wirklich, wo die Tabelle zu finden ist. Ich muss noch eine Bahnfahrkarte im Firmensystem buchen. Kollegen wollen Geld zu einem Abschied sammeln. E-Mails über E-Mails. Es macht mich wahnsinnig, wenn so vieles eben mal schnell beantwortet werden soll. Da setze ich mich am Abend eben noch hin. Oh, auch das noch, eine E-Mail aus der Personalabteilung. Ich soll mich einloggen und alles aufzählen, was ich in den letzten drei Monaten geleistet habe, damit mein schon ausgezahlter Bonus im Nachhinein gerechtfertigt werden kann – es sei nicht so wichtig, nur zum Abheften. Nur zum Abheften! Das macht mich wütend. Wenn ich schlampe, findet mein nächster Chef dann alles geschlampt in meiner Akte vor, bevor er mich persönlich kennenlernt. Oh, diese Nachricht sticht in meine Eingeweide. Für Momente fühle ich leichten Schwindel. Wieder so eine sinnlose Aufgabe. Ich merke, dass ich den ganzen Abend damit vergeude, immerzu Ja und Amen zu sagen zu Dingen, die ganz und gar nichts mit meiner eigentlichen Arbeit zu tun haben. Ich habe schon einen Stresskurs gebucht, weil ich langsam ausbrenne. Der heilige Covey verrät uns Normalmenschen mit größtem Ernst und für viel Geld, man solle nur an wichtigen Dingen arbeiten, die nicht dringend sind. Aha. Super! Nach diesem Kotzkurs, nein, Kurzkurs war ich noch verzweifelter. Diese Herren haben bestimmt ein Sekretariat! Ich muss aber den ganzen Mist selbst erledigen. Mir hilft keiner! Ich rege mich so auf! Was mich aber am meisten aufbringt: da sind einige meiner notorisch pflichtvergessenen Scheißkollegen, die einfach zum Feierabend nach Hause gehen und eben nicht alles geschafft haben. ›Ging eben nicht!‹ Das sagen sie! Frech und unbekümmert! Eine Arbeit nach der anderen, bleib ruhig, sagen sie, sie hätten nur zwei Hände. Noch schlimmere Leute hier auf der Bürofläche reagieren überhaupt nicht auf E-Mails, viele bewusst erst nach dem dritten Anschiss. Erst dann sei es wohl ernst für sie, diese Faulpelze. Ich habe mich in der letzten Woche mit so einem Teamplayer gefetzt. Der ging früher weg, weil sein Kaninchen krank ist! Das ist die Höhe! Er sagt, der Gedanke an sein leidendes Kaninchen lässt bei ihm keine Arbeitskonzentration zu. Es sei wie ein Alarm in seinem Körper. Ha, die Arbeit sollte ihn doch so alarmieren, wie sie mich quält! Kaninchen! Ich bin sofort zum Chef und habe ihm gesteckt, wie hier der Hase läuft. Der Chef hatte aber keine Zeit, er sagte, die Quartalszahlen würden ihn unruhig machen ... Ich bin so böse auf mich selbst, dass ich so blöd bin und ständig arbeiten muss. Ich fluche so oft vor mich hin. Wenn einer mitschreiben würde, kämen auch locker 1000 Seiten wie beim *Ulysses* von Joyce raus.«

Was geschieht da? Es scheint so, als wäre da etwas in unserem Körper – ja, direkt in unserem Körper – was sich unmittelbar mit bestimmten Gedanken im Gehirn verbindet. Wir empören und ärgern uns, wir spüren Ungerechtigkeiten und sehen überall Fehler, wir werden dünnhäutig gegenüber den Macken der anderen.

Nicht nur Gefahren, Unerledigtes oder Dringendes, ja sogar Gedanken an längst Vergangenes können zum Teil heftige Emotionen in uns auslösen, die Alarmen ähneln. Der Körper kann uns vor Gedanken warnen oder von ihnen abschirmen, er kann uns davon abhalten, etwas zu tun (»Du darfst nicht lügen!«), oder er wird unruhig, wenn etwas nicht getan wird (»Der Chef erwartet wohl noch heute einen Haken dran«). Der Körper kann bestürzt sein, wenn uns jemand (vielleicht absichtlich?) nicht grüßt, wenn er sich gemobbt fühlt oder »als unwichtig übersehen wird«.

Es sticht und wurmt, manchmal schlägt es wie der Blitz ein, es klagt und wimmert, es wühlt auf und schreit innerlich vor Weh. Aber es darf nicht hinaus. Nein, wir wollen doch nicht emotional werden, oder?

Unsere Aufmerksamkeit wird blitzartig auf etwas gezogen, wir reagieren daraufhin unmittelbar und emotional. Wir spüren in uns das Anschlagen innerer Sensoren. Diese

- warnen uns (»Pass jetzt genau auf!«)
- lenken unsere Aufmerksamkeit (»Ein Reh springt vor das Auto!«)
- verändern unseren Zustand (»Das regt mich jetzt total auf!«)
- strecken uns betäubend nieder (»Das ganze Projekt ist gestoppt worden.«)

- verlangen eine sofortige Problemlösung oder Entscheidung (»Jetzt etwas Schlagfertiges oder ich habe verloren!«)
- aktivieren augenblicklich Willenskraft (»Das will ich trotzdem jetzt gleich!«)
- drängeln wie Dauerhupen (»Das muss noch heute raus!«)

Da müssen ganz bestimmt so etwas wie Sensoren in uns sein! Wenn die Ingenieure Roboter bauen, dann nehmen die Roboter die Umwelt über Sensoren wahr. Wenn sie auf ein Problem stoßen, reagieren sie sofort oder suchen weitere Informationen über andere Sensoren, um dann mit den gewonnenen Daten und ihrem Festplattenwissen zusammen per künstlicher Intelligenz eine Handlung einzuleiten. Roboter sind keine Menschen, absolut nicht, aber wir bauen Roboter doch so, wie wir sie uns als Menschen vorstellen. Menschen werden zusätzlich zu Robotern emotional, wenn ihre Sensoren bestimmte Warnungen liefern. Das ist bei der Programmierung von Robotern vielleicht möglich, aber Roboter sollen ja bessere Menschen sein. Warum sollte man sie daher unsinnig kompliziert konzipieren?

Stellen wir uns also vor, wir hätten Sensoren für überhaupt alles in unserem Hirn. Ist es zu warm? Regnet es? Habe ich eine E-Mail bekommen? Ist der Anruf für mich? Läuft mir jemand über den Weg? Kommt ein Auto entgegen? Höre ich die Stimme meines Chefs? Oder die eines geliebten Menschen? Diese Sensoren lauern darauf, ob ihre Frage mit Ja zu beantworten ist. Sie schlagen Alarm, wenn das eintritt, worauf sie lauern. Dann könnte ein solcher Ablauf erfolgen:

1. Alarm und Sofortreaktion: Bei einer Notmeldung erfolgt eine sofortige Instinktreaktion (»Vollbremsung«, »abrupt im Satz abbrechen, weil etwas Falsches gesagt wurde«, »zuhauen«). Der vor dem Sensoralarm ruhige emotionale Zustand verändert sich im Nu (Adrenalin-Vollkonzentration, Scham über ein Fettnäpfchen, Zorn). Auf einen Alarm erfolgt oft eine instinktive Soforthandlung.
2. Eventuell das Hirn zuziehen: Der Sensor schlägt Alarm, er schaltet das Hirn zu. Das verarbeitet die Sensordaten und erfasst die Lage; nun können weitere Sensoren anschlagen, (»Aha, da ist ein noch

größeres Problem« oder »nicht so schlimm«). Das Hirn bewertet die Lage neu und reagiert:
3. mit einer kaltblütigen Routinereaktion oder
4. mit einer schnellen Instinktreaktion zur Bearbeitung/Erledigung/ Verdrängung/Verschiebung oder
5. mit einem bewussten Innehalten zur emotionalen Abkühlung, bevor eine objektive Problemlösung gesucht wird; danach Aktionen zur Bearbeitung/Erledigung/Verdrängung/Verschiebung.

Die Alarmglocke des Sensors wird durch eine Handlung zum Schweigen gebracht. Das ist der Idealfall. Manchmal schrillt sie lange und steigert sich zu Wut oder Hass.

Als meine Frau und ich kirchlich heirateten, schenkte uns der Pfarrer eine große Kerze. »Wenn ihr ein wichtiges Problem miteinander habt, solltet ihr es gleich beilegen, denn euer Körper wird vergiftet, wenn er das Problem in sich hineinfrisst. Um dies zu verhindern, mögt ihr bei einem Konflikt diese Kerze anzünden und sie erst wieder ausblasen, wenn ihr euch beruhigt und vertragen habt.« Wir haben sie nicht oft angezündet, es hat sich auch nicht bewährt, weil der Anzündende gegenüber dem anderen quasi ultimativ auf eine Einigung drängt. Das lässt im anderen wieder Alarmsensoren schrillen. Ich will aber sagen: Es wäre schon besser, man »verabschiedet« ein Problem so bald wie möglich. Dann schweigt der Alarmsensor und macht keinen weiteren Stress.

Manche Alarme lassen sich zwar in der Sache erledigen, sind aber nicht einfach zum Schweigen bringen, weil sie mit einer größeren emotionalen Aufwallung verbunden sind. Man ist wütend, fühlt sich erniedrigt, beschämt oder verletzt. Für solche Fälle rät der Volksmund, eine Nacht drüber zu schlafen (das mit der Kerze ist dann keine so gute Idee). Nach der zu erhoffenden emotionalen Abkühlung ist eine Sachlösung einfacher.

Es gibt aber Alarme, die man gar nicht oder nur nach langer Zeit abstellen kann. Eifersucht ist so etwas. Oder der Chef sagt: »Ihre Leistungen müssen überzeugender ausfallen, sonst laufen wir langsam in Probleme, auch wir beide miteinander.« Dann gibt es Daueralarm: »Ich habe einen schweren Fehler begangen und bereinigt. Jetzt ist der Chef wohl dauerhaft misstrauisch. Ich fühle es. Dieses Misstrauen will nicht weggehen. Es schwelt ständig in mir. Ich kann nichts tun, als für lange Zeit zuverlässig zu arbeiten. Ich muss Vertrauen wiedergewinnen. Jetzt habe ich aber höllische Angst vor einem nochmaligen Fehler.«

Stress entsteht aus dieser Sicht, wenn es zu viele Alarme gleichzeitig gibt. Oft hat man nicht alle Projekte und Aufgaben im Griff, es kommen »friendly reminder«, Wiedervorlagen und Anrufe, die zusätzlich von der Arbeit abhalten. Dann sagen wir »Ich weiß nicht mehr, wo mir der Kopf steht!« und sehnen uns nach Ruhe. Ruhe! Einfach ein einziges Mal alles erledigt haben, das wäre etwas!

In dem fiktiven Eingangsmonolog dieses Abschnittes habe ich Ihnen ein emotionales Durcheinander inmitten vieler schrillender Alarmsensoren darstellen wollen. Zu viele Entscheidungen stehen an, viele kleinere und größere Aufgaben sollen erledigt werden, viele Mails verlangen Antworten, das latente Liegenbleiben der eigentlichen Arbeit reibt auf (»Ich komme zu gar nichts mehr!«). Chefs und Projektleiter verdonnern daraufhin zu unergiebigen Meetings – kurz: Es soll so vieles möglichst gleichzeitig getan werden, aber die Zeit rennt davon. Wenn etwas anbrennt, gibt es Stress. Wenn es gar den Chef verärgert, setzt es eventuell einen Karriereschaden.

Wer nicht gerade ein McJobber ist, hat heute fast generell zu viel um die Ohren. Alle wollen etwas, E-Mails warten, Kunden beschweren sich. Kollegen helfen nicht mehr wie früher, weil sie selbst unter Wasser sind. Das Management fragt ständig nach Fortschritten und erwartet Siegesmeldungen. In unserem Körper schlagen viel zu viele Alarme gleichzeitig an. Viel zu viele Dauermahnungen quälen uns latent (»Du solltest besser früher nach Hause kommen, wozu hast du eigentlich eine Familie?«). Diese Warnmeldungen sendet unser Körper, und sie bescheren uns womöglich somatische Probleme. Viele Leute klagen unter Stress über Rückenschmerzen und Verdauungsstörungen. Die still schrillenden Alarme sitzen in uns fest und quälen uns physisch, auch wenn wir sie im Kopf unterdrückt haben.

Unsere Unternehmenswirklichkeit beschert uns mit allem Bedacht so viele Baustellen, dass es ständig mehr Problemalarme gibt, als wir abarbeiten können. Es ist ja nicht so, dass die nicht erledigte Mehrarbeit auf unserem Schreibtisch ruhig wartet – sie lässt ständig die

Sirenen schrillen. »Wie weit bist du?« – »Wann kann ich das haben?« – »Wie steht es mit der Genehmigung?« Die vielen Sensoren, die ständig anschlagen und irgendeine Erledigung eines Problems fordern, ohne dass wir unser Pensum schaffen, machen uns schließlich krank. Auch darauf will ich im Folgenden hinaus.

Bevor ich zum nächsten Abschnitt übergehe und die EEG-Gehirnwellen in Ihrem Gehirn deute, möchte ich Sie noch kurz mit der Hypothese der somatischen Marker vertraut machen. Ich habe ja mit unspezifischen Vorstellungen wie »Alarm«, »Sirene«, »Sensor« um mich geworfen, um ein Phänomen zu deuten, das jeder kennt. Natürlich gibt es auch einiges an Wissenschaft dazu, die aber heute noch eher im spekulativen Bereich nach handfesten Erklärungen sucht:

> In der Psychologie und Psychotherapie kennt man »körperliche Blitzeinschläge« bei posttraumatischen Belastungsstörungen. Menschen, die etwa durch schreckliche Erlebnisse traumatisiert wurden, können bei der Wahrnehmung bestimmter Personen, Umstände oder Dinge »getriggert« werden, sodass sie die schrecklichen Ohnmachtsgefühle wieder und wieder nacherleben müssen, zum Beispiel wenn jemand nach dem Kriegseinsatz traumatisiert heimkommt und plötzlich auf einem Tisch beim Nachbarn eine Spielzeugpistole liegen sieht. Der so genannte Trigger lässt alles wieder hochkommen. Diese Alarme sind die extremen Formen, die man in der Therapie gerne mildern bis ganz ausrotten will.
>
> Die Hirnforschung hat nach Erklärungen gesucht. Sie argumentiert oft mit den Warnungen des limbischen Systems, das uns als ursprüngliches Tier »per Instinkt« vor Gefahren warnt oder mögliche Beute anzeigt. Auf solche Trigger des limbischen Systems greifen wir an und wehren uns, stellen uns tot oder laufen weg.
>
> Eine mögliche Deutung des Ganzen liegt in der »Hypothese der Somatischen Marker«, kurz HSM. Sie besagt, dass gewisse Stimuli/Reize zuerst im Körper wahrgenommen werden und erst dann im Gehirn gedanklich verarbeitet werden, wenn überhaupt! Wenn wir als Urmensch plötzlich vor einem Tiger oder einer aufgerichteten Klapperschlange stehen, dann alarmiert

uns der Körper fast »ohne Gehirn«: Duck dich! Oder: Lauf! Die HSM spricht von einer »body loop« oder Körperschleife der Reizverarbeitung. Die HSM kennt auch die »as-if body loop«: Der Körper kann bei einer Erinnerung oder bei einem Trigger immer wieder zucken und alles nochmals physisch in der Vorstellung nacherleben. Der Mensch kann auch bei der Vorstellung künftiger Ereignisse körperliche Reaktionen zeigen, etwa schon einmal Angst bekommen. Lampenfieber ist eine körperliche Reaktion.

Die HSM geht auf den Pionierforscher António R. Damásio zurück. Er schrieb das bekannte Buch *Descartes' Irrtum – Fühlen, Denken und das menschliche Gehirn* (1994). Hirnforscher suchen seitdem nach immer aussagekräftigeren Experimenten, die HSM auf eine bestätigende Grundlage zu setzen oder zu widerlegen. Es geht ihnen dabei um echte Wissenschaftlichkeit in der Biologie und der Medizin. Der Auslöser für die HSM waren einzelne Unglückspatienten, die nach dem Verlust eines Teils ihres Gehirns noch ganz logisch zu denken vermochten, aber ohne die verlorene Emotionalität keine vernünftigen Entscheidungen treffen konnten.

Sie sehen: In der Psychologie interessiert man sich für das Phänomen der Trigger, die man vor allen in extremen Formen bei hilfesuchenden Patienten findet. Meist geht es um das Problem, krankmachende Trigger zu löschen, damit der Patient wieder gesund wird, also zum Beispiel Ängste verliert und wieder schlafen kann. Noch schlimmer: Die Trigger müssen überhaupt erst erkannt werden! Beispiel: Eine Frau klagt über plötzliche Angstzustände, die seit einem Autounfall in Situationen auftreten, die nichts mit dem Unfall zu tun haben – aus heiterem Himmel! In solchen Fällen lässt man die Patienten am besten den Unfallhergang viele Male als Aufsatz aufschreiben, um manchmal doch noch bisher nicht erwähnte Details zu erfahren. Irgendwann kommt in der hundertsten Schilderung »an der Ecke stand ein knallblaues Auto« vor, das nichts mit dem Unfall zu tun hatte. Treffer! Die Patientin hat bei jedem Auftreten genau dieser Farbe im Alltag Angstbeklemmungen. Nun kann der Trigger »knallblau« gelöscht werden.

Die Dressur bei der Arbeit erzeugt solche Trigger mit voller Absicht!

Und ganz sicher auch unabsichtliche (wie »knallblau«). Darauf will ich im Verlauf des Buches hinaus. Nicht die Arbeit macht uns ja krank, sondern die Art der Arbeit, wie sie von uns knallhart verlangt wird. Die heute üblichen Managementsysteme machen uns krank. Sie liegen uns dauerhaft im Magen. Dazu ganz kurz noch eine wissenschaftliche Abschweifung – ich glaube, dass hier noch viel ans Licht kommen wird:

In neuester Zeit erregt die *Darm-Hirn-Connection* (Buchtitel von Gregor Hasler) die Fantasie der Psychobiotik (neue Forschungsrichtung). Im Darm sind sehr viele Nervenzellen angesiedelt, die zusammengenommen eine erhebliche Biomasse haben. Man spricht schon von Darmhirn oder vom »zweiten Hirn«. Diese Nervenzellen sind durch eine direkte Schnellverbindung, den so genannten Vagusnerv, mit dem Gehirn verbunden. Man hatte früher gedacht, dass der Darm Botenstoffe schickt, wenn etwas nicht stimmt. Nein! Über den Vagusnerv kommt alles blitzartig schnell. Jetzt ergibt »Stich im Magen« oder »aus dem Bauch« Sinn – ich meine, nicht nur für meine hier erklärten Sensoren und Marker, sondern auch für die Neurowissenschaftler. Was ich hier erkläre, wird es demnächst bestimmt aus berufenstem Munde geben. Die vielen Bücher, die derzeit erscheinen, denken sich allerdings mehr in die Darmflora hinein. »Man muss sich gut ernähren« etc., damit der Vagusnerv dem Hirn mitteilen kann, dass alles in Butter ist. Die X-Manager dagegen werden lernen, wie man uns über den Darm »motiviert«, ganz ohne Buch.

> Unsere Psyche stöhnt unter den vielen Terminen, Anrufen, Störungen. Sie kann die vielen Probleme nie wirklich einmal ganz loswerden, nicht einmal im Urlaub. Früher gingen wir nach getaner Arbeit heim. Wir meinten damit: Alles für heute erledigt. Heute ist die Arbeit nie getan, wenn wir Feierabend machen. Wir kommen nicht zur Ruhe. Wenn wir alle Mitarbeiter eines Unternehmens in die Gesamtschau nehmen, sehen wir: Das Unternehmenshirn ist überreizt.

Das ruhelose Unternehmenshirn

> *Die Forderung, bei schwierigen Aufgaben in Ruhe gelassen zu werden, lässt sich biologisch begründen. Ärzte messen beim Menschen per EEG die elektrische Aktivität des Gehirns. Man zeichnet Spannungsschwankungen an der Kopfoberfläche auf. Die Frequenzen der gemessenen Wellen korrelieren mit unseren Bewusstseinszuständen. Es gibt die entspannte Muße bis hin zur übernervösen Hektik. Aus der Gesamtperspektive gesehen arbeitet das Unternehmenshirn fast dauerhaft im höheren nervösen Erregungsbereich. Das ist nicht gut, aber eben gewollt und hält uns von einer guten Zukunft fern.*

Schwierige Arbeiten brauchen ihre Zeit. Kreatives braucht Muße, Hochkomplexes benötigt fast grimmiges Verbeißen in das Problem. Wir schauen uns das jetzt »biologisch« an. Wenn Sie dem gesunden Menschenverstand nicht trauen, mit dem ich es argumentativ im vorigen Abschnitt versucht habe, dann müssen Sie wenigstens jetzt dran glauben.

Ein EEG (Elektroenzephalogramm), das mit Hilfe der Elektroenzephalografie hergestellt wird, ist eine grafische Dokumentation unserer »Gehirnströme«. Die Daten werden über viele Sensoren an einer Kopfhaube für eine gewisse Zeit lang erfasst. Die Ergebnisse solcher Messungen sind insbesondere bei Menschen hilfreich, die unter Epilepsie leiden. Das EEG hilft, deren Zustände zu verstehen.

Man hat bei gesunden Menschen festgestellt, dass diejenigen, die ruhen, meditieren oder schlafen, niedrigere Frequenzen im EEG zeigen als »hektische Manager«. Es ist üblich geworden, die möglichen Frequenzen in Frequenzbänder einzuteilen. Man spricht daher von Alpha-, Beta-, Gamma-, Delta-, Thetawellen.

Schauen wir in die folgende sehr schematische Darstellung.

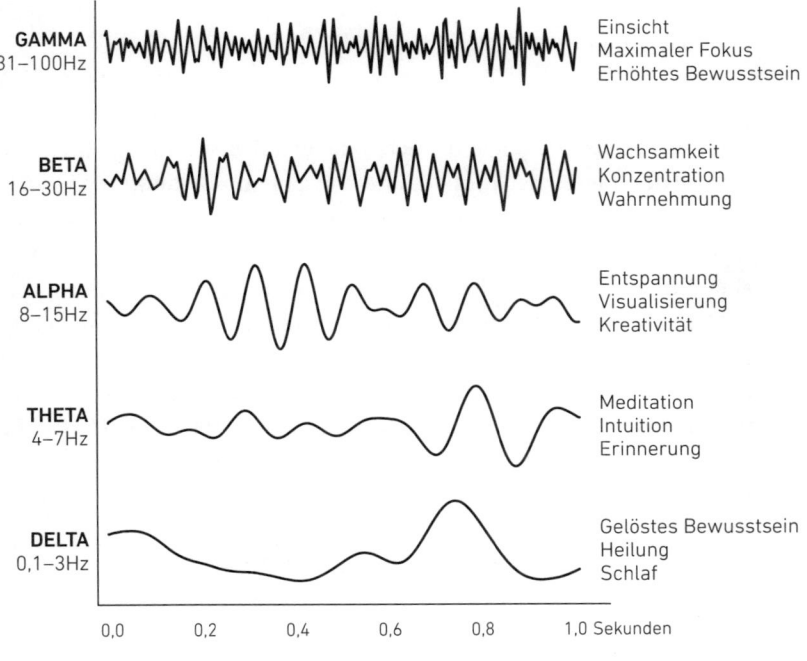

10. Menschliche Gehirnwellen
Quelle: Hugo Gamboa, 2005, siehe Wikipedia unter Elektroenzephalografie

Deltawellen kommen beim Menschen allenfalls kurz im Schlaf vor. Thetawellen treten im Gehirn auf, wenn wir wachträumen, tagträumen, wenn wir in uns neue Ideen für eine Romanhandlung vorüberfliegen lassen oder müßig warten, bis unser Gehirn neue Erfindungen gebiert. Philosophen, Mönche, Komponisten, oder auch Dichter und Mathematiker wie ich wissen, dass die großen Ideen im Zustand der Muße über uns kommen: Thetawellen. Alphawellen sind die Zeichen des entspannten Arbeitens mit Freude an der Sache. Betawellen kommen in Zuständen der Wachsamkeit vor, bei der Konzentration auf Erfolg oder beim angestrengten Nachdenken über Problemlösungen. Gammawellen sind noch nicht gut erforscht, weil man sie mit den früheren Instrumenten gar nicht gemessen hatte, also nicht in Betracht zog. Indische Mönche zeigen erhöhte Gammawellenaktivitäten, wenn sie sich auf die Erleuchtung konzentrieren (also nicht entspannen – ganz hart und bewusst konzentrieren!).

Ich will für dieses Buch brachial kurz daraus mitnehmen: Das gehetzte Arbeiten in Unternehmen und das Streiten um Prioritäten in Meetings findet vorrangig im Betawellenbereich statt. Ich meine: Die Hektik des Tagesgeschäftes resultiert in einem »Betaunternehmenshirn«. Kreativität und Ideen hat man aber im niedrigeren (ruhigeren) Frequenzbereich. Was nützt es dann, wenn die Unternehmen »Ideen, aber schnell« fordern? Ohne Muße, für die man Zeit braucht?

Ich möchte dieses Argument deutlich verstärken. EEGs von Personen verschiedenen Alters zeigen typischerweise niedrigere Frequenzen in der Jugend und im Alter. Schauen Sie sich das folgende Grobschema an, das Mitsura Ebe und Isako Homma in ihrem *Leitfaden für die EEG-Praxis* (auf Deutsch bei Urban & Fischer, München Jena 2002) vorstellen:

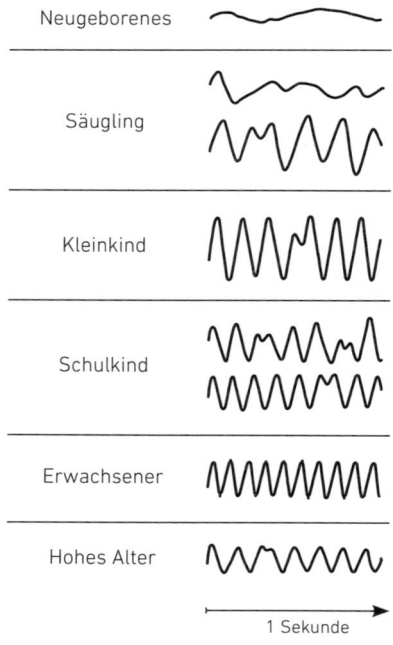

11. Gehirnwellen in unterschiedlichen Lebensphasen

Neugeborene haben ein »Deltawellen-EEG«, sie reagieren kaum, wirken eben wie wir im Schlaf. Säuglinge wechseln langsam vom Deltawellen-EEG in ein Thetawellen-EEG, sie beginnen dann zu sprechen (ab dem 18. Monat). Das Kleinkind hat bis zum Alter von 5 oder 6 Jahren ein Thetawellen-EEG, es wirkt verträumt, es ist kreativ, es kann staunen und sich wundern. Es lernt einfach so! Nämlich »intuitiv«, nicht systematisch. Das Kind ab 6 Jahren zeigt ein Alphawellen-EEG, es ist jetzt schulreif, kann systematisch lernen, ist energiereich, lernwillig, freudig, interessiert und mag gerne entspannt an etwas arbeiten – bei Zwang b(l)ockt es, wenn es zum Beispiel den Lehrer nicht mag oder wenn es Druck von den Eltern bekommt.

Schließlich, irgendwann im Alter von 12 bis 20 (je nach Lehrbuch) scheint das Gehirn in den Betawellenmodus zu kippen. Wache Intelligenz ist gefragt, das Bestehen von Prüfungen steht auf dem Plan, es gilt nun, diszipliniert auch unter Druck zu arbeiten. Kurz: Das echte Leben beginnt – mit einem durchgeplanten Tagesgeschäft und einem (er)drückenden Erwartungshorizont.

Vom 60. Lebensjahr an kehren viele Menschen zum Alphawellen-EEG (mit niedrigerer Amplitude als Kinder) zurück: Sie sind nun wieder entspannter, aber nicht so aktiv wie kleine Kinder. Enkel finden: »Opa ist nicht so hektisch wie Papa. Opa hat mehr Zeit und Geduld mit uns.« Die gestressten Betawelleneltern denken alle, dass die Alphawellengroßeltern ihre Enkel aus zu großer Liebe (!) verziehen und zu sehr verwöhnen. Sie kommen nicht auf den Gedanken, dass Kinder und Großeltern »auf der gleichen Wellenlänge« liegen und dass sich aus der Sicht von Kindern die Eltern oft wie strenge »Manager« aufführen.

Im Unternehmen ist eben kein Platz für Opa, Oma, Kind. Hier versuchen sich alle an »Überaktivierung«, was dann zu Hektik und Versagensängsten führt. Das Lernen, das Interesse für Neues und die Aufnahme anderer Ideen sind »Theta« und »Alpha«, sie haben keinen Platz mehr.

Als Einzelmenschen sind wir so oder so. Die ehrgeizigen Beratertypen sind vorwiegend im Betarausch, ein Landwirt wird eher im Alphabereich besser arbeiten – die Pflanzen wachsen, wie sie wachsen, er kann sie ja nicht anbrüllen. Ich kenne allerdings auch solche Bauern, die jeden Tag die Felder kontrollsüchtig anschauen, am liebsten noch einmal düngen würden und andauernd den Wetterbericht studieren. Als Einzelmenschen sind wir verschieden – aber in einem Unternehmen ist alles so konfliktreich, prozessorientiert und effizient, dass alle, auch die ruhigeren Menschen, die kreativen jungen Leute und die besonnenen Älteren in einem generellen Betazustand gehalten werden. Ich will das so ausdrücken:

[
Das auf Effizienz getrimmte Unternehmensgehirn arbeitet ständig im hohen Betawellenbereich. Es ist dauerhaft angespannt und auf der Suche nach Umsatzchancen und Einsparmöglichkeiten. Darauf verwendet es seine wache und stets wachsame Intelligenz.
]

Sie sollten fühlen können, dass der einzelne Mitarbeiter unabhängig von seiner eigenen Persönlichkeit und seinen Arbeitspräferenzen in den Sog des »Unternehmenshirns« gerät und sich der »Unternehmenskultur« dadurch anpasst, dass er eben auch mit seinem eigenen speziellen Hirn im Betawellenbereich arbeitet. Das ist eine Art von harter Dressur!

Das ist den Bossen implizit klar. Wenn sie eine »Brainstorming-Session« ansetzen, wird ja immer gepredigt, dass die Mitarbeiter bitte einmal für eine halbe Stunde entspannen (!) sollten und ihre Ideen herauslassen dürfen.

Ideen kommen aber nicht bei einer kurzen Entspannung! Ich habe mein Leben lang viel Zeit mit Forschung, mit dem Schreiben, Erfinden und dem Entwickeln neuer Geschäftsfelder zugebracht. Ich kann selbst bestätigen, was alle irgendwie wissen, aber nicht wirklich wahrhaben wollen:

Gute Ideen kommen beim Spazierengehen, in selbstvergessenen Zeiten der Gartenarbeit, beim Sonnen am Strand – in Muße, nicht im Meeting! Im Zustand der Muße macht das Ego keinen Stress, das Hirn denkt nicht zielgerichtet und zweckbezogen, sondern es schweift umher und entdeckt dabei oft Neues oder Unerwartetes. Das (wieder kurz »kindliche«) Staunen über Sehenswürdigkeiten im Urlaub bringt neue Assoziationen. Fremde Sitten und Gebräuche geben uns neue Perspektiven. Das Kreative braucht die Luft im Theta-/Alphawellenbereich, nicht die im terminierten Meeting.

Wenn man aber eine Story für ein neues Buch gefunden hat, wenn man über eine neue Erfindung jubelt, wenn sich ein neuer Markt für ein Unternehmen öffnet, dann ist die Zeit der Kreativität vorbei, dann geht es um konzentriertes und hochdiszipliniertes Umsetzen.

Es wird nicht viel über den Gammabereich gesagt, außer dass man bei Mönchen unter Hochkonzentration hohe Gammawellenaktivitäten messen kann. Ich selbst habe diesen Wechsel vom Erfinden einerseits zum Umsetzen andererseits sehr oft erlebt.

Ich habe Ideen für ein neues Buch, ich habe »im Prinzip« die Lösung für ein mathematisches Forschungsproblem gefunden, ich habe eine tolle Idee für ein neues Start-up – dann ist sofort Schluss mit Muße. Jetzt folgt harte Arbeit in höchster Konzentration. Mathematiker drücken es oft so aus: »Ich weiß jetzt, wie es prinzipiell zu beweisen ist. Die neue Idee trägt. Ich muss es nur noch ausführen. Das wird eine elende Fronarbeit. Das liegt nun schon länger auf meinem Schreibtisch. Ich arbeite derzeit aber an einer anderen Sache, da brauche ich eine neue Idee.« Sie merken: So ein Mathematiker will immer nur erfinden, nicht umsetzen. So irre viele sagen: »Jetzt muss ich es nur (!) noch umsetzen.« Aber von allein geschieht es nicht.

Ich stelle es mir so vor: Das Gehirn muss die Mußezustände des Umherstreifens in der Fantasie verlassen und sich ohne jeden Kompromiss auf ein Denken im hohen Konzentrationsbereich einlassen. Keine Ablenkung, kein Meeting, keine E-Mails anschauen – voll durchdringen! Dieser Sprung von »Theta« auf fast so etwas wie »Gamma« ist sehr hart!

Für die Innovation brauchen wir also beides: Muße und disziplinierte Hochkonzentration. Beide aber haben gemeinsam, dass sie keine Ablenkung vertragen. Das Arbeitsgedächtnis muss vom täglichen Trubel frei sein. Die Muße kann sich unter Stress nicht einstellen, das harte Ringen um eine gut ausgefeilte Problemlösung verträgt keine halbe Konzentration. Beide Zustände kann aber das Unternehmensgehirn nicht einnehmen, im Ganzen sowieso nicht, und im einzelnen Menschen eigentlich auch nicht. Es liegt an dem Zeitbedarf:

- Wer Ideen in Muße gewinnen will, braucht längere Zeit, in einen entspannten Zustand zu kommen. Er muss allein entspannen oder fröhlich mit Gleichgesinnten beisammen sein (letzteres ist bei Werbeagenturen angesagt, die beim Rumhängen im Team sprühende Geistesblitze ernten). Diese Übergangszeit wird im Unternehmen als »Chillen am Arbeitsplatz« gesehen. Das Betawellenunternehmen will daher nur ein viel zu kurzes Brainstorming, und zwar jetzt gleich!
- Wer sich hart konzentrieren will, braucht einige Zeit, »sich das Ganze in den Kopf zu ziehen«. Wer sich nach einer zweitägigen Pause wieder an sein Buch setzt, braucht mehrere Stunden, vielleicht ein, zwei Tage neuen Hineindenkens, bis er wieder die ganzen bisherigen Argumente präsent hat. Wer sich nach Tagen der Hektik wieder an ein komplexes neues Businessmodell setzt, braucht Stunden um Stunden, bis er wieder alle Facetten im Kopf hat und weiterarbeiten kann.

Dieser unausweichlich notwendige Zeitbedarf nur dafür, in einen arbeitsfähigen Zustand für Erfinden oder für Umsetzen zu kommen, wird einfach nicht gesehen. Betawellenmanager sind dafür vollblind und stocktaub. Sie sitzen hauptsächlich in Meetings und in effizienten Gesprächen – da kommt weder Muße noch Hochkonzentration je vor. Ich bin beliebig ungehalten über dieses Unverständnis – ich habe schon alle Flüche dieser Welt dafür verbraucht.

Sie sollten es körperlich spüren können: Versetzen Sie sich in einen Zustand der Muße oder einen der Hochkonzentration. Sie liegen also entweder in der Sonne und ihr Hirn streift durch einige Möglichkeiten bei Ihrer Arbeit – oder Sie sitzen an der Programmierung eines sehr komplexen Algorithmus. Denken Sie sich hinein. Und in diesem Moment tritt ein Chef im schwarzen Anzug von hinten an Sie heran und fragt: »Wie weit sind Sie? Was haben Sie heute geleistet? Kann ich die Dokumentation Ihrer heutigen Tätigkeit einsehen?« Dann schlägt bei Ihnen der Blitz ein. Zack! Sie sind sofort im Betawellenbereich angekommen. Die Muße ist vorbei. Die Hochkonzentration ist weg. Die Vorbereitungszeiten zum Einschwingen sind vertan. Sie ärgern sich darüber. Der Chef merkt nichts. Er versteht in aller Regel nicht, dass bei Ihnen somatische Marker Alarm schlugen. Er ist also »unsensibel« für so etwas. Warum nur? Ich erkläre es im nächsten Abschnitt.

Lassen Sie mich, weil dieses Thema so herausragend wichtig ist, noch kurz zwei Beispiele aus dem Alltag anführen, die Sie nun wirklich körperlich spüren können.

Herausreißen aus Hochkonzentration: Ich soll daheim ein hochkompliziertes Teil von IKEA aufbauen. Keine Ahnung, wie die Teile zusammenpassen. Ich konzentriere mich absolut grimmig auf das Zusammensetzen der Teile in meinem Kopf. Alle Bretter und Schrauben fügen sich langsam zu einem Ganzen. Es strengt wahnsinnig an, es sind bestimmt hohe Wellen in meinem Gehirn. Da ruft meine Frau: »Hast du die Anzughose aus der Reinigung mitgebracht?« Mein Gehirn fühlt sich blitzartig so an, als wäre es ein Ballon voller Erkenntnis, in den meine Frau mit der Nadel stach. Die Luft ist raus. Ich beantworte fast wütend die Frage und muss mich wieder hineindenken.

Zerstören des Entspannungszustandes: Ich soll eine liebe Verwandte auf Porträtfotos verewigen. Ich zücke die Kamera, bitte um ein Lächeln – da verzieht sie irgendwie künstlich ihr Gesicht. Was soll ich sagen? Jedes, aber auch jedes Foto misslingt. Ich habe jetzt eine Superzoom-Bridge-Kamera, damit schleiche ich mich an und drücke aus sicherer Entfernung ab. »Tolles Foto.« Manche Menschen lassen sich aus der Nähe so schlecht fotografieren wie zum Beispiel ein Reh – das läuft weg, weil es im Betawellenmodus instinktiv Angst hat. Bei meiner Verwandten schlagen Sensoren an: »Achtung! Foto! Du musst jetzt schön aussehen.« Sie ist das doch, sie soll nichts tun. Aber ihr Hirn schaltet auf »Beta«, auf »künstlich gestelltes Foto«. Wie schauen uns das Foto zusammen an und denken: »Das bist nicht du.«

Damit können wir eine Aussage zu Anfang des Buches noch einmal präziser fassen und verstehen: Manager im Betazustand sind in dieser Weise sehr oft oder eher meist nicht »sie selbst«, sie verharren den ganzen Tag vor den Mitarbeitern im Daueralarm: »Achtung! Du bist Respektsperson!« Sie wirken »gestellt«. Wenn man mit denselben Managern mal ein Bier trinkt, sind sie entspannt und reden wie vernünftige

Menschen. Das überrascht viele Mitarbeiter, die den Chef im normalen menschlichen Alphazustand nicht kennen. Wenn Ihnen das jetzt einleuchtet, verstehen Sie auch, warum man mit den Managern eben beim Bier sitzen muss, um gute Entscheidungen zu bekommen. Das ist nicht Kumpanei, sondern Herstellen einer günstigen Wellenlänge.

 Menschenhirne können unter verschiedenen Wellenlängen arbeiten. Für Erfinden und Kunst sind entspannte Zustände besser, für das Umsetzen und Ausarbeiten braucht man hochkonzentrierte Zustände. Beide Zustände vertragen keine Ablenkungen, vor allem keine seelischer Art.

Die Managerpersönlichkeiten sind meist extrem systemkonform

Unternehmen stellen bestimmte Mitarbeiter ein – am liebsten möglichst zuverlässige. Nur die zuverlässigsten und motiviertesten werden später Manager, nicht die kreativsten und leider meist auch nicht die kantigen Unternehmertypen. Psychoteststatistiken zeigen auffällig dominante Charakterhäufungen im Management: Der »Controller« und der »Antreiber« sind vorherrschend. Diese beiden Typen stellen eine komfortable Zweidrittelmehrheit im Managementteam. Als solche prägen sie das Unternehmen im Ganzen und uns als Person: Keine Fehler, keine Kosten, hohe Arbeitsmotivation für noch mehr Umsatz – andere Aspekte liegen diesen beiden Charaktertypen fern und genießen daher selten eine hohe Priorität.

Ich habe ja selbst eine Managerlaufbahn beschritten. Davor wurde meine Eignung überprüft. Ich wurde zuerst einem Stressinterview (!) unterzogen. Dabei wird man von einem Topmanager und einem Personaler so etwa wie in der Sendung *hart aber fair* in die Zange genommen. Wird der Kandidat nervös, wenn man ihn angreift? Wie schlägt er sich, wenn man ihm zusetzt? Kann er unter hohem Stress noch sauber argumentieren? Bleibt er souverän? Diese erste Prüfung versetzt den Kandidaten absichtlich in eine hohe Betawellenstimmung, in der es ja oft in den Meetings hoch hergeht. Man will herausbekommen, ob der Kandidat in einer solchen Atmosphäre standhält und siegen kann. Interessant, oder? Wenn Sie im hohen Betawellenbereich nicht mehr sauber funktionieren, sind Sie sofort aussortiert – Sie werden nie Führungskraft.

In diesem Stressinterview wurde ich hauptsächlich gefragt, ob ich wirklich »Herrscher« sein wollte, was Wissenschaftler bekanntlich nicht besonders interessiert – sie wollen ja eher Ruhm. Ich habe später bei anderen Unternehmen Merkblätter gesehen, anhand welcher Fragen man Leute, die nach Macht und Einfluss streben, von anderen unterscheidet, denen es hauptsächlich um eigene »wunderbare« sachliche Errungenschaften geht (auf dem Blatt wurde von »power-seeking versus achievement-driven« gesprochen). Offenbar wurde solch ein Auslesebogen auf mich angewendet. Man wollte »Power« in meinen Augen funkeln sehen. Ich wusste das beim Interview nicht und antwortete, dass ich nur solche Projekte oder Bereiche managen wollte, die etwas »Wundervolles« erreichen wollten. Sie fragten mit hochgezogenen Augenbrauen, was ich täte, wenn man mir befehlen würde, eine stinknormale Linienaufgabe zu übernehmen. Das wolle ich nicht, meinte ich standhaft. Aber wenn ich bei dieser Haltung bliebe, sei ich absolut nicht okay, sagten sie, ein Manager habe als solcher für jede ihm zugeordnete Aufgabe bereit zu sein. Bliebe ich bei meiner Auffassung? Ich sagte, ich merkte schon, dass sie das so sähen, aber ich bliebe dabei: Sonst nicht. Sie bohrten weiter: Wenn es aber keine wundervolle Aufgabe gäbe? Ich meinte, dass ich dann wieder Mitarbeiter sein könnte, da hätte ich kein Problem, dann würde ich wieder als Mitarbeiter versuchen, eben allein etwas Wundervolles zu vollbringen. In dieser Weise ging es knapp zwei Stunden hin und her.

Urteil: Ich kam durch, aber man empfand mich als nicht normal. Sie zuckten etwas mit den Achseln. »Wissenschaftler.« Solche schnitten wohl in Assessment-Centers traditionell schlecht ab. Die Erfahrung war allgemein, dass hauptsächlich schneidig begeisterte Vertriebsasse und analytische »Hauptverwaltungstypen« durchkämen, fast nie Wissenschaftler. Die Vertriebsasse würden mich plattreden und die zukünftigen Controller würden mich firmenpolitisch korrekt und sehr faktenreich an die Wand nageln. Mit den Begriffen dieses Kapitels: Wissenschaftler versagen im Betawellenmodus. Sie würden im Thetawellenmodus locker siegen, aber das Stressinterview oder das Assessment-Center finden absichtlich in einer für Kreative feindlichen Atmosphäre statt. Wenn wir uns diese Erkenntnis auf der Zunge zergehen lassen, verstehen wir, warum immer die gleichen Typen im Management oben ankommen.

Erstaunliches Ergebnis: Ich wurde doch ins Assessment geschickt. Ich habe später erfahren, dass sie einige Stellen nicht besetzen konnten. Kandidaten hatten abgesagt, andere waren beim Assessment durchgefallen. Da schickten sie mich hin – es ging auch wirklich alles sehr plötzlich für mich.

Im Assessment-Center sitzen zwölf Kandidaten, die in Gruppen/Teams (mal vier, mal sechs oder zwölf) für künstlich gestellte Probleme Lösungen erarbeiten und Entscheidungen treffen. Eine Stunde Diskussion, dann eine Entscheidung. Man schaute, wer sich dabei hervortat, Stunde um Stunde, Übung um Übung. Ich fühlte mich schlecht, weil die anderen versuchten, möglichst viel zu reden, um Punkte zu machen. Ich kam gar nicht zu Wort. Genau davor war ich ja oft gewarnt worden. Ich warf nur ab und an fast vorwurfsvoll eine sinnvolle Lösung des Problems in die Runde. Da stutzten sie etwas, übernahmen aber einiges von meinem Vorschlag. Immerhin! Nach dem Assessment bekamen wir einzeln ein sehr ausführliches Feedback. Meines schockte mich einigermaßen. Sie sagten, ich wäre sonderbar – zu introvertiert und viel zu wenig gewandt in den Meetingkonventionen. Ich würde eine ganz andere Denkkultur ausstrahlen und würde mich auch nicht an die normale Kommunikation halten. Sie würden mich dennoch zur Führungskraft ernennen, weil meine trocken eingeworfenen Vorschläge de facto bei den Entscheidungen großen Einfluss gehabt hätten. »Vielleicht hören andere auf Sie, weil Sie ja Mathe-Prof sind – keine Ahnung, warum sie Ihren Vorschlägen folgen, aber sie tun es.« Ich sah wohl etwas bedeppert aus. Sie beruhigten mich: »Managen Sie erst einmal, keine Angst. Aber wir sagen Ihnen: Wenn Sie einmal in einem Umfeld arbeiten, in dem die Leute irrational werden, rüde Gehaltsforderungen stellen, weiter inkompetent bleiben oder öfter dieselben Fehler machen, dann werden Sie versagen. Sie verstehen uns im Augenblick nicht, weil Sie als Wissenschaftler solche Leute nicht kennen. Wir können deshalb nicht entscheiden, ob Sie generell versagen werden. Sie haben ja keine Schuld, dass Sie Wissenschaftler sind. Es kann sein, dass Sie doch Erfolg haben. Wenn Sie also wirklich Situationen durchleben, in denen wir Sie für schwach halten, dann denken Sie an dieses Feedback zurück und rufen Sie vielleicht noch einmal bei uns an.«

Ich war also ganz anders. Die Feedbackgeber hatten Recht, das erfuhr ich dann auf die harte Tour. In Situationen, in denen man wohl mit der Faust auf den Tisch hauen muss, versagte ich kläglich. Ich merkte auch, dass ich es unerträglich fand, immer Leistungskennzahlen für die höheren Meetings zu liefern. »Bitte«, dachte ich immer fast verbittert, »könnten wir nicht besser ausführlich über die Inhalte reden, anstatt Tabellen zu führen?« Ich wollte ja versuchen, »etwas Wunderbares« zu machen, und dazu braucht man keine Tabellen und Listen. Ich fühlte mich unbehaglich in Situationen, in denen man »Power« von mir zu erwarten schien. Ich baute dann in der Folge eine große Abteilung auf, die mit großen Datenmengen optimale Entscheidungen errechnete und damit Roboter und Fahrzeuge fütterte … wir erreichten schon nach ein paar Jahren in den 90er Jahren einige Millionen Umsatz. Heute würde man sagen: Wir gründeten in einem großen Unternehmen ein erfolgreiches Start-up auf dem Themenfeld Big Data und KI. Ich managte also ganz anders, mit einigem Erfolg, war aber immer etwas unglücklich mit den Prozessen, Tabellen und Listen, die mir das Leben schwer machten.

Dann kam eine Art Schicksalsmoment: Man zeigte mir den damals bei Personalern üblichen MBTI-Persönlichkeitstestfragebogen (heute schwört man auf die wissenschaftlich fundierten »Big Five« Tests). Den absolvierte ich sofort, das Ergebnis interessierte mich sehr. Ergebnis: Ich »bin« ein INTJ (introvertiert, intuitiv, holistisch/systemisch denkend, strategisch, gründlich, beharrlich, innovativ). Bei der Beschreibung stach ins Auge: »Sie sind vom seltensten Typ.« Diese Feststellung erhellte mein Leben – sie machte vieles klar und betrübte mich auch etwas …

Das Thema packte mich sofort als Ganzes. Aha, ich bin von einem seltenen Typ, und alle anderen im Assessment-Center sind »normal«? Was für Typen im Test sind die dann?

Ich habe sofort wie der typische Wissenschaftler alle Facetten rund um die Persönlichkeit studiert und ab 1999 fünf Bücher über diese Problematiken geschrieben! So sehr hat mich die Fragestellung beschäftigt, wie verschieden Menschen sein können und wie anders ich bin. Ich hatte damals auf der Stelle das Gefühl, dass die so genannten »Nerds«, die »Computerfreaks« oder die »Techies« wohl eher so sein sollten wie ich und dass die Manager eher so wären wie zuverlässige oder antreibende Menschen, wie Vorschriftenkenner und Ehrgeizige. Stimmt das? Ich suchte Statistiken im Netz und rief bei IBM alle Mitarbeiter auf, mir zu helfen. Ich bekam über 1000 Antworten. Ich befragte einen ganzen Neueinstellungsjahrgang, ich betreute eine Diplomarbeit, bei der studentische Mitarbeiter ganze Hörsäle den Test ausfüllen ließen. Ich publizierte Kolumnen in *Informatik Spektrum* und erhielt noch etwa 1000 zusätzliche Testergebnisse.

Ich wertete die Zahlen aus und verglich sie mit verfügbaren Daten im Internet. Ich kaufte das sündhaft teure Buch *Atlas of Type Tables*, in dem Statistiken von sehr vielen Berufsgruppen zu finden sind, eben auch von Mathematikern, Psychologen, Managern verschiedener Branchen, Beratern, Mönchen usw.

Alles passte zusammen. Erstaunlich war, dass die Charakterverteilungen in den Berufen ziemlich genau mit den Vorurteilen übereinstimmen, die man über diese Berufe hat: Psychologen sind oft Idealisten, Mathematiker sind mehr »wie ich«, Ingenieure erfinderisch, Verkäufer extrovertiert. Das ist natürlich auch ganz klar: Viele Berufe passen gut zu bestimmten Charaktertypen, und diese ergreifen dann diese Berufe und prägen deren Arbeitskultur[6].

Ich hebe noch einmal hervor: Es sind 16 verschiedene Typen, also ziemlich viele. Es gibt seltenere und häufiger vorkommende Typen, die häufigsten Typen kommen auf einen Anteil von 10 bis 15 Prozent in der Bevölkerung, die seltenen sind mit 1 bis 3 Prozent vertreten, wobei es sich immer um Schätzungen handelt. So, und jetzt – Gong! Spot an!

Gut drei Viertel der Manager in so etwa jedem Workshop und jeder größeren Firma gehören zu nur zwei Typen, die etwa gleich oft vorkommen: Je gut 35 Prozent der Führungskräfte in größeren Unternehmen, insgesamt also mehr als 70 Prozent, passen zu einer der beiden »Temperament-Beschreibungen«:

- Introvertierte Version: Zuverlässigkeit, Planung, Sparsamkeit, Fehlervermeidung, Kontrolle, Logistik, Prozessdesign
- Extrovertierte Version: Immenser Einsatz, Leistung, Ausdauer, »Erster sein wollen«, »Rennlistensicht auf Mitarbeiter«, sehr fordernd, »Executive-Persönlichkeit«

Überrascht Sie das? Nein, oder? Es gibt also viele Charaktere (im MBTI oder dem ähnlichen Keirsey Temperament Sorter sechzehn verschiedene), aber nur zwei von ihnen dominieren das Management. Sie stellen nicht nur die absolute Mehrheit, sie haben sogar eine »verfassungsändernde Mehrheit«, die keinerlei Rücksichten auf Minderheiten nehmen muss.

In großen Unternehmen arbeiten die »Introvertierten« mehr im Controlling, im Finanz- und Rechnungswesen, im Einkauf und auf der hartherzigen Seite des Personalwesens, dem die Gehälter immer zu hoch sind und das am liebsten heute noch alle Minderleister entlassen würde. Die »Extrovertierten« sind eher die Bereichsleiter, sie arbeiten sonst tendenziell an den Brennpunkten im Vertrieb, sie setzen die ehrgeizigen Ziele. Ganz grob: Dem einen Temperament geht es primär um Fehlerlosigkeit und oft exzessive Sparsamkeit, dem anderen um die Motivation der Mitarbeiter zu steigendem Mehrumsatz. Controller & Pacesetter.

Und jetzt vergleichen Sie diese Charakterverteilung mit den Anforderungen der McDonaldisierung: Exakt prozessoptimierte Hamburger sollen möglichst rasend schnell zubereitet werden. Passt.

Kurz noch für Psychologen, die jetzt mit dem Kopf schütteln, weil ich nicht auf die neuesten Tests und alle brandneuen Erkenntnisse abziele. Psychologen halten den MBTI-Test (den weltweit meist verwendeten) für unzuverlässig und veraltet. Personen werden nämlich vom MBTI oder vom Keirsey-Test ziemlich oft unrichtig eingeschätzt.

Das wissenschaftlich valide Testen einer Einzelperson ist aber an dieser Stelle gar nicht das Thema. Bitte beachten Sie den großen Unterschied in der Betrachtung: Ich beziehe mich hier auf eine Statistik über größere Gruppen. Für diese können auch fehleranfällige Tests gute Aussagen machen. Es geht um eine klare Tendenz bei viele Testergebnissen: Es ist absolut ins Auge stechend, dass die Gruppen der Manager beim Massentest ganz überwiegend bei »Controller & Pacesetter« landen und die der Architekten, Nerds, Psychologen, Künstler, Journalisten in den Schubladen der Idealisten & Theoretiker. Noch einmal: Ich behaupte nicht, dass diese Tests bei Einzelpersonen exakt messen. Ich will keine Einzelmenschen in Schubladen stecken, aber die Gesamtheit der Manager und zum Beispiel die Gesamtheit der IT-Experten bilden eine »Schublade«, also eine jeweils andere Charakterkultur. Wenn wir also von »den Managern« oder »den Nerds« sprechen, dann hat das eine gewisse Berechtigung.

Die Personaler der Unternehmen verteilen diese Tests bei Managementlehrgängen, bei denen es um Führungsstile geht. »Ist Ihr Stil autoritär? Demokratisch? Sind Sie Pacesetter? Verstehen Sie sich als Vorbild und Coach?« Man gibt den Managern damit Stoff, sich selbst zu erkennen. Die Personaler verwalten dann die Testergebnisse, und Gerüchte in allen Firmen sagen, dass die Personaler lieber wieder diejenigen befördern, die die »richtigen Ergebnisse« haben ... Ich habe auch verschiedentlich von Beratungsfirmen gehört, dass sie gezielt spezielle Charaktertypen nach solchen Tests einstellen. Starberater sollten zum Beispiel sehr dominant sein, weil sie ja Vorstände beraten und diese zu gewissen Erkenntnissen zwingen müssen. Solche Starberater werden dann oft wieder Vorstand ...

Insgesamt möchte ich eben diesem Argument Farbe verleihen: Aus vielen Gründen setzt sich das obere Management mehrheitlich aus den Stereotypen »Controller & Pacesetter« zusammen und erzeugt damit eine uniforme stereotype Kultur, die wie geschaffen ist für das Durchsetzen von Sparplänen und Prozessoptimierungen. Sie treibt Mitarbeiter an und neigt im Menschenbild zu Theorie X: »Menschen wollen keine Extrameilen gehen und verschwenden zu viel Geld, wenn man sie nicht dauernd unter starker Kontrolle hat und sie nicht immer tritt.«

Die Businessgrundsätze suchen sich ihre Menschenklone.
Wenn Unternehmen primär sparen, Mitarbeiter kontrollieren und bei Fehlern bestrafen, Überstunden erwarten und dauernd antreiben, dann suchen sie sich Führungskräfte, die das durchsetzen. Das sind nicht unbedingt Klone des Oberbosses, wie oft gesagt wird, sondern Klone der Unternehmenskultur.

Die dressierende Mehrheit der Betaordnungshüter in allen Meetings

> Viele Unternehmen spüren im Zuge der Digitalisierungsumwälzungen, dass sie verkrustet sind. Sie suchen nach Antworten, warum nicht sie, immerhin die Mächtigen und Großen, die Milliarden scheffeln. Warum machen ihnen Google & Co. so vieles vor, warum schauen sie nur ungläubig zu? Sie verstehen nicht, dass ihr Unternehmenshirn nicht so tickt.

Die größeren Unternehmen interessieren sich heute zunehmend dafür, »wie Start-ups« denken und handeln, wie jugendlicher Elan in die Zukunft stürmt und dann beunruhigend oft junge Menschen zu Milliardären macht. Machen die etablierten Firmen etwas falsch? Was könnte das sein?

Es liegt an der Zweidrittelmehrheit der Ordnungshüter, die in jedem Meeting dominiert, das in einer Betawellenstimmung stattfindet. Diese Mehrheit weiß schon lange um ihr Problem: Starre Abläufe, unflexible Hierarchien, bürokratische Prozesse und mangelnder Mut, ein gesundes Maß an Risiko einzugehen. Die Zweidrittelmehrheit schaut neidisch fasziniert auf die Start-ups: Die haben noch gar keine Organisation, unter der sie leiden könnten. Wie machen die das bloß, fast ohne Geld und ohne viele Kunden? Was also gibt es noch zu lernen? Wenn die Hindernisse und Blockaden in den etablierten Unternehmen weithin bekannt sind, warum beseitigt man sie nicht?

[**Ein Unternehmen hat somatische Marker.**]

Stellen wir uns das so vor: Das Unternehmenshirn hat im Ganzen so etwas wie somatische Marker, es zeigt quasi körperliche Reaktionen, wenn Vorschläge oder Meinungen geäußert werden, die an den empfindlichen Punkten Kosten, Fehler, Risiko, Mitsprache von Mitarbeitern, Motivation rühren. Dann zuckt das Unternehmen zusammen: man sieht es deutlich an den Gesichtern der Mehrheit im Meeting.

Junge Mitarbeiter merken das oft nicht. Sie reden noch undressiert, sie sind noch nicht assimiliert und haben ein eigenes Gehirn. Wenn sie im Sinne des Unternehmenshirns etwas Gewagtes äußern, zucken viele zusammen – das war's dann mit den Vorschlägen, im Wiederholungsfalle war's das mit dem jungen Mitarbeiter.

Sie können sich die Reaktionen an Beispielen wie diesem vorstellen: Ich fordere einen hartherzigen Geizhals in einem Wirtshaus auf, eine Lokalrunde zu schmeißen. Schauen Sie, während ich diesen Vorschlag mache, dem Geizigen genüsslich ins Gesicht. Sie sehen, wie er sich windet und nur mühsam seinen Abscheu vor der Idee verbirgt. Er empört sich über mich, weil er sich bei seinem knappen NEIN öffentlich bloßgestellt sieht.

Stellen Sie sich genau nach diesem Muster das Gesicht des Unternehmens im Meeting vor, wenn ich die somatischen Marker (SM) der Zweidrittelmehrheit reize, zum Beispiel so:

- »Wir können bei unserer Innovation noch nicht gut planen und brauchen ab und an spontan einiges an Geld, um etwas auszuprobieren. Wir müssten einfach einen auskömmlichen Etat haben, den wir ohne Genehmigungskaskaden ausschöpfen können.« – SM: »Das könnte euch so passen.«
- »Ich finde das Quartalsergebnis nicht so wichtig, wir wollen doch nachhaltig agieren – das steht explizit im Nachhaltigkeitsbericht des Vorstandes. Hallo? Warum schauen Sie mich so entgeistert an? Ich habe Recht, ich habe den Bericht mitgebracht. Ich lese einmal vor ...« – SM: »Oh, er/sie ist nicht loyal, das notiere ich mir. Er hat keine Ahnung, wozu diese Berichte da sind.«
- »Ist es nicht auch für Sie als Chef viel einfacher, wenn ich diese Miniprobleme selbst entscheide?« – »Wenn Sie etwas falsch machen, muss ich selbst den Kopf dafür hinhalten, weil ich Sie nicht im Griff habe.« – »Aber ich verantworte es doch selbst!« – »In unserem Unternehmen tragen die Führungskräfte die Verantwortung, nicht die Mitarbeiter. Daher genehmigen wir lieber nichts, was schiefgehen kann.«

- »Ist diese Innovation nicht einhellig von allen für gut befunden worden? Warum fangen wir denn jetzt nicht einfach an? Ich hätte richtig Lust dazu.« – »Wir müssen erst entscheiden, ob sich das lohnt. Das dauert. Außerdem wissen wir nicht, wem wir die Umsetzung aufs Auge drücken können, ohne dass es Geschrei gibt, denn wir haben ja alle mehr als genug zu tun. Die Innovation kann also erst im Zuge einer Umorganisation administriert werden. Das machen wir gewöhnlich in einem Aufwasch zum Jahresende. Dabei müssen Sie höllisch aufpassen, dass die gewünschte Innovation auf der Agenda bleibt. Die kommende Umstrukturierung ist nämlich sehr einschneidend. Sie tangiert sehr viele Karrieren, vielleicht sogar Inhalte. Die am aussichtsreichsten gehandelten Kandidaten werden sich wegen so einer riskanten Innovation wie Ihrer nicht aus dem Fenster lehnen wollen, bis sie Gewissheit für sich haben. Vielleicht macht es ja ein abgehalfterter Vice President, den wir vor die Wahl stellen, Ihre Innovation durchzuziehen oder ein Abfindungsangebot wahrzunehmen.« – »Hilfe, oh Himmel, der kann das doch nicht!« – »Er muss es ja nicht selbst umsetzen, nur verantworten. Da sitzt er im Schleudersitz, deshalb will so etwas ja keiner machen.«
- »Könnten wir gegen den Stress nicht Yogakurse anbieten? Wir haben so viele Burnouts, die kosten doch das Unternehmen zu viel. Die betroffenen Leute sind dann zwei Monate raus und müssen sich langsam wieder an den Stress gewöhnen.« – »Gewöhnen? Die sind nach zwei Monaten gesundgeschrieben, also arbeiten sie doch hoffentlich wieder voll. Yoga! Warum nicht gleich Qi Gong bei Sphärenmusik? Ihr Vorschlag ist zum Kugeln, in welcher Abteilung arbeiten Sie?« – »Ich bin neu im Vertrieb.« – »Aha, soso. Und wie wollen Sie Ihre Quartalsziele schaffen? Mit Globuli?« – »Ich will hauptsächlich erst viel lernen und ein echter Vertriebsprofi werden. Es dauert ja auch einige Zeit, bis ich das Vertrauen der mir zugewiesenen Kunden erworben habe. Ich sehe das als sinnhafteste Strategie an.« – »Na, warten Sie mal ab, wenn Sie beim Zahlenabfragen durch den Fleischwolf gedreht werden. Göttlich, wenn Sie dort erklären, zwar nichts verkauft, aber viel gelernt zu haben.«

- »Warum kann unser Autokonzern nicht eine Batteriefabrik bauen? Unser Gewinn pro Quartal ist 5 Milliarden Euro, die würden reichen. Wir schütten einfach mal weniger Dividende aus und sind dann mit allem im grünen Bereich.« Betretenes Schweigen.
- »Es ist doch kontraproduktiv, Chef, wenn ich jetzt drei Wochen lang keinen Computer habe, da sitze ich doch länger sinnlos herum. Das wollen Sie? Echt? Nur weil bis zum Quartalsende ein Einkaufsstopp verhängt wurde? Sie können doch dem Bereichsleiter sagen, dass diese Lage hier gegen den gesunden Menschenverstand verstößt. Das wird er doch einsehen, oder? Er ist doch nicht auf den Kopf gefallen, was meinen Sie?« Verzweiflung in den Augen des Managers, er denkt: »Grottendumm, dieser Idiot!«
- Könnte ich entgegen der Bestimmungen doch im Konferenzhotel übernachten? Es kostet 95 Euro, aber nur 90 sind erlaubt.« – »Nein, nein, nein! Langweilen Sie nicht, ich verstehe Sie gut, ich weiß genau, welche Vorteile das nach gesundem Menschenverstand hat. Ich bin doch nicht ganz dumm – aber Prozess ist Prozess. Ich muss bei einer Ausnahme eine Begründung schreiben, warum ich sie Ihnen genehmigt habe, das will ich nicht. Wo kämen wir da hin! Wissen Sie, was mit Führungskräften geschieht, die mehr Ausnahmen zulassen als der Durchschnitt? Na? – Na? Sehen Sie! Warum kommen Sie dann überhaupt zu mir! Sie wollen nicht verstehen, wie unser Unternehmen tickt. Wollen Sie vielleicht etwas ändern? Diese Phase hat jeder einmal. Bringen Sie sie schnell hinter sich. Die Prozesse haben auch etwas Gutes. Wir müssen nicht immer alles diskutieren, wenn alles vorgeschrieben ist. Das macht meinen Job als Führungskraft einfacher. Ich will nichts selbst entscheiden müssen, das gibt nur Ärger.«

Wenn Sie sich in solche Situationen hineinversetzen, können Sie bestimmt auch körperlich das Zucken der somatischen Marker im Unternehmenshirn spüren. Ein Großteil der Meeting-Teilnehmer rollt mit den Augen, trommelt frustriert mit den Fingern auf der Tischplatte oder schaut genervt aus dem Fenster.

Ich kann Ihnen stundenlang solche »naiven« Äußerungen als Anekdoten aufbereiten. Ich habe die Beispiele so gewählt, dass ein naiv intelligenter Mensch in (noch) nicht aggressiver Stimmung (im Alphawellenbereich) etwas sagt, was beim Betawellenmanager sichtbares oder unsichtbares Augenrollen verursacht. Dieser hat dann so etwas wie eine innere Schnappatmung und staunt fast, wie dumm die Fragen sind, weil sie unzulässige Prozessausnahmen verlangen, weil sie vielleicht sogar die Ziele in Frage stellen oder weil sie die hierarchischen Muster nicht berücksichtigen und überhaupt sorglos und unüberlegt gestellt wurden – nämlich gar nicht im üblichen hohen Betawellenbereich, in dem man mit heruntergeklapptem Visier Forderungen stellt, um die dann gerungen wird.

Die innere Schnappatmung sagt immer: »So tickt unser Unternehmen nicht!«

Diese Beispiele sind Eins-zu-Eins-Fehlkommunikationen. Alpha gegen Beta, ein Y-Mensch fragt einen Chef, der ihn als X-Menschen behandelt, Idealist/Techie gegen Ordnungshüter.

Im Meeting bestimmt die Zweidrittelmehrheit. »Was ist der Plan? Wie kommen wir weiter? Wo stehen wir? Warum sind wir nicht weitergekommen? Verdammt, alle müssen jetzt einmal ihre Hausaufgaben machen. Wenn das nicht klappt, prüfen wir so lange nach, bis es klappt.«

Hören wir noch kurz, wie der bei den Hotelkosten mauernde Manager beim Bier darüber denkt. »Es geht gar nicht um die lächerlichen 5 Euro. Wir hatten zu viele Verstöße, weil insbesondere höhere Manager Luxushotels buchten – das sind ja auch dieselben, die am meisten reisen. Dem mussten wir einen Riegel vorschieben und ganz rigoros werden. Was meinen Sie, was diese höheren Chargen alles als Ausreden für »angemessene« Hotels draufhaben. Völliger Unsinn wird vorgebracht. Ich fürchte manchmal, es ist die mitgebrachte Geliebte, die nicht mit einem ibis-Hotel enttäuscht werden darf. Zum Kotzen. Also lassen wir gar keine Argumente mehr zu. Null Toleranz. Es ist, wie es ist. Ich muss das alles als sinnvoll vertreten, weil ich Führungskraft bin. Ich soll den ganzen Wahnsinn schönreden. Ich leide darunter sehr, denn ich bin ja auch Mensch, nicht nur offizielles Sprachrohr der optimierten Prozesse. Ich werde von den Mitarbeitern kaum noch als Mensch gesehen, weil ich mich ihnen auch nicht als solcher zeigen kann. Ich stehe immer offiziell für das Unternehmen. Wenn ich etwas

Persönliches wie jetzt im Unternehmen sagen würde, geht das gleich auf dem Flur rum. Ich habe da meine Erfahrungen. Bitte – das war jetzt unter uns.«

Ich möchte Ihnen damit im fiktiv-anekdotischen Stil zum wiederholten Male klarmachen: Die Führungskräfte sind vernünftige Menschen, so wie Sie und ich. Sie haben natürlich ihre ganz persönliche Charakterfärbung, auch wenn sie eher in den Klassen der Ordnungshüter oder Pacesetter finden sind. Aber wenn sie im Meeting in ihrer Zweidrittelmehrheit schwimmen, benehmen sie sich immer stärker als Stereotype im Dienst der optimierten Prozesse. Diese Stereotypen verteidigen das Optimierte als optimal, was sie aber beim Grillen im Schrebergarten nicht täten. Im Dienst aber nehmen sie dressierten »Corporate Habit« an und dressieren alle anderen. Sie norden ein und bringen auf Kurs. »Wir sprechen mit einer Stimme. Das macht uns stark. Wir sind ein eingeschworenes Team. Keiner weicht ab.«

[
Manager sind Menschen, aber im Meeting mehr wie Stereotype. Sie haben eine Rolle, füllen diese Rolle wie gefordert aus und wollen eine immer größere Rolle spielen.
]

Die Führungskräfte habe ihre spezielle Persönlichkeit, die sich aber tendenziell an Eigenschaften der Planer, Perfektionisten und Antreiber anlehnt. Egal aber, welchen Charakter sie haben, richten sie sich in ihrer offiziellen »Meetinghaltung« und im Umgang mit Mitarbeitern nur danach, wie die große Mehrheit tickt. Sie tragen in diesem Sinne oft eine dienstliche Maske. Die strahlt ein X-Denken und einen bemühten Aktionismus aus.

Diagnose: Das Unternehmen hat eine Persönlichkeitszwangsstörung

Wenn in etwa gleichartige Charaktere stets als Team zusammenarbeiten, dann verstärkt sich ihr Charakter zu einer Art Zwang, so zu sein. Er wird zu einer Norm und vereinheitlicht die Denkweise. Daraus entsteht das, was wir Unternehmenskultur nennen, die dann mehr oder weniger geschlossen wirkt. Die offiziell so gewünschten Charaktere verstärken sich oft zu einer extremen Haltung, die von außen wie Symptome einer Neurose wirken. Diese Neurosen stelle ich jetzt kurz vor.

Sie kennen das Gerede über Mathematiker, die man häufig als seltsame Wesen bestaunt. Zum Beispiel wird uns pauschal nachgesagt, wir wären viel zu introvertiert und würden uns bei Konflikten lieber in Elfenbeintürme zurückziehen. Das stimmt für mich ganz sicher. Ich habe ja auch geschildert, dass man mich im Assessment prompt und sicher als »etwas außerhalb der Norm« gesehen hatte. Wenn ich meine Eigenheiten übertreiben würde, also noch stärker introvertiert und noch konfliktscheuer wäre und zusätzlich noch gründlicher nachdenken würde, dann stünde ich mit einem Bein in der Bandbreite des autistischen Spektrums, wie man heute sagt. Früher hätte es geheißen: »Der Dueck hat aber schon einen kleinen Asperger-Touch, oder?« Solche darin enthaltenen Warnungen, dass vielleicht direkt hinter mir eine mögliche Persönlichkeitsstörung lauert, haben mich immer beschäftigt. Ich bin sehr introvertiert aufgewachsen. Ich habe mir ursprünglich einen Beruf gewählt, in dem dieses Wesen beim Fortkommen nützlich sein kann. Ich traf beim Studium viele meiner Artgenossen. Unsere Haltungen potenzierten sich zu »dem« Mathe-Student. Wir kleideten uns nachlässig und wunderten uns über die viel besser und kultivierter gekleideten BWL-Studenten, die wohl schon so ihr Studium begonnen hatten und sich schon in ihrem Kleidungsstil Gedanken über ihre Zukunft als Führungskräfte zu machen schienen.

Sie haben als Leser dieses Buches wahrscheinlich einen »normalen« Charakter. Dann können Sie sehr gut mitfühlen, wie Sie einen Nerd, einen Geek, einen theoretischen Physiker oder einen typischen Mathematiker sehen: klug, zwei linke Hände im praktischen Leben, mit einem oft sarkastischen Humor.

Halten Sie sich diese Vorurteile kritisch vor Augen: Stimmt dieses pauschale Bild »vom Mathematiker«? Wahrscheinlich nicht für jeden einzelnen, aber auf eine gewisse Art wieder doch, weil die Kultur der Mathematiker in der Uni alle dort Studierenden prägt. Mein Sohn hat auch in Mathe promoviert. Er ist ausgesprochen extrovertiert und zeigt oft strahlend optimistische Laune, redet mit jedem und kennt viel mehr Menschen als zum Beispiel ich. Er wurde im Mathe-Hörsaal oft gefragt, was er denn »hier« wolle. Man hielt ihn damit quasi für ein abweichendes Wesen in dieser speziellen Kultur.

So, das war meine Einleitung von einer anderen Seite. Jetzt sollten Sie sich als Mehrheitscharakter nicht gleich aufregen, wenn ich sage: Von außen machen die Führungskräfte einen ähnlich geschlossenen Eindruck wie die Klasse der Mathematiker für Sie. Mathematiker wirken in der Menge, wie sie auf Konferenzen auftritt, übertrieben seltsam. Das ist andersherum auch so, wenn man Manager im Meeting als Menge betrachtet. »So übertrieben!«

Wenn gleichartige Charaktere immer zusammenarbeiten, entwickelt sich oft eine extreme Neigung zu einer übersteigerten Kultur, die kein andersartiges Verhalten mehr duldet. Wie eine politische Partei lässt »das Management« innen keine anderen Meinungen mehr zu, sie »schließt ihre Reihen« wie eine Infanteriefront im Krieg. Sie ist um Einheitlichkeit bemüht und brandmarkt Abweichler als »Verräter«, die im wirklichen Krieg sofort erschossen werden. In dieser Weise steigert sich ein ursprünglicher Charakter in der Massendynamik leicht in eine neurotische Version hinein. Mathematikstudenten werden so zu »Nerds«, Pacesetter zu Raubtieren und Controller zu Erbsenzählern und Bedenkenträgern.

> Es liegt nahe, dass es zu jedem Charakter und jeder Gruppe von Menschen exzessive Varianten gibt, die in der Nähe von benachbarten Neurosen liegen: Man spricht beim Einzelnen von Charakterneurose und sollte bei Gruppen den Begriff der Gruppen- oder Kulturneurose einführen.

Ich führe Sie nun in den Gedanken ein, dass Unternehmenskulturen, die sich exzessiv mit dem Sparen und dem Steigern der Effizienz befassen, gefährdet sind, sich spezielle Charakterneurosen einzufangen. Controller könnten zum Beispiel »zwanghafte Züge« bekommen und ihre Zwangsgedanken absoluter Perfektion über das ganze Unternehmen ausstrahlen lassen. Dann bekäme das Unternehmen eine Zwangskulturneurose. Diesen Fall möchte ich in diesem Abschnitt behandeln und im folgenden Abschnitt nachdenken, welche Neurose mit den Pacesettern und Antreibern korrespondiert.

Ich beginne mit der vollen Härte einer berühmten Studie zu diesem Thema (Achtung, Trigger Warning, starker Tobak):

Lassen Sie sich von *Disordered personalities at work* faszinieren.[7] Die Autorinnen Belinda Jane Board und Katarina Fritzon interviewten neunundreißig hochrangige Executives von britischen Firmen und ließen sie alle möglichen Persönlichkeitstests durchlaufen. Die Ergebnisse waren in manchen Feldern ziemlich extrem. Sind Topmanager neurotisch? Board und Fritzon vergleichen die gemessenen Neurosewerte der Manager mit den entsprechenden Testergebnissen von geistig Kranken, von Menschen mit psychopathischer Persönlichkeitsstörung und von Patienten in klinischer psychiatrischer Behandlung.

Die Psychologie unterscheidet viele verschiedene Persönlichkeitsstörungen, zum Beispiel theatralisch-histrionisch-hysterisch, depressiv, narzisstisch, zwanghaft, antisozial, abhängig, borderline, passiv-aggressiv, paranoid, schizotypisch, schizoid, vermeidend …

Was kam bei der Studie heraus? Die Executives toppten alle Patienten in den Werten für »histrionisch/theatralisch« und zogen bei »zwanghaft« und »narzisstisch« mit den klinischen Patienten in etwa gleich:

- Zwanghafte Persönlichkeitsstörung: Suchtartiger Perfektionismus, extreme Hingabe an Arbeit, Rigidität, Sturheit, Härte, Unbeugsamkeit, Hang zu diktatorischem Verhalten, Zurückhaltung bei der Kommunikation mit anderen, Unterdrückung von Emotionen, extremes Horten von Geld.
- Histrionisch-theatralische Persönlichkeitsstörung: Unaufrichtigkeit, »Darsteller«, oberflächlich-flüchtiger Charme, Egozentrizität, Manipulativität – steht am liebsten immer im Zentrum der Aufmerksamkeit, braucht viel Applaus.
- Narzisstische Persönlichkeitsstörung: Grandioses Auftreten, Selbstbezogenheit, Fehlen von Empathie für andere und ausbeuterisches Verhalten.

Die Ergebnisse von Board und Fritzon regen zum Nachdenken an, ob es erfolgreichen und einen erfolglosen Umgang mit Neurosen gibt. In extremen Formen kann der Erfolgreiche mit seiner Psychopathie gut leben, der Erfolglose aber wird als Patient eingewiesen.

Haben Sie diese Befunde auch mit einem sanften Lächeln gelesen? Die Studienergebnisse erscheinen auf den ersten Blick etwas abenteuerlich übertrieben, sind aber doch nicht aus der Welt. Wir können uns durchaus »Zwanghafte« in der Hauptverwaltung vorstellen, ebenso Theatralische im Vertrieb und Narzissten als Boss oder sogar als US-Präsident. Ich habe gleich nach dem Lesen dieser Studie in meiner kleinen Bibliothek daheim nachgeschlagen. Ich hatte damals das DSM IV gekauft und suchte unter Zwanghaftigkeit nach.[8]

Im DSM findet man die Diagnosekriterien für Zwanghaftigkeit unter Diagnostic criteria for 301.4 Obsessive-Compulsive Personality Disorder, diese können Sie komplett im Netz nachlesen. Es handelt sich um einen groben Fragebogen für einen ersten groben Befund. Einem möglichen Patienten werden acht Fragen vorgelegt, von denen er lieber nicht mehr als drei mit ja beantworten sollte, sonst könnte man ihn zu genaueren Untersuchungen einbehalten. Ich erinnere mich an mein damaliges erstes Lesen. Ich überflog die Fragen und lachte hell und herzlich auf.

Sie lauten in etwa so: Vergisst der Patient über der exzessiven Beschäftigung mit Listen, Plänen und Tabellen das eigentliche Ziel seiner Arbeit? Arbeitet er so perfektionistisch, dass die Arbeit zu lange dauert? Arbeitet er unter Verzicht auf Muße und Familie/Freundschaften? Ist er zu gewissenhaft und hat daher bei Ungewohntem immer Skrupel und Einwände? Ist er strikt bei Regeln und Moral? Bewahrt er alles auf? Spart er nur deshalb unsinnig diszipliniert, um bei Unglücken aller Art auf der sicheren Seite zu sein? Delegiert er nie oder nur an Vertraute, die ganz und gar genau alles so tun, wie er selbst es täte?

Ja, ich musste ziemlich laut lachen, denn so ticken die Hauptverwaltungen großer Konzerne! Ich wiederhole aus dem vorigen Abschnitt:

Je gut 35 Prozent der Führungskräfte in größeren Unternehmen, insgesamt als mehr als 70 Prozent, finden sich in einer der beiden »Temperamentbeschreibungen« wieder:

- Introvertierte Version: Zuverlässigkeit, Planung, Sparsamkeit, Fehlervermeidung, Kontrolle, Logistik, Prozessdesign
- Extrovertierte Version: Immenser Einsatz, Leistung, Ausdauer, »Erster sein wollen«, »Rennlistensicht auf Mitarbeiter«, sehr fordernd, »Executive-Persönlichkeit«

Ich stelle hiermit die These auf: Diejenigen 35 Prozent der introvertierten Planer, die tendenziell in der Hauptverwaltung und in Planungsberufen arbeiten, prägen das große Unternehmen in seinem inneren Kern so sehr, dass es als System viele Merkmale des Stereotyps »zwanghaft« zeigt. Die anderen 35 Prozent, also in etwa die Pacesetter, müssen draußen im Feld »die geplanten Zahlen holen«. Sie sind die echten Helden des Unternehmens, die ich im nächsten Abschnitt beleuchten werde.

Zwanghaft – da muss ich noch eine Anekdote einstreuen, die ich im Netz fand. Es geht um den berühmten Milliardär Ross Perot, der sich 1992 für den Posten des US-Präsidenten bewarb. Ross Perot verkaufte 1984 seine Firma EDS mit einem Milliardengewinn an General Motors und war dort noch für eine Übergangszeit tätig. Perot machte einmal weltweit Schlagzeilen: 1979 wurden im Zuge der Iranischen Revolution zwei seiner Mitarbeiter im Iran gefangen gehalten. Perot organisierte einen bewaffneten Trupp unter Führung eines hohen ehemaligen Offiziers und schickte diese Leute eigenmächtig in den Iran, um seine Mitarbeiter herauszuholen. Das gelang dieser kleinen heldenhaften Truppe in unübersichtlicher Lage. Man brachte die Mitarbeiter heil über die Türkei in die USA zurück. Diese Fakten helfen Ihnen, Ross Perot besser zu verstehen, wenn er so zitiert wird:

> I come from an environment where, if you see a snake, you kill it. At GM, if you see a snake, the first thing you do is go hire a consultant on snakes. Then you get a committee on snakes, and then you discuss it for a couple of years. The most likely course of action is – nothing. You figure the snake hasn't bitten anybody yet, so you just let him crawl around on the factory floor.« – Ross Perot
>
> (Ich stamme aus einer Umgebung, in der man eine Schlange sofort unschädlich macht, wenn man eine entdeckt. Wenn man bei General Motors eine sieht, heuert man zu allererst Consultants für Schlangen an. Danach werden Arbeitsgruppen über Schlangen gebildet, die ein paar Jahre darüber sitzen und diskutieren. Am wahrscheinlichsten ist es, dass nichts passiert. »Bisher ist ja noch keiner gebissen worden, so lange können wir sie ja in der Produktionshalle herumschlängeln lassen.«)

So ist das. Im wirklichen Leben gibt es wahrscheinlich gar keine verfügbaren Consultants für Schlangen, also zahlt man Stargagen an allgemeine Consultants, die bereit sind, sich das Wissen über Schlangen anzueignen oder über Umfragen in der Produktionshalle neu zu erwerben. Anschließend geben sie ihre gewonnenen Erkenntnisse in einer Kurzzusammenfassung (»Executive Summary) an den Auftraggeber ab, der sie ausdruckt und hinter die Rechnung in der Buchhaltung heftet.

Ich glaube, ich werde jetzt gallig. Ach, wenn Sie wüssten, was es in Wirklichkeit alles gibt ...

Es wird oft beobachtet, dass Menschen mit einer Zwangspersönlichkeitsstörung aus einem überkontrollierenden und perfektionistischen Elternhaus stammen. Sie haben auf ihre Eltern, insbesondere auf ihren strengen Vater, mit übermäßiger Fehlervermeidung reagiert, sichern sich übermäßig gegen Kritik ab (»Mama, Papa, ist das gut so?«), stehen oft unter Spannung und können nicht abschalten. Sie sozialisieren sich zu sehr und fühlen sich unwohl, wenn sie nicht dem Lebenspfad folgen, der ihnen von ihren Eltern vorgezeichnet wurde. Sie experimentieren nicht und halten sich und ihre Emotionen zurück. Sie achten stets auf untadliges Benehmen. Im überaus ausführlichen Band *Disorders of Personality – DSM-IV and Beyond* von Theodore Millon finden Sie alles über dieses Thema, dort gibt es ausführliche Beschreibungen der Untertypen (gewissenhafte, bürokratische, puritanische, geizig hortende und innerlich zerrissene Zwanghafte).

Natürlich entwickelt nicht jedes überkontrollierte und dauerbemäkelte Kind einen zwanghaften Charakter, aber es ist plausibel, dass es mit höherer Wahrscheinlichkeit so kommen kann. Das Zwanghafte wird damit in vielen Fällen durch eine Erziehung weitergegeben, die ständig auf Fehler hinweist und damit im Kind den Hang zur Perfektion fördert. Wenn das im Übergang der Generationen so gut klappt, dann ist es klar, dass eine zwanghafte Unternehmenskultur mit ihrer Vorstellung von Perfektion und Prozesseinhaltung genauso stark prägend auf die Mitarbeiter wirkt. Überkontrolle und Dauermäkelei der Mehrheit im Meeting legen die Mitarbeiter in Ketten. Damit stabilisiert sich die Unternehmenskultur im Zwanghaften, es kann zur Verkrustung kommen.

Jetzt möchte ich einen wichtigen Punkt setzen. Es ist absolut legitim, von allen Mitarbeitern zu verlangen, sorgfältig und regelkonform zu arbeiten. Mitarbeiter sollen sich pflichtbewusst anstrengen und bemühen. Fehler sollten nicht vorkommen. Sie kennen aber selbst Beispiele aus der eigenen und aus anderen Familien, wie mit Fehlern umgegangen wird. Man kann versuchen, kaum welche zu machen. Man kann aus ihnen lernen, um in der Zukunft weniger oft Probleme zu haben. Es ist klar, dass konstruktiver Umgang mit Fehlern die Lage verbessert. Man kann aber auch aus Fehlern ein Drama machen. Der Vater sagt: »Unerhört, du versagst immer wieder. Bist du vielleicht böswillig, dass du dich partout nicht bemühst? Willst du uns ärgern, du Nichtsnutz? Dazu haben wir keine Kinder bekommen, dazu haben wir dich nicht erzogen! Du brauchst dich auch gar nicht zu entschuldigen, du hast einfach nicht den Charakter dazu ...« So wird das Kind in demütigender Weise niedergemacht. In Talkshows schildern häufig Prominente, wie ihr Leben unter dem Motto »Ich zeige es dem Vater!« verlief. Solche Lebensläufe zeigen den Schaden, der in ihrer Psyche angerichtet wurde – im Fall von Prominenten eventuell nicht, aber die meisten, die es allen anderen zeigen wollen, scheitern ja in diesem Sinne.

Bitte beachten Sie den wichtigen Unterschied: Man kann mit Fehlern umgehen lernen und Perfektion erstreben, man kann aber auch eine unerbittliche Kultur strengen Tadelns errichten, in der es darauf angelegt wird, die somatischen Marker in Menschen hart Alarm schrillen zu lassen (»Versager!«).

Die Mitarbeiter können dann nicht mehr besonnen mit ihren tatsächlichen und möglichen Fehlern umgehen, sie haben nackte Angst vor dem Alarm: »Schon wieder du!« Das ist ein neurotischer Umgang mit Fehlern, der Stresszustände wie Angst, Scham oder Hoffnungslosigkeit bis hin zur Depression auslösen kann.

Genau das aber geschieht in Unternehmen, wenn Manager sagen: »Den/die muss ich mir jetzt einmal hart vornehmen und in den Stiefel stellen. Nach einer Abreibung funktionieren sie alle wieder für eine geraume Zeit.«

Kurz: das Zwanghafte setzt in uns somatische Marker ein. Wir werden KÖRPERLICH mit Sensoren ausgestattet, die bei diesen Gelegenheiten schrillen:

- Etwas ist nicht perfekt!
- Es sind nicht alle E-Mails beantwortet!
- Die Zahlen sind nicht akkurat!
- Ein Häkchen fehlt noch!
- Die Entscheidung ist nicht abgesegnet!

- Eine Deadline ist schwer einzuhalten! Gefahr!
- Die Kostenlinie könnte überschritten werden!
- Der Chef scheint unzufrieden!
- Die Arbeit staut sich!
- Die Daten sind in der Cloud nicht sicher, oder der Chef denkt das!
- Mit den vorliegenden Informationen kann man nicht ohne Risiko entscheiden, ich habe Angst!

Ärger bis hin zum Zorn befällt den Zwanghaften, wenn ein anderer das Schrillen nicht in sich selbst hört:

- Was er macht, ist nicht perfekt! Er scheint das ertragen zu können, na, dann komme ich einmal zur Sache.
- Er antwortet einfach erst viel später und manchmal nicht!
- Seine Zahlen sind nicht akkurat!
- Er übersieht ein Häkchen! Ignoriert er mich absichtlich?
- Seine Entscheidung ist nicht abgesegnet worden, er trifft sie einfach so!
- Er scheint die Deadline zu ignorieren! Frevel!
- Er überschreitet die Kosten, das wird er büßen!
- Er macht meinen Chef unzufrieden und ich bekomme den Ärger!
- Seine Arbeit staut sich!
- Er schaut nicht auf Sicherheit, der Chef wird wüten!
- Mit den zu wenigen vorliegenden Informationen sollte er das nicht entscheiden, wir brauchen ein Meeting!

Immer wieder, damit Sie sich nicht aufregen – es kann ja sein, dass Sie jetzt von Ihren Prägungen alarmiert werden: Es ist gut, wenn man perfekt arbeiten möchte oder sorgfältige Entscheidungen trifft. Haken dran. Es ist gut, wenn jemand die Vorschriften einhält und auf Deadlines und Budgets achtet. Alles gut! Die Grenze zur Störung wird irgendwo da überschritten, wo die Alarme der Sensoren schrillen, wenn man also körperlich innerlich schreien möchte; wenn das Innere wütet, sobald etwas schief zu gehen droht, wenn der Vagusnerv aus dem Darm Alarm schlägt. Das eben ist der Unterschied zwischen Zuverlässigkeit (sehr gut) und neurotischer Panik unter Zwang.

Soweit zur wünschenswerten und zur unter psychischer Grausamkeit erzwungenen Perfektion. Im nächsten Abschnitt gehe ich auf die Psychologie der Pacesetter ein, die immerfort »Druck auf Faule« machen und die andere große Partei im Management bilden.

Vorher möchte ich Ihnen noch eine vielleicht nötige Information zur Vermeidung von Verwirrung geben: In der Psychologie unterscheidet man zwischen der zwanghaften Persönlichkeitsstörung (die ist hier gemeint) und der so genannten Zwangsstörung. Im Amerikanischen spricht man von der »obsessive-compulsive personality disorder (OCPD)« und der »obsessive-compulsive disorder (OCD)«. Die Zwangsstörung äußert sich dadurch, dass davon befallene Personen sich zum Beispiel dauernd waschen müssen, dass sie vielfach Schlösser prüfen, Angst haben, etwas zu vergessen (Ladekabel dabei?), dass sie über bestimmte Gedanken immer wieder grübeln müssen etc. Diese Menschen leiden unter dem Zwang an sich, sie verstehen, dass sie sich zum Beispiel nicht waschen müssten, sie wollen nicht von sich aus alle diese Zwangshandlungen durchführen und über immer dasselbe unnütz grübeln. Dieser Zwang beherrscht sie, sie wollen ihn eigentlich abschütteln und können es nicht. Die OCPD ist dagegen eine exzessive Charaktereigenschaft, die ja selbst will, dass überall Haken dran müssen und alles erledigt werden muss – und dass andere das genauso so tun wie sie selbst und notfalls brachial dazu gezwungen werden müssen. Die OCPD ist somit schwerer heilbar, weil sich der Perfektionistische als solcher nicht als Problem wahrnimmt, sondern sich vollkommen klar als Vorbildmensch sieht.

 Der große Block der Planer und Perfektionisten im Management tendiert unter Profitdruck dazu, die Unternehmenskultur so zu prägen, dass das Unternehmen als Ganzes unter einer zwanghaften Persönlichkeitsstörung leidet. Fehler werden nicht mehr nur aus Einsicht und Pflichtgefühl vermieden, sondern stärker aus Angst, an die Wand genagelt oder an den Schandpfahl gebunden zu werden. Die psychische Angst sitzt quasi in somatischen Markern, die in uns Gefahren wittern sollen. Wir tragen in uns Radarfallen herum, die uns nicht nur warnen und kontrollieren, sondern ständig in einem nervösen Zustand halten (sollen).

Diagnose: Das Unternehmen hat eine zweite Persönlichkeitszwangsstörung

Um es gleich klar zu sagen: Es gibt keine offiziell anerkannte Persönlichkeitsstörung in der Psychologie, die zum Bild des Pacesetters passt. Ich habe aber eine gefunden, die früher einmal in der Medizinforschung diskutiert wurde. Die stelle ich vor und erläutere, warum sie von den Psychologen nicht im DSM gelistet wird.

Es gibt in der Medizin den Begriff des Menschen vom Typ A (er wird dort einem fiktiven Menschen vom Typ B gegenübergestellt, der nur zum Vergleich da ist, aber nicht für die medizinische Betrachtung). Es ging in der Medizin darum, Risikofaktoren für Herzprobleme zu identifizieren, und man vermutete, dass Personen, die dauerhaft unter Stress leben, viel eher Herzprobleme haben als andere. Ist es tatsächlich so, dass umtriebige Vice Presidents öfter Herzattacken erleiden als ein ruhiger Bauer, der bedächtig über seine Felder schaut?

Alles begann mit dem Buch *Type A Behavior and Your Heart* von Meyer Friedman und Ray Rosenman. Diese beiden Autoren wollten die Häufigkeit von Herzproblemen mit menschlichen Charakteren in Verbindung bringen und beschrieben daraufhin Menschen vom Typ A und Typ B. Menschen vom Typ A sind fast stresssuchend, die vom Typ B sind stressvermeidend, ruhig und ausgeglichen. Ich beschreibe hier eingehend die Eigenschaften von Typ A, wie man sie in der Literatur findet. Schauen Sie sich alles genau an und denken Sie dabei gleich an meine These, dass ein exzessiver Typ A genau die Neurose hat, die extreme Pacesetter über das ganze Unternehmen hin verbreiten.

Kurzversion: Typ A hat stets große Ambitionen, die er mit Stolz und Energie verfolgt. Er setzt seine Ziele auch aggressiv durch, dringt bei allem auf schnelle Arbeit und ist ungeduldig, wenn ihm andere nicht folgen. Er ist in Gedanken immer bei der Arbeit, wirkt ruhelos und angespannt, ist hyperwachsam und spricht oft hektisch.

Passt das nicht exakt zu dem Verhalten der »extrovertierten« Hauptpartei im Management, der Pacesetter und Antreiber?

Über den Typ A gibt es das sehr erhellende Werk *Stress Management Sourcebook* von J. Barton Cunningham. Ich schildere hier Eigenschaften des Typ-A-Menschen nach diesem wichtigen Buch, damit Sie die Auswirkungen eines Typ-A-Verhaltens auf ein Unternehmen deutlich sehen können.

Cunningham schreibt in seinem Buch:

> »Type A behavior is not a personality disorder, but might be called a socially acceptable obsession.«
>
> (Typ-A-Verhalten ist keine Persönlichkeitsstörung, aber wir könnten es als eine sozial akzeptierte Obsession betrachten.)

Unsere heutige Gesellschaft empfindet neurotischen Ehrgeiz tendenziell als wünschenswert. Das war »früher« nicht unbedingt so. Wenn in meinem Zeugnis »Gunter zeigt sehr viel Ehrgeiz« gestanden hätte, hätten meine Eltern ein ernstes Gespräch mit mir geführt. »Gunter zeigt makellose Leistungen« hätte sie mit Stolz erfüllt. Leistungsstreben ist eine neuere Gesellschaftsobsession, die wohl aus Amerika über die Beratungsunternehmen importiert wurde. Die stark amerikanisch angehauchte Psychologie sieht keinerlei Neurose, wo man eine sehen könnte. Ich sehe eine. Welche?

Im schon erwähnten Buch von Theodore Millon findet sich nur ein einziger Satz zum Typ A: »Also notable is the close correspondence between the compulsive life pattern and what is now termed ›Type A‹ behavior …« (»Erwähnenswert ist eine enge Beziehung zwischen dem Muster einer zwanghaften Lebensführung und dem, was man als Typ A bezeichnet.«)

Typ A versucht, alles schnell abzuarbeiten, es muss immer weitergehen: höher, besser – beeilt euch! Das sind diese Menschen, die am Kaffeeautomaten unsere Gespräche verstummen lassen oder die uns so scheel ansehen, als dächten sie: »Da arbeiten einige Kollegen nicht, sie reden und reden, auch über nicht-dienstliche Belange. Das muss unterbunden werden!« In Bewerbungsgesprächen nennen sie als größte Stärke ihre Ungeduld, vor allem die mit Low Performern. In den Meetings verhindern sie zuverlässig jeden Versuch einer tieferen Auseinandersetzung mit: »Okay, und was ist die nächste Aktion?« – »Wir müssen erst noch verschiedene Dinge klären!« – »Ach was, immer neue Meetings. Was ist zu tun, wer tut es bis wann?« Sie kommen vor lauter Ungeduld gar nicht gern in Meetings. Insbesondere hohe Manager dieses Typs schneien kurz vor dem Ende von Besprechungen herein: »Können Sie mich kurz aufklären [›briefen‹, sagt man], was bisher als Ergebnis erarbeitet wurde? Sie haben doch wohl etwas Konkretes erarbeitet? Was sind dazu die To-dos?« Sie hassen normale Menschen, die nicht schnurstracks zum Punkt kommen. Sie haben nie Zeit, sie nehmen in der Regel nur unter Drohungen ihrer Familie Urlaub: »Aber ich muss meine Smartphones und die Laptops mitnehmen, wir müssen also an einen Strand mit gutem Internet.«

Cunningham schreibt über die Hauptprobleme, die die reineren Typ-A-Menschen haben:

- Hyperaggressivität
- Gefühl der Dringlichkeit (time urgency)
- Unstillbarer Ehrgeiz zur Übererfüllung der Ziele
- »Polyphasic Behavior« und Impulsivität

Hyperaggressivität von Typ A: Er hat eine stets präsente Angst, zu versagen und nicht der Beste zu sein. Er vergleicht sich ständig mit anderen und wird sehr nervös, wenn er auch nur hauchdünn schlechter dabei abschneidet. Wenn sich entsprechende Alarmsignale zeigen, reagiert er mit demonstrativer Leistungsbereitschaft, mit Aktionen und immer neuen Plänen. Er sucht in seinem Unwohlsein stets neue ambitionierte Herausforderungen, die ihn andere übertrumpfen lassen. Damit steht er stets mindestens in Rivalität zu anderen, im Grunde führt er mit allen einen unerklärten Krieg. Für das Gewinnen bringt er unnötig viel Energie auf und ist nun als Manager im Business betrachtet nicht mehr effizient – das ist die eigentliche Ironie!

Dringlichkeitsgefühl: Weil er unübersehbar viele Aufgaben gleichzeitig bewältigen will, fehlt es grundsätzlich an Zeit. Er muss also schneller arbeiten und setzt sich ehrgeizige Deadlines in Zeitmanagementsoftware. Er verwaltet Ziele und Aktionen, er verordnet sich selbst Regeln und Standards, die er mit dem Ziel strikt einhält, noch mehr zu schaffen. Er erwartet ein solch selbstoptimiertes Verhalten von allen anderen Menschen und wirkt entsprechend scharf auf sie ein.

Tendenz zur Übererfüllung: Da er stets noch mehr erreichen will, kann er bei einem Erfolg nicht durchschnaufen und für ein Glas Schampus innehalten. Er nickt sich kurz zu und dann: Weiter! Mehr! Er sammelt Awards, Statuspunkte, steht auf »BMW & Rolex« und misst sich in allem mit anderen: Die Anzahl der Pressemeldungen, seine Punktzahl beim Triathlon oder sein Handicap beim Golf sind ihm wichtig. Der Wert muss unbedingt messbar sein. Konkret messbar. »Ich verantworte mehr Umsatz als du, ich verdiene mehr als du.« Immerfort vergleicht er, misst er und zählt, ob er weitergekommen ist. Er arbeitet immer länger. Bis zum Burnout.

Polyphasic Behavior & Impulsivität: Da er an vielen Projekten gleichzeitig arbeitet, ist aus der Sicht eines einzelnen Projektes für dessen Mitarbeiter absolut nicht ersichtlich, was er eigentlich für dieses eine spezielle Projekt tut. Typ A arbeitet alles sehr geordnet und administriert ab, indem er ständig hin und herspringt, aber von außen gesehen wirkt er unkonzentriert und impulsiv. Innen fühlt er sich als heiliger Krieger für den Erfolg in allen Bereichen, äußerlich kann er mit einem Chaoten verwechselt werden, der alle Termine hin und herschiebt, weil immer etwas noch Wichtigeres dazwischenkommt.

Millon ordnet, wie schon gesagt, dieses Charaktermuster dem »conforming pattern« zu, das die zwanghafte Persönlichkeitsstörung kennzeichnet. Perfektionismus ist der Versuch, sich 1-A-vorbildlich von dem nur allgemeinen Streben abzuheben und damit hell zu glänzen. Der Typ A grenzt sich vom nur Durchschnittlichen durch außergewöhnlichen Einsatz ab und glänzt dadurch als Vorbild.

Und jetzt verstehen Sie, warum ich den Pacesetter zu Anfang des Buches sehr detailliert eingeführt habe. Gehen Sie bitte noch einmal zu Goleman/EQ zurück und schauen Sie kurz über Golemans Definition. Sie sehen: Der hier besprochene Typ A ist eigentlich eine gestörte oder obsessiv übersteigerte Version des Pacesetters, wie Sie und ich so viele von dieser Art kennen.

Ich schlussfolgere: Beide, der introvertierte Controller und Bürokrat auf der einen und der hochaktive Pacesetter auf der anderen Seite zeigen in übertrieben auftretender Stärke Zeichen eines Zwangs, »der Beste zu sein«. Da die Perfektionisten vielfach in Prüf- und Steuerungsfunktionen auftreten, sind sie oft introvertiert – ihre Gesamtkultur ist es auf jeden Fall. Der Typ A will sich ja vor anderen öffentlich hervortun, ist stolz darauf, es geschafft zu haben und beschimpft anschließend alle, die er besiegt hat, als Low Performer, Minderleister oder Leistungsschwächere. Typ A wirkt tendenziell extrovertiert.

Ich möchte für dieses Buch zwischen zwei zwanghaften Persönlichkeitsstörungen unterscheiden, der introvertierten, das ist die, die wir normal kennen, und der extrovertierten, die durch übersteigerten Leistungswillen gekennzeichnet ist. Ich definiere:

- Introvertierte zwanghafte Persönlichkeitsstörung (macht alles richtig, hat Angst vor Fehlern, benimmt sich passiv konform, hält sich an alle Regeln und Vorschriften und klammert sich an sie, überwindet innere Unsicherheit durch Perfektion, die keine Kritik zulässt; die eigene Perfektion ermächtigt, anderen Menschen deren Fehler anzukreiden und an ihnen beckmesserisch zu mäkeln; dieses aus partieller Überlegenheit gefühlte Recht erhebt den Perfektionisten über alle anderen und besänftigt seine eigenen Ängste vor eigenen Fehlern)
- Extrovertierte zwanghafte Persönlichkeitsstörung (macht alles vorbildlich und entzieht sich damit aller Kritik; agiert aktiv konform, setzt die Maßstäbe selbst so hoch, dass andere sie nicht erfüllen können und daher von ihm kritisiert werden können; herrscht durch Ankreiden von Leistungsschwäche bei anderen und besänftigt seine Angst, nur durchschnittlich zu sein)

Die extrovertierte Zwanghaftigkeit ähnlich dem Verhalten des Pacesetters oder des Typ A vergiftet das Klima und verbrennt Mitarbeiter, sagt Goleman. Ich erinnere an seine Statements zu Beginn des Buches. Dieses Verhalten ist aber gesellschaftlich akzeptiert. Es ist keine »negative« Abweichung von der Norm, sondern eine erwünschte.

Ich sagte ja schon: Die klassischen zwanghaften Persönlichkeitsstörungen, die ich hier »introvertiert« nenne, werden unter anderem durch überkontrollierende Eltern im Kind gefördert. Das Kind passt sich gegenüber den Eltern durch übermäßige Konformität bis zur Perfektion an. Es ahmt dann später die Mäkelei der Eltern als Herrschaftsinstrument nach. Extreme Perfektion erhebt sich subjektiv über andere Menschen. Objektiv gesehen mögen Normalos die Perfektionisten natürlich nicht.

Wie könnten analog dazu extrem Ehrgeizige »entstehen«?

Meine These zur extrovertierten Variante: Eltern, die (zu) hohe Erwartungen an ihre Kinder stellen, verlangen eigentlich ständig, dass ihr Kind das Beste von allen ist, im Sport und in Mathe und überhaupt. Sie schicken das Kind zum Judo, in die Klavierstunde und zu »Jugend forscht«. Denn es ist sicherlich hochbegabt, denken die Eltern, und daher müssen alle seine Talente fruchtbar gemacht werden. Das Fördern von Kindern ist ja Pflicht für alle, aber Typ A mag einem exzessiven Erwartungsdruck der Eltern entspringen, die ihn ständig mit den anderen Kindern vergleichen. Während die Controller durch Überkontrolle geprägt wurden, »entstehen« Typ-A-Menschen durch ständige Überforderung. Wenn sie den Überforderungen der Eltern einigermaßen nachkommen, werden sie ideale Pacesetter in Unternehmen.

Diese beiden »Erziehungsmethoden« der Überkontrolle und der Überforderung bringen große Menschen hervor und sehr viele Verlierer. Das ist bei der Erziehung ganz offensichtlich. Unter Dauerkritik zerbrechen so viele Seelen, und das ständige Rangeln um den Status des Besten erzeugt noch mehr Verlierer. Was aber bei der Erziehung so große Schäden anrichtet, wird in der Führung von Mitarbeitern als Methode der Wahl angesehen. Die Opfer zählt man weder in der Erziehung noch im Management: Man hat ja das Beste für einen jeden erkannt, gewusst und gewollt.

Ich fasse zusammen: Übertriebene Pacesetter wirken wie extreme Typ-A-Menschen, sie leiden dann an einer extrovertierten (nach außen gerichteten) zwanghaften Persönlichkeitsstörung. In einem Unternehmen, in dem mehr als ein Drittel der Manager Pacesetter sind, verstärkt sich deren Wirkung, weil sie ja alle die Besten auch unter sich Führungskräften sein wollen. Das Unternehmen setzt immer höhere Maßstäbe, alles soll noch schneller und besser werden. Die Prozesse werden gnadenlos ausoptimiert, schwächere Mitarbeiter mit ihrem Versagen konfrontiert und einer Outplacement-Abteilung übergeben. Dieses Vorgehensmuster der Pacesetter korrespondiert unausgesprochen mit der Theorie X.

Ebenso verstärkt sich die Wirkung desjenigen guten Drittels der Perfektionisten, die ja die Perfektesten sein wollen. Die wüten bei Fehlern und Unzuverlässigkeit, bestrafen Abweichungen und kontrollieren exzessiv, sie sind misstrauisch gegen nicht perfekte Mitarbeiter, denen sie Schlampigkeit unterstellen. Dieses Vorgehensmuster korrespondiert ebenfalls mit der Theorie X.

Insgesamt entwickelt das Unternehmenshirn zwei verwandte zwanghafte Persönlichkeitsstörungen, die hier von mir so genannte introvertierte und die extrovertierte zwanghaften Persönlichkeitsstörung.

Wie die introvertierte Störung, so setzt uns auch die extrovertierte Störung somatische Marker bzw. Alarmsensoren in den Körper ein, die uns quälen (sollen):

- Ich habe heute noch nichts optimiert!
- Der/die ist faul, das sehe ich sofort!
- Dieses Telefonat verschwendet nur Zeit, ich muss genervt zuhören und kann nichts nebenbei machen!
- Der soll besser sein als ich?
- Ich muss das Gespräch sofort auf mein Thema bringen!
- Sie reden über Zeug, was mich nicht weiterbringt!
- Oh Mann, die entscheiden wieder nicht! Kauft es doch!
- Was redet der? Kommen wir zum Punkt!
- Der Tag war zu nichts gut. Ärgerlich!
- Ich liege hier am Strand und kann nicht arbeiten. Habe es versprochen, Mist.

- Aus unseren Kindern wird einfach nichts. Sie sind ätzend normal, mehr nicht.
- Ich muss heute noch einmal den Stand der Zahlen sehen, sonst werde ich wahnsinnig.
- Den ganzen Tag musste ich mich mit Waschlappen rumschlagen.
- Was stehen die auf dem Flur rum und lachen?
- Mich kotzt es an, wie zufrieden manche meiner Mitarbeiter sind.

Im zitierten Buch von Cunningham finden Sie einen längeren Fragbogen, der Sie testet, ob Sie ein Typ A sind. Ich staunte beim ersten Anschauen. Ich glaube, dass ungeheuer viele Führungskräfte fast alle Fragen mit Ja beantworten und daher extreme A-Typen im Sinne dieses Fragebogens sind. Na, das war ja klar. Jetzt aber:

Ich ging sehr nachdenklich nochmals alle Fragen sorgfältig durch. Ich stellte mir vor, dass ein sehr hoher Chef hinter mir stünde und mir beim Ausfüllen dieses Fragebogens streng urteilend zuschauen würde. Was würde der wohl erwarten, was ich ankreuze? Siedend heiß war mir plötzlich klar: Man würde wollen, dass ich absolut alle Fragen mit Ja beantworten würde und dass ich die volle Punktzahl bekäme. Wenn ich auch noch kein Pacesetter sein sollte – alle da oben würden erwarten, dass ich einer werden will.

Das übersteigerte Bedürfnis, der Beste zu sein, folgt oft einem inneren Zwang, nur als »Bester« Ruhe vor überzogenen Fremderwartungen zu haben. Aktionismus und die Übernahme von zu vielen Aufgaben, die dann nicht alle erfüllt werden können, führen zu einem neurotischen Verhalten, das aber von den sozialen Normen eines Unternehmens gedeckt wird, das ruhelos an einem höheren Aktienkurs arbeitet.

Hyperloyalität trotz Angst vor Ungewissheit

> *Wenn die Führungskultur durch Perfektionisten und ehrgeizige Antreiber geprägt ist – was macht dann der Rest der Leute? Wie verhalten sie sich gegenüber den ständigen Aufrufen, schneller und fehlerfreier zu arbeiten? Jedenfalls mucken sie nicht auf. Schweigen der Lämmer. Sie werden nur seelisch krank, wenn sie nicht wissen, wie es weitergeht. Bloß keine Ungewissheit!*

Was ist Loyalität? Wer in einem Unternehmen angestellt ist, benimmt sich als loyaler Mitarbeiter dieses Unternehmens anständig. Er redet in der Öffentlichkeit nicht schlecht darüber, verhält sich fair und treu und stellt eigene Interessen gegenüber denen des eigenen Brotherrn in Grenzen zurück.

Oft wird gesagt, Loyalität enthalte die Pflicht zum Gehorsam, bedeute ein Leben in Abhängigkeit und erfordere unbedingte Pflichterfüllung in einem so hohen Maße, dass Bezeichnungen wie Obrigkeitsdenken und Kadavergehorsam im Sprachgebrauch vorkommen. Diese Vorstellung gibt den eigenen Willen am Werkstor ab.

Loyalität hat in der deutschen Kultur einen hohen Stellenwert. Sie steht nicht gerade als Kopfnotenerfordernis über unserem Zeugnis, aber wir werden schon nach Kategorien beurteilt, die so etwas wie Loyalität und Zuverlässigkeit bedeuten. Dies wird von uns oben im Zeugnis erwartet:

- Fleiß
- Ordnung
- Betragen
- Mitarbeit

Der typisch gewünschte Deutsche hat gute Noten in diesen Kategorien. Er ist braver Mitarbeiter vor dem Herrn. Auch wenn seine Ergebnisse im Leistungssinne nicht die besten sein mögen – er ist emsig, stets bemüht und hat stets ein einwandfreies Verhältnis zum Vorgesetzten, wie es in den Arbeitszeugnissen heißt. Die Besten haben ein vorbildliches Verhältnis zum Vorgesetzen, am unteren Ende bemüht man sich »meistens um eine unbelastete Beziehung«. Ein Passus dieser Art findet sich in allen Arbeitszeugnissen. Es ist wichtig zu wissen, ob ein Mitarbeiter »Baustellen aufmacht« oder sie zuverlässig abarbeitend schließt.

Die Mitarbeiter sind überwiegend keine Engel. Viele Mitarbeiter mucken öfter in der einen oder anderen Weise auf oder verlegen sich auf Verhaltensweisen, die sie vor der Macht und Extrajobs schützen. Manche jammern zu ostentativ und zu viel (»es ist nicht gut hier und ich kann nichts tun«), andere haben andauernd Bedenken, warum etwas nicht geht. Es gibt die Daueropposition der Neinsager und die nickende Partei der notorischen Jasager, die darauf abzielen, nicht in eine Schusslinie zu geraten. Viele diskutieren alles beim Kaffee kontrovers hin und her und denken je nach Stimmung in der Abteilung »jeden Tag neu und anders«. Teamkonflikte kommen auf, Missverständnisse entstehen überall da, wo Mitarbeiter ungeschickt oder unbedarft emotional unintelligent kommunizieren. Viele ducken sich permanent, andere ziehen sich ins Innere zurück. Es gibt Mobbing, Negativität und latente Aufsässigkeit, manche Mitarbeiten glänzen durch Fehlzeiten rund ums Wochenende, andere leiden an psychosomatischen Beschwerden, die bei der Arbeit entstanden. Führungskräfte werden (folgenlos?) in Kursen geschult: »Der erfolgreiche Umgang mit einer ganzen Horde von schwierigen Mitarbeitern.« Mitarbeiter lesen heimlich, aber nur, um sich zu ergötzen und eifrig zu nicken: »Wie manage ich einen Chef mit hohem Arschlochfaktor?« So haben viele ihre typischen Macken, arbeiten aber doch die meiste Zeit zuverlässig und brav. Sie sind stark geprägt in einer kulturellen Richtung, die durch die Kopfnoten vorgegeben ist.

Von der Führungskraft erwarten sie vorrangig

- Wertschätzung und psychologische Sicherheit
- Orientierung und Gewissheit
- (aber eigentlich psychologische Sicherheit und so etwas wie Systemstabilität)

Ich möchte darlegen:

> Vor allem Mitarbeiter großer Konzerne bekommen viel zu wenig Wertschätzung, kaum Orientierung, werden in Ungewissheit über ihr Schicksal gelassen und ständig durch Organisationsveränderungen beunruhigt, die ihnen nicht plausibel scheinen. Trotzdem arbeiten sie erstaunlich zuverlässig und loyal. Schweigen der Lämmer.

Mit »vor allem« möchte ich hier ausdrücken, dass die berühmten mittelständischen Unternehmen, die die Wirtschaft Deutschlands blühen lassen, wohl besser abschneiden, viele sogar gut und sehr gut. Es scheint ein Problem der Größe zu sein, Mitarbeiter als Herde zu behandeln.

Zur Wertschätzung

Ich hatte als angehende Führungskraft vor langer Zeit einmal Einblick in eine Umfrage. Führungskräfte und Mitarbeiter bekamen zehn Punkte aufgezählt, was Mitarbeiter von ihrem Unternehmen und vom Management erwarten. Jeder Teilnehmer der Studie sollte eine Reihenfolge angeben: was ist dem Mitarbeiter am wichtigsten, was am unwichtigsten?

Die Mitarbeiter setzten »Wertschätzung für die eigene Person« an die Spitze der Skala (das Wort Wertschätzung wurde damals noch nicht in diesem Zusammenhang verwendet) und ein gutes Verhältnis zum Chef auf Platz 2, der sie persönlich kennen sollte und auch ein wenig empathisches Interesse für ihre persönlichen Umstände haben sollte. Betriebsklima und erfüllende Arbeit, die Freude macht und herausfordert, kamen danach. Bezahlung folgte auf Platz 5.

Die Manager sahen es komplett anders, fast auf den Kopf gestellt. Sie glaubten, dass Mitarbeiter zuerst Gehalt, Karriere und angenehme

Arbeitsbedingungen wollten, und sie setzten interessanterweise genau die drei Punkte, die die Mitarbeiter am wichtigsten fanden, auf die Plätze 8, 9 und 10.

Diese katastrophal falschen Ansichten des Managements bekamen wir in Lehrgängen serviert, aber außer mir schien niemand empört oder aufgerüttelt. »Hey, dann ist doch der Wurm drin!«, dachte ich. Natürlich wollen sie Wertschätzung! Ich selbst doch auch! Da erinnerte ich mich an meinen ersten Auftritt als Abteilungsleiter in einem größeren Bereichsmeeting.

Bei dieser Gelegenheit stellten sich die Abteilungen in einem festen Ritus einander vor, womit man einen halben Tag füllen kann, der im Ganzen etwas langweilig ausfallen kann. Na gut. Wir trafen uns in einem schön gelegenen Hotel und wollten uns eben selbst ein bisschen feiern und anfeuern (»Dampf ablassen« sagen manche Bereichsleiter dazu, die gewiss nicht zitiert werden möchten). Jeder Abteilungsleiter gibt einen kurzen Abriss seines Leistungsstatus ab und signalisiert damit möglichst geschickt denen da oben, dass alles gut läuft. Interessant, oder? Der Abteilungsleiter will Anerkennung. Die meint er hauptsächlich dadurch zu erringen, indem er punktuell über das gerade erfolgreichste Projekt der Abteilung ins Schwärmen gerät. Dem entsprechenden Leistungsträger wird gedankt, er bekommt einen Scheck auf der Bühne, wenigstens einen Wimpel oder eine Urkunde der Art Held des Monats. Beim Reden schauen die Abteilungsleiter nicht ins Publikum, sondern sie schielen immer zu den anwesenden höheren Managern, die für diesen Zweck passend in der ersten Reihe sitzen. »Komme ich gut an oder weg?« Ich wusste das alles nicht oder hatte mir darüber noch keine Gedanken gemacht.

Ich überlegte, was ich auf die Folien schreiben sollte; ich hatte rote und blaue Stifte und Plastikfolien dabei – PowerPoints und Beamer gab es damals noch nicht! Ich entschied, je eine Overheadfolie pro Mitarbeiter zu malen. Ein bisschen Info, wer er ist, und dann, in welchen Projekten er arbeitet. Auf der Tonspur plante ich ein paar verdiente nette Worte, auch für Mitarbeiter, die weniger leisteten (die schiebt man jedem frischen Abteilungsleiter für einen guten Anfang generös zu).

Ich hielt also meinen Vortrag. Der wurde normal angehört, es war ja eine Art Feier. Aber am nächsten Tag hörte ich von ganz aufgeregtem

Flurfunk, also von unzufriedenen Diskussionen unter der vorgehaltenen Hand: »Beim Dueck wurden alle Mitarbeiter persönlich vorgestellt, bei uns nur die ein/zwei Leistungsträger, immer nur dieselben Lieblinge und sonst niemand!« Da fiel mir auf, dass eine Vielzahl der Mitarbeiter in ihrem ganzen Leben niemals namentlich auf PowerPoints vorkommt, weil sie niemals mit einer punktuell herausragenden Leistung punkten konnten. Ich hatte nun fast sittenwidrig jeden Mitarbeiter vorgestellt, so nett ich konnte – das erschien ihnen als etwas ganz Außergewöhnliches.

Sie sehen an diesem Beispiel, wie sehr die Mitarbeiter wenigstens nach ein wenig öffentlicher Wertschätzung lechzen, nach ein paar netten Worten oder einem authentischen Dank. Ich meine: authentisch! Vergleichen Sie diese Erkenntnis mit einer Originalrede, die einen Leser meiner Bücher auf die Palme brachte: »Herzlich willkommen zu der Weihnachtsfeier unseres wissenschaftlichen Institutes für Technik. Bevor ich das Büffet eröffne, möchte ich zwei Professorenkollegen ehren, die unseren exzellenten Ruf in der Welt erstrahlen ließen [... Ehrung ...]. So, jetzt haben wir die Ehrungen erledigt und feiern. Also ans Essen. Ach ja, ich begrüße auch noch die Mitarbeiter aus der Verwaltung und die Techniker, die unsere Präzisionsgeräte herstellen. Ohne sie könnten wir gar nicht so munter vor uns hinarbeiten. Die dürfen heute mit uns Wissenschaftlern feiern, weil sie ja auch irgendwie zum Team gehören.«

Seit dieser Äußerung gehen die Mitarbeiter, die ausnahmsweise auch mitessen dürfen, nicht mehr zur Weihnachtsfeier, sondern treffen sich zur gleichen Zeit fröhlich und etwas wehmütig auf dem Weihnachtsmarkt in der Stadt. Sie fühlen sich nun als die attestiert Drittrangigen im Institut und werden das nie mehr vergessen. Natürlich wissen sie, dass sie faktisch wirklich nur der Unterbau sind, der brav und fleißig für die Elite sorgt. Aber man darf sie das doch nicht so direkt fühlen lassen, schon gar nicht auf einer Feier.

Die vielen guten Geister der Infrastruktur, etwa die Hausmeister, sind in der Regel brave Deutsche mit guten Noten in Fleiß, Ordnung, Betragen und Mitarbeit. Sie versehen ihre treuen Dienste klaglos im Hintergrund. Sie trauen sich nur vereinzelt, passiv aggressiv zu werden. Etwa so: »Ich warte mit der Reparatur, bis ich ermahnt werde. Es soll ihn nerven.« Oder im Büro: »Ich lasse diesen Vorgang erst einmal liegen, sie soll sich ärgern.« Passive Aggression leistet gelegentlich »Dienst nach Fortschritt«. Die Vorgesetzten sollen dabei erkennen, was ohne die aufopfernde Pflichtmentalität der Mitarbeiter alles anbrennt und liegenbleiben muss. »Was tätet ihr bloß, wenn ich nicht da wäre!«, sagte meine Mutter öfter, tja. Dieser Satz und passive Aggression von X-Mitarbeitern ist ein Schrei nach Wertschätzung. Dieser Schrei wird nicht als solcher verstanden. Gehört wird er schon, aber man denkt: »So toll hat er/sie jetzt gerade nicht gearbeitet, dass man ihn/sie gleich lobhudeln müsste.« Das ist nicht der Punkt. Da ist ein Mensch, dem etwas Wärme fehlt. Gebe man ihm Wärme! Wärme sollte bedingungslos verfügbar sein.

Trotz aller fragwürdiger Behandlung und trotz oft schlechtem Verhältnis zum Chef sind die Mitarbeiter meist erstaunlich hyperloyal, also überzogen loyal, wenn man ihre nicht-empathische Behandlung berücksichtigt. Sie nehmen Ungerechtigkeiten hin, leisten unbezahlte Überstunden und halten die Klappe, wenn die Chefs etwas Krummes drehen. Sie nehmen Missstände hin. Für sie ist alles so, wie es ist. Shit happens. Sie erzählen sich alles beim Mittagessen in der schlechten Kantine, was die da oben im Kasino so alles tun. Jeder weiß, wann welche hübsche Mitarbeiterin noch bis in die Nacht Überstunden mit ihrem Topmanager macht. Darüber wird viel geredet und noch mehr gewusst, aber nach außen geschwiegen. Die treuen Mitarbeiter bewahren alle diese offenen Geheimnisse in ihren Reihen. Sie wissen, was vorgeht. Sie erzählen sich alles, aber sie schweigen.

Es ist das Schweigen der Lämmer. Schweigen auch vor dem Gang zur Schlachtbank. »Trotz allem haben wir einen einigermaßen guten Arbeitsplatz, immerhin.« Es ist manchmal unfassbar, was sich Mitarbeiter generell gefallen lassen. Das gilt auch für die Leistungsträger, die sich durchaus erfolgreich wehren könnten. Man hat den Lämmern beigebracht, vor dem Schäfer(hund) die Rolle des Kindes einzunehmen (in Sinne der Transaktionsanalyse, wenn Ihnen das etwas sagt). Die Lämmer sind letztlich froh, zur Herde gehören zu dürfen. In diesen Zeiten im Jahre 2019/20 lesen wir gefühlt alle zehn Tage von geplanten Massenentlassungen oder mindestens von größerem Personalabschwitzen in großen deutschen Unternehmen (Deutsche Bank,

Commerzbank, Kaufhof, Bayer, BMW, Daimler, Audi, VW, Bosch ...). Es gibt keinen Aufstand der Lämmer. Proteste gibt es nur, wenn die Entlassungen von außen verlangt werden, etwa bei Einstellen der Braunkohleförderung. Vom Management verschuldete Problematiken werden mit Hochglanzblabla als Zukunftssicherung verkauft. Die Hyperloyalen arbeiten stumm weiter, auch pflichtbewusst hart, wenn sie denn nicht zu grausam in die Hoffnungslosigkeit getrieben werden. Ich kenne Mitarbeiter, die schon im Zuge eines Sparplans entlassen waren und mit nachsorgendem Pflichtbewusstsein ihre Nachfolger in Tschechien und Ungarn einarbeiteten, damit »ihre« Firma ja keinen Schaden nimmt.

Zur Orientierung

Die Belegschaft eines Unternehmens leidet sehr, wenn die Umstände unsicher sind. Wie geht es weiter? Wird es Entlassungen geben? Was will unser Chef eigentlich genau? Was könnte er wollen? Fänden wir das gut? Werde ich befördert, oder stoppen sie wieder einmal Beförderungen im Zuge eines Sparplans für eine glänzende Zukunft im nächsten Quartal? Gehe ich wieder leer aus? Kann ich schon etwas an der Miene des Chefs ablesen? Was brüten die da oben wohl aus?

Es fühlt sich an wie bei einer drohenden Diagnose. Der Arzt misst alle Werte und denkt erkennbar beunruhigt nach. Er sagt: »Die Laborwerte müssen abgewartet werden.«

Manche wollen jetzt sofort alles genau wissen, damit sie eine Orientierung haben, wohin die Reise geht. Auch wenn die Lage schlecht ist – raus mit der Sprache, nennt das Kind beim Namen! Die Ungewissheit quält so sehr! Andere wollen es lieber nicht wissen. Es wird wahrscheinlich, so fürchten sie, noch schlimmer, als man erwarten könnte – was oft stimmt. Die meisten diskutieren die Lage heute so, morgen anders. Sie sind sehr ambivalent und ändern ihre Bewertungen flackernd nach jedem neuen Eindruck. Diese Ambivalenz erzeugt große psychologische Unsicherheit. Wie geht es im Großen weiter und wie steht es um mich, was denkt der Chef von mir? Solche Fragen quälen, wenn sie keine eindeutigen Antworten bekommen.

Ich habe das als Führungskraft lange unterschätzt. Als Introvertierter muss ich mit dem folgenden Witz leben: Die Ehefrau wünscht sich bei der Silberhochzeit, dass ihr Göttergatte doch nur für dieses eine Mal nochmals sagen könnte, dass er sie liebe. Ihr Mann, ein Nerd, antwortet glaubwürdig entgeistert: »Das habe ich doch bei der Hochzeit gesagt. Wenn es nicht mehr stimmt, informiere ich dich natürlich.«

In diesem Sinne habe ich etwas falsch verstanden. Die Mitarbeiter wollen keine einmalige Feststellung, sondern eine periodische Bekräftigung, dass alles einigermaßen in Ordnung ist. »Streicheln.«

Die menschliche Psyche krümmt sich unter der Ungewissheit, die sie nicht aus eigener Kraft auflösen kann. Sie fürchtet sich unter jedem echten und jedem eingebildeten Damoklesschwert. Sie scheut jede psychische Instabilität. Das weiß das Management wohl, aber es beschwichtigt nur. Das spüren die Mitarbeiter genau. »Es ist etwas im Busch, aber sie lügen.« Sie beginnen ihrem Abteilungsleiter zu misstrauen, der leider meist ein zu kleines Licht ist, um wirklich etwas zu wissen. Wenn er sagt »Ich weiß nicht mehr als ihr«, stimmt es meistens, wird aber als Lüge genommen. Er muss dann mit ungerechtfertigtem Misstrauen leben, was das Klima ungemütlich macht.

Theoretisch leiden die Mitarbeiter unter dem ständigen Alarm ihre somatischen Marker. Sie haben keine Möglichkeit, den Alarm abzustellen. Gegen das innere Graben »Gibt es Entlassungen und Versetzungen, und bin ich dabei?« kann der Einzelne nichts tun. Er muss sich notdürftig beruhigen, ein Handtuch über den nicht abzustellenden Wecker knoten oder Kopfhörer tragen. Es zuckt im Körper:

- Ändern sich die Vergütungsregeln?
- Fällt die Sonderzahlung aus?
- Unser Chef hat plötzlich gute Laune, hat er einen neuen Job?
- Warum wurde unser Projekt nicht lobend erwähnt?
- Da tagen nun schon drei Monate Taskforces, warum?
- Es gibt ein geheimes Projekt mit dem Codenamen »Decisive« …
- Der CEO geht, der Finanzchef steigt auf, wir zittern.
- Der Chef redet nicht mit mir, ich weiß, dass er echt keine Zeit dazu hat, aber …

- Sie schließen Standorte, wir mit unserer Hypothek wären bei Versetzungen verloren!
- Sie gehen mit lächerlich kleinen Abfindungsangeboten herum!
- Wir haben das Quartal verhauen, sagen sie, dabei stieg doch der Gewinn!
- Ich kann es nicht mehr hören – alle reden von Fintechs, Tesla und Robotern, da kommt auf uns etwas zu, aber was?
- Ab und zu berichten Leute von wichtigen Meetings ganz oben. Sie sagen, es wäre wie im Kindergarten. Es herrsche Panik, aber die vorgeschlagenen Maßnahmen seien so dümmlich, dass es einem angst und bange werden kann. Es soll da oben so sein wie im Bundeskabinett – das kann und will ich nicht glauben!

Es zuckt und zuckt und zuckt in der Psyche, weil die heutigen Systeme so instabil sind, weil die Ideale verraten werden und immer neue Löcher gestopft werden müssen. Generell gesehen geht es der Wirtschaft seit langem sehr gut. Warum sind wir nicht zufrieden? Weil es im Körper zuckt. Wir alle kennen die Studienergebnisse, nach denen Ureinwohner armer Völker viel glücklicher sind als wir. Aber die wissen nicht, wie glücklich sie sein können, in stabilen Verhältnissen leben zu können, in denen nichts im Körper wütet. Die somatischen Marker der Glücklichen warnen ja nicht oft.

Und zum Schluss noch: Innovationen, die unsere Zukunft bedeuten, äußern sich zusätzlich zu der ganzen Alarmflut des X-Managements als immer neue und immer stärkere Alarme, die genauso nerven wie die zu vielen anderen, die schon schrillen. Wenn wir zu viele Sorgen haben, sagen wir: »Nicht auch noch Innovation! Wir müssen erst einmal Ruhe ins System bringen!« Und dann kommt das X-Management mit der Erkenntnis, dass es Mitarbeiter enorm motiviert, wenn sie ständig in gut dosierter Unruhe gehalten werden.

[
In den Lämmern wütet es, aber sie schweigen.
Faktisch kommt das X-Management mit allem durch.
Daher bleibt es X-Management.
]

Unter dem Druck, dauernd beurteilt zu werden, entwickeln die Mitarbeiter eine soziale Phobie, eine Angst beurteilt zu werden. Wenn ein Mitarbeiter offen mehr Wertschätzung verlangt oder vom Management fordert, für Transparenz zu sorgen und reinen Wein einzuschenken, dann wird er beurteilt – aber wie! Wenn er als Whistleblower petzt, ist ihm grelle Aufmerksamkeit gewiss. Die soziale Phobie hält die Mitarbeiter in Schach. Sie trauen sich nie, selbst aus dem Schatten in die Sonne zu treten, sie hoffen trotzdem, dass sich einmal ein Strahl der Wertschätzung in den Schatten verirrt. Sie hoffen so sehr, dass sie im Zweifel hyperloyal sind.

Soll ich ganz scharf werden? Die Wikipedia formuliert unter *Stockholm-Syndrom*: »[Darunter] versteht man ein psychologisches Phänomen, bei dem Opfer von Geiselnahmen ein positives emotionales Verhältnis zu ihren Entführern aufbauen. Dies kann dazu führen, dass das Opfer mit den Tätern sympathisiert und mit ihnen kooperiert.«

Ich ersetze ein paar Wörter: ...ein psychologisches Phänomen, bei dem auch beliebig geschundene Mitarbeiter ein positives emotionales Verhältnis zu ihren Chefs aufbauen. Dies kann dazu führen ...

Das genau meine ich mit dem Schweigen der Lämmer.

Die Mitarbeiter sind trotz des großen Drucks von oben und trotz aller Veränderungen, unter deren Vorzeichen sie mehr leiden als unter ihnen selbst, erstaunlich loyal. Hyperloyalität beruhigt in gewissem Sinne die innere Unruhe im Körper. Es ist so viel Sturm! Es gibt Alarm von allen Seiten. Jetzt will man nicht selbst auch noch ein Fass aufmachen. Die soziale Phobie darf nicht geweckt werden. Dieses Stillhalten in Unruhe stabilisiert das, was ich im nächsten Abschnitt als »Systemneurose« beschreibe.

Das Leiden unter einer narzisstischen und zwanghaften Systemneurose

Das Wort Systemneurose gibt es im Kontext von Unternehmen noch nicht. Ich verwende es hier einfach einmal, um damit zu weit gehende »Auswüchse« von Unternehmenskulturen zu bezeichnen. Eine Neurose bei Menschen ist eine psychische Störung, die oft auf einen Konflikt zurückgeht und durch seine Verarbeitung verursacht wird. Der Patient leidet meist nicht unter seiner Störung an sich, sondern an den negativen Folgen. So leidet der Narzisst zum Beispiel nicht an seiner Selbstliebe, sondern an einer ihm unerklärlichen Distanz, die andere Menschen ihm gegenüber an den Tag legen – sie scheinen ihn nicht zu mögen?! Wenn das Leiden unter den Konsequenzen zu stark wird, kann man dem gestörten Patienten die Ursachen durchaus bewusst machen und ihm auch den dahinterliegenden Konflikt erklären. Trotzdem bleibt die Störung bestehen, solange es den Konflikt gibt. Um im Beispiel zu bleiben: Der Narzisst müsste nicht nur sporadisch in lichten Momenten erkennen, dass er eigentlich wenig Grund hat, sich so heftig zu lieben. Er müsste damit Schluss machen. Erklären Sie das dem derzeit berühmtesten Narzissten aus den USA.

Das Unternehmen, das an einer zwanghaften Systemneurose leidet, weiß das meist nicht, stöhnt aber unter den Konsequenzen der Störung:

- Quartalsdenken verdrängt den gesunden Menschenverstand.
- Das Management fühlt sich unter dem Quartalsdruck krank.
- Mitarbeiter leiden unter dem Druck des Managements.
- Eine pessimistische Kultur der Arbeitsplatzverlustangst breitet sich aus.
- Jeder Wandel, jede Veränderung wird panisch befürchtet.
- Kurzfristiger Tunnelblick lässt keine nachhaltigen oder neuen Gedanken mehr zu.
- Die Bürokratie nimmt ärgerlich überhand.
- Die Besitzstandswahrung treibt Blüten, es herrscht Towerdenken.
- Jeder klammert sich an Regeln, die ihn schützen.

- Manager haben kaum noch Chancen auf Karriere, weil auch sie dezimiert werden.
- Der Zahlenwahnsinn und das Dokumentieren nimmt immer mehr Arbeitszeit ein und nervt.
- Psychische Erkrankungen nehmen zu (Depression, »Rücken«, Burnout).
- Allgemeine Resignation breitet sich aus, weil es keinerlei Hoffnung auf irgendeine Erleichterung gibt.
- Innovationen werden als letzter Ausweg gepredigt, aber es geschieht nichts.

Diese Leiden werden heutzutage nicht mehr bestritten. Das war vor zwanzig Jahren anders. Ich habe diese Leiden schon vor langer Zeit als kommende Leiden in meinen frühen Büchern beschrieben, speziell in *Supramanie* (von 2002, über die befohlene Sucht, der Beste sein zu müssen). Ein Kapitel trägt den Namen »Zeit der Raubtiere«. Ganze Kapitel sagen voraus, dass wir uns so hart bekämpfen werden, dass wir über die Grenzen des Erlaubten gehen. Damals flüsterten mir Kollegen bei IBM zu: »Das ist so sehr schwarzgemalt – warum kündigst du nicht?« Sie dachten, ich wollte mit dem Buch die IBM anklagen. Die eigene Firma! Pfui! Nein, ich wollte den Weltenlauf vorhersagen. Man schüttelte den Kopf. Es war um Jahre zu früh. Der normale Manager hält nur Dinge für konkret, die er sehen und fühlen kann.

Jetzt aber sind die aufgezählten Leiden jedem klar. Der in der Systemneurose Gefangene macht immer noch mit, aber er leidet schon sehr. Er sucht nach Auswegen. Die werden in jedem Meeting in einer ganz falschen Weise erkannt: Wachsen und Sparen. Und wiederum Wachsen und Sparen. Im Buch *Anleitung zum Unglücklichsein* von Paul Watzlawick findet man Königswege zur Verdammnis. Der einfachste ist dieser: »Mehr vom Gleichen«. Weitermachen. »Dumm ist, wer immer dasselbe tut, aber stets ein anderes Ergebnis erwartet.« Das wird ignoriert. Die heutige Managergeneration hat irgendwie vergessen, dass es damals einfach nur »auskömmliche« Unternehmen gab, die nicht miteinander kämpften, nicht gegen die eigenen Mitarbeiter vorgingen und die Kunden beschummelten. Nein, mehr Wachstum, mehr Effizienz, noch eine Mini-Auslutsch-Prozessoptimierung.

[
Neurose bedeutet:
Es kann unmöglich so weiter gehen, aber es wird ganz sicher so weitergehen.
]

Wenn wir nun alle unter den Konsequenzen von einer Systemneurose leiden, sollten wir einen Schritt weiter gehen und uns mit der Störung als solcher befassen, das heißt: Wir müssen verstehen, dass die Ursache der Leiden in uns selbst liegt. Wir müssen den Zwang aufweichen. Oder allgemein: Wir müssen in Therapie.

Wir sollten vielleicht mit einer gewissen Demut beginnen. Die Unternehmen haben durch Perfektion und Effizienzoptimierung einige Jahrzehnte lang Großes geleistet. Die Automobilindustrie kann mit Recht vor Stolz platzen, so sehr hat sie den technologischen Aufstieg Deutschlands geprägt. Jetzt aber kommen neue Player ins Business und verändern die von den Deutschen dominierten Märkte. Diese Realität muss zur Kenntnis genommen werden. Wer aber nur stolz bleibt, obwohl sein Glanz dahin ist, hat eine Störung der ungerechtfertigten Selbstliebe. Der ursprüngliche Hochleistungsträger ist nun Narzisst. Nun muss man den einstigen Superfirmen beibringen, sich als Ganzes einmal zu hinterfragen, aber die sagen zum Beispiel in der Automobilindustrie: »Tesla wird nichts, Google bringt es nicht, Uber ist verrückt, Autos bauen zu wollen.« Die, die vor Stolz platzen, könnten wegen des Stolzes platzen.

Darf ich an den Hochmut der 80er Jahre erinnern, als die Japaner mit guten Autos nach Europa kamen? »Die haben keine Qualität!«, rümpften die Narzissten ihre Nasen und stießen sie sich bald danach blutig. Der »schlechte« Billig-Corolla wurde zum besten und sichersten Auto der Welt gewählt. Tja. Jetzt geht der Spott nicht über den Corolla von Toyota, sondern er gilt dem Tesla 3. »Der hat keine Qualität!«

Diese narzisstische Systemneurose, die durch Marketing- und Imagekampagnen beliebig aufgeblasen wird, liegt als Wolkenschicht über der zwanghaften Systemneurose. Der Narzissmus des Unternehmens liebt das Unternehmen, wie es ist: Die Controller und Pacesetter sind stolz auf das Erreichte.

Gibt es eine Einkehr? Zur Umkehr? Das Unternehmen muss in Therapie.

 Das zwanghafte System der Controller, der Pacesetter und der hyperloyalen Mitarbeiter macht das Unternehmen krank. Es leidet an einer Systemneurose. Diese wird durch einen nicht mehr angebrachten Stolz auf die eigene Vergangenheit gestützt. Eine übergeordnete narzisstische Störung legt sich wie eine Schutzschicht über die Zwangsneurose des Unternehmens. »Sie finden alles richtig und gut, was sie tun – und sie machen weiter.« Allerdings ist das Leiden unter den Konsequenzen des eigenen Tuns so groß geworden, dass eine Therapie jetzt möglich erscheint.

Systemtherapie zum offen-innovativen Unternehmen

Wir alle können es täglich in der Zeitung lesen: Deutschland liegt zurück, was Innovationen, neue Bildung, Aufgeschlossenheit, Erkennen der Zeichen der Zeit und unternehmerisches Risiko betrifft. Der deutsche Stolz auf »Made in Germany« ist längst in eine Narzissmusstörung übergegangen, die immer noch das Wunderschöne des Jungen im Gesicht des Alten wähnt. Wir sind nicht mehr das, was wir mit Recht lieben durften. Der Lack ist ab. Deutschland muss in Therapie. Es geht nicht mehr so weiter, das wird nun schon bis zum Erbrechen gesagt. Wir müssen uns auf das einlassen, was uns unter den Schlagworten Innovation, Digitalisierung, Agilität, Zukunftsverständnis aus Sicht künftiger Kunden etc. seit Jahren unter die Nase gehalten wird. Das geschieht nicht, weil man noch auf Notnägel setzt, die aber Sargnägel sind. Man forscht ein bisschen, sonnt sich in Leuchtturmprojekten, verleiht Innovationspreise ... Dieses Kapitel will nicht weiterjammern, sondern Maßnahmen vorschlagen, die die Systemneurose schleichend aufweichen können. Ich schlage insbesondere vor, Kräfte im Unternehmen aufzuwerten, die nicht aus dem Zirkel der Controller & Pacesetter stammen. Was herauskommen soll, ist einfach gesagt: »Mehr Fachleute in die Entscheidungen einbinden!« Das aber ist eine Kunst, denn es hilft ja nicht, sie neben die Zweidrittelmehrheit des Alten ins Meeting zu setzen und sie nur als Minderheit zu dulden! Ich versuche, konstruktiven Rat zu geben.

Die Systemneurose liebt verstärkende Therapien

Wenn jemand eine Persönlichkeitsstörung hat, dann tut ihm all das gut, was die Neurose stärkt. Der Narzisst will Anbetung, der Perfektionist weniger Kosten und mehr Ordnung, der Pacesetter mehr Umsatz. Eine Therapie will in die andere Richtung, sie will die Probleme von zu viel an Selbstanbetung, Ordnungswut, Sparwut oder Effizienzwahn beheben. Was für Menschen gilt, sehen wir auch bei Unternehmen mit Systemneurosen: sie ergreifen Maßnahmen, die ihre Leiden kurzfristig lindern, die aber die Probleme langfristig verstärken. Bevor in diesem Kapitel hilfreiche Maßnahmen erörtert werden, muss erst erklärt werden, warum das Übliche nicht geht.

Therapien sagen: »Es ist nicht leicht, ändere deine Gewohnheiten.« Da entgegnet der Patient: »Was hilft denn schnell?« Er meint damit, dass sein Problem wie bei Kopfschmerzen gelöst werden kann: eine Aspirin einwerfen – Problem gelöst. »Ändere die Gewohnheiten« ist aber ein Rat für immer. Die Patienten sind aber meist nur bereit, ein bisschen zu tun: »Eine Woche Gurkendiät, um ein Kilo von den 200 gesamten abzunehmen.« Noch besser wäre: »Da ist etwas, was richtig gut schmeckt, keine Kalorien hat, abwechslungsreich zubereitet werden kann, wenig kostet und in Massen verschlungen werden kann.« Sie kennen diese Storys ...

Was lässt sich tun? Die Unternehmen, die heute sehr an ihrer zwanghaften Systemneurose leiden, ergreifen vor allem Maßnahmen, die das Leiden für kurze Zeit lindern. Das sind eben die, von denen hier zum Teil lange die Rede war:

- Mcdonaldisieren, um noch mehr Personal zu sparen
- Outsourcing nach Asien, um Personalkosten einzusparen
- Outsourcing von möglichst allem, was viele lästige Innovationsprobleme nach außen verschiebt: die Innovationen werden von Zulieferern gefordert oder das Neue wird zugekauft (zum Beispiel

»IT aus der Cloud« oder »Einkauf der Batteriezellen/Elektromotoren aus Asien«)
- Ausdehnung des Unternehmens in andere Länder oder Ausdehnung der Produktpalette
- Umkrempeln der Marketinganstrengungen zugunsten eines Auftrittes im Netz und dort in den sozialen Medien; das lieben die Controller, denn es gibt nun in Tabellen zu sehen, wie viel Klicks geerntet wurden – »endlich können sich die Marketingleute nicht mehr als eine Art Künstler aufspielen, wir können konkret in Zahlen erfassen, welchen Erfolg sie tatsächlich haben«
- Einführung von Software, die Geld und Personal einspart: CRM (»Customer Relation Management«), »SAP«, Personalmanagementprogramme zur digitalen Zielvergabe und Leistungserfassung, zentrales Einkaufsmanagement, Rechnungswesen-Automatisierung, Finanzcontrolling, Lieferantenmanagement, Leitstände aller Art – je umfassender, desto besser etc.
- Zukauf von Unternehmen, damit das Wachstum höher ist als das nur »organische«, was selbst erarbeitet wird
- Verkauf meist unrentabler Geschäftsfelder, die »nicht mehr strategisch« sind
- Auslagerung von Geschäftsfeldern in Tochtergesellschaften, die teilweise an die Börse gebracht werden (z. B. Siemens betreibt das seit Jahren mit der Hoffnung, dass am Ende ein Digitalkonzern oder ein Konto übrigbleibt)

Die Manager können ihr ganzes Leben mit solchen Maßnahmen zubringen. Es handelt sich um konkrete Aufgaben, die klar definiert sind: »Kaufe eine Firma«, »Source einen Bereich aus«, »Führe eine Software ein«, »Streiche das Urlaubsgeld«, »Treibe Rechnungen schneller ein«, »Bezahle Rechnungen später«.

David Keirsey bescheinigt den Controllern und Pacesettern eine logistische Intelligenz. Logistik bedeutet: Bringe etwas von A nach B. Faktisch genutzt wird diese Intelligenz in dieser Form: »Bringe etwas von A nach B und erziele dabei einen konkret messbaren Vorteil von vorher berechneten xy Euro.« Man startet im Ist-Zustand und definiert einen Soll-Zustand, dessen Erreichen einen voraussehbaren Profit bringt. Das Durchziehen solcher konkreten Pläne ist die Hauptstärke der Unternehmen. Darin sind die Manager exzellent.

Wenn man aber nicht weiß, wohin man will, oder wenn man zwar weiß, wohin man will, aber den Profit nicht abschätzen kann, dann bockt das Unternehmen. Die Systemneurose meldet sich und stellt alles unter Tabu, was nicht klar durch »A, B, Profit« gekennzeichnet ist. Besonders seltsam wirkt die Forschungsbürokratie, bei der die Professoren Dreijahrespläne einreichen müssen und darin klar »B« nennen müssen. Dabei ist B das, was als Ergebnis der Forschung beim letzten Statusmeeting präsentiert werden soll. Ich denke einmal naiv, dass beim Forschen in etwa die Suchrichtung angegeben werden kann, dass aber das Ergebnis gar nicht klar ist, weder in Quantität noch in Qualität. Forschen hat mit Suchen zu tun! Trotzdem muss »B« im Antrag formuliert sein, außerdem, inwieweit es sich lohnt (»Profit«). Wenn das nicht erfolgt, wird der Antrag abgelehnt.

Bei echten Innovationen haben wir meist zwei Kalamitäten:

- Man beschließt aus freiem Willen »B«, also wohin man will (»Marsraketen für den Massentourismus bauen«, Bücher über das Internet verkaufen, Teslas zu bauen, Uber zu gründen); es ist aber nicht bekannt, ob es erfolgreich werden wird.
- Man beschließt, in einer erfolgversprechenden Richtung nach Neuem zu suchen, weiß aber nicht, ob oder was man finden wird (Kolumbus segelt nach Westen, »mal sehen, was dort ist«; Pizarro erobert das gesamte Inkareich mit wenigen Spaniern – gegen wahnsinnig viele Widerstände auf spanischer (!) Seite)

So etwas mögen Unternehmen gar nicht. »Unbekannt« steht unter tabu. Man sagt, dass das zwanghafte Unternehmen keine Risiken eingehen will, ja, nicht einmal Fehler zulassen kann. Es ist aber erlaubt und wird gerne überlegt,

- etwas zu kopieren, was andere schon erfolgreich betreiben
- den Innovatoren Zulieferdienste zu leisten (den Goldgräbern Siebe und Schaufeln zu verkaufen, einen Saloon zu betreiben und einige Zimmer für Damen zu reservieren).

Beides misslingt regelmäßig, ja fast öfter, als die Start-ups aufgeben müssen. Die wirklich erfolgreichen Innovationen haben so etwas wie »Charisma« oder geben einen gewissen Kick. Diese erfolgreichen Innovationen haben sich meist gegen hunderte anderer durchgesetzt. Amazon war beileibe nicht die erste Internetbuchhandlung. Ich war schon 1996 Kunde von telebuch.de. Deren Betreiber, die ABC-Bücherdienst GmbH aus Regensburg, wurde von Amazon übernommen und in Amazon.de umgetauft, somit war ich fast der erste Kunde von Amazon. Auch vor Google gab es gute Suchmaschinen, wir nutzten damals alle Altavista. Vor dem heute dominierenden Browser Chrome gab es viele andere, insbesondere Netscape und den Internet Explorer von Microsoft. Coca-Cola wird oft kopiert und nie erreicht, Nutella ist ganz einzigartig, die Macs von Apple sind es auch.

Ich will sagen: Derjenige gewinnt, der etwas in der höchsten Kunstform liefern kann. Sobald das jemand schafft, wird das Kopieren sehr sauer bis fast unmöglich. Großen Konzerne, die mit der Idee »Wir wollen auch ein Stück vom Kuchen« kommen, möchte man da zurufen: »Vergessen Sie das!« Sie sollten sich auch einmal daran erinnern, wie alle die Firmen Bayer, BASF, Otto, Thyssen, Krupp, Daimler, Deutsche Bank etc. entstanden sind: sie waren einmal einzigartig und zehren noch heute davon. Ja, wenn sie noch heute einzigartig wären ...

Wie wäre es dann, Zulieferer solcher Innovationstitanen zu werden? Ich habe damals bei IBM Diskussionen gehört, dass die neuen Internetfirmen die Workstations von IBM gerne nutzen würden, aber bitte zu absoluten Kulanzpreisen oder auf Pump. Das ging natürlich nicht, weil das die internen Regeln verboten: Start-ups könnten ja pleitegehen, und dann? Später aber, als Amazon, Google und Facebook riesig groß wurden, bauten sie die Computer quasi selbst; Apple lässt bis heute alles von chinesischen Niedriglöhnern anfertigen ... Die Zulieferer der ersten Stunde haben das Risiko, dass der belieferte Betrieb überlebt, die Zulieferer im späteren Zyklus müssen sich über den Preis vergleichen lassen. Schwierig!

Erkenntnis: Innovation ist so ungewiss! Man muss sich einen Ruck geben und fast einen Lebensentschluss fassen, wie es in allen berühmten Firmen der Fall gewesen zu sein schien. Alles auf eine Karte und los! Die Pioniere haben nichts zu verlieren, ein Konzern aber schon!

Die meisten Unternehmen grübeln, wie sie ohne einen Lebensentschluss dennoch innovativ sein können, so wie es ein Übergewichtiger wieder einmal mit einer Diät versucht, weil ihn sein schlechtes Gewissen quält. Ich nenne diesen Zustand der Grübelei: »How to innovate if you must«. Wie ist man innovativ, wenn man eigentlich keine Lust und keine Zeit hat? Man greift zu immer denselben Maßnahmenbündeln, die alle Firmen verwenden, die einzigartig werden »müssen«.

- Berater kommen und erkunden gegen viel Geld neue Märkte (Sie tragen ihr Wissen der gesamten Branche im Land per PowerPoint vor, ohne Folgen, da niemand im Unternehmen selbst etwas davon versteht, man kennt nur die PowerPoints).
- Berater raten zur Einführung von Hilfsmitteln, die man auf jeden Fall brauchen wird, wenn man in der digitalen Welt bestehen will. Wenn jemand Goldgräber werden will, sollte er doch zuerst Siebe und Schaufeln kaufen – das Gold findet sich dann schon. Wer digital groß werden will, kaufe Software für KI, vielleicht ein paar Drohnen und sammle auf Vorrat Big Data (In den Daten soll Gold enthalten sein, Daten sind das Erdöl des 21. Jahrhunderts! Das weiß man seit ein paar Monaten!).
- Das Unternehmen fördert ein paar Miniprojekte, nennt sie in der Presse Leuchtturmprojekte und ist erst einmal beruhigt (in der Politik funktioniert das gut, weil es die Wähler täuscht und ihre Stimmen gewinnt, dem Unternehmen schadet es wegen der Selbstvernebelung).
- Das Unternehmen führt Software zum Ideenmanagement und zum Innovationsmanagement ein, die es an jeder Ecke von Beratern zu kaufen gibt, die auch gerne die Einführung übernehmen und das Benutzen managen; diese Software muss dann »nur noch« gefüllt werden, am besten durch jeden Mitarbeiter, damit viele schlechte Ideen zusammenkommen.
- Das Unternehmen lechzt nach neuen Methoden, die es mit seiner logistischen Intelligenz betreiben kann; es betreibt Qualitätsoffensiven und fordert neumodisch auf, »agil« zu sein. Seit einiger Zeit wird gebeten, »ambidextrous Leadership« zu zeigen, also »beidhändig« vorzugehen! Was heißt beidhändig? Das Tagesgeschäft

wird wie immer mit der rechten Hand abgearbeitet und die Innovation wird mit links betrieben (der leichte Zynismus ist beabsichtigt).

- Das Unternehmen packt wirklich gute alte Betrachtungen von McKinsey aus und denkt in drei Horizonten (Tagesgeschäft heute, Neuentwicklungen morgen, Zukunft irgendwann), gibt aber die Entwicklung der Horizonte zwei und drei nicht in die Hände von dort zwingend notwendigen Superprofis. Selbst wenn es das täte, würden die Profis verzweiflungsvoll feststellen, dass die Prozessoptimierung nur Horizont eins erlaubt, also die Horizonte zwei und drei als von den Prozessen unerwünschte Ausnahmen unterdrückt.
- Man kann Start-ups aufkaufen und von ihnen lernen. Aber das ist eine seltsame Idee, weil doch 90 Prozent der Start-ups erfolglos sterben – von welchem lernt man denn dann genau? Wenn man es wüsste, könnte man Milliarden scheffeln.
- Das Unternehmen ernennt einen Chief Innovation Officer, am besten dazu noch einen ganz jungen Chief Digital Officer, noch besser beide von Google abgeworben. Die schlagen die Hände über dem Kopf zusammen, wenn sie kommen. Sie erreichen gegen die Zweidrittelmehrheit nichts, aber sie halten schöne Vorträge auf Konferenzen und werden dann bald vom Marketingbereich bezahlt, weil sie eine gute Imageleistung bringen.
- Der Chief Innovation Officer gründet ein kleines Inno-Center, ein Excellence-Center oder ein Future-Lab. Die Lobby wird nach Bildern der Google-Zentrale möbliert.
- Die Geschäftsführung lässt in endlosen Meetings die Vision 2030 erarbeiten. Zuerst werden meist alle absehbaren Megatrends der nächsten Jahre aufgezählt, die man bei einem Zukunftsforscher gekauft hat; der hat sie mit der Empfehlung verbunden, sich darauf einzurichten. Es wird keinesfalls »B« definiert, wohin man wirklich will. Man weiß ja nicht zu hundert Prozent, wohin man will, weil man nicht weiß, was bis 2030 geschieht; daher muss man im Jahre 2030 die Agenda 2040 erarbeiten, wenn man noch lebt.

[Die zwanghafte Systemneurose wehrt sich mit allem, was mit dem Beuteschema »A nach B mit Profit« beschrieben werden kann, merkt aber nicht, dass das Beuteschema als solches die Krankheit ist.]

Das habe ich jetzt einmal so stark sagen wollen. Die Zwangsneurotiker sehen es anders: Sie empfinden ihre Agonie als professionelles Vorgehen, weil es alle Unternehmen so machen und weil die Berater und besonders die Zukunftsforscher so hohe Tagessätze fordern. Auf keinen Fall aber will die Systemneurose zulassen, dass das Befassen mit neuen Inhalten zur Chefsache gemacht wird, hier nicht und schon gar nicht in der inhaltlosen Politik.

[Die Systemneurose unterbindet zuverlässig alles Lernen von Neuem.]

Das Neue wird allenfalls als Vortrag von externen Rednern für 45 Minuten auf Mitarbeiterversammlungen geduldet. Das muss zum Motivieren reichen. Die beliebtesten Themen:

- Transformationales Leadership
- Empathie für Führungskräfte
- Gute Kommunikation ist die Essenz
- Begeisterung und Passion for Success
- Motivation ist alles!
- Design Thinking für Erfolg!
- Neue Fehlerkulturen brauchen wir
- Führung ist Dienen (»Unboss the boss!«)
- Nachhaltigkeit und Diversity steigern den Gewinn
- VUCA – der Umgang mit Volatility, Uncertainty, Complexity, Ambiguity (Schwankungen, Unsicherheiten, Komplexitäten, Nichteindeutigkeiten) – »Der Leader in der VUCA-World«

- Hierarchieabbau und managen ohne Machtausübung
- Nehmen Sie Auszeiten!
- Leben Sie gesund! Trinken Sie viel! [das geschieht ja zum Teil ...]
- Reduzieren Sie Bürokratie und vereinfachen Sie die Prozesse!
- Transformieren Sie Ihr Unternehmen von A zu Ihrem Traumziel!
- Alles steht im Dienst des Kunden, von dem wir leben!
- Weiterbildung muss im Zentrum stehen, ohne sie geht nichts!
- Trauen Sie Ihren Mitarbeitern etwas zu!
- Dezentralisieren Sie Entscheidungen, empowern Sie, geben Sie Verantwortung ab!
- Führen Sie in die Zukunft!
- Lassen Sie Visionen strahlen!
- Brüllen Sie alle 20 Minuten: »Ich schaffe das! Wir schaffen das!«
- Schwarmintelligenz hilft! Das Team kann größere Dummheiten begehen, als es ein Einzelner je vermöchte!

Diese Themen werden am Anfang und am Ende von Konferenztagen zur Erbauung gehalten, sie sind nicht so konkret wie die Themenwerbung dazwischen (»die Software HexHex hilft gegen alles«) und damit ziemlich wirkungslos. Sie thematisieren kein »B«, sie predigen nur vage Prinzipien, die helfen könnten. Aber: Alles in allem sind solche Präsentationen sehr erfolgreich darin, die Systemneurose zu streicheln. Man hört gerne zu, es wärmt das Herz und spricht vielen aus der Seele. Nach der Konferenz aber prügeln sich dieselben Leute in Meetings weiter. *Sonntags Reden, Montags Meeting* lautet ein schöner Buchtitel von Erich Feldmeier. Sie kennen das, wenn Sie zur Kirche gehen. Dort wird thematisiert, dass wir uns lieben sollen, wofür uns Gott einige hundert Jahre Fegefeuer erlassen wird. Es lohnt sich also ohne Frage! Das hören wir gerne, jedes Mal, wieder und wieder. Dann gehen wir erbaut heim – in Alphawellenstimmung. Daheim ist dann wieder Betastimmung, weil jemand beim Samstagseinkauf die Sahne für die Soße vergessen hat, oder wir zanken, weil einer sagt, dass Essen schmeckt bei einem verhassten Verwandten besser. Konferenzreden erzeugen eine wohlige Alphawellenstimmung, in der sogar Weisheit mit Andacht angenommen wird. Am Montag aber lauern die Sensoren des Quartalsergebnisses auf Beute. Alarm! Alarm!

Bei einer Konferenz lässt sich gut über Nachhaltigkeit reden, aber im Montagsmeeting wäre das zum Augenrollen. Die Konferenzerbauung macht im Hirn Platz für die Kostenrechnung.

Gehen wir zum Schluss dieser Gräueltour noch in ein ganztägiges Managermeeting. Das wird streng nach Liturgie begangen, die wohl von den Personalern definiert wird:

- Erste halbe Stunde der Agenda, die maßlos überzogen werden wird: Der Boss trägt seinen Stolz über ein Unternehmen vor, das zum Glück ihn als Chef hat. Er ist der Ober-Pacesetter und appelliert, die Anstrengungen und die Leidenschaft weiter zu erhöhen. »Der Markt ist da! Der Kunde hat genug Geld! Unsere Produkte sind hervorragend positioniert. Es ist nur noch an uns, das Geld von der Straße aufzusammeln. Es gibt nichts, was uns hindert. Unser Wettbewerb ist abgeschlagen und hechelt hinter uns her. Wir sind auf dem Weg zur Nummer 1!«
- Zweite Stunde, nüchterne Zahlen-Listen-PowerPoints vom CFO, Chief Financial Officer, vom Ober-Controller: Er macht ein tendenziell grimmiges Gesicht, je nach den Zahlen. »Wir werden ganz sicher die Nummer 1, aber wir müssen uns beeilen und wirklich einmal alle Hausaufgaben machen. Ich sehe überall Schwachstellen, die adressiere ich jetzt nacheinander ...« Es folgt eine saftige Abreibung. Die Moral im Meeting sinkt, als der CFO droht, die üppige Dienstwagenregelung zu kassieren und nur noch Elektro-Scooter für Dienstreisen zu erlauben, weil sie nachhaltiger seien als 7er BMWs. »Jeder muss seinen Beitrag zum Quartalsergebnis leisten.«
- Mittagessen, das aus symbolischen Gründen immer spartanischer wird – zur Erinnerung an die angemahnte Disziplin. Es gibt Kartoffelsuppe und auch noch ein Brötchen dazu, wenn man Hunger hat.
- Am Nachmittag geht jeder Topmanager in einen der zugeteilten Workshops, in dem bestimmte Fragen diskutiert werden sollen, zum Beispiel: »Wie können wir sehr schnell viel mehr verdienen, damit uns die BMWs bleiben?« – »Wie sieht eine neue Führungsstruktur aus, in der zwanzig Prozent weniger Topmanager angesie-

delt werden, die sich mehr für das Team und nicht mehr nur für ihre Boni abstrampeln sollen? Wie tief sollten die den Egoismus fördernden Boni sinken, damit alle im Team arbeiten?«

- In den Workgroups werden Lösungsvorschläge erarbeitet und nach der festgesetzten Zeit dem Vorstand vorgetragen. Der Zeitplan wurde schon vom Boss am Morgen geschreddert, nun ist durch die Pausen und das Räume-Hin-und-Her kaum noch Zeit zur Präsentation der wunderbaren Ideen der Arbeitsgruppen.
- Jede Workgroup muss nun präsentieren. Wer macht's? Peinliches Mustern in der Runde. Entweder man hat einen ehrgeizigen Pacesetter/Streber dabei oder man verknackt einen Jung-Executive zur Bewährung – oder ein älterer Silberrücken aus der Hauptverwaltung erbarmt sich, weil er ja weiß, wie es ausgeht. Der Vorstand zittert vor Ungeduld, weil er Folgetermine hat und wegwill. Assistenten flüstern ihm etwas zu, sie verschieben erste Termine, Chauffeure stehen aufreizend wartend da. In dieser Hochbetawellenstimmung finden die hektischen Berichte der Workgroups statt – niemand hört mehr richtig zu. Die Nervosität des Chefs flimmert im Raum.
- Der Boss geht. »Jetzt wisst ihr ja, was ihr zu tun habt. Aus euren Vorschlägen sehe ich, wie sehr ihr euch zerreißen wollt. Ich sehe es als Garantie an, dass wir die von mir der Presse versprochenen Resultate übertreffen werden. Weiter so! Danke, Team!«

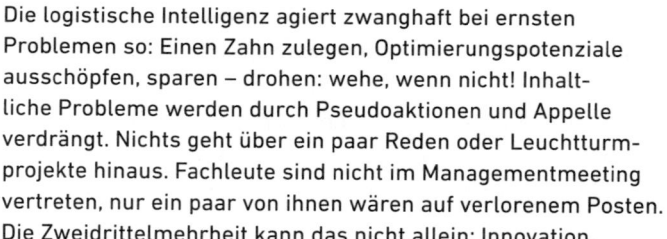

Die logistische Intelligenz agiert zwanghaft bei ernsten Problemen so: Einen Zahn zulegen, Optimierungspotenziale ausschöpfen, sparen – drohen: wehe, wenn nicht! Inhaltliche Probleme werden durch Pseudoaktionen und Appelle verdrängt. Nichts geht über ein paar Reden oder Leuchtturmprojekte hinaus. Fachleute sind nicht im Managementmeeting vertreten, nur ein paar von ihnen wären auf verlorenem Posten. Die Zweidrittelmehrheit kann das nicht allein: Innovation.

Die Systemneurose aufweichen – »agile« Organisierung statt Organisation

> *Die Verkrustung der Unternehmen durch Controller & Pacesetter muss aufgeweicht werden. Ein Unternehmen ist meist in einer Frühphase seines Unternehmenslebens innovativ. Eine gute Idee ist es, in die Jugend eines Unternehmens zurückzuschauen, in der es noch innovativ und agil war. Da war es noch mit »Organisierung« beschäftigt und hat lange gebraucht, durch viele Jahre zu einer festen Organisation zu werden. Vieles, was heute zur Rettung der Unternehmen empfohlen wird, sieht einfach wie eine Verjüngungskur aus.*

In dem Buch *Der Charakter von Organisationen* von William Bridges habe ich ein Wort gefunden, was mich fast elektrisiert hat: Organisierung. Das ist es! Organisierung bezeichnet für mich die improvisierende Stufe vor der richtigen Organisation und anschließenden Verkrustung und dem Prozessoptimierungstod. Organisierung ist der Prozess, der tätig zu einer schlussendlichen Organisation führt. Organisierung ist der Prozess, eine Idee bis zur Organisation hin zu entwickeln. Dieser dynamische Prozess erzeugt erst die Organisation.

Die heutigen Konzerne scheitern, weil sie Innovationen nicht mehr neu durch die Organisierungsstufe bringen, sondern sofort in die festen Prozesse ihrer schon lange bestehenden Organisation hineinpressen wollen. Sie lassen der Innovation keine Möglichkeit, eine eigene Organisation zu finden, sie stülpen die alte verhärtete Form über das Neue. Das muss verhindert werden.

Organisierung! Ich habe sofort nachgeschaut, was Bridges wohl im englischen Original geschrieben hat. Gibt es eine Fachvokabel, die ich nicht kenne? Ich sehe: Dort steht »getting organized«. Ach, da finde ich für diesmal die deutsche Wendung besser. Das Buch von Bridges ist rund um einen von ihm selbst entwickelten Test geschrieben, der leider noch nicht wie manche Tests in der Psychologie lange validiert und studiert wurde. Man muss ihn also mit Bedacht ansehen und verwenden. Er ist dem schon erwähnten MBTI/Keirsey-Test nachempfunden, wie man ihn in der Arbeitspsychologie für Einzelpersonen verwendet. Die Idee von Bridges: Man gibt diesen Test vielen Mitarbeitern eines Unternehmens, die die gestellten Fragen über das Unternehmen beantworten (solche wie »Ist das Unternehmen im Zweifelsfall kulant oder pocht es auf den Vertrag?«). Damit drückt jede Testperson eine Einschätzung über das Unternehmen aus. Jeder Mitarbeiter bekommt dann als Ergebnis, wie er persönlich sein Unternehmen einschätzt. Dann sammelt man die Ergebnisse aller Mitarbeiter ein und wertet sie als Gesamtergebnis aus. Welchen Charakter schreiben die meisten Mitarbeiter ihrem Unternehmen zu?

Ich habe diesen Test etwa um 2005 bei der IBM verteilt. Ich bekam fast genau 500 Antworten – und fast genau 250 der Antworten lauteten: »Planer, Controller« (ISTJ), die anderen Ergebnisse streuten weit über die anderen 15 Typen – und natürlich fanden Leute aus der Forschung und Entwicklung eher, dass IBM »Erfinder« oder »Mastermind« sei. Das ist verständlich, denn ein Forschungszentrum ist ja so ein bisschen wie eine Enklave mit einem eigenen Selbstbild. Aber die Masse der IBMer tippte auf »Controlling, Rigidität, Kostensenken, Regeln, Ordnung, Verträge«. Bridges schreibt 1998 in seinem Buch, dass IBM zu dieser Zeit gerade »extrovertierter« würde, sich also zum Pacesetter-Klima bewegen würde. Ich bin sicher, dass eine neue Testaktion genau das ergeben würde.

Ich habe diese Übung mit anderen Unternehmen gemacht – es hat zu sehr fruchtbaren Ergebnissen geführt, weil man die »Herrschaft von Zweitdrittelmehrheiten« besser diskutieren kann, wenn sie einmal per Test schwarz auf weiß offengelegt ist. Bridges diskutiert den Weg der Unternehmen von ihrer Jugend bis ins Alter. Die Verkrustung hat sehr viel damit zu tun, dass die Unternehmen mit der Zeit den Charakter verändern, wenn sie beim Wachsen Bürokratien und organisiertes Antreiben entwickeln.

Ich zähle hier einmal typische Lebensphasen der Unternehmen auf (angelehnt an Bridges):

1. Idee und Traum
2. Unternehmensgründung und Explorationsphase
3. Organisierung innen (Struktur, Aufgabenverteilung)
4. Organisierung nach außen (Kundenservice, Marketing)
5. Organisation, Institutionalisierung, Optimierung
6. Einigeln (»closing in«)
7. Tod

Exploration: Nach der ersten Idee wird ein kleines Unternehmen gegründet, die ersten Kunden kommen und werden noch ganz »händisch« bedient. Es geht erst einmal darum, was Kunden eigentlich wollen. Kommen sie überhaupt? Trägt die Idee? Sollte man die Idee begraben? Sollte sie verändert werden, weil neue Kundenerfahrungen das nahelegen? Langsam entsteht aus einer Idee eine konkrete Unternehmensvision. Aus der ersten Ungewissheit (»noch Traum«) entsteht durch Kundenkontakt und leidenschaftliches Polieren der ersten Idee langsam etwas Valides, das Mut macht, den eingeschlagenen Weg weiterzugehen. Es gibt nun so etwas wie ein Ziel. [Oder man stellt betrübt fest: Es geht nicht – dann: schnell aufhören.]

Organisierung innen: Nun ist klar: das neue Unternehmen soll auf die Beine kommen. Die ersten Mitarbeiter arbeiten in einem großen Raum zusammen und improvisieren. Jeder hilft, wo er gebraucht wird, alle arbeiten »rund um die Uhr«. Die Umrisse eines künftigen Unternehmens werden sichtbarer, man hat erste konkrete Ziele. Mit der Zeit entstehen Strukturen und Arbeitsweisen. Die vielen Projekte der Explorationsphase werden gebündelt und priorisiert, Abläufe werden koordiniert. Die Zahl der Mitarbeiter steigt, man verteilt die Aufgaben und definiert Rollen und Führungsstrukturen. Man achtet jetzt immer stärker auf die vertretbaren Kosten.

Organisierung außen: Marketing und Vertrieb werden aufgebaut, Kunden werden umsorgt und dabei ständig um ernsthaftes Feedback gebeten, das umgehend dem Geschäftsmodell zugutekommt. Die Leistungspalette wird erweitert, das Unternehmen beginnt zu wachsen, es schreibt aber noch eine Zeit lang Verluste.

Organisation, Institutionalisierung, Optimierung: Nun folgt das immer größer werdende Unternehmen dem Weg der Ausbreitung in die Welt, der immer stärkeren Prozessorientierung und der immer rigideren Organisation. »Organisierung« bringt erste Strukturen und fragt: »Wie geht es überhaupt?« Organisation weiß schon, wie es gehen soll, sie fragt jetzt: »Wie geht es am besten?« Diese Phase kann über Jahrzehnte andauern. Das Unternehmen wird ein stolzes großes Unternehmen, dessen geschätzte Produkte oder Services am besten jeder kennt.

Einigeln: Das schon so lange am Markt erfolgreiche Unternehmen hat schon seit einiger Zeit seine eigentliche Endgröße erreicht. Aber es will unbedingt weiterwachsen, es kauft auf, es erweitert sich geografisch und in der Vielfalt der Produkte, es versucht, den Gewinn durch Sparaktionen zu steigern. Mental ist es nun so selbstbewusst, dass es erste Kritiken von Kunden ignoriert und wohl auch dank seiner mächtigen Marktstellung ignorieren kann. Kunden werden bald wie Bittsteller behandelt und mit Bürokratie verärgert. Dieser niederziehende Prozess ist dem Unternehmen nicht bewusst. Die Unternehmensführung nimmt die massiv wachsenden Probleme einfach nicht mehr wahr oder sie nimmt sie sich nicht zu Herzen. In einem saturierten Markt sieht man: Die Wettbewerber sind ja auch nicht besser, sie kochen auch nur mit Wasser. Unter dem eingebildeten Druck, immer weiter zu wachsen zu müssen, trübt sich der Blick für die eigene Lage ein. Das Unternehmen igelt sich introvertiert in eine Filterblase ein, in der sich das ruhmreiche Unternehmen ständig selbst mit seiner großen ruhmreichen Historie feiert.

Tod: Das Unternehmen stirbt – ohne Worte. Staatliche Institutionen sind steuerfinanziert und können nicht gut sterben, sie arbeiten mit der Zeit unterirdisch sinnlos-bürokratisch wie »Untote«. Dazu gibt es die Gesetze von Parkinson, nach denen sich Institutionen von selbst aufblähen, egal, welche Aufgabe sie haben. Parkinson führte u.a. dieses berühmte Beispiel an: Obwohl das britische Empire nach Ende des Zweiten Weltkriegs erheblich geschrumpft war, stieg die Anzahl der Beschäftigten des Kolonialministeriums zwischen 1935 und 1957 auf mehr als das Sechsfache an.

Heute sehen wir viele Unternehmen in der vorletzten Phase, in der des Einigelns. Die Wut der Dieselkunden ist der Autoindustrie völlig egal. Verzweifelnde Bürger und Firmen ohne richtiges Internet finden kein Ohr in den Zentralen der Telekommunikationsunternehmen. Die öffentliche Verwaltung sieht Bürger als Bittsteller, Kritik prallt ab: »Es ist einfach so, was blaffen Sie mich an?« Die Bahn darf man fast gar nicht mehr kritisieren, weil schon alles gesagt ist, auch schon von jedem. Bahn-Bashing ist nicht mehr witzig, Anspielungen auf den Berliner Flughafen findet man langweilig. Die Deutsche Bank scheint in jeden Skandal verwickelt, sonnt sich aber immer noch in ihrer (einstigen) Größe. Die Infrastrukturen in Deutschland verkommen, ohne dass sich jemand schämt. Die Kirchen schrumpfen durch Austritte, kümmern sich aber kaum um das, was Christen erwarten; insbesondere die katholische Kirche hat keinerlei Beziehung zu ihrem Außenbild mehr.

Ich will jetzt eigentlich nicht schimpfen und »bashen«. Ich will nur dieses eine sagen: Viele große Institutionen befinden sich in der Phase »Einigeln«.

Wenn wir also etwas gegen diese Endphase der »Systemneurose zum Tode« tun wollen, müssen wir offensichtlich konsequentes »Ausigeln« betreiben. Alles, was heute per Keynote »gepredigt« wird, hat mit der Aufforderung zum Ausigeln zu tun.

Im vorigen Abschnitt habe ich ja sarkastisch eine Liste von Keynote-Themen aufgelistet, die man normalerweise ziemlich erfolglos vor eingeigelten Managern ausbreitet. Gehen Sie diese Liste nochmals aufmerksam durch. Im Grunde rufen alle Fachleute den eingeigelten Unternehmen zu: »Igelt euch aus! Geht mental in eure Jugend zurück!«

Die bekannteste Aufforderung zum Ausigeln läuft unter dem Etikett Agilität. Es wird ein »Agile Mindset«, eine agile Einstellung des Managements gefordert. Diese Bewegung nahm im Februar 2001 ihren Anfang. Damals publizierten etliche Softwareentwicklungsgurus bei einem Treffen das heute weithin berühmte Agile Manifest.

Bitte lesen Sie es durch.

Manifest für Agile Softwareentwicklung

Wir erschließen bessere Wege, Software zu entwickeln, indem wir es selbst tun und anderen dabei helfen. Durch diese Tätigkeit haben wir diese Werte zu schätzen gelernt:

Individuen und Interaktionen mehr als Prozesse und Werkzeuge
Funktionierende Software mehr als umfassende Dokumentation
Zusammenarbeit mit dem Kunden mehr als Vertragsverhandlung
Reagieren auf Veränderung mehr als das Befolgen eines Plans

Das heißt, obwohl wir die Werte auf der rechten Seite wichtig finden, schätzen wir die Werte auf der linken Seite höher ein.

Kent Beck	James Grenning	Robert C. Martin
Mike Beedle	Jim Highsmith	Steve Mellor
Arie van Bennekum	Andrew Hunt	Ken Schwaber
Alistair Cockbum	Ron Jeffries	Jeff Sutherland
Ward Cunningham	Jon Kern	Dave Thomas
Martin Fowler	Brian Marick	

12. Manifest für Agile Softwareentwicklung
Quelle:https://agilemanifesto.org/iso/de/manifesto.html

Dieses Manifest fordert auf, die rechts genannten Prinzipien/Regeln weniger zu betonen als es bis damals der Fall war (und heute noch ist). Auf der rechten Seite des Manifestes finden Sie »Dokumentation, Prozesse, Werkzeuge, Vertragsverhandlungen und Verfolgen eines Plans«. Diese Begriffe stehen für das institutionalisierte Unternehmen, das sich schon einigelt. Auf der linken Seite werden Vorstellungen genannt, die wieder ausigeln sollen.

Das Manifest stammt aus der Softwareentwicklung, die in den stürmischen Jahren der Digitalisierung von neuen Technologien mitten in der Projektlaufzeit quasi überholt wurde. Man musste Softwareprojekte ständig an die neuesten Entwicklungen anpassen.

Ein ungefähres Beispiel, es ist schon lange her: Ich bekam in mehrere Aktenordner Einsicht, die einen Projektplan der Bundeswehr enthielten. Man hatte einige Jahre (geschätzt von 1988 bis 1993) gebraucht, um den Plan aufzustellen und überall abzunicken. Mich faszinierte damals eine halbe Seite in dem Plan, auf der die geschätzten Kosten von ein paar PCs mit einer 20 MB Festplatte aufgelistet waren. Festplatten waren zu Beginn der Planungen in dieser ungeheuren (!) Größe eben auch sagenhaft teuer, aber beim Beginn des eigentlichen Projektes schon sehr billig. An diesem Beispiel können Sie sehen: Bei der explosiven Entwicklung der IT ist es nicht sinnvoll, lange an einem Plan zu sitzen und ihn dann wie geplant durchzuführen, weil zwischendurch ein paar neue Technologiegenerationen auf den Markt kommen.

In dieser Situation schaden die starren Regeln, Pläne und Verträge – man muss »agil« arbeiten.

Ein Beispiel von heute: Die IT-Infrastruktur vieler deutscher Finanzinstitute stammt noch aus den 70er und 80er Jahren, ist also aus heutiger Sicht marode. Wenn man diese Strukturen erneuern will, werden wohl zehn Jahre vergehen müssen. Ich habe echte Pläne gesehen, die solche Zeitangaben enthielten. Aber in zehn Jahren gibt es ganz neue Technologien aus den Bereichen Cloud, Netze, Internet der Dinge, Kundenanforderungen etc. Bis dahin bauen ja Banken auch ihre Geschäftsmodelle stark um, wie es jetzt zum Beispiel die Deutsche Bank unter Massenentlassungen plant und bestimmt noch mehrere Male tun wird. Man kann bei der Softwareentwicklung nicht wie bei einem Hausbau vorgehen und einem detaillierten Plan folgen. Das Ziel ist bei Beginn nur vage bekannt. »In zehn Jahren modern – was immer modern in zehn Jahren sein mag«. Das ist genau die Art von Problemen, die die logistische Intelligenz der Manager hasst. Man weiß nicht, wie es enden soll – man soll das im Projektverlauf immer wieder »mit den Kunden« abstimmen und auf Veränderungen der Technologie und der Anforderungen reagieren. Das klassische Controlling bekommt bei dieser Arbeitsweise Herzattacken, weil ja im Vertrag nicht vorab festgelegt werden kann, was nach zehn Jahren abgeliefert werden muss und wie viel das alles kostet.

Großprojekte ins schwach Ungewisse und Unbekannte sind so etwas wie neue kleine Unternehmen im Unternehmen. Sie beginnen mit Ideen und Skizzen, mit Besprechungen, dem Studium neuster Technologien und einer Ahnung der zukünftigen Anforderungen –

und bitte in einer Stimmung der Vorfreude auf die Zukunft. Danach folgt die »Organisierung«. Das Vorgehen nach den Prinzipien des Agilen Manifestes ist also eines des »jungen Unternehmens im Frühstadium«. Es verlangt eine entsprechende Geisteshaltung, eben das »Agile Mindset«.

In der Praxis muss man den vorigen Satz unendlich oft wiederholen. Denn die Systemneurose mag keine Projekte »ohne präzisen Plan, ohne exakte Doku, ohne optimierte Prozesse und ohne wasserdichte Verträge«, so entrüstet sie sich lautstark. Ohne? Soweit geht die Agile Geisteshaltung gar nicht! Sie setzt nur die Prioritäten anders. Leute, lest doch alles! Es steht im Manifest unten drunter – »obwohl wir die Werte auf der rechten Seite wichtig finden ...« Es wird nur gesagt, dass sie nicht als übertrieben überhochwichtig eingeschätzt werden dürfen. Und genau das tut die Systemneurose. Neurosen nehmen ihre fixe Idee übertrieben wichtig.

Die in agilen Projekten arbeitenden Mitarbeiter müssen daher ständig auf der Hut sein, nicht von der Zweidrittelmehrheit der logistischen Intelligenz assimiliert zu werden. Achtung! Die Controller & Pacesetter wollen alles wie die Borg bei Star Trek assimilieren:

[
»Wir sind die Borg. Sie werden assimiliert werden.
Deaktivieren Sie Ihre Schutzschilde und ergeben
Sie sich. Wir werden Ihre biologischen und technologischen Charakteristika den unsrigen hinzufügen.
Ihre Kultur wird sich anpassen und uns dienen.
Widerstand ist zwecklos!«
]

So assimilieren alte, sich einigelnde und nahtote Unternehmen alles, was in ihre Nähe kommt, auch die Start-ups, die sie kaufen.

Es ist nicht leicht, Innovationen in zwanghaften Unternehmen zu betreiben. Der Innovator hat einen großen Mehraufwand damit, sich der Assimilierung zu entziehen. Die herrschende Zweidrittelmehrheit versucht unentwegt, die im Unternehmen seit Langem eingeübten Prozesse und Berichte wie Knüppel zwischen die Beine zu werfen.

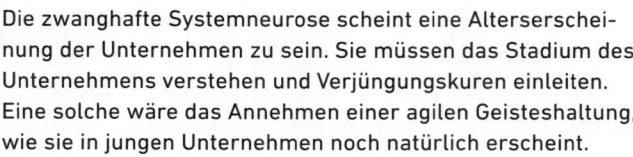 Die zwanghafte Systemneurose scheint eine Alterserscheinung der Unternehmen zu sein. Sie müssen das Stadium des Unternehmens verstehen und Verjüngungskuren einleiten. Eine solche wäre das Annehmen einer agilen Geisteshaltung, wie sie in jungen Unternehmen noch natürlich erscheint.

Wider die Assimilierung – Controller & Pacesetter an die Vorderfront

Wenn man verhindern will, dass neue Projekte und Innovation von der Zwangskultur assimiliert werden, muss man die Pacesetter & Controller daran erinnern, dass agile Organisierung von damals der Grundstein ihrer jetzt betonfesten Organisation ist, dass das Optimieren von Prozessen erst stattfinden kann, wenn man weiß, was man optimieren möchte. Man muss ihnen klarmachen, dass dem Neuen in einem Unternehmen so viele Widerstände entgegengebracht werden. Wenn das die Zweidrittelmehrheit verstanden hat, mag sie imstande sein, Neues zuzulassen und besser noch durchzuwinken.

Die Prozessorientierung und das ständige Optimieren der Prozesse haben ihren Sinn, wenn sich Vorgänge tausendfach oder millionenfach wiederholen. Es ist sinnvoll, diese in der bestmöglichen Weise abzuarbeiten und möglichst zu automatisieren.

Wenn man aber im Unternehmen Neues beginnen will, muss ja erst einmal exploriert werden, was später einmal tausendfach wiederholt werden muss. Alles muss erst einmal effektiv und sinnvoll gestaltet werden – dann erst darf über Effizienz und Kosten nachgedacht werden.

Wie hält man das Unternehmen ab, zwanghaft alles in der ersten Sekunde auf Effizienz abzuchecken? Ich weiß nur eine Antwort: Alle im Unternehmen, die etwas rund um die Innovationen zu entscheiden und zu genehmigen haben, bekommen eine gründliche Gehirnwäsche im Themenbereich »Intrapreneuring« – so nennt man »Entrepreneuring« im Unternehmen selbst.

Ich habe meine eigenen Erfahrungen in einem ganzen Buch aufgeschrieben, in *Das Neue und seine Feinde*. Darin berichte ich, dass ich aus verschiedenen Gründen einen fast zweiwöchigen Intrapreneuring-Lehrgang bei Gifford Pinchot genießen/erleiden durfte, zu dem mich die IBM abgeordnet hatte. Gifford Pinchot ist der Autor des Buches *Intrapreneuring*. Zusammen mit einem seiner Freunde, einem echten »Venture Capitalist« oder Investor von der Wall Street, examinierte er damals unsere innovativen Ideen. Es waren die lehrreichsten und folgenreichsten Tage meines Berufslebens. Pinchot zog uns das Fell über die Ohren und war dabei noch ganz human, weil es ja nur ein Lehrgang war und nicht gleich eine Start-up-Gründung.

Ich erinnere mich mit doppeltem Grausen an den Tag des Lehrgangs, der volle zehn Stunden das Thema »Fit to the company« endlos durchkaute. Frage: Kann man diese Innovation überhaupt in diesem meinem Unternehmen betreiben? Sollte ich es nicht gleich knicken? Wir besprachen endlos Fragen wie: »Kann die IBM das gut?« – »Klar doch!«, dachten wir denkfaul. »Passt es in die Kultur der IBM?« – »Klar doch!«, dachten wir denkfaul »Unterstützt das die IBM? Gibt es hinderliche Bürokratie?« – »Hm, muss doch gehen, wenn die Idee gut ist, und das ist sie ja!«, dachten wir denkfaul.

Im Ganzen fand ich den Tag grauenhaft langweilig. Aber als ich meine Innovation später umsetzte, gingen mir die Augen kugelrund auf, das kann ich ihnen sagen. Mit neuerlichem Grausen erkannte ich: Ich habe genau dieses Problem bei der Innovation unterschätzt: Sie geht in der Bürokratie unter.

Ich musste neulich so bitter auflachen: ein Innovationsteam in einem großen DAX-Konzern war pfauenstolz auf eine eigene Neuheit. Sie druckten die Idee und ihre ersten Erfolge auf ein größeres Plakat und hängten es in den Aufzug des hohen Hauptverwaltungsgebäudes. Sie warteten auf Gratulanten. Es setzte aber noch am gleichen Tag einen Strafzettel von der Kommunikations- und Marketingabteilung: »Plakate dürfen nur im einheitlichen Corporate Design erstellt werden, und zwar ausschließlich von dazu ermächtigten Personen und zertifizierten Agenturen. Es ist Vorschrift, die Plakate im 22. Stock zu beantragen. Dort wird ein Layout gemacht und alles einer Agentur zum Überputzen geschickt. Danach bekommt der Vorgang eine Bestellnummer, über welche die Außenstellen und Vertriebsleute des Unternehmens Plakate über das Konzerneinkaufssystem (»Procurement«) gegen eine gehörige Belastung der Kostenstelle ordern können. Die ersten tausend Plakate und die Layout- und Agenturkosten werden dem Urheber des Plakates berechnet ...« Das habe ich genauso miterleben müssen, nur nicht ganz so schlimm!

Oder: Wir wollten unsere Innovation auf der CeBIT-Computermesse in Hannover vorstellen. Dazu dachten wir uns einen Produktnamen aus, ich glaube, es war »4sight« oder so, ein Programm zur Prognose. Damit die Plakate gedruckt werden konnten, musste der Name durch ein »Names-Clearing«, so hieß das, glaube ich. Es gibt eine Behörde in jedem Konzern, die die Produktnamen genehmigt und festlegt. Sie schaut nach, ob ein beantragter Name schon vergeben oder patentiert ist, ob es Warenzeichen gibt oder ob »4sight« in irgendeiner Weltsprache »Scheiße« oder »Sex« bedeutet oder Tabus verletzt. Diese Prozedur dauert vier Wochen! Die damalige Antwort war: »Nein.« Und nun? Ich fragte, ob wir nicht gleich zwanzig Vorschläge gleichzeitig einreichen könnten, dann würden wir den ersten mit Genehmigung sofort verwenden. Antwort: »Immer nur einen, sonst haben wir zu viel unsinnige Arbeit.« Ich argumentierte, dann müsste ich meine Innovation um drei bis vier Jahre verschieben! Beton: Sie wollten nur einen Vorschlag.

Im Ernst: Plakate sind eine Sache des Konzerns. Es ist absolut richtig, sie zentral zu erstellen. Es ist auch absolut richtig, etwa die Namen von neuen Großcomputern oder Autos auf einen weltweiten allsprachlichen Prüfstand zu stellen – das darf auch viel Geld kosten, weil ein Fehler noch mehr kostet. Für eine noch kleine Innovation aber ist das vielleicht noch nicht der Tod, aber schon eine heftige Infektion.

Wer es nicht mitgemacht hat, kann sich die bürokratischen Hürden eines Unternehmens gar nicht vorstellen. Ich könnte inzwischen einen ganzen Leitfaden damit füllen. »Hallo Unternehmen, wir haben einen ersten großen Auftrag für unsere Innovation. Wir brauchen einen Spezialisten dafür, es hat sich zum großen Überglück einer beworben, ein wahrer Superstar, wir sind so glücklich.« – »Wir haben Einstellungsstopp.« – »Aber wir haben einen Auftrag!« – »Nehmen Sie Personal aus dem Outplacement-Center!« [Das sind Leute, denen man kündigen will und denen man hilft, »draußen« eine neue Stelle zu finden.]» Nein, nein, oh Gott, wir brauchen einen Star für eine Innovation!« – »Haben Sie denn schon alle Leute im Outplacement-Center gescannt?« – »Nein, Hilfe!« – »Dann sind Sie nicht kooperativ.« – »Wir brauchen den Superstar!« – »Sie wollen es sich also sehr einfach machen und die Interessen des Konzerns ignorieren.« – »Ja, verdammt! Ich gehe zum Chef!« – »Gehen Sie nur, der sagt das Ihnen noch einmal, aber lauter.« – »Chef, wir brauchen den Superstar.« – »Wir haben Einstellungsstopp, für Ausnahmen müssen harte Kriterien erfüllt werden.« – »Unsere Innovation stirbt sonst!« – »Das sagen alle. Was glauben Sie, wie viele Leute hier mit fadenscheinigen Gründen in meinem Vorzimmer greinen. Frage: Wie viel Gewinn wirft das Projekt in diesem Quartal ab?« – »Keinen. Es ist eine Innovation!« – »Schade, das geht also nicht. Ist der Superstar teuer?« – »Ja, klar.« – »Dann können Sie das gleich vergessen, wir wollen doch den Gehälterdurchschnitt im Konzern drücken. Das haben die Personaler als Jahresziel.«

»Hallo Unternehmen, wir brauchen für unsere Innovation eine Softwarelizenz für die Software HexHex.« – »HexHex wird nicht von der Corporate IT unterstützt. Wir sind bestrebt, die Vielfalt der im Konzern verwendeten Software möglichst klein zu halten, um Kosten zu sparen. Damit eine neue Software verwendet werden darf, muss ein Validierungsprozess angestoßen werden, der den Nutzen, den Gewinnbeitrag und die langfristigen Wartungsaufwände und Folgekosten an Hand festgelegter Kriterien überprüft. Ohnehin kann eine neue Software in diesem Jahr nicht mehr genehmigt werden, weil die IT dann für dieses Jahr das ihr gesetzte Standardisierungsziel reißen würde, es sei denn, Sie beantragen, die Nutzung einer anderen Software im Konzern abzukündigen und einzustellen.« – »Dann stirbt unsere Innovation!« – »Was ist Ihre klitzekleine Innovation gegen die Ziele der IT?«

»Hallo Unternehmen, wir wollen unsere Innovation der Geschäftsführung vorstellen! Es läuft gut!« – »Oh, da gibt es eine Innovation? Wie heißt die?« – »Wir haben noch keinen Namen, wir warten auf das Clearing.« – »Haben Sie eine Registriernummer?« – »Was ist das?« – »Aha, sie arbeiten ohne Genehmigung! Alle Innovationen müssen durch das Innovationsmanagement und die Finanzfreigabe, sonst dürfen Sie gar nicht anfangen. Sie müssen sich erst registrieren und eine Nummer bekommen, dann erfolgt der Prüfprozess.« – »Wir haben aber schon einen großen Kundenauftrag! Es geht um 13 Millionen Euro!« – »Ah, diese Zahl habe ich neulich im Aufzug gesehen, auf einem Plakat. Ist es das?« – »Ja! Ja! Gut, was?« – »Das war nicht legal, das mit dem Plakat. Und jetzt unterlaufen Sie schon wieder einen Prozess. Sie bekommen jetzt einen Termin beim Vorstand, aber es wird keine Präsentation, sondern eine Untersuchung Ihrer Verstöße.«

Jeder klitzekleine Schritt einer Innovation knallt in der Corporate World gegen harte Barrieren der optimierten und vereinheitlichten Prozesse eines Unternehmens. Die Prozesse fressen alles Neue. Das Lösen dieser Prozessprobleme füllt dann den Arbeitstag des Innovators, inhaltlich kommt er kaum weiter. Dazu kommen die Statusmeetings bei den Pacesettern: »Wie weit seid ihr? Wie hoch ist der Gewinn? Ach so, ihr habt noch keinen Namen und noch keine Leute. Wieso geht das so langsam? Gebt ihr vor jedem Hindernis auf? Ihr müsst euch schon besser durchbeißen!«

Die Prozesse, die eigentlich alles beschleunigen sollten, passen ganz und gar nicht. Die Organisation duldet keine »jugendliche« Organisierung mehr. Die Aufgabe der Controller & Pacesetter wäre, dem Neuen die Hindernisse aus dem Weg zu schaffen. Das können sie nicht, weil sie Prozessprobleme immer nur durch bessere Prozesse lösen. Viele Controller kennen Tricks (»kreatives Accounting«), die Prozesse dehnbar aufzufassen, aber das direkte Ignorieren von Vorschriften für Innovationen fällt ihnen schwer. Sie fragen sich jedes Mal: »Warum genießen Innovatoren solche hohen Privilegien? Selbst ich muss mich persönlich an gewisse Regeln halten.«

Die Zweidrittelmehrheit der Controller & Pacesetter im Management hat da feste Meinungen. Wer eine andere hat, ist ein Feind der Organisation oder bringt Ausreden für seine Verstöße vor. Diese Meinungen kann man nicht durch Einreden auf Executives erschüttern, auch nicht durch Zahlen – sie wissen, wie man schummelt und sie vermuten, dass die Innovatoren es genauso machen.

Zureden hilft nicht. Die Faktenmenschen müssen es hart spüren.

Faktenmenschen vertrauen keiner Theorie, sondern nur eigenen Erfahrungen. Sie müssen es mitgemacht haben.

Deshalb kann ich nur empfehlen: Alle »Prozessfürsten« müssten auf Intrapreneuring-Schulungen geschickt werden, die ihnen die Probleme der Innovatoren klarmachen. Sie müssen alle verstehen, welche Lebensphasen eine Innovation durchmacht und dass sie eine ziemlich lange Zeit ohne strikte Organisation arbeiten muss, weil sie erst während der Organisierung zu einer guten Vorstellung kommt, wie das beste Geschäftsmodell aussehen mag. Alle Manager müssen verstehen, wie betonhart das Unternehmen geworden ist und wie stark es alles Fremde assimiliert oder abstößt. Das genügt für den Anfang.

Und jetzt!

Jetzt werden sie verdonnert, bei einer Innovation mitzumachen. Sie sollen dann einfach durch Erfahrung lernen, was alles nicht geht. Sie sollen es doch bitte einmal selbst möglich machen, alle Hindernisse aus dem Weg zu räumen. Sie dürfen sich nicht mit Kompromissen und zu kleinen Budgets abspeisen lassen, nicht auf die PowerPoint-Ebene hinabziehen lassen. Sie sollen es durchziehen. Sie müssen Innovation hart lernen, denn davon hängt nun in der neuen digitalisierten Welt das ganze Unternehmen ab. Sie müssen lernen, wie ein junges Unternehmen tickt.

Eine Anekdote: Als ich in den 90er die ersten Aufträge für mathematische Dienstleistungen bekam, nickte man zunächst anerkennend, dass unser Business gut anlief, tadelte aber sofort, dass wir zu niedrige Preise in Rechnung stellen würden. Ich erwiderte fast empört: »Das geht nicht, wir haben noch zu wenig Erfahrung, wir sind da noch in der Findungs-/Organisierungsphase!« – »Fordern Sie mehr – verhandeln Sie zäher.« – »Das ist fast dumm, sorry, weil meine Leute am Anfang schnell viele Projekte zur Übung brauchen und damit schnell Aufträge haben müssen. In dieser Phase sind hohe Preise schlecht, weil der Kunde zu anspruchsvoll wird, ja sogar böse, wenn er merkt, dass wir noch üben.« – »Ich will, dass Sie mehr fordern. Basta.« – »Gut, mache ich. Übrigens, wir haben da einen Kunden, den Sie, Sir, persönlich sehr gut kennen. Ich würde sagen, Sie handeln da einen hohen Preis heraus, dann bekommen wir gleich ein Gefühl dafür, was ein echter Profi wie Sie als Executive heraushandelt. Und ich kann besser einsehen, was Sie sagen, und ich gehe sofort in Ihre Lehre. Es muss für Sie ein Kinderspiel sein, und Ihre Investition in meine Innovation lohnt sich umso mehr. Es ist auch gut, wenn Sie sich einmal persönlich einbringen.« – »Ja, ist ja gut, ich mache es. Aber nicht gern.« – »Wieso nicht gern? Sie müssen nur Passion für Ihre Innovation zeigen.« – »Hey, hey, ruhig, ich mache es ja.«

Eine Woche später: »Der Preis ist XY.« Er war niedriger, als ich selbst vom Kunden gefordert hatte. Ich beklagte mich beim Chef am Telefon. »Das geht so aber nicht!« – »Hören Sie, es ging nicht besser. Er hat mich für verrückt erklärt, unser Service wäre nichts wert. Er wäre schon so gutmütig, als Versuchskaninchen für etwas Neues herzuhalten, aber noch Geld dafür bezahlen? Er wollte es eigentlich umsonst haben, er hat gewütet und mich persönlich gekränkt, dabei kennen wir uns schon so lange! Als Kunde ist er richtig unverschämt, anders als beim jährlichen Kundendinner. Man erkennt ihn gar nicht wieder!«

Man hat nie mehr über meine Konditionen gemeckert. Jetzt waren körperliche Erfahrungen da. Alarmsensoren meldeten Kampfstimmung. Der Kunde signalisierte, dass mein Chef auf zu hohem Ross verhandeln wollte. Durch die eigene Erfahrung entwickelte mein Boss eine eigene Meinung. Das war viel wert.

Ich finde unbedingt: Man muss die Dauermeeting-Executives durch das Fegefeuer persönlicher Erfahrungen mit Innovationen jagen. Alle. Die heutigen Psychotherapiesitzungen des Managements, »Unternehmenskultur-/Strategieworkshops« genannt, sind viel zu zahm. Jeder Exec macht dabei gelegentlich einen Persönlichkeitstest und bekommt ein paar Seiten Erklärung dazu, was er noch »an seiner Leadership« verbessern kann, aber die psychologischen Mehrheiten und die Verkrustungen des Unternehmens werden nicht thematisiert. Das versuchen die durchführenden Personaler manchmal schon, aber viel zu devot! Es klingt bei einem Human-Resource-Moderator so: »Im Ganzen gesehen zeigen Sie als Managementteam beim Big-Five-Test ausgesprochen hohe Werte bei Gewissenhaftigkeit/Verträglichkeit und eher etwas niedrige Werte bei Offenheit.« Das heißt im Klartext: Das Unternehmen ist alt und verkrustet. Jetzt müsste ein Workshopleiter alle vor ihm sitzenden Manager rigoros auf die Hörner nehmen, aber das traut er sich nicht, denn er ist ja auch gewissenhaft und verträglich und für agiles Aufmotzen nicht offen und mutig genug. Personaler sind selbst in der Regel voll assimiliert, jedenfalls benehmen sie sich so vor dem Management. Am Abend, beim Bier, beklagen sie sich über Beton.

 Die Topmanager sollten aktiv in Innovationen eingebunden werden. Man sagt bei den Controllern & Pacesettern, dass erst der ein richtiger Manager wäre, der einen Sturm mitgemacht hätte, sich durch ein schlimmes Projekt kämpfen musste oder durch eine Finanzkrise. »Das prägt und macht den Meister«, sagen sie. Genauso sollten sie einmal eine Innovation durchfechten müssen. Das prägt noch mehr und viel positiver. Sie wissen dann, wie ein junges Unternehmen tickt und sehen dann mit einigem Abstand, wie sehr sie sich schon selbst dem Einigeln annähern oder sich schon eingeigelt haben.

Etablierung einer selbstverantwortlichen technischen Führungsschicht

> *Bei der IBM war ich selbst ein so genannter Distinguished Engineer, also eine technische Kraft ohne Personalverantwortung mit einer Gehaltsstufe im Executive-Bereich (in der Managementhierarchie etwa einem Bereichsleiter entsprechend). Ich habe als CTO (Chief Technology Officer) der IBM Deutschland für längere Zeit am Thema »technische Laufbahnen« mitgearbeitet und selbst einige Strukturen etabliert.*

Ich bin bei Besuchen anderer Unternehmen so oft gefragt worden, was das denn bloß sei, ein Distinguished Engineer. Aha? Und als solcher hat man eine so hohe Gehaltsstufe? Echt? »Bei uns gibt es das nicht. Vollkommen unmöglich.« Es fallen gleich anschließend etwas neidische Bemerkungen, dass es eine Fachlaufbahn bis hin zu Executive-Gehaltsstufen gäbe. Ich habe schon zigmal gehört: »Wenn man bei uns als Ingenieur mehr Geld verdienen will, muss man ins Management, aber das ist kein schöner Job für uns; wir fühlen uns da irgendwie falsch am Platz und wir sind alles in allem auch nicht richtig erfolgreich. Die

Fachleute, die nur wegen des Geldes in eine Führungslaufbahn einwilligten, sind meist nicht glücklich geworden.«

Dann erzähle ich ihnen von den Fachlaufbahnen, die wir damals bei der IBM etablierten: Staunen. Ich gebe hier die Grundideen wieder. Man kann und sollte, finde ich, diese Regelungen in jeder Firma einführen, in der es auf die hohe Qualität von Fachexperten ankommt.

Ich war und bin außerdem der festen Auffassung, dass man ähnliche Regelungen auch für die Managementlaufbahnen vorsehen muss, aber über solche Ideen hat man bei der IBM damals milde gelächelt: »Stimmt eigentlich, solch ein Ansinnen ist aber nach der Sachlage und der derzeitigen Machtverteilung vollkommen naiv.« Es ging darum, dass die Qualifikation der Topleute alle fünf Jahre überprüft wurde; man fragte sie: »Sind Sie immer noch top?«

Soweit zur Grundproblematik. Jetzt kommen meine realen konkreten Vorschläge, die Sie in Ihrer Firma einfach umsetzen können. Diese Vorschläge sind nicht aus der Luft gegriffen, sondern erprobt und bewährt. Ich schlage alles so vor, wie ich das am besten finde, nicht so, wie es bei der IBM geregelt war oder wie es jetzt in der IBM geregelt ist (ich bin da ja schon acht Jahre raus). Zur Illustration vorweg:

Fachlaufbahnen bei der IBM: Die IBM kennt verschiedene technische Berufsfelder, das sind zum Beispiel Berater, IT-Lösungsarchitekten (sind für das Design der gesamten Kunden-IT zuständig), IT-Spezialisten (Entwickler oder Programmierer), Projektleiter etc. In diesen Berufsfeldern kann man sich »zertifizieren«. Das ist eine eisenharte Aufgabe; der Mitarbeiter muss viele verschiedene Projektmeriten nachweisen (technisch, technisch leitend und geschäftlich erfolgreich), es wäre gut, er könnte mit ein paar Publikationen oder Patentanmeldungen auf seinem Gebiet aufwarten. Es wird außerdem gut angesehen, wenn er sich in Berufsverbänden für die Gesellschaft engagiert. In dieser Weise gibt es ganze Kriterienkataloge, nach denen über die Zertifizierung geurteilt wird. Ein technisches Zertifizierungsboard entscheidet über die Zertifizierung. Die meisten Kandidaten knüpfen vorher persönliche Verbindungen zu schon Zertifizierten, von denen sie sich als Mentor begleiten und auch schon vorweg beurteilen lassen, sodass es keine großen Überraschungen und keinen Zank gibt. Die

Zertifizierung erfolgt schließlich nach einem von den technischen Spitzen vertretenen »absoluten Standard«. Jeder Mitarbeiter wird zertifiziert, der diesen hohen Standard erfüllt. Es ist nicht nötig, eine Planstelle für den Zertifizierten zu haben. Ganz einfach: wer die Kriterien erfüllt, wird zertifiziert. Wenn jemand zertifiziert ist, bekommt er eine dafür vorgesehene hohe Gehaltsstufe. Er verbleibt personaltechnisch auf seiner Planstelle, bekommt aber ein viel höheres Gehalt, solange er zertifiziert ist. Alle drei oder fünf Jahre muss sich der Zertifizierte rezertifizieren, also einen Nachweis erbringen, dass er als Zertifizierter erfolgreich war. Gelingt das, so verbleibt er weiter in der hohen Gehaltsstufe. Wenn das nicht gelingt, kehrt er auf die Gehaltsstufe seiner Planstelle zurück.

Zertifizierte können eine noch höhere Hürde nehmen und zum »Senior Certified« aufsteigen. Dabei gelten dieselben Regeln, nur liegt die Messlatte viel höher. Diese erheblich geringere Anzahl von Bewerbern wird von einem europäischen Board von Distinguished Engineers zertifiziert.

Auf der höchsten Stufe der technischen Laufbahn arbeiten eben diese Distinguished Engineers, die als Leitende Angestellte einen Executive Status haben. Dieser Status wird lebenslänglich im Corporate Headquarter vergeben. Man muss sich nicht rezertifizieren.

Tja, und dann mögen Sie vielleicht noch von den berühmten IBM Fellows gehört haben, von denen es gleichzeitig stets nur 50–100 in der Forschung der IBM gibt. Insgesamt 305 Experten haben es in der langen Geschichte bei der IBM zum Fellow gebracht. Darunter sind Nobelpreisträger (Binnig, Rohrer, Bednorz, Müller); Sie kennen vielleicht auch die Mandelbrotmenge aus der populären Mathematik; Mandelbrot war IBM Fellow. IBM Fellows dürfen relativ frei forschen, ihren Arbeitsort frei wählen und haben auch (in mit der Zeit zunehmende Grenzen) Etats, um ihre Ideen zu finanzieren.

Und nun allgemein ohne das IBM-Beispiel weiter:

Fachlaufbahnen für jedes Unternehmen: Man kann hohe fachliche Hürden definieren, die jeder Mitarbeiter nehmen kann. In diesem Fall wird er in eine hohe Gehaltsstufe eingewiesen, in der er bleibt, solange er die Kriterien erfüllt. Diese wenigen Zertifizierten (ein paar Prozent von allen) bilden dann die technische Führungsschicht des Unternehmens und können auf »Augenhöhe« mit dem Management über die technisch-strategische Ausrichtung des Unternehmens sprechen. Sie sollten an wichtigen Managementmeetings teilnehmen dürfen und dort fachlichen Rat geben. Damit kann vermieden werden, »dass die da oben die Realität nicht mehr sehen«, wie sie aus Zahlen allein nicht mehr herauslesbar ist. Das Topmanagement hat in der Regel einen guten Draht zu den Vertriebsdirektoren, weil ja von diesen unentwegt die Umsätze abgefragt werden. Durch die Zertifizierung von technischen Fachkoryphäen kommt nun auch die fachliche Seite in den Beschlussgremien zu Wort – und nicht nur zu Wort: die technische Seite bekommt nun Gesichter. Es sind Menschen, die man kennt und »anrufen kann«.

Es ist sehr wichtig, dass absolut jeder zertifiziert wird, der die Kriterien erfüllt. »Techies« hassen es, um irgendwelche Planstellen im gegenseitigen Verdrängungswettbewerb zu taktieren, sie wollen einfach ihren Gurustatus anerkannt wissen, unabhängig von Stellenstreichungen und Beförderungsstopps.

Ich finde, wie schon gesagt, die Idee gut, auch mit dem Management so zu verfahren und eine Zertifizierung von Managern einzuführen, die sich auch alle x Jahre rezertifizieren müssen. Es gibt ja viele Mitarbeiterumfragen, wie gut diesen ihr Chef gefällt. Man weiß deshalb »oben« ganz gut, was man an welcher Führungskraft hat oder nicht. Wenn Manager in diesem Zertifizierungssystem schlechte Kritiken bekommen, werden sie einfach nicht rezertifiziert, fertig. Die Vorstände ganz oben haben doch auch meist nur Zeitverträge von fünf Jahren, warum bleiben dann die Low Performer unter den Führungskräften den Mitarbeitern so schrecklich lange erhalten wie schlechte Lehrer den Schülern?

Arbeitsauslastung und Arbeit der Topexperten: Es ist absolut ratsam, die geforderte Arbeitsauslastung im Tagesgeschäft (!) mit jeder höheren Stufe zu senken (!). In Worten: zu senken. Das gilt für alle Hierarchien, ob es Experten oder Führungskräfte betrifft. Die Topleute eines Unternehmens dürfen eben nicht im Tagesgeschäft verheizt werden. Das ist sonnenklar, aber insbesondere die Pacesetter rühmen sich gerne, jeden

Tag sechzehn bis zwanzig Stunden Hochleistung zu bringen (na gut, wenigstens so zu tun als ob). Daher hat niemand Zeit für Innovation, Zukunft, Strategie und neue Geschäftsmodelle.

Die technischen Experten sollten in einem Unternehmen kollektiv die folgenden Aufgaben zeitlich und fachlich wahrnehmen können (!):

- Sie sollen sich selbst auf einem höchsten technischen Bildungsstand halten.
- ihr technisches Wissen über die ganze Firma streuen (»sharing«) und als Vorbild wirken
- das Management in Fragen der Innovation, der Zukunft und derzeit der Digitalisierung beraten
- als Mentor des Expertennachwuchses junge Topperformer fördern
- als Feuerwehr helfend in Krisenprojekte des Unternehmens einspringen und die Probleme »löschen« (dazu ist es kritisch wichtig, dass die Feuerwehr stets einsatzbereit ist, dass also zu jeder Zeit geeignete Topexperten »Zeit haben«)
- Innovatoren und Intrapreneuren helfen und ihnen die richtigen Wegweiser und Ansprechpartner im Management verschaffen
- das Unternehmen draußen in der Öffentlichkeit und auf Konferenzen vertreten und dabei hervorragende junge Leute für das Unternehmen begeistern, die sich anschließend bewerben
- neue Projekte fachlich im Unternehmen kommunizieren, sodass die neuen Projekte mit dafür begabten Mitarbeitern begonnen werden können – jeder soll dort wirken, wo er am besten wirken kann

An alle Manager, die es jetzt graust, ihre Toptechies nicht rund um die Uhr arbeiten zu sehen: Die meisten Topleute arbeiten dann doch rund um die Uhr. Ein großer Teil der Supertechies ist Workaholic. Wenn solche als Feuerwehr einspringen und einen Helden wie »Red Adair« spielen, dann sind sie erfahrungsgemäß schwer wieder in das Feuerwehrhaus zurückzuholen (der Kunde will den Topxperten behalten). Faktisch ist es ganz gut, es bei vielleicht ein/zwei Prozent der Topmitarbeiter nur bei einem geplanten Halbtagesgeschäftsjob zu belassen, die andere Hälfte der Zeit sollen sie helfen. Die meisten wollen dann ja doch nicht so ganz in die Rollen schlüpfen, die ich eben aufgezählt habe. Geben Sie als Chef einfach das oberste Prozent »frei« und verlangen Sie von diesem Kollektiv die Erledigung der aufgezählten Aufgaben. »Die regeln das«, glauben Sie unseren Erfahrungen. Empowern Sie die oberste technische Schicht und vertrauen Sie einfach. Es funktioniert, weil Vertrauen Kräfte freisetzt und ungemein motiviert. Und denken Sie als Manager daran, selbst viel Zeit zu haben. Wenn Sie zu wenig Zeit haben, dann versuchen Sie ernsthaft, viel mehr Zeit zu haben. Sie werden sehen, dass es nicht so einfach ist. Das gilt für die Toptechies auch.

Berichtswege der Topexperten und Toptalente (Technik/Management): Immer wieder kommt der folgende typische Fall vor: In einer kleinen Abteilung wird jemand eingestellt, der sich schnell als der absolute Shootingstar entpuppt. Ihm gelingt alles. Der Abteilungsleiter freut sich – bis zur nächsten Gehaltsrunde, bei der er bedauernd sagen muss, dass er nur ein kleines Erhöhungsbudget für die ganze Abteilung bekam und dass er dieses nun einigermaßen gerecht verteilen müsse. »Sie müssten nach Ihren Megaleistungen eigentlich 1000 Euro mehr im Monat bekommen, aber die habe ich nicht. Ich kann Ihnen nur 250 Euro geben.« Das geht dann jedes Jahr so, im zweiten Jahr sollte der junge Mitarbeiter eigentlich 2000 Euro mehr haben, aber er ist erst bei plus 500. Der Abteilungsleiter seufzt, er kann ihm im dritten Jahr wohl nicht nochmals 250 Euro mehr geben, weil dafür dann die anderen zu sehr leiden müssen – das können sie nicht so lange. Kurz: Der Leistungsträger wird sauer gefahren.

Ausweg: Die Toptalente werden unbedingt nach oben gemeldet. Man ändert dann ihren Berichtsweg. Das heißt: Der Personalvorgesetzte des Topperformers ist nicht mehr sein Abteilungsleiter, sondern der Bereichsleiter. Man ändert dabei nicht die Arbeit des Leistungsträgers, sondern nur den Personalvorgesetzten. Der Bereichsleiter hat in der Regel ein paar hundert Mitarbeiter und eine Handvoll Toptalente, die jetzt direkt an ihn berichten. Diesen Topleuten kann er leicht auch 1000 Euro im Monat mehr geben, das »Leiden« verteilt sich nun nicht mehr auf eine kleine Abteilung, sondern wird auf alle »sozialisiert«. Die Leistungsträger sind natürlich stolz, an den Bereichsleiter zu berichten, sie haben jetzt Kontakt nach oben, werden öfter zu Managementmeetings des Bereiches eingeladen und verstehen das Business ihres Bereichs. Da sie ihre Gehaltserhöhung vom Bereichsleiter bekommen, muss dieser mit ihnen ihre Leistung besprechen. Das motiviert die Talente und zwingt die Bereichsleiter, sich mit der Arbeit der Talente zu befassen. Er sollte sie gleich coachen und ausbilden. Er könnte sie zeitweise als Assistenten des Bereichsleiters arbeiten lassen. Man könnte »reverse mentoring« einführen, das heißt: Die Toptalente mentoren den Bereichsleiter. Sie coachen ihn, Innovationen richtig beurteilen zu können und bei Reden vor ihren Mitarbeitern oder vor Kunden noch mehr zu glänzen, das heißt: die technischen Kräfte könnten die üblichen banalen Managementfloskeln fachlich auffrischen helfen.

Sponsoring: Wenn neue Ideen aufkommen, wird im höheren Management und unter den Topzertifizierten je ein Sponsor gesucht, die beide (freiwillig und gerne, bitte!) das Innovationsprojekt stützen, beraten, fördern und finanzieren. Intrapreneure müssen schon ein bisschen Macht hinter und über sich haben, die ihnen Prozesshürden aus dem Weg räumt.

Diversity: Es wird immer geklagt, dass »die Frauenquote zu niedrig ist«. Was spricht dagegen, einfach nach Toptalenten unter den Frauen zu suchen, sie in ein gezieltes »Acceleration Program« (ein beschleunigtes Förderprogramm) zu schicken, um dann alle, die die Zielkriterien erfüllen, unter die Toptalente aufzunehmen? Warum ermuntert man nicht Frauen, sich zum Beispiel zu zertifizieren? Man hilft ihnen dann dabei – mehr als den Männern, na gut. Aber die Zertifizierung ist »objektiv«, sie haben sie verdient. Es wird kein Missmut im Flurfunk abgelassen, das Unfähige den Vorzug bekämen. Nein, man hat Frauen nur bei der Ausbildung vorgezogen und sie besser aktiv geschult.

Offene Y-Kultur: Eine technische Führungsschicht, der man die Verantwortung für die »technologische Zukunftsfähigkeit des Unternehmens« in die Hände legt, wird sich wirklich strecken, die Firma für alles Neue zu öffnen. Das ist eigentlich sonnenklar! Schauen Sie einmal im Netz auf die Patentanmeldungen der IBM aus den letzten 40 Jahren. Als ich bei der IBM im Jahre 1987 anfing, waren die japanischen Unternehmen die klaren Erfindungsweltmeister, etwa Sony oder Hitachi. IBM startete damals eine Patentoffensive unter den Mitarbeitern: Einige IBM Fellows arbeiteten eine Art »Programm der technischen Ehre« aus, man bekam Punkte für eingereichte Patente, bei dem Überschreiten gewisser Schwellenwerte eine Ehrung und ein paar Tausend Dollar. Die Patente kamen stets in die Personalakte und standen auch auf der IBM-internen persönlichen Seite (jeder IBMer hat eine Art XING- oder LinkedIn-Profil im Intranet). Ohne dass das Management dabei viel tat, spornten sich die technischen Spitzenleute an. Es wurde tatsächlich eine Frage der Ehre. Ich engagierte mich ziemlich viel in Deutschland und war auch einmal für drei Jahre pfauenstolzer »Master Inventor« der IBM. Nach der Auflegung dieses Programms wurde IBM Anfang der 90er »Patentweltmeister« und ist es bis heute geblieben. Ich wundere mich, dass die anderen Unternehmen das nicht kopieren.

In diesem Sinne: Man gebe es einfach in die Verantwortung einer technischen Führungsschicht – und viele machen mit, weil es mehr um Meisterehre geht und nicht um »schneller, profitabler«.

Offen zur Welt: Einige deutsche Wirtschaftsführer haben das Silicon Valley besucht und sind beeindruckt wiedergekehrt. Hasso Plattner führte Design Thinking bei der SAP ein und gründete ein eigenes Institut in Potsdam. Tim Höttges (Telekom) und Dieter Zetsche (Daimler) äußerten sich begeistert und gingen hierzulande beherzt an den Wandel. Ich nehme einmal an, diese Topleute haben das Silicon Valley nur ein paar Tage genossen – sie haben ja nicht viel Zeit. Wenn sie aber in kurzer Zeit so viele prägende Eindrücke empfangen konnten – warum schicken sie nicht ihre Topleute dahin? Vorschlag: Jede technologische Topleistung und jede neue Zertifizierung wird mit einem zweimonatigen Besuch in einer Hightech- oder Start-up-Schmiede belohnt. Wenn ich das vorschlage, verziehen sich die Gesichter der Sparkommissare: »Was das kostet – wahnsinnig geworden?« Da rollen die Pacesetter mit den Augen: »Die Allerbesten für zwei Monate aus den Projekten nehmen – Katastrophe!« Dabei weiß jeder normale Mensch, dass ein Tapetenwechsel guttut, dass Starfußballspieler auch einmal den Verein wechseln sollten – und dass es viele Jahrhunderte hindurch Brauch war, dass sich die Handwerksgesellen zur Erlangung von Meisterschaft auf Wanderschaft begaben, um überall viel zu lernen, bevor sie sesshaft wurden.

Nein, das geschieht nicht, die Unternehmen betreiben Inzucht. Statt sich in der Welt umzuschauen, wenigstens surfend im Internet, setzen sich erwachsene Experten- und Managementteam in enge Meetingräume und veranstalten lausig erfolgsarme Brainstorming-Sitzungen. Wenn ein Team einen Tag lang Flipcharts füllt, kostet es genau so viel wie einen von ihnen ins Silicon Valley zu schicken. »Das klingt logisch, Herr Dueck, aber das machen wir Zwanghafte nicht so«, lautet die Ablehnung.

Im Grunde zielen alle diese Maßnahmen darauf ab, Elemente einer Y-Kultur inmitten einer X-Kultur zu etablieren und sich gleichzeitig damit auch mehr um »Diversity« im Allgemeinen zu kümmern. Die Elemente anderer Denk- und Verhaltenskulturen sollen ins ganze Unternehmen ausstrahlen und es verjüngen. Dafür ist es notwendig, diese neuen Kulturelemente absolut nicht in die starre Organisation einzubinden. Belassen Sie es dabei, sich selbst mit ihrer Organisierung zu beschäftigen. Lassen Sie sie jung und selbstverantwortlich bleiben. Versuchen Sie nicht, sie in Prozesse zu quetschen.

Nachwort: Ein geschätzter Testleser und Kritiker hatte an dieser Stelle eine Frage zum Manuskript: »Warum geht es dann der IBM heute trotzdem nicht so gut?« Das hat viele Ursachen, und ich fühle mich unwohl, mich dazu zu äußern. Ich deute an: Für meinen Geschmack hat man etwa ab 2008 begonnen, dieses nun bewährte System doch wieder ins Hamsterrad zu ziehen. Der Schirmherr der Techies und der von uns allen hochverehrte Nicholas (»Nick«) Donofrio ging 2008 in den Ruhestand. Gleich danach begann man zu »messen«, wie viel die Topleute leisteten, es gab Punktesysteme, man zählte alles Mögliche, etwa wie viele Leute man mentorte, man fasste Distinguished Engineers zu weltweiten Arbeits- und Themengruppen zusammen, gab ihnen Ziele aus dem Management etc. etc. Ohne die schützende Hand von Nick begann die »Re-Assimilierung« – so meine persönliche Sicht. Ich weiß noch, wie oft ich in dieser Zeit in wütende Selbstgespräche ausbrach, wenn wieder einmal so eine X-Mail kam, die Ergebnisreports erfragte. Noch ein kleines Ärgernis von mir: Die Stäbe wurden gelobt, dass wir Distinguished Engineers Hochglanzinput für ein Booklet lieferten und aktuell hielten. Dieser Toptechiekatalog wurde im Management verteilt, damit man wissen konnte, wer nun genau Experte für was war. Ich fragte mich: Haben Topmanager in dem Booklet jemals mehr als geblättert? Und ich seufzte: In der früheren Zeit hatte man das Gefühl, dass Nick selbst uns alle persönlich kannte. Tja, das ist der Unterschied zwischen X und Y, zwischen einem Bookletprozess und echten Beziehungen.

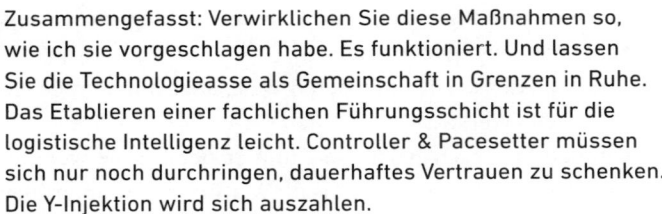

Zusammengefasst: Verwirklichen Sie diese Maßnahmen so, wie ich sie vorgeschlagen habe. Es funktioniert. Und lassen Sie die Technologieasse als Gemeinschaft in Grenzen in Ruhe. Das Etablieren einer fachlichen Führungsschicht ist für die logistische Intelligenz leicht. Controller & Pacesetter müssen sich nur noch durchringen, dauerhaftes Vertrauen zu schenken. Die Y-Injektion wird sich auszahlen.

Leistungsträger sind zehnmal besser

Alle Welt weiß, dass in den höherwertigen Berufen die Besten um ein Vielfaches besser sind (»Ein Bestsellerautor braucht ein Jahr, um einen Bestseller zu schreiben – wie lange braucht ein normaler Autor dazu?«). Wenn das so ist, warum bilden die Betriebe ihre Leute in den höherwertigen Positionen nicht mit voller Hingabe aus? Man versteht es nicht.

Stellen Sie sich einen Verkäufer eines Anlagenbauunternehmens vor, der mit einem Kunden über einen Millionenauftrag verhandelt. Er muss mit dem direkten späteren Anlagenchef die Sachfragen klären, an einer Ausschreibung teilnehmen, den Preispunkt der Einkaufsabteilung gut einschätzen, mit den eigenen Chefs das Angebot besprechen (»Machen wir Gewinn?«) und einen groben Plan mit den Experten im eigenen Unternehmen erstellen (»Können wir liefern?« – »Haben wir

Leute, die das machen?«). Bei einem größeren Auftrag kann sich der Vertriebsbeauftragte vor die Aufgabe gestellt sehen, mit bis zu zwanzig verschiedenen Parteien gleichzeitig klarzukommen. Manche schaffen das locker, andere eigentlich nie. Viele von uns haben Zimmerpflanzen, die wir hingebungsvoll pflegen und immer schön (zu viel) gießen. Einige haben den grünen Daumen, bei ihnen blühen und gedeihen Pflanzenarten, die bei anderen verrecken. Manche haben es drauf, andere nie.

Es gibt Lehrer, die so gut sind, dass bei ihnen sogar Latein oder Vektormultiplikation Freude macht. Sie sind uns Vorbilder und im späteren Leben ein Kompass. Andere haben so schlechten Einfluss auf uns, dass wir eventuell sogar die Schulausbildung sausen lassen und das ein Leben lang bereuen müssen.

In der Wissenschaft publizieren viele, aber nur wenige erschaffen ein bleibendes Werk ...

Nehmen Sie Ihren Beruf, was immer der ist: Sie werden finden, dass die Besten irre viel besser als die Mäßigen sind. In größeren Projekten können nicht so kompetente »Experten« Fehler oder Dummheiten begehen, die den Gewinn des gesamten Bereiches auffressen. Es ist nicht nur so, dass bessere Mitarbeiter besser als schlechtere sind. Die Besten bringen den Gewinn heim, die Schlechtesten können Katastrophen auslösen. Lehrer können, wie gesagt, einen bedeutenden Einfluss auf ein Leben nehmen – so oder so. Gute Eltern bringen ihr Kind auf einen erfolgreichen Lebensweg, aber Eltern, die sich nicht kümmern, verurteilen zur Chancenlosigkeit – diese Statistiken werden und immer wieder unter die Nase gerieben.

Es ist vollkommen evident, bei jeder höheren Aufgabe:

[Leistungsträger sind viele Male besser als der Durchschnitt.]

Dafür gibt es kaum Untersuchungen, es ist wohl sehr heikel. Wenn zum Beispiel schlechte Lehrer in ihren 35 Berufsjahren das Leben von einigen hundert Schülern verdunkeln – warum lässt man sie 35 Jahre gewähren? Wenn es klar ist, dass Kinder ohne Unterstützung im Nebenhaus keine großen Chancen mehr haben, obwohl sie begabt sind – warum geschieht nichts mit ihnen? Wenn ein Unternehmen doch sieht, dass manche Verkäufer zigmal mehr leisten als andere – warum bilden sie nicht alle besser aus? Warum wird nicht allgemein viel mehr gecoacht, gelehrt, geübt, geholfen? Warum zieht niemand Konsequenzen? Warum wählen wir Politiker nach der Großartigkeit ihrer Versprechen und nicht nach Kompetenz?

Leistungsträger sind x-mal besser. Beim Surfen im Netz findet man viele Studien mit verschiedenen Prozentangaben. Typisch klingt es wie: »Der Leistungsträger schafft fünfmal mehr als der Durchschnitt.« Beim Vertrieb wird eher von zehnmal oder mehr gesprochen. Wahrscheinlich ist der Faktor deutlich höher, wenn man wirklich die Leistungen im weiteren Sinne misst. Wenn man schlechte Lehrer und gute Lehrer vergleicht, misst man es wohl nach den Noten der Klassen, nicht aber nach vernichteten jungen Seelen. Schlechte Verkäufer haben nicht nur weniger Umsatz (den man beim Vergleich hinzuzieht), sondern sie vergrätzen Kunden, während gute Verkäufer neue hinzugewinnen. Ein schlechter Versicherungsagent vermag seinen ganzen Bezirk »verbrennen«. Wenn der Bau des Flughafens Berlin fünfmal so lange dauert wie geplant: ist dann die Leistung des Projektleiters »ein Fünftel«? Ich will sagen: Schlechte Mitarbeiter verursachen Schäden in oft abenteuerlicher Höhe.

In diesem Sinne: Lassen Sie die Aussage, dass die Leistungsträger zehnmal besser als der Durchschnitt sind, ruhig einmal so stehen. Wenn das so ist: Warum hebt man hier nicht die Schätze und coacht die Mitarbeiter? Wenn man es schaffen würde, einen normalen Mitarbeiter nach fünf Jahren Ausbildung zum Leistungsträger zu machen, wäre es nicht die Kosten der fünf Jahre wert? Warum ist den X-Managern schon eine Woche Weiterbildung pro Mitarbeiter pro Jahr zu viel? Kann man in einer Woche im Jahr aus Durchschnittlichen echte Leistungsträgern hervorcoachen? Was wird überhaupt weitergebildet? Nur wieder Wissen: Umgang mit Daten, mit einer neuen Software,

Tablets für Lehrer, die Änderungen der Gesetze, neue Steuertabellen. Meist geht es um neue Sachinhalte, die für den Job gebraucht werden.

Was aber zeichnet Leistungsträger aus? Diese Frage können Sie in so vielen Ratgebern finden: Sie übernehmen die Verantwortung, suchen nach neuen Wegen, streben eigene Exzellenz an, entwickeln sich weiter, kommunizieren gut mit anderen, kommen im Team klar, sind fair und integer, vertrauenswürdig, zuverlässig und so weiter.

Kein einziger Ratgeber charakterisiert so: »… hat eine gute Medienkompetenz« oder »… ist sehr fit in BWL und versteht Excel«. Alle Studien und Forschungen zeigen: »Leistungsträger sein ist eine innere Haltung.« Durchschnittliche Mitarbeiter verschwenden oft Zeit, jammern über ihre Arbeit, hassen das Lernen wohl noch wegen ihrer Schulerfahrungen, halten sich irrtümlich schon für fertig ausgebildet und (schlimmer noch) fertig persönlich entwickelt und haben daher meist Angst vor Veränderungen.

Klar? Und da ist sie wieder, die Schere zwischen den Y-Menschen und den anderen.

[Leistungsträger sein dreht sich nicht primär um die Frage, wie gut man ist, sondern wie sehr man gut sein will. Leistungsträger wollen es wissen!]

Darum geht es aber den Y-Kulturen!

Wenn es so schwer ist, das Offensichtliche zu tun, was tut man denn nun hier und jetzt?

In der Ökonomie gibt es den Begriff des Tipping Points oder des Umschlagpunktes. Schauen Sie sich das folgende Bild an:

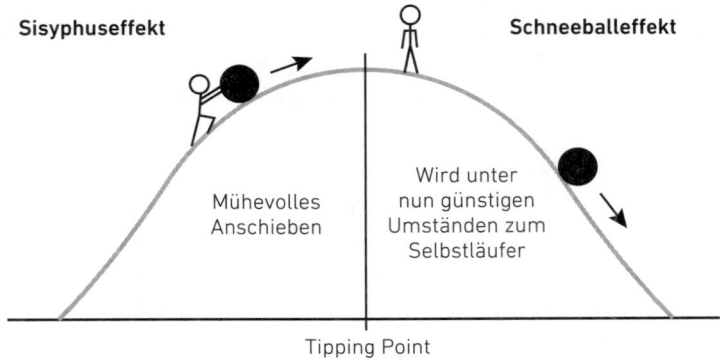

13. Tipping Point

Wer Erfolg haben will, muss meist »über den Berg« kommen, also zunächst einmal viel lernen, lange üben und mit offenem Visier Erfahrungen sammeln. Diese Phase hinauf fühlt sich wie eine Sisyphusaufgabe an, es kostet Beharrlichkeit und Schweiß – vor allem Wille. Wenn man über den Berg hinweg ist, kommt der Stein ins Rollen. Am besten nehmen Sie den Schwung mit, sodass der Stein schon fast halb das nächste Hindernis hinter sich gebracht hat – so wie man beim Fahrradfahren in einer Hügellandschaft auch nach unten beschleunigt, um genug Kraft für den nächsten Hügel zu sammeln.

Die Kunst ist es, die erste Phase möglichst effektiv zu gestalten. Die kurzen Brainstorming-Sessions, Workshops und Empathiebelehrungen sind zu schwach, um den Umschlagpunkt zu erreichen.

Was würde helfen? Das habe ich im vorigen Abschnitt vorgeschlagen – das Etablieren einer Expertenführungsschicht aus lauter Y-Mitarbeitern. Wenn Sie den Vorschlägen folgen wollen: Es geht per Befehl. Man kann Fachlaufbahnen einrichten, man kann Mentoren vorsehen, man kann Leute ehren und ins Silicon Valley schicken. Man kann die Berichtswege der Leistungsträger nach oben hin verlängern. Man kann die Zehnfachleister wenigstens doppelt so gut bezahlen.

Ich habe bewusst nur schon erfolgreiche Wege aufgezeigt, die über konkrete Organisationen funktionieren, indem sie einen Tipping Point erreichen; ich habe mich sehr enthalten, hier eine Wunschliste aus den üblichen Bestsellerappellen zu präsentieren (»New Leadership« etc.), die an den Controllern und Pacesettern bei stärkstem Augenrollen abperlen. Meine Vorschläge kosten nicht arg viel Geld und verändern das Klima in einer Weise, dass die zwanghafte Systemneurose aufgeweicht wird.

Was hindert das X-Management nun noch?

Es will einfach nicht glauben, dass die Y-Menschen von selbst viel besser werden – ohne Knute, ohne Fallbeile und ohne die Drohung, bei Minderleistung die Boni zu streichen. Ich hatte viele Diskussionen um solche Fragen, weil ich in der letzten Zeit meiner Arbeit als Manager meine Leistungsträger auf Festgehalt gesetzt hatte. Keine Boni! Keine Belohnungen für beste Arbeit! Das wollten sie nicht, weil sie ohne Dauergedanken an Geld einfach nur gut arbeiten wollten. Boni stören beim Flow. Sie baten also um das Bezahlmodell »Festgehalt«, ich setzte das im Bezahlungssystem um. Gleich darauf rief mich jemand von ganz oben an und verbot es. Begründung: »Ein Boss muss Mittel haben, die Leute anzuspornen, und ohne Boni kann man als Manager gar keine Macht über sie haben.« Ich erwiderte, dass zum Beispiel Uni-Professoren oder Ärzte stets ihr Bestes gäben, einfach so! Es gebe Doktoranden mit vollem, halbem und noch geringerem Gehalt, aber sie würden alle forschen. Die Ärzte arbeiteten für gutes Geld (Röntgenärzte) oder manche für wenig (Hausärzte), aber sie gäben unabhängig davon ihr Bestes, weil sie den Eid des Hippokrates geschworen hätten und sich nur unter ätzendem Druck und Depressionen von ihren Pflichten verabschieden würden – wenn überhaupt. »Y-Menschen arbeiten selbstverantwortlich und ethisch sauber! Und mein Team besteht ausschließlich aus solchen!« Ich hörte, wie sich am anderen Ende ein Kopf heftig schüttelte. Wir beendeten das Gespräch. Ich bekam wenig später einen Bescheid, dass das Unternehmen im hohen Leistungsbereich grundsätzlich mit hohen Anreizen managt – ohne Ausnahme.

Es ist zum Verzweifeln: Normale Logik sagt, dass man nur noch 10 Mehrprozente durch noch mehr Überstunden herausholen kann; dafür muss man aber Folgen für Motivation und Gesundheit in Kauf nehmen. Das Coachen zum Y-Leistungsträger hat ein Potenzial von mehr als 100 Prozent. Wenn nun das Coachen nicht bei allen Mitarbeitern gleich gute Erfolge haben sollte – na und? Bei dieser Chance?

Kann Coachen nicht wenigstens den Minderleistern das Begehen teurer Fehler aberziehen? Es ist kaum zu verstehen, dass die finsteren Prozessoptimierer so eine Goldgrube liegen lassen. Das kann nur durch eine Störung, eben eine Systemneurose erklärt werden.

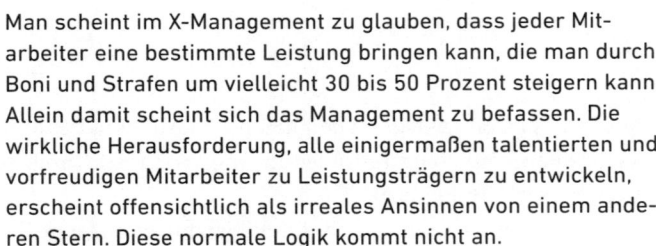

Man scheint im X-Management zu glauben, dass jeder Mitarbeiter eine bestimmte Leistung bringen kann, die man durch Boni und Strafen um vielleicht 30 bis 50 Prozent steigern kann. Allein damit scheint sich das Management zu befassen. Die wirkliche Herausforderung, alle einigermaßen talentierten und vorfreudigen Mitarbeiter zu Leistungsträgern zu entwickeln, erscheint offensichtlich als irreales Ansinnen von einem anderen Stern. Diese normale Logik kommt nicht an.

Unsere Gesellschaft braucht mehr Menschen, die es wissen wollen

> *Das Problem der so leicht zu betreibenden X-Kultur liegt womöglich tiefer. Das Erziehungssystem prüft und kontrolliert, lob und tadelt. Die Universitäten waren für die an Bildung Interessierten gedacht, aber sie füttern nur noch Bachelors mit limitiertem Wissen. Kinder aus bildungsfernen Schichten werden kaum noch Menschen, die es wissen wollen. Auch hier ist Umkehr geboten.*

Sie sehen: Es ist schwer, das X-Management davon abzuhalten, die Arbeit immer weiter in den X-Bereich zu verschieben und damit »die Mitarbeiter zu fressen«. Ich habe versucht, einige Gegenmaßnahmen vorzuschlagen. Das Problem liegt vielleicht noch tiefer, und wenn wir das verstehen, könnten wir vielleicht »mit Y neu beginnen«. Ich habe schon am Anfang etwas über das Hochschulstudium gegrantelt, dass sich nämlich die hehren Bildungseinrichtungen zu McUniversities wandeln und zu X-Studenten-Abfütterungsanstalten umorganisieren.

Die Gymnasien haben mehr und mehr das Hauptziel des bundeseinheitlichen Abiturs auf dem Schirm, sie werden damit zu McSchools. Kritiken gibt es zuhauf:

> Schüler, Studenten und Mitarbeiter wissen viel und können wenig.

So wird seit Jahren geklagt. »Die jungen Leute sollten besser rechnen und schreiben können und Problemlösungen beherzter angehen.« Ich entwickle meine These dazu:

Raymond Cattell schlug in der Intelligenzforschung eine Zweikomponententheorie vor, nämlich die Intelligenz in eine »kristalline« und eine »fluide« zu unterteilen. Die kristalline Intelligenz bezieht sich – darf ich das flapsig sagen? – auf die im Laufe des Bildungswegs gut gefüllte Festplatte in unserem Kopf. Wir haben viel oder wenig gelernt. Was wir gelernt haben, ist möglichst korrekt und vollständig. Kristalline Intelligenz schöpft aus dem angesammelten Wissen, aus Erfahrungen und Erinnerungen. Die Höhe der kristallinen Intelligenz hat mit höherem »Vokabelwissen«, »Formelkenntnis« und Methodikübung zu tun. Die kristalline Intelligenz nimmt mit den Jahren langsam zu, bis sie vielleicht ab dem Alter von 65 bestenfalls erhalten werden kann.

Die fluide Intelligenz wird gebraucht, um sich schnell in neue Problemfelder anzupassen, Probleme zu lösen, Ideen auszuarbeiten und neue Fähigkeiten und Intuitionen zu entwickeln. Sie hängt mit den Fähigkeiten zum abstrakten Denken zusammen und ist für die Fähigkeit verantwortlich, schwierigere Geduldspiele zu lösen (»Forschung«). Die fluide Intelligenz ist tendenziell im jungen Erwachsenenalter am höchsten und nimmt danach ab. Über das Warum wird spekuliert. Liegt es an einem Mangel an Übung und Training? Oder verändert sich das Gehirn?

These: Unser Bildungssystem kapriziert sich immer stärker auf das Füllen unserer Festplatte. Die kristalline Intelligenz nimmt zu. Wir können die englischen Vokabeln beim Abfragen übersetzen, aber nicht englisch sprechen. Wir kennen die Integralrechnung, aber wir könnten im Beruf nicht integrieren. Wir können Kästchenrechnen, aber keine »eingekleideten« Textaufgaben, bei denen das Problem erst verstanden werden muss. Die Studenten lernen für Credit Points, um schnell den Bachelor zu schaffen. Das böse Wort vom Bulimielernen macht die Runde: sie lernen hochkonzentriert nur für die Klausuren und entleeren danach das Gehirn vom empfundenen »Ballast«. Mich hat einmal ein Satz eines Mathematikdekans bei der Umstrukturierung des Studiums für die Bologna-Reform vollkommen fassungslos gemacht: »Wir haben das Studium so genial in Einzelteile zerlegt, dass man die Credit Points fast in beliebiger Reihenfolge erwerben kann. Nichts baut auf anderem auf.« So etwas wie »Vertiefung« ist damit abgesagt?

Wenn die Bachelors anschließend eine Tätigkeit als X-Mitarbeiter aufnehmen, lösen sie gar keine Probleme mehr, sondern sie arbeiten routiniert an einer Prozessschnittstelle. Wenn sie je vorher eine gute fluide Intelligenz hatten, dann nimmt sie wegen mangelnder Brauchbarkeit bei der Arbeit langsam ab.

Fazit: Die Berufsanfänger wissen viel, sie können ihr Wissen aber nur im stur für Punkte gelernten Kontext anwenden, nicht aber in neuen Situationen. Das scheint der Gegenstand der allgemeinen Klage zu sein.

Ich erkläre diesen Sachverhalt nochmals – viel besser – mit einem wunderbaren Vorstellungsbild, das ich in der japanischen Kampfkunst kennengelernt habe. Dort unterscheidet man drei Stufen: Sie heißen Shu (»Lehrling bis Geselle, der Lernende«), Ha (»Meister«) und Ri (»Großer Meister« oder »Guru«).

Konkret:

1. Shu (Level 1): »Gehorche.« Auf dieser Stufe erlernt man die Grundlagen, die elementaren Methoden, alle Regeln, die zu beachten sind, alle Vorschriften, Konventionen und Techniken. Diese Techniken, Taktiken, Stellungen und Griffe werden hundert- und tausendfach trainiert und stur formal eingeübt, immer wieder, ganz diszipliniert – ohne Abweichungen oder Kompromisse an die eigenen Talente oder die Persönlichkeit. Diese Techniken sind die der speziellen Kampfschule, in der man startet. Sie stammen von den großen Meistern der Vorzeit, sie sind erprobt und gut.

Am Ende von Level 1 steht der Erwerb des ersten Dans des schwarzen Gürtels. Man beherrscht nun alles, was formal gelehrt werden kann.

2. Ha (Level 2): »Variiere. Probiere.« Durch Experimentieren mit anderen oder neuen Formen entwickelt sich nun ein eigener Stil. Man findet zu eigenen Formen und Techniken. Der einstige Schüler wird erwachsen – er unterwirft sich nicht mehr stur den rigiden Regeln. Er könnte nun auch Techniken anderer Schulen anschauen und integrieren, wenn das in seiner Schule erlaubt ist. Es geht nicht mehr nur darum, das Kämpfen als solches zu erlernen, sondern darum, im echten Kampf flexibel zu siegen. Als werdender Meister erwirbt er die höheren Schwarzgürtelgrade.

3. Ri (Level 3): »Verlasse.« Der wahre Großmeister befreit sich – er löst sich von der Form, von den Lehren und den Stilen seiner Lehrer (sie bleiben trotzdem seine Lehrer, aber sie fungieren nun als Mentoren auf Augenhöhe).

Die Regeln auf dem ersten Level werden als unveränderlich, ewig und absolut verbindlich angesehen, so wie ein angehender Theologe erst einmal die ewige Bibel »auswendig lernt«. Er lernt, wie die Bibelstellen zu verstehen und auszulegen sind. Es ist nicht seine Aufgabe, sie für sich selbst auszulegen oder wirklich persönlich gefärbt verstehen zu wollen. Er übernimmt in einem ersten Schritt die vorgeschriebene Lehrmeinung und verinnerlicht sie mit Haut und Haar. ... Hm, beim Schreiben fühle ich, dass dieses Feld vielleicht zu heikel ist – wechseln wir besser zur Kochkunst ...

Wer ein Koch werden will, übernimmt erst einmal die Grundtechniken und Grundrezepte. Er lernt, was »köcheln«, »abseihen« oder »karamellisieren« ist, und er weiß bald, wie »glasige Zwiebeln« aussehen. Dann arbeitet er sich durch die Grundrezepte durch, ganz genau nach Vorschrift. Er fängt sozusagen auf dem Tütensuppenniveau an: Beutelinhalt in siedendes Wasser, zweimal umrühren usw. Das Ziel ist es, viele Rezepte brauchbar nachgekocht auf den Tisch bringen zu können. Das ist die Stufe Shu.

Nun Ha: Wenn der Lernende alle solche Techniken beherrscht, kann er damit beginnen (wenn er denn will), ein Gefühl für den Geschmack feinen Essens zu bekommen. Er übt jetzt, die Speisen gut abzuschmecken und zu verfeinern. Er experimentiert mit verschiedenen Gewürzen und Zutaten und lernt verstehen, was Familienmitglieder oder Restaurantkunden mögen und nicht mögen – und warum. Er hört sich Feedback an: »Das war für mich jetzt aber arg authentisch – könnten wir nächstes Mal den Sternanis weglassen? Oh, echt jetzt, das war Kreuzkümmel? Dann bitte den nicht mehr.« Oder »Viiiel zu scharf!« Er besucht für seine Weiterentwicklung von Anfang an sehr gute Restaurants, um zu erfahren, wie das Meisterhafte schmeckt, welche Variationen es gibt und wie alles serviert wird. Er öffnet sich allen verfügbaren Ideen und bildet dann langsam einen persönlichen Stil aus. Er sagt zum Beispiel: »Ich kann im Prinzip alles kochen, aber die französische Küche gelingt mir am besten – sie passt zu mir, ihr gilt meine Leidenschaft.«

Die Stufe Ri erreicht man selten. Der Meister beginnt, sich von der Vorstellung fester Rezepte zu lösen und kreiert eine persönliche Kochkunst, die oft so weiten Anklang bei anderen findet, dass ihm nun viele nacheifern und seine Geschmacksmuster übernehmen. Er begründet eine neue Schule. Zum Beispiel kennen wir die »Nouvelle Cuisine« oder dann später die »Neue deutsche Küche«, die als Begriff 1960 im *Gault&Millau* erschien und die in meinem Gedächtnis mit dem damaligen Meister aller Meister, mit Paul Bocuse, verbunden ist. Diese »Neue Küche« setzt auf gesündere und leichte Kost und widmet sich hingebungsvoll einem kunstvollen Arrangement auf dem Teller – damit hat die Neue Küche absolut Schule für alle nachfolgenden Lehren gemacht!

Heute steigt die so genannte Molekularküche in den Kochsternehimmel auf, für die der Spanier Ferran Adrià am bekanntesten ist. Er kochte bis zum Jahre 2011 in seinem Restaurant »El Bulli« bei Barcelona, aber nur für sechs Monate im Jahr – die anderen Monate widmete er dem Experimentieren, um uns immer neue und noch feinere Genüsse zu bescheren. Das ist echte Leidenschaft oder Besessenheit! Adrià selbst spricht von seiner »Avantgarde-Küche«. Er wandelte 2011 El Bulli in ein Laboratorium um und erforscht seitdem nach der Seele

des Geschmacks in Lebensmitteln. Er will das gesamte Wissen über das Essen und Kochen in einer Bullipedia darstellen (die Webseite bullipedia.net ist schon im Netz, aber nur mit dem Vermerk »coming soon; es gibt schon erste Schriften vom Autor »bullipedia« auf Amazon). Es gibt Gerüchte, dass das Restaurant bald wiedereröffnet wird.
Menschen wie Adrià sind Leitsterne für uns.
Wir überlegen: Prozessorientierung und Effizienzmanagement führen zur »Shuisierung« des Unternehmenshirns.
Noch einmal die drei Stufen bezogen auf das, was ist und das, was sein sollte:

1. Shu: Der Mitarbeiter weiß genau, wie man was exakt reproduziert bzw. wie es einem im Training viele Male beigebracht wurde. Er agiert nach Vorschrift oder »wie immer«. Dabei kann ein beträchliches Geschick entwickelt werden, das sich dann »Erfahrung« nennen darf.

2. Ha: Der Mitarbeiter macht sich nach Kräften und mit eifrigem Interesse viele Gedanken, die über das von ihm eigentlich geforderte Ergebnis weit hinausgehen können. Wie geht es noch besser? Er fragt nach dem Wieso und Warum. Er schaut nach anderen und neuen Möglichkeiten und experimentiert. Er interessiert sich für die ganz hohe Kunst der Gurus im Fach und eifert Vorbildern nach. Er sucht sich Mentoren und nimmt ihren Rat an. Er will Profi werden. »Er will es wissen.«

3. Ri: Man erschafft die Kunst als solche noch einmal ganz für sich selbst, und zwar so gut, dass für andere eine neue Schule oder Lehre daraus entsteht.

Prozessorientierung und Massenproduktion, Fließbandfertigung und Taylorismus-Effizienz machen aus allem, was die Großmeister kreieren und die Meister für uns zelebrieren, eine Shu-Version, die exakt eingetrichtert werden kann.

Bleiben wir beim Kochen: Die Supermärkte füllen sich mit Fertiggerichten und »XY to go«. Die Catering-Services bringen uns die gesamte Party-Organisation. Auf Tagungen gibt es die universellen Edelstahl- oder Blechbehälter (bei Amazon gibt es sie als »Chafing Dishes«), in denen gewärmte Speisen für ein Buffet aufgereiht werden. Diese Speisen werden immer einfallsloser genormt (»Huhn, Fisch, Ravioli, Gemüse, Reis«) wie auch das Hotelfrühstück. In den Huhn-Fisch-Ravioli-Fabriken stehen die angelernten Hilfskräfte und braten Huhn-Huhn-Huhn, andere legen Huhn-Huhn-Huhn in das Chafing Dish. Ich will mit diesem etwas despektierlichen Ton grell herausstellen: Das Huhnstück hat vom gebrüteten Ei bis zum Buffet keinen einzigen Menschen gesehen, der irgendeine Ahnung vom Kochen hat. »Die Kochkunst« ist in den Fertigungsprozess eingebaut worden. In diesem Sinne stelle ich fest: Das Kochen wird immer stärker shuisiert, es erfordert also nur »Lehrlinge/Gesellen« bzw. nur Hilfskräfte mit wenigen Minuten Ausbildungszeit. Im Grunde bringt die industrielle Fertigung alle hehre Kochkunst auf Tütensuppenniveau.

In zwanzig Jahren mag es dann »Adrià-Tütensuppen« geben, die man als Kapselform in Knorrpresso-Maschinen oder Maggimaten einführt, sie sind dann in allen Texturen und Geschmacksexplosionen auf exklusiven Webseiten zu bekommen.

Der Prozess der Shuisierung von allem wird heute von den Managern und Beratern weltweit in einer nie gekannten Geschwindigkeit betrieben. Die Geistesleere der Universitäts-BWL scheint immer neuen Führungsgenerationen Lust auf noch mehr Shuisierung zu machen. »Wo können wir durch Analyse von Zahlen noch mehr herausholen?«

Die Digitalisierung aber ermöglicht heute neue Geschäftsmodelle, neue Produkte, höhere Bildung, ganz bestimmt Wohlstand für die ganze Welt – natürlich auch neue Waffen, die unerhört teuer werden und nie eingesetzt werden können, weil sie zu mächtig werden. Der selbst erzeugte Klimawandel verlangt neue Antworten, die eine Welt ermöglichen, die es wahrscheinlich nur schafft, am Rande des Unerträglichen endlich bremsen zu können. Alles verändert sich rasend schnell, einiges davon sollte sich noch rasend schneller verbessern. In dieser Lage schreit die Welt nun nach Menschen, die auf den Stufen Ri und Ha arbeiten, die neue Variationen ausprobieren und neue Meisterschaft in neuen Gebieten entwickeln.

- »Fachkräftemangel« bedeutet: Es fehlen Menschen auf Stufe Ha.
- »Agiles Manifesto« besagt: Arbeitet auf Stufe Ha!
- »Organisierung« ist auf Stufe Ha.
- »Leadership« statt »nur Management« fordert Stufe Ha.
- »Unternehmergeist« und »Start-ups« zielen auf Ha und Ri.
- »Innovation« braucht Stufe Ha.
- »Verschlafen« heißt Verharren in Shuisierungsbemühungen.
- »Digitalisierung« erfordert das Niveau Ha.

Die Shuisierer haben es zu weit getrieben:

[Wir sind von allen guten Meistern verlassen.]

Die Shuisierung hat uns ein großes Expertise-Streben-Sterben eingebrockt, wir müssen wieder »aufforsten«. Wir brauchen wieder Menschen, die »es wissen wollen«, als Lernbegierige, Experimentierwillige und Unternehmende.

- »Neue Bildung« ist Heranführen an Level Ha.
- »Neues Studieren« zielt auf Level Ha.
- »Ausprobieren, Experimentieren, Forschen« erfordert Level Ha.

Das predige ich seit vielen Jahren (Buch *Professionelle Intelligenz*, es gibt Videos auf YouTube zum Thema Kopfreform). Die Reaktion der Shuisierten: feindliches Schweigen. Die Reaktion der meist gebildeten Zuhörer meiner Keynotes: »Was machen wir denn dann mit den vielen McJobbern und McAbiturienten?« Und ich versuche, so höflich wie möglich zu fragen: »Wie viele von Ihnen hier im Raum sind auf etwas gehobenerem Niveau McJobber? Sind Sie nicht als Patientendatenappdiagnostiker, Steuerformularbedienstete, Bundesabiturvorbereiter oder Forschungsantragstellungsbeamte schon weitgehend shuisiert und klagen darüber, ohne etwas zu unternehmen? Wie viele hier im Raum empfinden ihren Beruf immer stumpfsinniger und sinnleerer und hoffen auf die Möglichkeit der Frührente? Warum bekunden Lehrer öffentlich, mit dem Problem leben zu müssen, dass Schüler ihnen bei der Digitalisierung voraus sind? Sind sie es nicht, die lebenslanges Lernen propagieren? Haben Sie sich denn nach Ihrer Berufsausbildung schon alle eingeigelt?«

[»Die Menschen haben Schluss gemacht mit echter Bildung, ohne es recht zu wissen.«]

Schluss damit.
Wir brauchen Menschen, die es wissen wollen!

Die sind unfressbar.

Ausblick trübe – es geht kein Ruck durch Deutschland

Nach dem Schreiben dieses Buches fühle ich mich nicht so wirklich gut. Ich weiß schon, dass ich wieder Kritiken von Ihnen bekomme, dass ich alles zu negativ sehen würde, dass ich bloß effekthaschendes Management-Bashing betreiben würde und eigenmächtig alles und alle für verrückt erkläre. »Und, Herr Dueck, was sollen wir denn konkret tun?« Das ist doch immer gesagt worden! Genau das ist ja das Schlimme! Es ist jetzt über zwanzig Jahre her, seit Roman Herzog seine berühmte Ruckrede hielt.

»Durch Deutschland muss ein Ruck gehen«

Am 26. April 1997, also vor mehr als zwanzig Jahren, hielt der deutsche Bundespräsident Roman Herzog seine berühmte »Ruckrede«, die noch vielen im Gedächtnis geblieben ist. Er kam damals gerade von einer Asienreise zurück und war erstaunt, mit welcher Energie und Geschwindigkeit die dortigen Entwicklungsländer zu Industriestaaten transformiert wurden. Roman Herzog: »Was sehe ich dagegen in Deutschland? Hier herrscht ganz überwiegend Mutlosigkeit, Krisenszenarien werden gepflegt. Ein Gefühl der Lähmung liegt über unserer Gesellschaft.« Und dann: »Ich will heute Abend kein Blatt vor den Mund nehmen, sondern die Probleme beim Namen nennen. Was ist los mit unserem Land? Im Klartext: Der Verlust wirtschaftlicher Dynamik, die Erstarrung der Gesellschaft, eine unglaubliche mentale Depression – das sind die Stichworte der Krise. Sie bilden einen allgegenwärtigen Dreiklang, aber einen Dreiklang in Moll.«

Dann geht er auf die »German Angst«, »die deutsche Krankheit«, die kleinliche Besitzstandswahrungssucht, die überbordende Bürokratie und die endlose Debattiererei ohne Umsetzungsversuche ein.

Den vollen Redewortlaut finden Sie im Internet. Das neuerliche Lesen lege ich Ihnen hiermit ans Herz.

Ich selbst soll bei großen Veranstaltungen etwas zur Zukunft sagen. Man erwartet von mir, »ausgewogen« zu urteilen und immer auch die andere Seite zu sehen. Deutschland mag Vorträge mit den Titeln »Digitalisierung – Chance und Risiko«, »Technologie – Fluch oder Segen?«, »Zukunft – Losgehen oder noch abwarten?«, »Neue Bildung ist wichtig, aber was geschieht mit den Zurückbleibenden?«

Und gleichzeitig (das ist zum Weinen, ehrlich!) werde ich immer gefragt: »Was sollen wir denn jetzt konkret tun?« Wenn ich aber etwas Konkretes vorschlage, werden Nachteile des Vorschlages diskutiert.

- »Ich schlage vor, nur noch Elektromotoren zu bauen.« – »Das kostet zu viele Arbeitsplätze.«
- »Die öffentliche Verwaltung muss digitalisiert werden.« – »Was machen wir mit den Beamten?«

- »Ich schlage vor, den Mindestlohn so hoch anzusetzen, dass man davon leben kann und eine vernünftige Altersrente erwirtschaftet.« – »Das können sich die Firmen nicht leisten.«
- »Ich schlage vor, dass die Züge an größeren Bahnhöfen fünf Minuten halten und nicht zwei wie jetzt, damit Verspätungen eingeholt werden können.« – »Dann verlieren wir bei längeren Strecken viel Zeit, sodass die Kunden dann lieber fliegen; das wollen wir nicht.«
- »Ich schlage vor, alte Kühlschränke und Kühltruhen zu verbieten.« – »Das können sich Arme nicht leisten.«
- »Ich schlage vor, Informatik und Psychologie in der Schule zu lehren.« – »Dafür haben wir keine Lehrer.« – »Die Lehrer könnten umlernen.« – »Das geht nicht.« – »Die Schulen stellen derzeit wegen Lehrermangels ältere Handwerksmeister ein, die sich angeblich sehr gut in die Rolle als Lehrer einfuchsen können; warum können dann Lehrer nicht umlernen, die doch selbst LLL (Lebenslanges Lernen) predigen?« – »Dazu müssen sie in der Dienstzeit Kurse bekommen.« – »Die Handwerksmeister bekommen für das Neulernen nichts.« Etc.
- Auf die Spitze getrieben: »Ich schlage vor, dass wir grundsätzlich keinen Krieg führen.« – »Dann sind aber die Soldaten arbeitslos, was sollen die dann tun?«

Mitten in einer technologischen Revolution wird alles abgelehnt, was zu irgendwelchen Nachteilen für irgendwen führt. Zu jedem Vorschlag führt die Presse empörte Menschen vor, die nicht von der neuen Regelung profitieren. Ich bin nicht dagegen, alle diese Fragen auszudiskutieren, aber man muss sich dann doch wohl einen Ruck geben und eine mutige Entscheidung treffen, oder? Das geschieht nicht. Die Mehrheit in Deutschland lässt sich regelmäßig, zuverlässig und offenbar ganz gerne von empörten Minderheiten stoppen. Die Industrie fängt Neues am besten erst an, wenn alles gefördert und subventioniert wird. Solardächer werden subventioniert, Start-ups bekommen fast grundsätzlich einen Invest-Zuschuss, der Kauf von Elektroautos wird mit Prämien gefördert, die Landwirtschaft wird für jedes schlechte Wetter entschädigt, die Apotheken werden zum Schutz vor Automaten unter Naturschutz gestellt. Altes wird in langer Agonie erhalten, Neues wird nur angefangen, wenn es risikolos geschehen kann. Deutschland war einmal führend in der Solarbranche, auch bei der Windenergie. Aber nun laufen langsam die diversen Förderungen aus, nun gewinnen die Chinesen die Oberhand ... Ich habe Diskussionen über die Entwicklung von Drohnen verfolgt. »Ist das ein Business?« Einige Industrievertreter meinten, es könne vielleicht eine gute Idee sein, der Bundeswehr Drohnen ans Herz zu legen; die würde dann die teure Entwicklung bezahlen und anschließend könne man mit dem erworbenen Wissen auch zivile Drohnen bauen, das könnte man dann vielleicht ab 2040.

Ich will nicht seitenlang klagen, nur dies deutlich machen: Es geht kein Ruck durch Deutschland. Es gibt nur Solidarität mit Nachteilen, es gibt keine Solidarität, für ein gemeinsames Ziel aufzubrechen und auch eigene Abstriche dabei hinzunehmen.

Roman Herzog: »...denn nur zu leicht verführt Angst zu dem Reflex, alles Bestehende erhalten zu wollen, koste es was es wolle. Eine von Ängsten erfüllte Gesellschaft wird unfähig zu Reformen und damit zur Gestaltung der Zukunft.«

Deutschland baut Deiche, keine Schiffe

Deutschland leidet unter der »deutschen Krankheit«. Das deutete Roman Herzog in seiner Rede zart relativierend an, aber man spürt, dass es im Rahmen seiner wohlanständigen Pflichten als unser Staatsoberhaupt sehr deutlich ernst gemeint ist. Er mahnte uns eindringlich – aber er schlug uns noch nichts um die Ohren.

Mehr als zwanzig Jahre später müssen wir wohl damit anfangen.

Das habe ich mit diesem Buch versucht, damit ich beitrage, die Besonnenheit und den Mut ein bisschen früher zurückkehren zu lassen, als es sonst geschähe. Natürlich fühle ich mich wie ein Pfarrer, der lebenslang gegen die Ausbreitung der Sünde wettert und sie doch nicht wirklich stoppen kann, immer nur eindämmen. Gerade heute kam wieder auf Twitter: »Bei allen Reden von Dueck auf YouTube applaudieren sie, aber sie tun dann nichts. Warum redet er immer noch so unverzweifelt?«

Ich bin nicht verzweifelt. Die Welt ist, wie sie ist. Seneca schrieb einst an Lucilius: »Wenn die Leute fragen, wie lange du uns immer dasselbe erzählen willst, dann musst du sagen: solange ihr immer dieselben Fehler begeht.« Ich bleibe dran, so gut ich kann. Ich müsste vielleicht extremer werden, aber dann fühle ich mich schlecht in meiner Haut – und ich kann da immer noch nur schlecht raus. Ich schaue mir die unbeirrte Greta Thunberg an, die es grandios schafft, einen guten Teil der Weltöffentlichkeit zu mobilisieren. Aber auch ihr widerfährt etwas, was Anlass zur Verzweiflung wäre: »Sie applaudieren der jungen Frau, aber dann tun sie nichts.« Wahrscheinlich hat sie bei Erscheinen dieses Buches schon einen Nobelpreis erhalten, aber keine bessere Umwelt. Die Kapitalisten kaufen eher Grönland auf.

In stabilen Lebensphasen kann sich der Mensch ziemlich oft leisten, immer dieselben Fehler zu begehen und immer dieselben Sünden zuzulassen. Die jetzige Klimaentwicklung und die Digitalisierungsrevolution aber garantieren eine instabile Zeit. Klima, Digitalisierung, Roboterisierung, globale McDonaldisierung und der gleichzeitig steigende Bedarf an Wissensarbeitern in einem digitalen Kontinent weit weg brauchen irgendwann doch einen Ruck, wenn wir nicht in einem Strudel versinken wollen.

[»Wenn eine Sintflut kommt, so baue Schiffe, keine Deiche.«]

Wer heute noch Deiche baut, hat eine Zwangsneurose. Wer beharrlich immer noch höhere Deiche baut, ist keineswegs nachhaltig.

»German Angst«.

Ich habe noch einen Funken Hoffnung. Ein Amerikaner erklärte mir einst seine Theorie, warum trotz allem Deutschland immer ernst genommen werden sollte. »It's the German Tank.« Er sagte, dass sich die Deutschen nie richtig entschließen könnten, weil sie partout nicht einzeln losgehen würden, sondern immer nur alle gemeinsam. Wenn sie sich aber zu guter Letzt doch zu etwas entschlössen, dann würde »der deutsche Panzer rollen«. Wenn sie überhaupt etwas machen würden, dann mit deutscher Gründlichkeit. Mit meinen unmilitärischen Worten: Wenn sie überhaupt Schiffe bauen würden, dann müsste der Knoten sofort platzen.

Die Deiche sind vielleicht schon so hoch, dass man das Meer nicht mehr sehen kann. Gehen Sie dem Rauschen nach. Schauen Sie in die endlose Weite. Bauen Sie Schiffe.

Anmerkungen

1 Zitiert nach Walter Lowrie, *Das Leben Søren Kierkegaards*, Düsseldorf und Köln: Diederichs 1955.
2 Ich kenne nun leider den Namen des Fotografen nicht, an so etwas hat früher niemand gedacht. Daher kann ich Ihnen das Bild, das mir so ans Herz gewachsen ist, hier nicht zeigen – Urheberrechte!
3 Dieser Artikel ist dort (kostenpflichtig) zu finden, er ist aber im Netz sehr verbreitet, ein paar Sekunden Suche lohnen sich!
4 Sehen Sie zum Beispiel hier: Daniel Goleman, *EQ. Emotionale Intelligenz*, München: dtv 1997.
5 Ich habe selbst einmal meine eigene Version dazu geschrieben, es sind zwei Seiten mit dem Titel »Who morphed my cheese?«. Diesen Artikel finden Sie im Netz, auf meiner Homepage als DD185 wie Daily Dueck 185 oder in den Scilogs.
6 Wenn Sie mehr darüber wissen wollen, lesen Sie vielleicht den Eintrag »Keirsey Temperament Sorter« in der Wikipedia. Dort finden Sie eine Menge über die einzelnen 16 Charaktertypen. Oder Sie lesen meine Bücher *Wild Duck*, *E-Man* oder die *Omnisophie*.
7 Belinda Jane Board und Katarina Fritzon, in *Psychology, Crime and Law*, 11, 17-32, 2005, der Text ist im Internet zu finden.
8 Es gibt zwei große Diagnosekriterien-»Bibeln«, die weltweit definiert und benutzt werden, das *DSM (Diagnostic and Statistical Manual of Mental Disorders* der American Psychiatric Association) und die *ICD (International Classification of Diseases)*; die aktuellen Versionen sind das DSM-V und die ICD-11, in die z. B. auch Spiel- und Sexsucht neu als psychische Leiden aufgenommen wurden.]

Roy F. Baumeister, John Tierney
Die Macht des Schlechten
Nicht mehr schwarzsehen
und gut leben

2020. 352 Seiten.
Hardcover gebunden
mit Schutzumschlag
auch als E-Book erhältlich

Bezwingen Sie den Negativitätseffekt!

Warum brauchen wir durchschnittlich vier gute Erlebnisse, um ein schlechtes emotional auszugleichen? Warum erschüttert uns ein einziges Wort der Kritik, selbst wenn es mit heftigem Lob daherkommt? Der renommierte Sozialpsychologe Roy F. Baumeister entdeckte den Negativitätseffekt als grundlegenden Aspekt unseres Wesens. Mit ihm lässt sich erklären, warum Länder in katastrophale Kriege geraten, warum Paare sich scheiden lassen, warum Menschen Vorstellungsgespräche vermasseln. Doch wir können lernen, unsere Negativitätsvorurteile zu erkennen, zu steuern und sogar zu überwinden. Die Macht des Schlechten kann perfekt für Gutes genutzt werden.

campus.de

Frankfurt. New York

Wolfgang Hirn
Shenzhen
Die Weltwirtschaft von morgen

2020. ca. 288 Seiten.
Hardcover gebunden
mit Schutzumschlag
auch als E-Book erhältlich

Zoom auf die Hightech-Megacity

Shenzhen ist die Stadt der Superlative: die am schnellsten wachsende Metropole der Welt, die jüngste, offenste, reichste und teuerste Stadt Chinas. Ob Elektromobilität, Gentechnik oder Künstliche Intelligenz – bei den wichtigen Zukunftstechnologien werden hier die Trends gesetzt.

Wenn Chinaexperte Wolfgang Hirn Shenzhen beschreibt, entwirft er damit gleichzeitig das Bild der Urbanität von morgen. Er bereist die Region seit vielen Jahren und beobachtet die rasante Entwicklung. Auch immer mehr ausländische Konzerne – ob Airbus, Apple, Daimler oder Lufthansa – installieren Labs in der Megacity. Die Weltwirtschaft bekommt mit Shenzhen ein neues Gravitationszentrum, die neue Maßeinheit heißt Shenzhen-Speed.

campus.de

Frankfurt. New York